Evelyne Bloch-Dano
Madame Zola

Zu diesem Buch

Ein Frauenschicksal, wie es sich ein Zola nicht besser hätte ausmalen können: Aus dem verführten jungen Mädchen, das sein Kind ins Waisenhaus geben muß, dem Malermodell und der armen Näherin wird die Frau des berühmtesten und reichsten französischen Schriftstellers – Madame Zola. Evelyne Bloch-Dano schildert in dieser unterhaltsamen und gründlich recherchierten Biographie die berüchtigten literarischen Donnerstagsgesellschaften, die Madame Zola zu einem kulinarischen Ereignis der besonderen Art machte. Sie erzählt aber auch von der betrogenen Ehefrau, die trotz allem während der Dreyfus-Affäre an der Seite ihres Mannes kämpfte und nach seinem Tod sogar dessen Geliebte versorgte. Dabei zeichnet sie nicht nur die Geschichte einer großartigen Frau, die der Übermacht einer männlich geprägten Intellektuellenwelt mutig entgegentrat, sondern auch ein facettenreiches Porträt der Pariser Metropole in der zweiten Hälfte des 19. Jahrhunderts.

Evelyne Bloch-Dano ist Literaturwissenschaftlerin und Mitarbeiterin des »Magazine littéraire«. 1998 erhielt sie den Großen Literaturpreis der Zeitschrift »Elle«.

Evelyne Bloch-Dano
Madame Zola

Ein Leben in der Pariser Boheme

Aus dem Französischen von
Sigrid Köppen

Mit acht zeitgenössischen Fotos

Piper München Zürich

Veröffentlicht mit Unterstützung des Ministère français chargé de la Culture, Paris.

Ungekürzte Taschenbuchausgabe
Piper Verlag GmbH, München
Juni 2001
© 1997 Éditions Grasset & Fasquelle, Paris
Titel der französischen Originalausgabe:
»Madame Zola«
© der deutschsprachigen Ausgabe:
1999 Artemis & Winkler Verlag, Düsseldorf
Umschlag: Büro Hamburg
Stefanie Oberbeck, Isabel Bünermann
Umschlagabbildung: Claude Monet (»Déjeuner sur l'herbe«,
Auschnitt, Musée d'Orsay, Paris; AKG Berlin)
Satz: Fotosatz Moers, Mönchengladbach
Druck und Bindung: Clausen & Bosse, Leck
Printed in Germany   ISBN 3-492-23287-6

Inhalt

◆❀◆

ALEXANDRINE EMILE-ZOLA
(1902–1925)

GABRIELLE MELEY
(1839–1870)

Das Grab des Kindes

11. März 1859. Rue d'Enfer, Höllenstraße – ein passender Name.

Gabrielle betrat das Hospiz für Findelkinder, ihren vier Tage alten Säugling im Arm. Sie suchte nach der Aufnahme. Ein Schreibgehilfe hinter einem großen Eichentisch winkte sie zu sich herein.

An der einen Wand stand ein mit einem Wachstuch bedecktes Feldbett; darüber hing ein Kreuz. Ungeschickt drückte die junge Frau das kleine Mädchen an ihre Brust. Der Angestellte wies ihr einen Stuhl gegenüber dem seinen an und forderte sie auf, ihm ihre Personalien und die des Kindes anzugeben. Es hieß Caroline Gabrielle, Caroline nach ihrer Mutter; sie selbst hieß Alexandrine, nannte sich aber Gabrielle. Den Namen des Vaters wollte sie nicht preisgeben. Der Schreiber notierte: »unehelich geborenes Kind«. Auch ihre Adresse gab sie nicht an. Er stellte ihr dann die üblichen Fragen, die er eine nach der anderen von einem Vordruck ablas, mit unbeteiligter Stimme, aber ohne Gehässigkeit. Auf die Frage: »Warum wollen Sie Ihr Kind weggeben?« antwortete sie, daß es ihre finanziellen Möglichkeiten nicht erlaubten, es selbst aufzuziehen. Nach der Frage: »Wissen Sie, daß Sie es niemals wiedersehen können?« senkte sie schweigend den Kopf.

Der Angestellte fuhr fort:

»Daß Sie nur alle drei Monate und nur gegen Bezahlung Erkundigungen über das Kind einholen können?«

»Ja.«

»Daß es aufs Land geschickt wird in ein weit entferntes Departement und zu Leuten kommt, die über das Kind nicht glücklicher sein werden als Sie und die ihm niemals dieselbe Liebe geben können wie Sie?«

»Ja.«

»Daß es in jedem Fall, wie groß auch die Fürsorge der Ämter sein mag, bei Ihnen am besten aufgehoben ist?«

»Ja.«

»Daß Sie niemals erfahren werden, wo es ist?«

Darauf gab sie keine Antwort. Auf solche Fragen antwortet man nicht. Beinahe wäre sie aufgestanden und mit ihrem Kind fortgegangen. Aber schon kam, sozusagen als Entschuldigung, die nächste Frage: »Könnte nicht Ihre Familie das Kind versorgen?« Sie verneinte es.

Der Angestellte las ihr noch einmal ihre Erklärungen mit lauter Stimme vor und reichte ihr die Feder, damit sie das Dokument unterzeichne. Mit ihrer schwungvollen Schrift schrieb sie *Alexandrine Eleonore Meley*.

Dann zog er an einem Glockenstrang, worauf ein junges Hausmädchen erschien, das die Kleine auf ein Bett legte, aus den Windeln nahm und mit lauter Stimme feststellte: »Ein Mädchen.« Bei diesen Worten brach Gabrielle in Schluchzen aus. Der Schreiber trat zu ihr und fragte sie leise: »Wenn es Ihnen solchen Schmerz bereitet, die Kleine abzugeben – warum behalten Sie sie dann nicht?« Da richtete sie sich schnell auf, sah ihn den Bruchteil einer Sekunde an, stürzte zur Tür und lief davon. Der Schreiber zuckte die Achseln und murmelte: »Immer dasselbe.«

Diese Szene ist zwar frei erfunden, stützt sich aber auf eine offizielle Aktennotiz über die Abgabe der kleinen Caroline durch ihre Mutter Alexandrine Meley. So oder ähnlich spielten sich diese Szenen in den Aufnahmestellen der Heime für Findelkinder ab, in denen auch ungewollte Kinder aufgenommen wurden. Im Jahr 1859 war das Verfahren, das es den Müttern erlaubte, ihr Kind in absoluter Anonymität auszusetzen, nahezu abgeschafft worden, da man das in die Mauern der Hospize eingelassene drehbare Tablett, auf das die Kinder gelegt werden konnten, für die immer zahlreicher werdenden Kindesaussetzungen verantwortlich machte. 1860 gab es nur noch fünfundzwanzig freie Abgabestellen in Frankreich, von denen nur zwölf wirklich die Anonymität der Mutter schützten. Bei den anderen dreizehn, so zum Beispiel in Paris und Evreux, wurde das Tablett von innen mit einem Haken festgehalten, was die Kontrolle erleichterte. Allerdings vertraten damals einige Ärzte die Ansicht – unter ihnen Doktor Brochard, der sich ganz besonders für diese rechtlosen Kinder einsetzte und ein Spezialist war für die seelischen Krankheiten, an denen sie infolge ihrer Aussetzung litten –, daß die Abschaffung des bisherigen Verfahrens und das Aufgeben der Anonymität katastrophale Folgen hätten, nämlich die Zunahme der Abtreibungen und Kindermorde.[1] 1861 gab es in Frankreich nur noch fünf die Anonymität der Mutter wahrende Abgabestellen: in Marseille, Evreux, Paris, Brest und Rouen.

Dadurch, daß die Aufnahme eines Kindes nicht mehr anonym erfolgte, wollte man sowohl die Mütter, die zu ihrem Entschluß standen, als auch diejenigen, die man umzustimmen hoffte, herausfinden. Alle Bemühungen zielten darauf ab, diese ledigen Mütter von ihrer Entscheidung abzubringen. Man bot ihnen eine gewisse finanzielle Unterstützung an, wenn sie ihre Meinung änderten, und wollte sie so ermutigen, ihr Kind selbst zu stillen und großzuziehen.

Auch wurde die Identifizierung der Kinder durch ein solches Verfahren erleichtert. Aber man stelle sich den Mut oder vielmehr die Verzweiflung vor, die eine Frau dazu brachte, ihr Kind wegzugeben, auch wenn damals, wie Elisabeth Badinter[2] zeigt, mütterliche Gefühle nicht den heutigen Stellenwert hatten.

Es existierte noch eine andere Praxis, die man im Falle Gabrielles nicht vollkommen ausschließen kann, da die Beurkundung einer solchen Kindesaussetzung erst ab 1860 eingeführt wurde. In vielen Fällen übernahmen die Hebammen gegen Bezahlung die traurige Aufgabe, die Kinder fortzuschaffen. Einige gingen sogar so weit, auf die jungen Mütter Druck auszuüben, ihr Kind wegzugeben. Ein regelrechter Kinderhandel blühte, denn die armen verführten Mädchen waren fast immer bereit, sich von all ihren Ersparnissen zu trennen, um den harten Folgen ihres »Fehltritts« zu entgehen, da sie nicht imstande waren, das Kind, das manchmal nicht ihr erstes war, aufzuziehen. Hinzu kamen die verheirateten Frauen mit ihren Seitensprüngen und deren Folgen.[3]

Um das Ausmaß der Kindesaussetzungen im Frankreich jener Zeit zu verdeutlichen, sei an eine Zahl erinnert, die Armangaud für das Jahr 1859 nennt: Damals wurden 76 500 Kinder ausgesetzt — immerhin bedeutend weniger Kindesaussetzungen im Vergleich zum vorangegangenen Jahrzehnt.[4] Das Register, in das jedes ausgesetzte Kind am Tag seiner Aufnahme eingetragen wurde, verzeichnet für die Stadt Paris allein im März 1859 323 Kinder. Den genauen Eintragungen ist zu entnehmen, daß sich diese Zahl aus 276 ausgesetzten Kindern, 29 Findelkindern und 19 Waisen zusammensetzt. Die Anzahl der Mädchen und der Jungen ist fast gleich, die Zahl der angeblich unehelichen Kinder siebenmal höher als die der ehelichen. Dazu muß man aber noch alle die Kinder zählen, die gleich nach der Geburt zu einer Amme aufs Land geschickt wurden und von denen kein offizielles Dokument existiert.

Wie Maxime Du Camp bemerkt, »gibt es unter den Frauen, die ihre Kinder aussetzen, faktisch keine einzige Gräfin oder Marquise. Die Frauen, die den traurigen Mut dazu aufbringen, leben fast alle in schwierigsten sozialen Verhältnissen.«[5] An erster Stelle stehen die Dienstmädchen, dann folgen die Näherinnen und zuletzt die Tagelöhnerinnen. Allerdings, so fährt er fort, »gibt sich jede ungesittete Frau, die auf frischer Tat bei heimlicher Prostitution erwischt wird, als Näherin oder Tagelöhnerin aus, je nachdem, wie alt sie ist.« Die Zahl der ausgesetzten Kinder ist in den einzelnen Pariser Stadtbezirken unterschiedlich hoch. Während es in den bürgerlichen Vierteln und in denen der Aristokratie nur sehr wenige Kindesaussetzungen gibt, ist deren Zahl beträchtlich vor allem im 4. Arrondissement mit seinem Netz verrufener Straßen um das Rathaus herum, im 6. Arrondissement, dem Studentenviertel, im 10. Arrondissement, dem Arbeiterviertel, und vor allem im 14. Arrondissement, das »eine Bevölkerung aus minderwertigen Künstlern, Gauklern, Arbeitern ohne feste Arbeit und solche ohne festen Wohnsitz beherbergt«.[6] Was die Gründe betrifft, die zur Aussetzung der Kinder geführt haben, so »tritt hier sehr deutlich die Feigheit der Männer in ihrer ganzen Abscheulichkeit zutage; die Frau, die Mutter, trägt allein die ganze Last; nur sie allein muß die Schande und das Leid auf sich nehmen«.

Gabrielle, die junge Weißnäherin, könnte sich auch in den Kreißsaal am Boulevard Port-Royal begeben haben, um ihr Kind zur Welt zu bringen, weil man hier jungen, ledigen Müttern beisteht. Zweifellos hat sie niemanden, an den sie sich wenden könnte. Wer ist der Vater? Wo wohnt sie? Was macht sie, nachdem sie ihr Kind ausgesetzt hat?

Man weiß nur, wie es der kleinen Caroline Gabrielle erging.

Nachdem sie festgestellt hatte, daß das Kind weiblichen Geschlechts war, befestigte die junge Pflegerin ein Band am Häubchen der Kleinen, auf dem die Aufnahmenummer, der Name, die Vornamen sowie das Datum der Geburt und der Überlassung des Kindes eingetragen waren. Das Band war grün für die Jungen, weiß für die Mädchen. Über das linke Handgelenk wurde den Kindern ebenfalls ein gewebtes Armbändchen mit denselben Daten gestreift. Bis 1862 fing man mit jedem Kalenderjahr neu zu zählen an: An diesem 11. März war Caroline also der achthundertzehnte Säugling, der seit Beginn des Jahres 1859 in einem Hospiz in Paris Aufnahme gefunden hatte.

Eine Nonne trug das kleine Mädchen zur Krippe und übergab es dort einer Amme, die mit dem Stillen beauftragt war. Als Ammen kamen zumeist ledige Mütter in Frage, die ihr Kind verloren oder bereits abgestillt hatten und in einem großen Schlafsaal im selben Haus wohnten. Dann wurde Caroline auf einem Feldbett, das vor einem riesigen Kamin stand, ausgezogen, gewaschen und neu gewickelt. Schließlich legte man sie in eines der kleinen, mit Rollen versehenen Betten, die im großen Saal der Kinderkrippe aufgereiht waren, der genauso groß war wie die Kapelle in der darunterliegenden Etage. Die Inschrift auf dem Türsturz sprach für sich: »Mein Vater und meine Mutter haben mich verlassen, aber der Herr nimmt mich in seine Obhut.« Schon am nächsten Tag trug man Caroline zur Kapelle, wo der Anstaltsgeistliche sie zusammen mit den anderen am Vortag abgegebenen Säuglingen taufte. Um ihren Hals wurde eine Kette gelegt, auf der ihre Identität festgehalten war. Seit 1850 bestand diese Halskette aus siebzehn olivenförmigen, beinernen Perlen, die auf eine neunfädige Seidenschnur aufgezogen und mit einem silbernen, amtlich versiegelten Schloß versehen worden waren: die berühmt-berüchtigte Halskette der Fürsorgekinder.

Im Aufnahmeregister für Findel- und Waisenkinder steht, daß Caroline Gabrielle Meley, geboren am 7. März 1859 und aufgenommen von der staatlichen Fürsorgestelle am 11. März unter der Nr. 810, bei guter Gesundheit war. Sie konnte also auf die Reise gehen. Gleich am Tag nach ihrer Ankunft im Waisenhaus schickte man sie zu einer Amme aufs Land. Sie war fünf Tage alt.

Um eine Überfüllung der Hospize zu vermeiden und das gesunde Weiterleben der Kinder zu gewährleisten, mußten Ammen in regelmäßigen Zeitabständen die Kinder abholen, die kräftig genug für eine Reise schienen. »Führerinnen« hatten den Auftrag, Gruppen von ungefähr fünfzehn Ammen zusammenzustellen, nach Paris zu führen und dann wieder in die Provinz zurückzubringen. Zu festgelegten Zeiten kamen also die Ammen zum Hauptversammlungsort des jeweiligen Pariser Stadtbezirks.

Der Bürgermeister ihrer Gemeinde hatte ihnen ein Stillzeugnis ausgestellt, der Arzt des Viertels hatte sie untersucht, und diese beiden Zeugnisse trugen sie stets bei sich. Aufgrund häufig auftretender Regelwidrigkeiten (»Strohammen«, gefälschte Zeugnisse, über sechzig Jahre alte Ammen, kranke Frauen, Mütter, die ihr eigenes Kind weggegeben hatten, um durch das Stillen ihren Lebensunterhalt zu bestreiten, Wiederverkauf eines Stillzeugnisses an eine von den Behörden abgelehnte Amme) mußte der Arzt ein weiteres Gutachten erstellen und auf dem Zeugnis das Ergebnis seiner Untersuchungen vermerken. Dann befestigte man am linken Handgelenk jeder Amme ein gewebtes Band, dessen Enden mit einem Siegel zusammengehalten wurden, um sogenannte »reisende Ammen« daran zu hindern, sich anstelle der richtigen Ammen einzuschleichen. Solche »reisenden Ammen« kamen mit ihren Zeugnissen zu den Hospizen und nahmen die Beförderung der Säuglinge auf sich, verlangten dafür das Geld, das die echte Amme für den ersten Monat erhalten würde, und einen Teil der für sie bereitgestellten Kleidung.

Davon berichtet ein Rundschreiben von 1833:

»Diese Frauen sind hart, und Sorgfalt ist ihnen fremd. Es ist ihnen ziemlich egal, ob die Kinder nach ihrer Ankunft noch am Leben oder schon tot sind; wichtig ist ihnen nur, daß sie noch rechtzeitig ihren Handel abschließen können.«[7]

Die Ammen wurden so schlecht bezahlt, daß sich nur die allerärmsten Frauen um diese Tätigkeit bewarben. Daher wurde die Suche nach Ammen von Jahr zu Jahr schwieriger. Sie wurden in einem Gemeinschaftssaal untergebracht, mußten sich in Geduld üben und unter Aufsicht Näharbeiten ausführen, während sie auf die Übergabe der Säuglinge warteten. Sie kamen aus den verschiedensten Regionen des Landes, wie man an ihren Kopfbedeckungen feststellen konnte: die kleinen, gefältelten Hauben der Bretoninnen aus dem Departement Ille-et-Vilaine oder die Strohhüte mit den schwarzen Bändern der Bäuerinnen aus dem Allier. Kurz vor ihrer Abreise gab man ihnen die Babywäsche, ein Fläschchen Honig gegen den bei Neugeborenen häufig auftretenden Soor und einen weiten blauen Mantel mit Kapuze. Anfangs wurden Ammen und Kinder in offene, nicht gefederte Karren gepfercht und in die verschiedenen Provinzen Frankreichs transportiert. Je nach Bestimmungsort brauchten sie acht bis vierzehn Tage für den Hin- und Rückweg. Übernachtungsmöglichkeiten fanden sie meist in den schmutzigen und primitiven Herbergen für Überlandfahrer, wo sich mehrere Ammen und Säuglinge ein einziges Bett teilen mußten.

Als es dann später die Eisenbahn gab, verbesserten sich zwar die Transportbedingungen, aber zwischen den unbeheizten Wagen der dritten Klasse und einer Kinderpflegestation lag ein himmelweiter Unterschied.

1859 übernahm die Verwaltung den Transfer der Ammen und Säuglinge vom Hospiz zu den Bahnhöfen, doch mußten einige Ammen den oft mehrere Kilometer weiten Weg vom Bahnhof zu ihrem Haus zu Fuß zurücklegen.

»Während solcher Transporte«, schrieb Dr. Brochard erzürnt, »sind Pferde, die im selben Zug zu den Züchtern dieser reichen Landstriche gebracht werden, in bequemen Verschlägen hervorragend untergebracht. Läßt sich die Verachtung von Menschenleben noch steigern?«[8]

Nachdem es den Bauern durch einen Erlaß nicht mehr erlaubt war, Kälbern und Schafen beim Transport den Kopf aus den Wagen hängen zu lassen, versuchte Dr. Brochard vergeblich, eine zusätzliche Verordnung durchzusetzen, die den Eisenbahngesellschaften verbieten sollte, Säuglinge im Winter in ungeheizten Waggons zu befördern.

Auf diese Weise also kam die kleine, fünf Tage alte Caroline, die erst am Abend zuvor von ihrer Mutter abgegeben worden war, am 12. März 1859 nach Montfort im Departement Ille-et-Vilaine, das man erst kürzlich zu einer Sammelstelle verlassener Säuglinge gemacht hatte.

Viele Kinder überlebten unter solchen Umständen die Reise nicht. Die Säuglingssterblichkeit war gerade hier sehr hoch. Eine Untersuchung des Innenministeriums, die sich auf fünftausend Gemeinden erstreckte, ergab für das Jahr 1869 eine Säuglingssterblichkeit von 51% für ausgesetzte Säuglinge, während sie bei Säuglingen, die in der eigenen Familie aufgezogen wurden, bei 19% lag.

Die Untersuchung ergibt ebenfalls, daß in einigen Departements der Tod von Fürsorgesäuglingen nicht einmal in den Büchern vermerkt wurde. Schätzungen von Dr. Brochard zufolge starben im ersten Lebensjahr etwa 50000 Fürsorgekinder jährlich, weil sie nicht die notwendige Pflege und keinerlei medizinische Betreuung erhielten. Im Aufnahmeregister der staatlichen Fürsorge wurde vermerkt, daß von den 323 im März 1859 aufgenommenen Kindern 176 im zweiten oder dritten Monat nach ihrer Geburt starben – der übliche Anteil. Der offizielle Bericht der nationalen Untersuchungskommission von 1862, die sich mit der Situation von Fürsorgekindern befaßt hatte, stellte fest, daß in einigen Regionen, wie z. B. am Unterlauf der Loire, 90% dieser Kinder im ersten Lebensjahr starben. Nur jedes 10. Waisenkind hatte dort eine Überlebenschance.

Diese Zahlen sagen aus, daß ein ausgesetztes Kind zu jener Zeit kaum Überlebenschancen hatte. Die Unwissenheit der aufnehmenden Familien, fehlende Pflege, Mißhandlungen, Elend, Schmutz, Unterernährung, vielleicht aber vor allem Gleichgültigkeit und Mangel an Zuwendung verurteilten ein Kind fast immer zum Tod. Wußten die Mütter das? Ihr eigenes materielles, moralisches und seelisches Weiterleben stand auf dem Spiel, und die Kinder zahlten dafür. Sie durften das Kind niemals wiedersehen, und wenn sie ihre Tat bereuten, war es fast immer zu spät.

Die kleine Caroline, die bei ihrer Geburt in bester Verfassung gewesen war, überlebte zwar die beschwerliche Reise in die Bretagne, starb aber kurz darauf. Der Bauernhof von Montfort war schmutzig und feucht, ihre Windeln wurden nicht gewechselt; man ließ sie stundenlang weinen oder machte sie stumpfsinnig, indem man ihr Schnaps einflößte. Bald hatte sie nicht einmal mehr die Kraft zu wimmern. Sie starb am 23. März 1859 im Alter von drei Wochen.

An diesem Tag wurde ihre Mutter Alexandrine Meley, alias Gabrielle, zwanzig Jahre alt. Nicht einmal der so von Zahlen und Daten faszinierte Zola hätte es gewagt, sich einen solchen Zufall auszudenken.

Wo wurde die Kleine beerdigt? Vielleicht auf einem der Kinderfriedhöfe, die Zola in seinem Roman *Das Werk* beschreibt:

»... nichts als Kindergräber, so weit das Auge reichte, ordentlich aneinandergereiht, durch schmale, regelmäßige Pfade getrennt, wie eine kindertümliche Stadt des Todes. (...) Die Kreuze erzählten, wie alt die Kleinen waren: zwei Jahre, sechzehn Monate, fünf Monate. Auf einem armseligen Kreuz ohne Einfassung, das aus der Reihe geraten und quer in einen Gang hingepflanzt war, stand lediglich geschrieben:. ›Eugénie, drei Tage‹. Noch nicht sein und schon hier schlafen, abseits wie die Kinder, die bei Familienfeiern am kleinen Tisch essen!«[9]

Alexandrine Meley bekam nie wieder ein Kind. Welche Gründe auch immer dafür vorlagen, ihre Unfruchtbarkeit war endgültig und um so schmerzhafter, da sie sich untrennbar mit der Reue über die Kindesaussetzung verband, denn eines Tages begab sie sich mit Emile Zola auf die Suche nach der kleinen Caroline.

Die amtliche Urkunde der Verwaltungsstelle der staatlichen Fürsorge, die wegen einer »einfachen Auskunft« ausgestellt wurde, ist vom 12. August 1872 datiert; auf dieser Urkunde stehen nur der Name und die Vornamen des kleinen Mädchens, seine Nummer und die folgende Anmerkung: »Fürsorgekind, unehelich geboren in Paris im ehemaligen 12. Arrondissement am 7. März 1859 von Meley, Alexandrine Eleonore.« Die eigentliche Geburtsurkunde wurde erst auf Bitten der Mutter ausgestellt. Sie trägt das Datum des 14. Juli 1877, und es ist anzunehmen, daß sie zu diesem Zeitpunkt ihre Nachforschungen anstellte. Carolines Tod war im Aufnahmeregister der Findelkinder vermerkt und der Mutter wohl mitgeteilt worden. 1877 wäre Caroline achtzehn Jahre alt gewesen.

Man hat immer angenommen, daß Alexandrine keine Kinder bekommen konnte. Diese Tragödie in ihrer Jugend wurde zu einem ihr gesamtes Leben prägenden Ereignis. Wie ein Grab schwieg sich Alexandrine über ihre Vergangenheit aus. Nur ihre Krankheiten – Asthma, Ohnmachten, Migräneanfälle – waren ihre einzige Möglichkeit, Geständnisse abzulegen. Mit einer einzigen und wichtigen Ausnahme: das Geständnis ihrem Mann gegenüber, den sie in ihr Geheimnis einweihte.

Das Paris der einfachen Handwerker

Über Alexandrines Jugend weiß man kaum etwas. Fast nie gab sie etwas aus ihren ersten Lebensjahren preis. Nur wenige Worte entwischten ihrer Feder, wie aus Unachtsamkeit.

Eleonore Alexandrine Meley erblickte das Licht der Welt am Samstag, den 23. März 1839, um zehn Uhr morgens im Haus Nr. 14 der Rue Saint-Lazare in Paris. Zwei vornehme Taufnamen für ein Kind des Zufalls, Frucht der Liebe zweier sehr junger Menschen.

Edmond Jacques Meley war noch keine neunzehn Jahre alt, als er die kleine Händlerin Caroline Wadoux kennenlernte, Tochter eines Gastwirts in der Rue de Turenne. Die schöne Caroline war gerade sechzehn, sie war am 11. März 1822 geboren. Sie lebten nicht im selben Stadtviertel: Caroline wohnte in der Rue de Buffault, nicht weit von Notre-Dame-de Lorette, im heutigen 9. Arrondissement[1], und Edmond wohnte am Cour du Dragon in der Nähe des Quartier Latin, eines einstmals berühmten Viertels, in dem man damals aber nur noch Schrotthändler und bescheidene Unterkünfte fand. Linkes Seineufer, rechtes Seineufer: hier der Vater, dort die Mutter? Dieser »Herzensgeografie« wird man später im Leben Alexandrines wiederbegegnen.

Die Meleys waren Baumwollhändler und stammten aus Yvetot in der Normandie. Der Wohlstand dieser Stadt schwand im Laufe des 19. Jahrhunderts dahin, wie an dem unaufhaltsamen Bevölkerungsschwund abzulesen ist. Früher hatte jedes Haus seinen eigenen Webstuhl; am Ende des vorigen Jahrhunderts waren von den etwa vierzig Fabrikanten, die ihre Schnupftücher auf dem Land außerhalb Yvetots weben ließen, nicht mehr als vier übriggeblieben. Die Weber mußten in der weiteren Umgebung nach Arbeit suchen; ihre Zahl sank von mehreren Tausend auf tausendfünfhundert. Die Ursache war einfach zu erklären: In Yvetot gab es kein fließendes Wasser, die nächste Quelle war in Rançon, sieben Kilometer entfernt. Erst 1884 wurde eine Wasserleitung nach Yvetot gelegt, in der Zwischenzeit hatten sich moderne Fabriken woanders angesiedelt.

Yvetot war eine verschlafene, beinahe ausgestorbene, langweilige Stadt geworden. Man begreift Flauberts Satz: »Yvetot sehen und sterben«.

Wie so viele Bewohner Yvetots verloren auch die Meleys ihre Arbeit und mußten ihren Heimatort verlassen. Alexandrines Vater wurde 1820 in Rouen geboren und mußte einige Jahre später mit seinem Vater, seinen beiden Brüdern Narcisse und Honoré und seiner Schwester Bibienne an Bord eines Schiffes nach Paris ziehen. Bibienne wohnte später mit Jean-Pierre Scar-Laborde, einem Schriftsetzer, zusammen. Honoré ergriff ebenfalls diesen Beruf. Der Vater und Narcisse wandten sich vermutlich wieder der Wirk- und Strickwarenindustrie zu. Ihre Abwanderung in die Stadt hatte den Verlust ihres bisherigen sozialen Status und ihre Wurzellosigkeit zur Folge. Ihre Kinder wurden ganz und gar Pariser Bürger.

Caroline Wadoux brachte ihr Kind bei der Hebamme Madame de Martès zur Welt und nicht bei sich zu Hause. Es kam häufig vor, daß junge Mädchen, die gegen gesellschaftliche Konventionen verstoßen hatten, bei den Hebammen entbanden. Die Familie Wadoux war bestimmt nicht glücklich über die verfrühte Mutterschaft, und die Meleys, ehemals ehrenwerte Bürger aus der Provinz, waren sicher verärgert über diesen Verstoß gegen die Sittlichkeit.

Der junge Edmond drückte sich nicht vor seinen Vaterpflichten. Innerhalb der drei auf die Geburt folgenden Tage meldete er das kleine Mädchen unter seinem Nachnamen an. Zwei Zeugen waren bei Alexandrines Anmeldung anwesend: Naphtalie Lopez, ein Nippsachen-Händler, und Honoré Alexandre, der ältere Bruder Edmonds. Ein Wirkwarenhersteller, eine Händlerin, ein Nippsachenverkäufer, ein Drucker – der älteste von ihnen war keine dreißig Jahre alt. Alle vier waren repräsentativ für das damalige Paris der kleinen Handwerker mit seinen Gerüchen nach Blumen und neuen Stoffen, nach miesen Eßlokalen, Druckerschwärze und Armut. Sie unterschieden sich in nichts von all den anderen, die wie sie in den oberen Stockwerken der Häuser lebten, in unbeheizbaren Räumen, elenden möblierten Zimmern, auf den düsteren Höfen, den bunten Märkten und in den engen Gassen der Stadt.

Man schrieb das Jahr 1839, die Julimonarchie war in größten Schwierigkeiten. An diese Regierung hat man eine etwas fade Erinnerung: Zwar gab es außer den kolonialen Eroberungskriegen keinen Krieg mit dem Ausland, dazu kam ein relativer Wohlstand, eine undefinierbare Mischung aus wirtschaftlichem Fortschritt und Unbeweglichkeit, hin und wieder ein sozialer Aufruhr wie der von 1832 während der Begräbnisfeierlichkeiten für General Lamarque oder jener der Lyoner Seidenarbeiter. Aber an wen wandte sich Guizot[2] mit seinem Slogan: »Bereichert euch«? Sicherlich nicht an das einfache Volk, dessen Lebensbedingungen äußerst schwierig waren. Das Ende des Jahrzehnts schließlich war eine Periode ohne politisches Profil, trotz der Rebellionen von Barbès und Blanqui[3], die zwei Monate nach Alexandrines Geburt Paris mitten ins Herz trafen: Die Aufständischen besetzten die Präfektur und das Rathaus, wurden aber von der Nationalgarde vernichtend geschlagen.

Die französische Romantik war auf ihrem Höhepunkt: Es erschienen *Die verlorenen Illusionen* und *Glanz und Elend der Kurtisanen* von Balzac, Stendhal schrieb seine *Kartause von Parma* und Chopin seine *Préludes*. Ein Jahr zuvor veröffentlichte Charles Dickens *Oliver Twist*, die Geschichte eines Waisenkinds, das dem Elend der Großstadt ausgesetzt ist. In Frankreich dauerte es noch einige Jahre, bis die Literatur die miserablen Lebensbedingungen im Paris der armen Leute anprangerte, vor allem in den Romanen *Die Geheimnisse von Paris*, *Die Elenden* und *Der Totschläger*. Diese Werke spiegeln recht genau das Paris der Jugendzeit Alexandrines.

Man weiß zwar, daß Caroline und Edmond nicht lange zusammenblieben, aber man weiß nichts von Alexandrines ersten Lebensjahren. Wurde sie von ihrer Mutter allein, von beiden Elternteilen oder von ihren Großeltern aufgezogen? Eins ist sicher: Caroline hing an ihrer kleinen Tochter und verleugnete sie nicht. Am 4. Oktober 1847 begab sie sich zum Rathaus im 2. Arrondissement, um dort in einem Amt zu unterschreiben, daß sie Eleonore Alexandrine als ihre unehelich geborene Tochter anerkannte. Warum tat sie das? Ihre Handlung läßt sich aus Vorfällen erklären, zu denen es einige Monate später kam: Edmond-Jacques heiratete am 4. Januar 1848 im Rathaus Montmartre eine andere Frau, Josephine Drumigny, die Tochter eines Müllers aus Fossemanant im Departement Somme. Caroline befürchtete wohl, das Sorgerecht für ihre Tochter zu verlieren, die rechtlich ihrem Vater »gehörte«, da er sie unter seinem Namen angemeldet hatte. Aber die dreiundzwanzigjährige Josephine wurde selbst bald Mutter, denn im Dezember desselben Jahres schenkte sie dem kleinen Edmond Jean Théodore das Leben, der die Vornamen seines Taufpaten Jean-Théodore Scar-Laborde bekam. Bibienne war Patin. Die Taufe fand in der Kirche Saint-Roch statt: Edmond wohnte von nun an in der Rue de la Sourdière 23, im selben Haus wie seine Schwester und sein Schwager, Faktor der Druckerei. Er war Handlungsgehilfe geworden. Die Zuneigung zwischen Bruder und Schwester war echt, aber sie wohnten nicht lange zusammen, ein Jahr später zog Edmond einige Meter weiter entfernt in die Rue du Marché Saint-Honoré 34, im 1. Arrondissement, um. Edmond, Alexandrines Vater, war ein merkwürdiger Mensch, zweifellos charakterschwach und wankelmütig, wie man aus seinem häufigen Wohnungswechsel folgern könnte. Er war mit einer gebieterischen, herrischen Frau verheiratet, die mit fester Hand das Familienregiment führte.

Was wurde aus dem kleinen Mädchen, als ihr Vater Edmond eine neue Familie gründete? Alexandrine wohnte bei ihrer Mutter ein wenig entfernt bei den Hallen in der Rue Saint-Honoré 123. In diesem einst herrschaftlichen Patrizierhaus, dem Hôtel d'Aligre, das einige Jahre später abgerissen wurde, wohnten viele Händler und Handwerker. Einer der ersten Gastwirte von Paris hatte hier sein Geschäft eröffnet, und seit 1840 befand sich Mabilles Tanzschule dort, wo er den berühmten »Hundeball« ins Leben rief, zu dem jeder Kommis des Viertels eifrig hinrannte. Caroline war Floristin geworden. Verkaufte sie Blumen? Oder stellte sie künstliche Blumen her, was zu jener Zeit eher mit dem Wort Floristin verbunden wurde?

Alexandrines Mutter heiratete am 7. Juni 1849 Louis-Charles Deschamps, einen dreißigjährigen Stallmeister aus Lillebonne in der Nähe von Rouen. Sie zogen in die Rue des Petits-Carreaux 18. Wie die Rue Montorgueil und ihre Verlängerung, die Rue Poissonnière, ist diese Straße Teil des alten Fischtransportwegs, auf dem der in nördlichen Gewässern gefangene Fisch nach Paris gelangte. Hier roch es gut, roch nach Markt; es war der lebendige Bauch von Paris. Hier wurde laut geredet, man nahm kein Blatt vor den Mund. Und vom Ball bei Mabille zum Markt der Musiker genau vor dem Haus Nr. 18 war es nur ein Tanzschritt...

Alexandrine als zehnjähriges Kind: braune Locken, ein kleines, eigensinniges Gesicht, rundliche Arme, kräftige Beine, ein robustes und lebhaftes Mädchen, der Stolz der Mutter. Ihre Kinderbande hatte das Montorgueil-Viertel zum Spielplatz, und das mochte sie besonders: zwischen den Karren und den Bauchläden hindurchflitzen, die Obst- und Gemüsehändlerinnen ärgern, die Fischhändlerinnen anrempeln, die Lattenkisten umwerfen, eine Frucht oder eine Blume stibitzen, in die Pfützen springen. Doch dann begann für Alexandrine ein neues Leben in einem »richtigen« Haushalt, in einer »richtigen« Familie.

Das Schlimmste stand ihr noch bevor.

Am 15. Oktober 1848 brach in Dunkerque eine Choleraepidemie aus. Im März 1849 wurden die ersten Fälle in Paris registriert. Wie 1832 »entschlüpfte der noch halbgeöffneten Tür des Winters der Kälte- und Todeshauch«.[4] Für die dreihundert Kilometer von Dunkerque nach Paris brauchte die Epidemie sechs Monate. 110000 Menschen werden ihr zum Opfer fallen. In Paris zählte man 600 Tote am Tag, insgesamt forderte die Cholera 19184 Todesfälle in Paris.

Wie schon 1832 traf auch die Epidemie von 1849 besonders eine Bevölkerungsschicht, die bereits von Aufständen, Repressionen und den heftigen seelischen Erschütterungen nach der Revolution von 1848 verunsichert und geschwächt war. In beiden Fällen waren auch »die politische Krankheit und die soziale Krankheit«, wie Victor Hugo schreibt, nicht voneinander zu trennnen.

Die Epidemie schlug mit ganzer Kraft in den allerärmsten Stadtvierteln zu, wo sich eine unterernährte Bevölkerung in Elendsquartieren ballte und die medizinische Versorgung ungenügend war. Die offene Gewalt, die tägliche Kriminalität, Selbstmorde, die vor allem in den vom einfachen Volk bewohnten Stadtteilen zunahmen, Kindermorde und Kindesaussetzungen – solche Bedingungen lieferten den besten Nährboden für die Ausbreitung der Epidemie. Bei den beengten Wohnverhältnissen der Stadt richtete die Epidemie Verheerungen an. Sehr bald schon konnte man die Toten nicht mehr fortschaffen, die den Pestilenzgestank der Stadt verstärkten.

Am 4. September 1849 »fraß« die Cholera Caroline, die kleine Floristin. Sie war 27 Jahre alt.

Die Symptome der Krankheit sind bekannt: die plötzliche, niederschmetternde Mattigkeit, das Zittern, die Blausucht, die die Glieder erstarren läßt und Oberschenkel und Bauch mit blauen Flecken überzieht, das Erbrechen, der furchtbare Durchfall, mit dem große Mengen lebensnotwendiger Salze aus dem Körper ausgeschieden werden. Schnell trocknet der Körper aus, und der Tod schlägt unbarmherzig zu. In der engen Behausung der Rue des Petits-Carreaux sah Alexandrine wohl, wie ihre Mutter um fünf Uhr morgens starb. Die blau-violette Zunge hing ihr aus dem Mund, die Augen waren hervorgetreten, es war ein häßlicher, schmutziger, stinkender Tod. Der letzte Brief an Denise Le Blond-Zola von 1925, kurz vor ihrem Tod geschrieben, beweist, daß Alexandrine dieses Ereignis nie vergaß. Als Zola 1898 nach England ins Exil ging und sie unter falschem Namen leben mußte, unterschrieb sie ihre Briefe mit Caroline Wadoux, dem Namen ihrer Mutter.

Die Familie von Edmond und Josephine wurde ebenfalls vom Schicksal heimgesucht: am 14. Juni, eine Woche nach der Heirat der Deschamps, starb der kleine Edmond Jean mit sechs Monaten. Louis-Charles blieb nicht lange allein. Der lebenslustige Stallmeister heiratete knapp sechs Monate später, am 16. März 1850, die fünfundzwanzigjährige Antoinette Ramus, die bereits vor der Eheschließung die Wohnung und hin und wieder auch das Bett der verstorbenen Caroline mit ihm teilte. Unterdessen hatte Louis-Charles seinen Beruf gewechselt und war Angestellter geworden. Schwer vorzustellen, wie er unter solchen Umständen die Tochter seiner ersten Frau aufzog, die er vermutlich sehr bald ihrem leiblichen Vater übergab.

Einerseits also die Familie Deschamps: ein Stiefvater und seine Frau, die beide nicht dazu gezwungen werden konnten, Carolines Tochter zu lieben. Auf der anderen Seite die Meleys: ihr Vater, den sie kaum kannte, und dessen Frau, die keine Veranlassung hatte, sich des Kindes besonders anzunehmen. Wurde das Mädchen von einer Familie zur anderen geschoben wie ein lästiges Ding? Es ist davon auszugehen, daß sie hin und wieder für längere Zeit bei ihrem Vater lebte. Belegt ist noch für 1857, daß sie bei ihm wohnte.

Edmond war nun Drucker wie sein Schwager Scar-Laborde. Diesen Beruf übte er mehr als zwanzig Jahre lang aus. Er wohnte immer noch in der Rue du Marché-Saint-Honoré, wo am 3. Mai 1850 eine kleine Tochter zur Welt kam, Berthe Ophélie. Nach der Geburt der Halbschwester wurde Josephine zu einer wahren Rabenmutter Alexandrine gegenüber. Josephine ließ sie spüren, daß sie nicht zur Familie gehörte, daß sie ein Bastard war. Das elfjährige Mädchen wurde mit aller Härte, ohne Liebe oder Zuwendung behandelt, und ihm wurden viel zu schwere Haushaltspflichten aufgeladen.

Alexandrine hatte sowohl etwas von Aschenputtel als auch von Cosette aus Hugos *Les Misérables*[5]. Sie mußte lernen, ihre Tränen hinunterzuschlucken, den Boden zu fegen und Wasser zu holen. Der Brunnen inmitten der vier Hallen des Marktes von Saint-Honoré war nur ein paar Schritte entfernt, aber die Eimer waren schwer. Sie sollte zwar später eine vorbildliche Hausfrau werden, aber keine milde, sanfte Frau. Es ist leicht, sich ihr Leben vorzustellen, man denke nur an die Kinder aus dem Volk, wie Zola sie in seinen Romanen beschreibt, an ihre Frühreife, ihren Ernst, ihre Unabhängigkeit, ihr Liebesbedürfnis – kleine Mädchen, die verschlissen werden in der Mühle der Armut, der Unwissenheit, der Ungerechtigkeit, die nur gerettet werden durch die Kraft, ein ungewöhnliches Leben auf sich zu nehmen, und den Willen, sich von allem zu befreien. Diese Kraft besaß Alexandrine. Und überdies einen unstillbaren Lebenshunger.

Von Lebenshunger und Lebenslust zeugte einige Jahre später ihr freches Lachen beim Betreten des kleinen Betriebs, in dem sie nun täglich arbeitete – sie kam mal wieder zu spät. Sie war Floristin wie ihre Mutter, keine Blumenverkäuferin, wie früher angenommen, sondern Lehrling in einem Betrieb, in dem man künstliche Blumen herstellte, denn das war die Tätigkeit einer Floristin, wie es das Pariser Branchenbuch von 1850 bis 1857 bestätigt.

Damals gab es eine ganze Heerschar von kleinen Blumenherstellerinnen, die mit geschickten Fingern Tausende von Stoffblumen drehten, mit denen die Pariserinnen jeden Standes ihre Kleider, Hüte, Corsagen, Gürtel und Brautschleier zu schmücken pflegten. Die Ateliers der Posamenter und Schneider, die sich vor allem im Viertel um die Rue du Sentier ganz in der Nähe der Stoffhändler angesiedelt hatten, brauchten viele Arbeiterinnen. Man nimmt an, daß eine Tante von Alexandrine dieses Handwerk in der Rue d'Aboukir ausübte und es ihr beibrachte. Und in eben diesem Viertel siedelt Zola in seinem Roman *Der Totschläger* die Werkstatt von

Madame Titreville an, in der Madame Lerat, die ältere Schwester Coupeaus, ihre dreizehnjährige Nichte Nana in die Lehre nimmt. Zwei Jahre später ist Nana Arbeiterin geworden, verdient vierzig Sou, und niemand tut es ihr gleich beim Rollen von Veilchenstielen:

»Nur die Handbewegung, um einen schmalen Streifen grünes Papier zu nehmen, und los ging's! Das Papier flitzte und umwickelte den Messingdraht; dann einen Tropfen Gummi obendrauf zum Kleben, und fertig war's, es war ein frischer und zarter grüner Halm, geeignet, auf den Reizen der Damen angebracht zu werden.«[6]

Aber die Herstellerinnen künstlicher Blumen haben einen schlechten Ruf. »Alles solche Marie-leg-dich-lang«, murmelt Lorilleux an Nanas Kommunionstag. Madame Lerat widerspricht jedoch:

»Es gibt sehr anständige Frauen unter den Blumenmacherinnen, merken Sie sich das!« rief sie. »Sie sind wie andere Frauen beschaffen, natürlich hat ihre Haut auch ein Loch. Bloß, sie halten sich eben und wählen mit Geschmack, wenn sie einen Fehltritt zu machen haben … Ja, das kommt bei ihnen von den Blumen. Mich hat das beschützt …«[7]

Würde es auch Alexandrine beschützen?
Die Schule besuchte sie gewiß nicht lange. Damals wurden weniger als zwei Drittel aller Mädchen eines Jahrgangs eingeschult, und sie absolvierten nur die Grundschule. 1850 verpflichtete das Gesetz Falloux jede Gemeinde mit mehr als 800 Einwohnern, eine eigene Mädchenschule zu eröffnen. Dem Lehrplan für Jungen mit den Grundfächern Schreiben, Rechnen, Religions- und Sittenlehre fügte man für die Mädchen Zeichnen, Singen und Nähen hinzu. Das meiste lernte sie später an der Seite Emile Zolas. Für Kinder aus dem Volk war mit der ersten Kommunion oft der Schulbesuch zu Ende; für die meisten begann die Lehre mit dreizehn Jahren.
Die Tage in der Werkstatt, das anschließende Bummeln auf der Rue des Petits-Carreaux, der Rue du Faubourg Poissonnière oder der Rue du Caire, das unbeschwerte Lachen mit den Freundinnen, »das Vergnügen daran, gut angezogen zu sein, in Restaurants zu essen und ins Schauspielhaus zu gehen«, die Angebote älterer Herren – all dies erlebte wohl auch Alexandrine.
In fast jeder Zola-Biographie von Lanoux bis Troyat wird gemut-

maßt, daß Alexandrine nach ihrer Ausbildung als Floristin Wäscherin war, doch dafür gibt es keinen Anhaltspunkt. Das klingt nun doch zu sehr nach Zolas Roman *Der Totschläger*: Einer so direkten Anleihe hätte Alexandrine niemals zugestimmt. Sie tat alles, um ihre Vergangenheit zu verbergen. Daß sie mit Wäscherinnen oder Büglerinnen oft zusammenkam, ist aber möglich.

Viel eher darf man annehmen, daß sie Weißnäherin war. Alexandrine hatte einen Onkel, Narcisse Meley. Er war der ältere Bruder ihres Vaters, wurde 1816 in Yvetot geboren und wohnte ebenfalls in Paris. Er war Handelsreisender, bestimmt in der Strick- und Wirkwarenbranche wie seine Eltern und sein Bruder. Mehrere Jahre hindurch unterhielt Narcisse eine Beziehung zu einer jungen Bretonin, Marguerite Lesaux. Marguerite wohnte in der Rue Geoffroy-l'Asnier 22 in der Nähe vom Hôtel de Ville in einem bezaubernden, herrschaftlichen Stadthaus, das im 17. Jahrhundert von Grund auf erneuert wurde. Eine geschnitzte Holztür ging auf einen Hof, rechts schwang sich eine schöne Treppe mit Holzgeländer in die obere Etage. Im hinteren Teil des Hofs stand das herrschaftliche Haus der Châlons-Luxembourg, einer reichen Händlerfamilie aus Rouen. Die Schönheit dieses Gebäudes steht in krassem Gegensatz zur Armut ringsum. Marguerite war bei den Châlons angestellt.

Am 27. März 1857 brachte Marguerite Lesaux einen kleinen Jungen zur Welt, der in der Kirche Saint-Gervais zu Ehren seines Patenonkels Edmond, Alexandrines Vater, auf den Namen Narcisse Edmond getauft wurde. Für die inzwischen achtzehnjährige Alexandrine war es ein großer Tag, denn sie war Taufpatin. Im Register des Erzbistums steht, daß sie *bei ihrem Vater* wohnte in der Rue Saint-Etienne 7. (Heute ist es die Rue Dulong, im 17. Arrondissement, ein paar Schritte vom Boulevard des Batignolles entfernt.) Dieses Register ist ein wichtiges Dokument. In der Geburtsurkunde ist das Kind unter dem Namen seiner Mutter, Lesaux, eingetragen, der Vater wird nicht genannt, und zwar aus gutem Grund: Narcisse war damals noch verheiratet.

Marguerites Geschichte ist banal und traurig. Um sich ihren Lebensunterhalt zu verdienen, war sie aus ihrer bretonischen Heimat Finistère nach Paris gezogen. Dort traf sie Narcisse Meley; dann wurde sie schwanger, behielt ihr Kind und zog es allein auf. Sechs Jahre später, am 4. Januar 1863, starb Narcisses Frau, Anastasie

Lemonnier, in Nantes. Nun mietete Narcisse in der Rue Guy-la-Brosse 7 im Viertel der Arènes de Lutèce eine kleine Wohnung im vierten Stock. Das Gebäude aus Bruchstein stand an der Straße, und durch eine Toreinfahrt, einen Hof mit Garten und Pavillon, der als Stall und Schuppen benutzt wurde, kam man zu seiner Wohnung, die aus einem düsteren Flur, einer Küche sowie Wohn- und Schlafzimmer bestand. Im Haus wohnten ein Weinhändler, Angestellte, Handlungsreisende. Hier lebte Marguerite mit ihrem Kind. Man weiß nicht, ob Narcisse nur die Wohnung mietete – bis 1865 übrigens – oder ob er selbst hier mit Marguerite wohnte.

Sicher ist, daß die unverheiratete Marguerite am 18. Juni 1864 dreißigjährig im nahegelegenen Hospice de la Piété in der Rue Laepède starb. Ihren Tod bezeugten zwei Hospizangestellte.

Am 4. Januar 1868, also auf den Tag fünf Jahre nach dem Tod seiner ersten Frau, heiratete der neunundvierzigjährige Narcisse wieder, und zwar die vierundzwanzigjährige Grundschullehrerin Emilie Michelet, die bereits Witwe war.

Erst sehr viel später ließ der kleine Narcisse Edmond seine Geburtsurkunde amtlich neu erstellen. Am 18. November 1876 erhielt er im Alter von neunzehn Jahren – er war bereits Zuckerbäcker in der Rue du Jour – die Abänderung seiner Urkunde und durfte den Namen Meley annehmen.

Marguerite Lesaux war Weißnäherin.

Der Taufschein des kleinen Narcisse Edmond bestätigt, daß Narcisse und sein Bruder in enger Verbindung zu Marguerite standen und daß sie Alexandrine sehr gut gekannt haben muß, da sie diese als Taufpatin für ihren Sohn ausgewählt hatte.

1857 war Alexandrine achtzehn Jahre alt und wohnte bereits im Viertel Les Batignolles. Es war zweifellos Marguerite, die sie auf den Geschmack an Näharbeit brachte und aus ihr eine geschickte Näherin machte: Kleider, Spitzengarnituren, Wandbehänge, Vorhänge, Haushaltswäsche – Alexandrine wird ihr Lebtag leidenschaftlich gern nähen. Das Gerücht, daß Alexandrine Wäscherin war, läßt sich durchaus erklären: Eine Weißnäherin mußte die Wäsche nachsehen, bügeln und ausbessern. Sie konnte im Dienst einer wohlhabenden Familie stehen, in einem Betrieb oder einem Geschäft tätig sein oder zu Hause arbeiten. Aber mit schmutziger Wäsche hatte sie nichts zu tun, und das unterschied sie gründlich von der Wäscherin, deren Ruf besonders dubios war, weil sie Einblick in das Intimleben der Familien hatte. So kannte sie

»... die Geheimnisse über die Sauberkeit eines jeden, die Unterwäsche der Nachbarinnen, die in Seidenröcken über die Straße gingen, die Anzahl der Strümpfe, Taschentücher und Hemden, die wöchentlich schmutzig gemacht wurden, die Art und Weise, wie die Leute bestimmte Stücke immer an derselben Stelle zerrissen.«[8]

Während Wäscherinnen, ihrer Arbeit entsprechend, grob und deftig waren, war die Tätigkeit der Weißnäherinnen feiner, wenngleich man ihnen nachsagte, daß sie oberflächliche Frauen seien. Sie gehörten einem alten, nur Frauen vorbehaltenen Berufsstand an. Um ihre Tätigkeit ausüben zu dürfen, mußten sie achtzehn Jahre alt sein und eine dreijährige Lehre absolviert haben. Sie nähten sowohl Haushaltswäsche als auch feine Wäsche und vor allem die Unterwäsche für die Damen. Damals wurden Hemden, Mieder, Unterröcke, Kragen, Ärmel und Dessous in einer Nähstube oder von zumeist sehr schlecht bezahlten Heimarbeiterinnen genäht. Der Näherinnenberuf war in Paris sehr verbreitet, 1847 zählte man 8974 Näherinnen. Davon arbeiteten 2312 in Nähstuben und 4237 als Heimarbeiterinnen. Zwanzig Jahre später gab es nahezu 10000 Näherinnen in Paris.

Sehr wahrscheinlich übte Alexandrine diese Tätigkeit an der Seite ihrer Tante aus und lernte bei ihr, mit Nähnadel und Bügeleisen umzugehen. Henry Céard, ein enger Freund des Ehepaars Zola, hielt sie gar für eine Schneiderin. Von der Weißnäherin zur Schneiderin war es nur ein kleiner Schritt, den sie, wenn Nachfrage bestand, hin und wieder getan haben mag.

Caroline, die Floristin, und Marguerite, die Weißnäherin, waren weibliche Zwillingsfiguren, denen das Leben nichts schenkte, Frauen aus dem Volk, die nicht einmal das Glück erleben durften, ihr Kind heranwachsen zu sehen: »Enterbte der menschlichen Existenz«, wie Alexandrine sie später nannte. Es gab also zwei Frauen, die sie in ihrer Jugend schützten und leiteten; aber beide starben vor ihrem dreißigsten Lebensjahr, waren Opfer der Armut, Krankheit und Ungerechtigkeit des Lebens. Sie waren keine Ausnahmeerscheinungen; ähnlichen Gestalten begegnet man häufig in der Literatur des Realismus, arme, meist ehrbare Mädchen, junge Arbeiterinnen, die

mehr schlecht als recht ihre vaterlosen Kinder aufziehen und vor-
zeitig in Hospizen sterben. Marguerite war geradezu eine Verkör-
perung dieser Romanfiguren. Möglich, daß Alexandrine sich an sie
erinnerte, als sie Jahre später die junge Weißnäherin Jeanne Rozerot
in ihr Haus aufnahm.

Zunächst Floristin, dann Weißnäherin: so übte sie zwei bescheidene, schlecht bezahlte Berufe ohne Ansehen aus, zwei handwerk-
liche Tätigkeiten, die mit Mode und Weiblichkeit in Beziehung
standen und die Grundlage für die Eleganz der späteren Madame
Zola waren.

Die Geschichte von Alexandrine Meley ist die Geschichte eines
jungen Mädchens aus dem Volk des 19. Jahrhunderts: unehelich
geboren, einsame und leidvolle Kindheit, vorzeitiger Tod der Mutter, die hingerafft wird von der Pest, Mangel an Liebe, Lohnarbeit in
einem Handwerksbetrieb, Armut, Lehrjahre, ungewollte Schwan-
gerschaft, das Fortgeben des Kindes, stundenlange Näharbeit, später
stundenlanges Modellstehen, dazu gewiß auch einige glückliche
Stunden – zum Beispiel mit dem Medizinstudenten, mit dem sie
einige Zeit in der Rue Monsieur-le-Prince zusammenlebte. Am
Horizont die Aussichten eines armen Mädchens: Hunger, Krankheit, Hospiz. Roman? Melodram? Wie viele Frauen wie Marguerite
Lesaux mag Alexandrine kennengelernt haben?

Sicher ist, daß das Schicksal von Caroline und Marguerite sie tief
geprägt hat. Das sind die Frauen, die sie in ihrer Kindheit und
Jugend umgaben: ihre Stiefmutter Josephine, eine harte Frau, die zu
Alexandrine keine Zuneigung faßte, Caroline und Marguerite mit
ihrem verkorksten Leben.

Sie würde alles tun, um ihrem Schicksal zu entkommen, um am
Leben zu bleiben. Und um neu zu beginnen, änderte sie ihren
Namen in Gabrielle um. Diesen Namen wählte sie noch vor ihrem
zwanzigsten Lebensjahr, er sollte sie in ihrem neuen Leben begleiten. Gabrielle klang viel hübscher, war der richtige Vorname für ein
blühendes junges Mädchen. Gabrielle war kritisch, realistisch und
sentimental zugleich, aber sie war keine Träumerin. Sie liebte Vergnügungen, war sehr energisch, fühlte sich am wohlsten, wenn sie
in Aktion war. Sie ließ sich nicht von ihren Träumen leiten, sondern
steckte sich feste Ziele, von denen sie sich nur schwer abbringen
ließ.

Sie war schön und stolz, hatte eine spitze Zunge, war ein wenig grausam, lachte aber gern, war naschhaft und bestimmt auch ein wenig schüchtern. Nicht jeden ließ sie an sich herankommen: Gabrielle war nicht bequem. Ihre Stimme konnte giftig werden, wenn man nicht achtgab.

Die schöne Gabrielle

Gabrielle war fünfundzwanzig Jahre alt und frei. Ihre Arbeit als Weißnäherin reichte gerade für ihren Lebensunterhalt. Von Zeit zu Zeit stand sie für ein paar Sous oder einige Mahlzeiten Modell für einen jungen Maler der Schweizer Akademie. Sie wußte, daß auch diese Maler nicht reich waren und beim Verlassen der Akademie meist nicht die Mittel besaßen, um sich professionelle Modelle zu leisten. Sie gehörte zu den Mädchen, die man »Poseuses«, Effekthascherinnen, nannte und deren schwarze Bänder und helle Unterröcke man zuweilen auf den Bildern entdeckt.

Einer dieser Maler war Cézanne, Sohn eines Bankiers und bettelarm, ein schlampig gekleideter, jähzorniger Wilder, der den Frauen gegenüber schüchtern auftrat. Er war Emile Zolas Freund aus Kindertagen, und Zola überredete ihn 1861, das heimatliche Aix-en-Provence zu verlassen. Sein Vater kam nicht mehr für seinen Lebensunterhalt auf. Paul Cézanne gierte nach Arbeit, war jeden Tag ab sechs Uhr morgens im Atelier und entwarf seine bizarren Bilder. Er blieb einige Monate in Paris und fuhr dann wieder ab. Zwei Jahre später kam er wieder, immer noch so unstet. Man sagt, Gabrielle habe ihn zu einem seltsamen, gequälten Porträt inspiriert. Er hat sie in einem weiten, grauen Mantel gemalt, ihr weißes, schönes Gesicht hebt sich vor dem dunklen Hintergrund ab. In der Melancholie ihrer schwarzen Augen, deren Blick zur Seite schweift, in der Entschlossenheit ihres Mundes mit den zusammengepreßten Lippen und dem stolz gehobenen Kinn liegen Traurigkeit und Herausforderung, Träumerei und Autorität, Vulgarität und Stolz. Dieses Porträt zeigt mehr als die äußere Erscheinung: Gabrielle mag nicht, wenn man ihr ihre Geheimnisse stiehlt.[1]

Viel lieber als Cézanne hatte sie Antoine Guillemet, einen hübschen Jungen mit blondem Schnauzbart, lebhaften Augen und unentwegtem Lächeln. Antoine Guillemet war ebenfalls Maler, was ihn nicht daran hinderte, zugleich auch ein fröhlicher Genießer zu sein. Alle mochten diesen Weinhändlerssohn, der so hübsche Landschaften malte. Manet bat ihn sogar, für sein berühmtes Bild »Le Balcon« Modell zu stehen: Guillemet ist der große, blonde Mann, der sich hinter den beiden sitzenden Frauen Berthe Morisot und Fanny Claus mit selbstzufriedener Miene in die Brust wirft. Später war er Mitglied der Salin-Jury, und dank ihm durfte Cézanne dann eines seiner Bilder ausstellen. Ein ganz kleines Bild, ein Porträt, das so hoch gehängt wurde, daß niemand es sah… Gabrielle kannte fast alle Maler, die vor allem bei Le Père Suisse im Qualm der Tabakspfeifen und bei Terpentingeruch die Welt aus den Angeln heben wollten: Claude Monet, Edouard Manet, Camille Pissaro, Empéraire, den Spanier Oller y Cestero und viele andere. Auch kannte sie alle, die häufig ins »Dorf« Les Batignolles kamen: den sanften, melancholischen, hübschen und begabten Frédéric Bazille, der während des Kriegs von 1870 in Beaune-la-Rolande fiel, Auguste Renoir, der sich mit Bazille das Atelier teilte, Alfred Sisley, einen jungen Engländer, aus dem seine Familie vergebens einen Kaufmann zu machen versuchte. Les Batignolles und der Place de Clichy waren Gabrielles Revier. Es war das Viertel, das sie am liebsten mochte. Hier kannte sie alle Läden, Cafés und Maliereteliers. Gern streifte sie vom rechten zum linken Seineufer hinüber. Wie ihre Gefährtinnen – die Weißnäherinnen, kleinen Schneiderinnen, leichtlebigen Putzmacherinnen oder Malermodelle – lachte auch sie oft und ging gern mit anderen zu Vergnügungen, ließ sich in den Ausflugslokalen Gebratenes und frischen Weißwein schmecken, tanzte in den Armen des schönen Antoine Walzer oder machte sich über Cézannes Wutanfälle lustig. Sie liebte die Cafés, in denen man bis spät in die Nacht hinein diskutierte, liebte die dämmrigen Straßen im Morgengrauen. Sie war ein kokettes Mädchen, lieb und unbarmherzig zugleich. Ihr stolz erhobenes Haupt, ihr schlanker Körper und die dichten, braunen Haare machten sie der Kunsthistorikerin Sophie Monneret[2] zufolge, die sie für eine von Monets Musen hielt, zu einem beliebten Modell.

Will man Sophie Monneret Glauben schenken, so machte Bazille eine Anspielung auf Gabrielle, als er Monet, der ihn im Sommer 1865 bat, für sein *Déjeuner sur l'herbe* Modell zu stehen, antwortete: »Die junge Gabrielle kommt Montag im Lauf des Tages, und es wäre nicht spaßig, wenn Sie dann nicht auch hier wären.« Zwischen dem Bild *Déjeuner sur l'herbe*, einer vorangehenden Studie und dem Bild *Femmes au jardin*, das Monet im Fühling 1866 malte, besteht eine Verbindung. Auf allen drei Bildern sowie auf einer Zeichnung, die man in Monets Nachlaß in Méric fand, sieht man dieselbe junge, braunhaarige Frau, die immer dasselbe Kleid mit dem feinen Besatz trägt, das für eine Landpartie recht elegant ist. Auf dem Bild *Le Déjeuner sur l'herbe* steht sie neben Bazille, will gerade ihren Haarknoten oder ihren Hut richten. Ihr Gesicht wird zum großen Teil von ihrem Arm verdeckt. Auf dem Bild *Femmes au jardin* ist sie im Vordergrund zu sehen, ihr weißes Kleid ist weit ausgebreitet, sie hat Blumen im Arm und sitzt strahlend und sinnenfroh unter einem Sonnenschirm. Es ist ein leuchtender Hochsommertag, dessen Licht durch den Waldschatten gedämpft wird. Handelt es sich wirklich um Gabrielle? 1867 wird Bazille dieses Bild kaufen, jener Bazille, der dreißig Jahre später für die Figur des Félicien in Zolas Roman *Der Traum* Pate stand...

Es nimmt einen nicht wunder, daß die näheren Umstände der Begegnung von Gabrielle und Emile Zola nicht bekannt sind. Nur spärliche Hinweise über die Anfänge einer Liebe sind überliefert, die achtunddreißig Jahre währen sollte und die wohl in der Gruppe begann, in der sich die jungen Kunstmaler mit ihren Geliebten, den kleinen Putzmacherinnen, trafen. Oft begleitete Zola Cézanne in die Ateliers, nahm leidenschaftlich an den Diskussionen der jungen Maler teil, die sich gegen den Akademismus ihrer Meister und des Publikums auflehnten. Jeden Donnerstagabend hatte er Gäste an seinem Tisch in der kleinen Wohnung in der Rue des Feuillantines. Cézanne, Baille, die Freunde aus Kindheitstagen, Chaillan, Guillemet, Pissarro, dann, kurze Zeit später, der neunzehnjährige Antony Valabrègue aus Aix-en-Provence kamen zu ihm zum Abendessen und zum anschließenden Gespräch, das sich bis in die Nacht hineinzog.

Emile Zola wurde am 4. April 1840 in Paris geboren. Sein Vater, François Zola, war ein erfolgreicher Ingenieur italienischer Abstammung. Seine Mutter, Emilie Aubert, war die Tochter eines Glasmalers. Emile war drei Jahre alt, als sich seine Familie in Aix-en-Provence niederließ: Sein Vater hatte den Auftrag, den Staudamm zu errichten, der die Trinkwasserversorgung der Stadt sicherstellen sollte. Die Familie Aubert begleitete die Zolas, und beide Familien wohnten in Aix-en-Provence in der Sackgasse Silvacanne. Der kleine Emile war ein verwöhntes Kind, alle sagten ihm eine glückliche Zukunft voraus. Aber als er sieben Jahre alt war, ereilte die Familie ein trauriges Schicksal: François Zola starb auf einer Reise nach Marseille an einer Lungenentzündung. Emilie Zola hatte so gut wie keine Geldmittel. Bald erwies sich das beliebte Viertel, in dem sie wohnten, als zu teuer, sie mußten umziehen. Das war der Beginn einer Reihe von Umzügen, die die Witwe und ihre kleine Familie in immer ärmere Behausungen führte.

Emile Zola wurde von der Mutter abgöttisch geliebt. Dank eines Stipendiums konnte er das Collège Bourbon besuchen, wo er Paul Cézanne und Baptistin Baille begegnete, mit denen er Freundschaft schloß. Ihre gemeinsamen Gespräche, Träume, Pläne, Wanderungen und Badetouren würde er niemals vergessen. 1854 war der Bau des Staudamms beendet, aber aufgrund dunkler Maschenschaften von Jules Migeon, eines Geschäftsmanns, war die Familie danach vollends verarmt.

Drei Jahre später beschloß Emilie Zola, ihr Glück in Paris zu suchen, und sie zog mit ihrem Sohn und ihrem Vater Louis-Auguste Aubert in eine möblierte Wohnung in der Rue Monsier-le-Prince, in der auch Gabrielle wohnen würde. Emile kam in die Oberstufe des Lycée Saint-Louis, aber es gelang ihm nicht, sich in Paris einzuleben. Schließlich wurde er ernsthaft krank. In langen Briefen an Cézanne und Baille, in einem Versdrama und in Gedichten schüttete er sein Herz aus. Er war romantisch, exaltiert, hatte eine Vorliebe für leidenschaftliche Gedichte, wollte aber Rechtsanwalt werden und glaubte fest daran, daß »das Ohr des Schriftstellers unter der Toga zum Vorschein kommen würde«. Wieder einmal zog Emilie mit ihm um – einer der dreizehn Umzüge, die in zehn Jahren stattfanden. Eine schreckliche Enttäuschung: Zola bestand nicht das Abitur. Er war wütend auf sich selbst, hatte er doch das Vertrauen seiner Mutter in ihn enttäuscht.

Ihr Leben wurde immer schwieriger. Um seine Mutter finanziell nicht zu belasten, nahm er für sechzig Francs monatlich eine Arbeit in Lagerhäusern an. Er wohnte in möblierten Zimmern und fühlte sich ohne Hoffnung, ohne Kraft »in dieser dummen Zeitspanne des Lebens«. 1861 erreichte sein Elend das äußerste Maß. Er bezog ein sehr bescheidenes möbliertes Zimmer in der Rue Soufflot 11. Durch dünne Trennwände nahm jeder Mieter am bewegten Leben seines Nachbarn teil. Manchmal gab es eine Schlägerei, ein anderes Mal kam eine Streife der Sittenpolizei. Zum Mittagessen gab es Brot und Kaffee oder Brot und Äpfel. »Manchmal nur Brot und sonst nichts! Manchmal überhaupt kein Brot.«[3] Es kam vor, daß er im Bett blieb, weil er seine einzige Hose ins Pfandhaus gebracht hatte. Um zu lesen und zu schreiben, wickelte er sich in eine Decke. Er nannte es: den Araber spielen. Sein erstes sexuelles Erlebnis, das er in *Beichte eines Knaben* beschreiben wird, ekelte ihn an: Er traf sich eine Zeitlang mit der Hure Berthe, die ihm in widerwärtiger Erinnerung blieb. Trotz Cézannes Besuch, den er seit langer Zeit nicht mehr gesehen hatte, war er der Verzweiflung nahe. Er schrieb Baille: »Ich leide seit einigen Tagen an einer starken Wahnsinnsattacke, an einem Spleen, der bei mir merkwürdige Formen annimmt: Ich bin niedergeschlagen und unruhig zugleich, leide körperlich und seelisch. Alles scheint mir wie von einem schwarzen Schleier bedeckt zu sein; ich fühle mich nirgends wohl, ich übertreibe alles im Schmerz wie in der Freude.«

Doch am 1. März 1863 bekam er eine Anstellung bei Hachette als Vertriebsangestellter; bald schon wurde er Werbeleiter. Durch seine neue Stellung kam er nach und nach mit bekannten Schriftstellern zusammen. Er knüpfte Beziehungen zur Presse, vor allem aber bekam er mehr Vertrauen zu sich und seiner Zukunft. Schon im folgenden Jahr gelang es ihm, einige seiner Artikel zu veröffentlichen. Er stand jetzt am Anfang einer Schriftstellerkarriere. Als er 1864 Gabrielle kennenlernte, hatte er außer ein paar Artikeln noch nichts veröffentlicht, aber er arbeitete an der Sammlung *Erzählungen für Ninon*. Er selbst zweifelte nicht an seinem literarischen Talent, doch nichts ließ bei diesem zurückhaltenden jungen Mann die große Begabung, die in ihm schlummerte, vermuten.

Die Mischung aus Sanftheit und Kraft überraschte die junge Weißnäherin, als sie ihn zum ersten Mal sah. Er war wie sie 1,72 m groß, schien aber neben Guillemet und Bazille klein und untersetzt. Sie war sich sicher, daß der Schriftsteller sie vom ersten Augenblick an beachtet hatte, und sie spürte, daß sie sich mochten.

Die Stimmen um den Tisch wurden lauter, es ging um den nächsten Kunstsalon. Man sprach von Manet. Sein Bild *Déjeuner sur l'herbe* hatte im vorangegangenen Jahr beim Salon der Abgelehnten einen Skandal ausgelöst. Guillemet machte seine Scherze. Cézanne schlug mit der Faust auf den Tisch. Alle sprachen gleichzeitig. Da ergriff Emile Zola das Wort, und wie durch Zauber verschwand seine Zurückhaltung, ein leidenschaftlicher, überzeugter Künstler äußerte seine Meinung, und die anderen hörten respektvoll zu. Aber Gabrielle achtete nicht auf das, was er sagte. Sie beobachtete, wie sich das glanzlose Gesicht plötzlich belebte, betrachtete die hohe, gerade Stirn, die braunen, sanften Augen, die unebenmäßige Nase, die ausdrucksvollen Hände. Als er aufhörte zu sprechen, klatschten ihm alle Beifall. Nur sie blieb still, hing ihren Träumen nach.

Später trat er zu ihr und stellte ihr einige Fragen. Sie hatte ihn offensichtlich verwirrt und eingeschüchtert, aber sie konnte noch nicht ahnen, wie sehr er sich zu ihr hingezogen fühlte. Sprache und Umgangsformen dieses kühnen, blühenden Mädchens verrieten ihre Herkunft aus dem einfachen Volk. Aber sie war zugleich vornehm und von einer gewissen Eleganz, vor allem war sie eine Persönlichkeit, und ihre Redlichkeit, Energie und Frechheit faszinierten einen schüchternen, unerfahrenen jungen Mann wie Zola. Sie war groß, stattlich, sinnenfreudig, hatte dichtes, etwas gelocktes Haar, schwarze Augen − »von diesem überraschenden und tiefen Schwarz wie die Augen der Infantinnen von Velasquez« schrieb später Huysmans über Gabrielles Augen −, und sie verkörperte eine geheimnisvolle Mischung aus Freiheit und Stolz, Spottlust und Würde, die Frauen so verführerisch erscheinen läßt. Man machte ihr den Hof. Der einfühlsame Zola spürte, daß Gabrielles Gefühle verletzt wurden, als sie noch ganz jung war. Aber er liebte an ihr auch ihre Lebenskraft und ihre Begeisterungsfähigkeit, die seinem eigenen Wunsch nach persönlicher Stärke entsprachen.

Niemals würden die beiden Donnerstag, den 17. März 1864, vergessen, ein Datum, das sie ihr Leben lang in abgeschiedener Zweisamkeit feierten. Der 28. Dezember war ebenfalls ein wichtiger Tag, er bezeichnete möglicherweise den Beginn intimerer Beziehungen, ein »gemeinsames Leben«, das, wie Alexandrine viele Jahre später bemerkte, »zu Ende« sei.[4] Im Juli kehrte Cézanne wieder nach Aix zurück. Gabrielle und Emile trafen sich auch nach seiner Abreise. Cézanne kam erst sechs Monate später wieder nach Paris, zu Beginn des Jahres 1865. In der Zwischenzeit erwachte ihre Liebe, wie ein Foto von Alexandrine vermuten läßt, auf das Zola 1901 folgende

Widmung schrieb: der Gefährtin von 37 gemeinsamen Lebensjahren.

Entdeckte Gabrielle sofort in diesem jungen, energiegeladenen Schriftsteller den sensiblen und gefühlsbetonten Menschen, der so oft in Melancholie verfiel und gleich darauf in einen Feuereifer der Begeisterung? Sah sie von Anfang an, wie sehr dieser Sohn seine Mutter liebte, was für ein treuer Freund er war und daß er sich durch nichts von seiner Arbeit abbringen ließ? »Ein unfaßbares Wesen, tief, insgesamt aus vielem gemischt; schmerzerfüllt, ängstlich, dunkel, etwas zweifelnd«, so beschrieben ihn die Brüder Goncourt, als sie ihn 1868 zum ersten Mal sahen.

Als sein Vater starb, war er fast genauso alt wie Gabrielle beim Tod ihrer Mutter. Wie sie kannte er Armut und Erniedrigung, mußte früh anfangen zu arbeiten, um seinen Lebensunterhalt zu verdienen. Beide hatten den gleichen Lebenshunger, die gleiche Neigung zur Hypochondrie, die gleiche Todesfurcht. Unleugbar waren die Unterschiede des elterlichen Milieus, ihrer Bildung, ihrer Erfahrungen, ihrer Charaktere und ihrer Begabungen. Sie hatten genügend Gemeinsamkeiten, um sich zu verstehen, und sie waren unterschiedlich genug, um sich zu lieben.

Das Bohème-Leben

Gabrielle und Emile zogen Anfang des Jahres 1866 zusammen. Sie wohnten in der Rue de l'Ecole de Médecine, inmitten des Quartier Latin. Einige Monate später siedelten sie in die Rue de Vaugirard 10 um, wo sie direkt neben dem Odeon eine kleine Wohnung im 6. Stock bezogen mit Eßzimmer, Schlafzimmer, Wohnzimmer, Gästezimmer und Terrasse zum Jardin du Luxembourg hin. »Ein richtiger Palast«, schrieb Emile stolz seinem Freund Numa Coste.

Gabrielle wohnte nicht zum ersten Mal im Quartier Latin, dem Viertel der Studenten und Kunstmaler mit seinen engen und oft berüchtigten Straßen. In einem Brief, den sie einige Tage vor ihrem Tod 1925 an Denise Le Blond-Zola schrieb, teilte sie ihr mit, daß es für sie »schwierig war, während der Ehe im Quartier Latin zu wohnen«. Zweifellos meinte sie die erste gemeinsame Zeit mit Zola, denn 1867 zog das Paar bereits in ein anderes Stadtviertel von Paris. Meinte sie die Atmosphäre im Quartier Latin, seine Bewohner oder die Erinnerungen, die das Viertel in ihr wachrief?

Durch das Zusammenleben mit Zola entdeckte sie seine Haupteigenschaft. Er arbeitete den ganzen Tag, mühte sich unaufhörlich ab. Wenn er gerade keinen Artikel für eine der Zeitungen schrieb, bei denen er Mitarbeiter war – *Le Salut public, Le Figaro* oder *Le grand Journal* –, arbeitete er an seinem Buch *Le Voeu d'une morte* (Das Vermächtnis einer Sterbenden), das im *Evénement* erscheinen sollte. In der übrigen Zeit schrieb er Briefe, füllte mit seiner feinen Handschrift Dutzende von Seiten: an die Zeitungsdirektoren, die Kritiker, die Freunde.

Zum 31. Januar kündigte er bei Hachette, wo er vier Jahr lang seinen Lebensunterhalt verdiente. Von nun an mußten sie von seiner Schriftstellerei leben. Zunächst war Gabrielle darüber etwas beunruhigt, aber sie faßte schnell wieder Vertrauen. Mit ihm konnte sie sich ein gemeinsames Leben vorstellen. Sie sprachen jedoch noch nicht von der Zukunft, sie liebten sich in den Tag hinein. Aber nach und nach bildeten sich bestimmte Rituale heraus. Er schenkte ihr

Blumen, sie kochte für ihn. Es sah aus wie ein Spiel, aber es war bereits ein Stück gemeinsamen Lebens. Sie stritten nicht, sie hatten sich immer etwas zu sagen, denn sie hatte eine unbändige Lust zu lernen. Sie war stolz auf ihn und sollte es ihr Lebtag bleiben. Sie hatte begriffen, daß es ihre Aufgabe sein würde, ihm auf ihre Art nach besten Kräften zu helfen. Tag für Tag machte sie sich unersetzlich, beschützte ihn, pflegte die Wohnung. Sie achtete darauf, ihn nicht zu stören, während er schrieb, und sorgte für sein leibliches Wohl, indem sie vorzüglich kochte – mit dem Ergebnis, daß sie immer mehr zunahm; Emile Zola hingegen, der pausenlos arbeitete, wurde immer hagerer.

Am 13. März 1865 erschien in *Le Petit Journal* ein literarisches Porträt mit dem Titel *Liebe unter den Dächern*, eine kleine Erzählung, die 1866 unter dem Titel »Esquisses Parisiennes« veröffentlicht wurde. Diese Pariser Skizzen waren von Gabrielles Vergangenheit und ihrem Leben als Weißnäherin inspiriert. Georges Pajot, ein Jugendfreund Zolas, erkannte sie sofort wieder:

»Bitte, sag Gabrielle – ich habe ganz vergessen, Madame Gabrielle zu sagen! – sie möge bitte keinen Anstoß daran nehmen und mir diese Vertraulichkeit verzeihen und ebenfalls die Tatsache, daß ich ihr so viel Zuneigung entgegenbringe, wo sie Dich doch so glücklich macht. Doch ich lebe zu weit entfernt, und sie ist zu vernünftig, als daß das gefährlich werden könnte. Sag ihr also, daß ich mich sehr gefreut habe, ihr Porträt für 20000 Leser veröffentlicht zu sehen und selbst ein Exemplar davon zu besitzen.«[1]

Eine Putzmacherin und ein Künstler, das war das Bilderbuchpaar des 19. Jahrhunderts. Seit der Erzählung *Mimi Pinson,* die Musset 1845 veröffentlichte, war die Grisette zum literarischen Typ geworden. Die Romantik schilderte sie als großzügig, einfach, mutig, unabhängig. Der Realismus machte aus ihnen Repräsentantinnen einer sozialen Schicht mit ihren Sitten, ihrer Sprache, ihren Träumen und Tragödien. Aber wo hörte die Wirklichkeit auf, wo begann die literarische Phantasie?

Liebe unter den Dächern von Paris, so fing auch sein Leben mit Gabrielle an... Und er notierte in seinen Skizzen genau, wie ihr damaliges Zimmerchen aussah mit den naiven Stichen und dem auf Jahrmärkten erstandenen Nippes, der Büste des armen Poeten

Béranger, einem Amor aus vergoldetem Gips, einigen von der Reise Dumont d'Urvilles inspirierten Stichen. Mit leichten Federstrichen umriß er Gabrielles elegante Gestalt, die über den Fesseln geschnürten Röcke, beschrieb er die Spatzen und das Pflaster von Paris. Alles war so schön wie bei Musset, den er sehr bewunderte und der Gabrielles Lieblingsdichter war.

Gabrielle entdeckte sich selbst durch seinen Blick; sie war zwar nicht die Tugend in Person, aber sie hörte auf ihr Herz, und so sah Zola sie: Sie war fröhlich und mutig, machte sich und den anderen nichts vor, weder was ihr Leben noch was ihre Gefühle betraf, war unabhängig, ehrbar und legte größten Wert auf Sauberkeit.

Gabrielles Porträt bekommt aber erst dann seine wirkliche Bedeutung, wenn man es mit dem Berthes vergleicht, der ersten Geliebten Zolas, das er in der Figur der Laurence in *La Confession de Claude (Beichte eines Knaben)* nachzeichnete. In diesem Roman, den er 1862/63 begann, bevor er Gabrielle kennenlernte, dann liegenließ und 1865 wieder aufnahm, begleicht er seine Rechnung mit der Vergangenheit, indem er das Gegenteil dessen, was man unter einer Grisette versteht, beschreibt. »Sie lügen, sie lügen, sie lügen!« ruft der Ich-Erzähler aus, als er von denen spricht, die die Putzmacherinnen, die Mimis, idealisieren. Die Porträts sind in jeder Einzelheit gegensätzlich. Dem makellos reinen Zimmerchen von Marthe steht die von Laurence bewohnte Elendsbehausung gegenüber:

»Gleich beim Eintreten hatte ich einen durchdringenden Moschusduft wahrgenommen, der sich der säuerlich riechenden Feuchtigkeit beimischte und den Geruchssinn gänzlich in Anspruch nahm. Auf dem Kaminsims standen Flaschen und kleine Gefäße aufgereiht, die außen ganz fettig waren von den Aromaölen. Darüber hing ein mit Sternen verzierter, an vielen Stellen bereits blinder Spiegel. Die Wände waren ansonsten kahl; alles lag auf dem Fußboden herum, ausgetretene Seidenschuhe, schmutzige Wäsche, verschossene Bänder, zerfetzte Spitzenreste.«

Der Erzähler hat manchmal Lust, der nichtssagenden, langweiligen Laurence entgegenzuschreien:

»Steh auf, prügeln wir uns; wach auf, schrei, fluche, zeig mir, daß du noch lebst und mir Leid zufügen kannst.« Und er fügt hinzu: »Sie schaut mich mit ihren leblosen Augen an; ich weiche entsetzt zurück, wage nicht zu reden. Laurence ist tot, ihr Herz ist tot, ihre Gedanken sind es. Für einen solchen Kadaver kann ich nichts mehr tun.«

Laurence ist das Gegenteil der mitreißenden, feinfühligen, in ihren Ansprüchen manchmal maßlosen Gabrielle, sie besitzt keine der Fähigkeiten und Gaben Gabrielles. Das ist dem treuen Pajot nicht entgangen, der anläßlich der Veröffentlichung von *Beichte eines Knaben* schreibt:

»Es ist nicht richtig, daß Du über Laurence die Gegenwart vergißt. Vergangener Schmerz stört nicht das Glück der Gegenwart. Sage Gabrielle meinen Glückwunsch, die, wenn sie Dich zu einem Roman inspiriert, ihn nicht so trist werden läßt wie den von damals.«[2]

Die Liebe Emiles zu Gabrielle hat ihm neue Kraft gegeben, er kann wieder Hoffnung schöpfen und sich Ziele setzen. Was bedeutet es schon, wenn das Bild der Grisette an Wahrheit verliert, Gabrielle aber dadurch sympathischer wird? Und was bedeutet es, wenn Gabrielle niemals ihren Gefährten wirklich zu einem Roman inspiriert? Sie wird bestimmt nie seine Muse sein, aber einige ihrer Züge finden sich immer wieder in den Figuren seiner Werke, so in *Madeleine Férat*, einem Roman aus dem Jahre 1868, in dem er den Stoff des 1865 geschriebenen Schauspiels *Madeleine* verarbeitete. In *Madeleine Férat* findet man zwei Parallelfiguren, zwei Mädchen aus dem Volk. Vert-de-gris versinnbildlicht das Schicksal vieler heruntergekommener Grisetten, die auf den Strich gehen, ihre Zerrüttung, ihre Zerstörung durch den Alkohol. Ihr verunstalteter Körper und ihre grinsende Fratze verfolgen Madeleine, die versucht, mit Hilfe der Liebe Guillaumes, eines sensiblen jungen Mannes, der Schande ihrer Vergangenheit zu entkommen. Jenseits der melodramatischen Thematik, der aussichtslosen Rettung einer verlorenen Frau, zeichnet sich eine verblüffende Parallele zu Gabrielle ab. Hinter den beiden Figuren Vert-de-gris und Madeleine entdeckt man die Angst Gabrielles, so werden zu können wie diese beiden verlorenen Mädchen und dem Elend zu verfallen, wie es in ihrem Milieu so vielen vorherbestimmt zu sein scheint. Wie Gabrielle muß sich auch Madeleine, die aus bescheidenen Verhältnissen stammt, allein durchschlagen. Dank ihrer Heirat mit Guillaume gelangt sie zur Selbstschätzung und kann die »Schande ihrer Vergangenheit« vergessen. Sie hat das Ansehen »einer rechtmäßigen Ehefrau«. Sogar ihr Porträt erinnert zuweilen an Gabrielle:

»Es war ein schönes, großgewachsenes Mädchen mit geschmeidigen und zugleich kraftvollen Gliedmaßen, die eine seltene Energie erahnen ließen. Das Gesicht war besonders eindrucksvoll: der obere Teil sehr fest, von fast männlicher Härte; über der Stirn spannte sich die glatte Haut; die Schläfen, die Nase und die Backenknochen ließen die Rundungen des darunterliegenden Knochenbaus ahnen und gaben dem Gesicht eine marmorne Kälte und Strenge. (…) Der untere Teil des Gesichts aber hatte, ganz im Gegensatz, außergewöhnlich feine Züge; die Wangen waren weich, sinnenfreudig, mit zwei kleinen Grübchen neben den Mundwinkeln.«

Der fast männlichen Kraft Madeleines stellt er die Zerbrechlichkeit ihres Gefährten gegenüber. Dieser Kind-Mann, der von seinen Klassenkameraden ebenso gedemütigt und mißhandelt wurde wie Zola in Aix, träumt davon, die ihm zugefügten Verletzungen in den Armen seiner Geliebten zu vergessen. Er ist nervös und willensschwach und stützt sich ganz auf sie, er ist »die Frau in dieser Ehe, das schwache Wesen, das gehorcht«… Seine nervöse Unruhe wird durch Madeleines Ruhe aufgefangen. Als sie zugrunde geht, überlebt er nicht. Madeleine ist die tragische Projektion von Gabrielle, wäre sie ihrer Vergangenheit ausgeliefert geblieben. Sie hätte dann einen weniger starken und weniger schöpferischen Mann als Zola mit in den Abgrund gerissen.

Landausflüge

Im Gegensatz zu den Hauptfiguren des Romans *Madeleine Férat* lebte das junge Paar nicht isoliert von anderen und nur auf sich selbst konzentriert. Gabrielle-Alexandrine und Emile Zola waren von Anfang an von einer regelrechten Bande von Freunden umgeben. Emile machte aus der Freundschaft einen Kult, und schnell war daher Gabrielle in die Gruppe seiner Kindheits- und Jugendfreunde aufgenommen. Die ältesten waren Georges Pajot, Baptistin Baille, ein Absolvent des Polytechnikums, Cézanne, Numa Coste, der Dichter Antony Valabrègue, der Journalist Marius Roux und der Bildhauer Philippe Solari; neuere Freunde waren die Maler der Moderne: Bazille, Fantin, Pissarro, Monet, Guillaumin, Guillemet. Gabrielle kannte bereits einige dieser Künstler, bevor sie Zola traf.

Sie alle liebten die Natur. Viele von ihnen kamen aus der Provinz und fanden in der Natur zu innerer Ausgeglichenheit zurück, denn sie war für sie eine Quelle der Inspiration. Bevor Zola Gabrielle kennenlernte, pflegte er in der Schenke von Mutter Sens in Fontenay-aux-Roses zu verkehren, die er in seiner Erzählung *Auf dem Land* beschreibt. Courbet und die Maler des Realismus hatten sie bereits etwa zwanzig Jahre zuvor entdeckt, man genoß hier herben Wein in Tonbechern und aß dazu Kaninchenragout. Cézanne und Zola verbrachten beinahe jeden Sonntag an dem im Gebüsch und Unterholz versteckten Tümpel. Später wählten die Freunde andere Orte, um dem Alltag zu entfliehen, zum Beispiel Le Plessis, Châtenay, Verrières. Da begleitete Gabrielle bereits Zola.

Gabrielle liebte die Natur, wie eine Pariserin sie liebt: auf eine romantische und genießerische Art. Als sie zu Beginn ihrer Liebe im Wald von Verrières spazierengingen, waren sie überglücklich. An diese schönen Augenblicke erinnerte sich Zola in einer kleinen Erzählung mit dem Titel *Die Erdbeeren*. Aus Gabrielle wurde unter seiner Feder erst Cendrine, später Ninon.

1866 entdeckte die Freundesschar Bennecourt, ein wahres Paradies in einer Biegung der Seine, und schon waren die Wiesen von

Fontenay und Verrières vergessen. Sie verbrachten mehrere Stunden in kleinen Booten oder spielten Robinson Crusoe auf den menschenleeren Seineinseln mit ihrem schattigen Laub.

Mehrere Jahre hindurch traf sich die kleine Gruppe von Mai bis September in diesem Dorf, das ungefähr zehn Kilometer von Mantes entfernt am rechten Seineufer liegt. Manchmal blieben einige etwas länger, um zu arbeiten, so zum Beispiel Cézanne und Valabrègue im Sommer 1866. Sie bestiegen im Pariser Bahnhof Saint-Lazare den Zug Richtung Le Havre – den Zug, der, parallel zur Seine, unterhalb von Zolas späterem Grundstück in Médan entlangfuhr und den Zola in seinem Roman *Das Tier im Menschen* in den Mittelpunkt stellt –, stiegen in Bonnières-sur-Seine aus und überquerten den Fluß auf einer Fähre. Eine zweite, »an knirschenden Ketten gezogene« Fähre brachte sie zum Weiler Gloton. Gabrielle und Emile zogen in der schönen Jahreszeit hinaus nach Bennecourt, wo sie in der Herberge Dumont wohnten, die in Zolas Novellen als Herberge der Mutter Gigoux auftaucht. Im Juli und im August 1868 wohnten sie hier zusammen mit dem Maler Guillemet, dem Ehepaar Monet und dessen Sohn. Von 1869 bis 1871 mieteten sie in Pernelle ein Haus, in dem sie sich dann oft aufhielten.

Das Haus in Pernelle beschrieb Zola später in *Das Werk,* dem autobiografischsten seiner Romane. Die wundervollen Tage, die er mit Gabrielle in Bennecourt verbrachte, läßt er in diesem Roman den Maler Claude Lantier und seine Gefährtin Christine erleben. Sie wohnten in einem riesigen, spärlich möblierten Haus, in dem sich unten eine Küche und ein großer Raum, darüber zwei Schlafzimmer befanden. Vor allem bezauberte sie der verwilderte, idyllische Garten vor dem Haus mit seinen Aprikosenbäumen und riesigen Rosensträuchern. Sie standen morgens spät auf, und nach dem Mittagessen gingen sie auf der mit Apfelbäumen bepflanzten Hochebene oder an der Seine spazieren. Manchmal wagten sie sich vor bis La Roche-Guyon oder überquerten die Seine und wanderten zu den Weizenfeldern von Bonnières und Jeufosse. Sie hatten einen alten Kahn gekauft und verbrachten Stunden und oft auch ganze Tage darin. Manchmal mußte Zola die Hose hochkrempeln und auf die sandige Uferböschung springen, um den Kahn mit aller Kraft wieder abzustoßen. Gabrielle stand ihm in nichts nach, sie ruderte gern gegen den Strom, da sie doch kräftiger war als mancher Mann.

Helle Sommertage, an die sich Zola oft in seinen Novellen und Chroniken erinnert. In *Der Fluß* beschreibt er sein Zimmer beim Hufschmied, die weiß gekälkten Wände mit den naiven Verzierungen, das breite, nach frischer Wäsche duftende Bett, die frischgewaschene Wäsche im Schrank, die Stunden, die er rudernd, angelnd, träumend auf dem Wasser in seinem kleinen Boot verbrachte. In diesen fünfzehn Jahre später geschriebenen Texten vermischen sich Poesie, Humor und zugleich Nostalgie.

Diese Erinnerungen an die Jugend, an Landpartien, in denen die Fröhlichkeit einer Schar junger, stets zu Streichen aufgelegter Künstler und ihrer Geliebten aufbricht, sind zugleich Stilübungen und Spiel mit der Erinnerung.

Obgleich diese Erzählungen fiktiv sind, enthalten sie manch real erlebtes Detail über die Jugend Gabrielles und Zolas. So gibt zum Beispiel die kleine, fröhliche Erzählung *Ein Streich* die Atmosphäre dieser sorglosen Sommertage wieder. Eine Gruppe junger Leute geht in Gloton bei Mutter Gigoux an Land: sechs junge Männer und zwei Mädchen. Der Literaturwissenschaftler R. Walter[1] hat nachgewiesen, daß diese Personen das getreue Abbild der Gruppe sind, die Zola umgab: Jean-Baptiste Chaillan, der Jugendfreund und mittelmäßige Maler, Cézanne, Solari, Valabrègue, Guillemet, Thérèse Strempel, Geliebte und spätere Ehefrau Solaris, und Gabrielle, die sich hinter Louise verbirgt. Thérèse, in Wirklichkeit klein, wird hier zu der großen, braunen Marguerite, und die braungelockte Gabrielle wird zur dicken, blonden Louise.

Selbst wenn sich Zola ohne Zweifel einige Freiheiten genommen hat, was die Situation und die Personen betrifft, so werden hier die Beziehungen zwischen den jungen Leuten und ein bisher unbekannter Zug von Gabrielles Charakter enthüllt. Die Stimmung ist harmlos-fröhlich. Man rudert, raucht, badet, schwatzt, verschlingt die Rühreier und Bratkartoffeln von Mutter Gigoux. Die Damen »genieren sich nicht und ziehen zum Bad in aller Ruhe hinter einem Baumstamm ihre Bluse aus«.[2] Sie nehmen an den leidenschaftlichen Diskussionen teil, bei denen Romantiker und Verteidiger des Realimus in Streit geraten. Bemerkenswert ist, daß Louise – wie Gabrielle – ihre Bildung ihrem Geliebten verdankt und, früher eine Grisette, die billige Farbdrucke liebte, jetzt Fragen der Ästhetik erörtert...

Unter ihnen weilt ein gewisser Planchet, ein unangenehmer Zeitgenosse, für den Zola den Maler Guillemet als Vorbild genommen hat. Er ist das schwarze Schaf der kleinen Bande. Bisher hatte man sich damit begnügt, ihm die üblichen Streiche zu spielen: ihm einen sauren Hering an die Angel zu binden, seine Kleider zu verstecken, während er badete, ihm frische Brennesseln ins Bett zu stecken. Nun will man ihn aber loswerden, und Louise nimmt die Sache selbst in die Hand.

»Wißt ihr, ich werde so tun, als hätte ich mich in ihn verliebt. Ich brauche drei Tage, dann habe ich ihn so weit, daß er in den Zug steigt und abfährt.«

Ihr Vorschlag wird mit Freudengeschrei aufgenommen. Louise setzt ihren Plan in die Tat um: Sie preßt ihr Knie an das seine, drückt flüchtig seine Hand, setzt sanft ihren Fuß auf den des unglücklichen jungen Mannes, der ebenso erstaunt wie peinlich berührt ist. Sie geht sogar so weit, ein Bein zwischen seine Beine zu schieben, als sie beide eines Abends im Gras liegen. Die anderen unterdrücken ihr Lachen und warten darauf, daß »Planchet, diese große Wurst aus Schweinekaldaunen«, endlich beschließt abzureisen. Aber nichts dergleichen! Louise plant daher einen letzten, großen Streich: Sie schlägt ihm ein Treffen am Seine-Ufer vor, nicht ohne vorher ihren Geliebten Morand (der vielleicht mit Zola gleichzusetzen ist) davon in Kenntnis gesetzt zu haben. Als dieser plötzlich auftaucht, findet der arme Planchet keinen anderen Ausweg, als sich zwischen dem Schilf zu verstecken. Nun kommen die anderen ebenfalls zu Morand und Louise an die Seine; sie verbringen eine fröhliche Stunde am Ufer, schwatzen, werfen Steine ins Wasser. Planchet hat Angst und wagt sich erst aus dem Wasser hervor, als die kleine Bande abgezogen ist. Er muß sich mit hohem Fieber ins Bett legen. Louise hat einen Einfall, um ihre Wette doch noch zu gewinnen: Sie will am nächsten Tag so tun, als würde sie mit Planchet abreisen, will sich aber im letzten Augenblick unauffällig fortstehlen, und Planchet, der Einfaltspinsel, wird allein reisen... Als sich am nächsten Tag der Zug in Anwesenheit der kleinen Schar in Bewegung gesetzt hat, ist aber Louise zum Erstaunen der Freunde nicht ausgestiegen...

Ist das die Rache des Autors an seinem ehemaligen Rivalen? Ist Zola eifersüchtig? Wenn es sich wirklich um Guillemet handelt, dürfte er sich nicht geschmeichelt gefühlt haben. In Louise spiegeln sich Gabrielles Freude an kleinen Streichen und ihre ungezwungenen Umgangsformen, die in Monets Gemälde *Déjeuner sur l'Herbe* festgehalten werden.

Der Ernst des Lebens

Gabrielles Lebensinhalt war von nun an die Arbeit ihres Gefährten. 1865 hatte Zola den Roman *Beichte eines Knaben* publiziert, zu dem ihn seine ersten Liebeserfahrungen inspiriert hatten. Seit seiner Kündigung bei Hachette hatte er eine steile Karriere als Journalist gemacht und 178 Artikel allein im Jahr 1866 geschrieben. Trotz dieses hektischen Arbeitslebens gingen Zola und Gabrielle oft ins Theater, empfingen oder besuchten ihre Freunde und luden sie regelmäßig jeden Donnerstagabend zum Essen ein. Von dem Geld, das er als Schriftsteller verdiente, lebten sie zu dritt, da er auch noch für den Unterhalt seiner Mutter Emilie aufkam. Aber nach dem Erfolg von 1866 begann eine schwierige Zeit. Im Laufe des Jahres 1867 wurden ihm nicht einmal zwanzig Artikel zur Veröffentlichung abgekauft. Die Geldsorgen bedrückten sie von neuem.

Gabrielle war eine Zola ebenbürtige Lebensgefährtin. Sie konnte kochen, waschen, nähen; sie wußte, wie man bei der Krämerin einen Kredit aushandelte, es gelang ihr, aus einem minderwertigen Stück Fleisch eine gute Mahlzeit zuzubereiten. Was sie bedrückte, war die Ungewißheit über die Zukunft. Sie hatte denselben Traum wie ihr Mann: genug Geld zu verdienen, um sorglos und unbeschwert zu leben, ohne Sorge um den nächsten Tag, frei zu sein »von allen materiellen Sorgen des Lebens«. Sie beneideten nicht die Reichen, aber das Geld verachteten sie keineswegs. Gabrielle begriff sehr schnell, daß Zolas Schreibkunst ihnen die erwünschte Lebenshaltung ermöglichen konnte, und darum war sie bemüht, für ihn die bestmöglichen Arbeitsbedingungen zu schaffen.

Damals wurde der Grundstein für ihr Leben als Schriftstellergattin gelegt. Manchmal arbeitete sie bei Hachette im Büro für ein Fünf-Franc-Stück, wenn die Haushaltskasse leer war, sogar für weniger und stellte Streifbänder her. Manchmal ging sie mit ihrer Schwiegermutter zum Pfandhaus und versetzte dort eine Uhr, ein Armband, ein Tuch oder ein Kleid, um die Freunde angemessen bewirten zu können, die selbst in Armut lebten. Trotz einiger Hemmungen mußte der Schriftsteller manchmal um Vorschuß bitten, mußte immer öfter bei den Zeitungsverlegern vorsprechen, sich »verkaufen«, um die Schulden seiner Mutter begleichen zu können, wie beispielsweise die, die sie 1858 bei einem Bäcker in Aix-en-Provence gemacht hatte und die er 1869 zahlte. Es gab nur eine einzige Lösung: schreiben.

Jahrelang war ihre finanzielle Lage äußerst prekär, auch wenn sie nicht mehr in solch großer Armut lebten, wie Emile sie in seiner Jugend kennenlernte. 1868 mußten sie einige Freunde um Hilfe angehen, so Manet, der im Salon Zolas Porträt ausstellte, das er im vorangegangenen Winter gemalt hatte. Infolge der Belagerung von Paris 1871 hatten sie kaum etwas zu essen. Gabrielles Leben war ganz auf die Arbeit ihres Mannes ausgerichtet. Aber sie unterwarf sich dem gern, vorausgesetzt, daß man Zolas Talent anerkannte. Unerträglich fand sie es, wenn man ihm Unrecht tat, einen seiner Artikel zurückwies oder ihm übel mitspielte.

Gabrielle war ständig auf der Hut. Aber sie lernte auch vieles hinzu. Im Laufe der Jahre und im Umgang mit Zola wurde aus der leichtfertigen und unwissenden Grisette eine perfekte Ehefrau, die ideale Gefährtin eines Schriftstellers, wie er sie Jahre später im Roman *Das Werk* dann beschrieb. Dieser Wandel fand durch das Zusammenleben mit Zola statt. Da sie immer zugegen war, waren ihr die Diskussionen, in denen es um Fragen der Ästhetik ging, bald vertraut, und ihr Geschmack verfeinerte sich immer mehr. Sie las viel. Sie entwickelte zwar keinen künstlerischen Ehrgeiz für sich selbst, aber sie verfolgte genau alles, was ihren Mann betraf, nahm intensiv an allem teil, war seine Vertraute, erteilte ihm Rat, war stets an seiner Seite in den großen Streitgesprächen, zu denen er herangezogen wurde. Später wies sie in einem Brief stolz darauf hin, daß sie sich »als Zolas Sekretärin betrachtete«. Der zweite, sehr einleuchtende Grund für ihre Verwandlung war ihr Alter. Gabrielle ging auf die Dreißig zu und wirkte allmählich gesetzt. Die Heirat krönte schließlich ihre Veränderung.

Im April 1867 zogen die Zolas für immer auf die rechte Seineseite, wo Gabrielle zu Hause war. Emile kannte nur das Quartier Latin und seine Umgebung, nun zeigte sie ihm ihre Welt. Ein Teil der Familie Meley wohnte in demselben Viertel, zeitweise ganz in ihrer Nähe. Fünfmal zogen sie um, aber sie blieben immer in der Nähe von Les Batignolles und dem Viertel Saint-Lazare. Ihr sozialer Aufstieg war an ihren Wohnungen ablesbar: Sie wohnten zuerst in der Rue Moncey für 650 Francs jährlich, später in einem vornehmen Stadthaus in der Rue de Bruxelles, wo sie am Schluß 8000 Francs im Jahr Miete zahlten. Sie wohnten dort in einem Eckhaus an der Avenue de Clichy in einer Vier-Zimmer-Wohnung in der dritten Etage zusammen mit Emiles Mutter.

Emilie Zola vergötterte ihren einzigen Sohn und hatte seine Beziehung zu Gabrielle nicht gerade begrüßt. Mit Ausnahme einiger Monate im Winter 1861/62 hatte sie immer bei ihm gelebt. Die erste Trennung war auf Zolas Beziehung zu Berthe zurückzuführen, diesem »Mädchen, das vielen gehörte«; für die zweite Trennung war Gabrielle verantwortlich. Eine Kokotte, eine Grisette! Und dazu noch dreizehn Monate älter als Emile. Ihr Ordnungssinn, ihre Sauberkeit, ihre Entschlußkraft, ihre Hausfrauentalente, ihre uneingeschränkte Bewunderung für Zola, schließlich ihre Liebe ließen sie zu einer Rivalin werden. Spürte Gabrielle von Anfang an diese Feindseligkeit oder verriet sich diese erst, als Zolas Mutter 1867 zu den beiden zog?

Zwischen den beiden Frauen gab es zweifellos Spannungen. Die Mutter warf ihrer zukünftigen Schwiegertochter zu Recht autoritäre Charakterzüge vor. Gabrielle mußte sich, trotz der zur Schau getragenen Sicherheit, ihren Platz erst erobern, mußte sich durchsetzen.

In gewisser Weise waren die beiden Frauen einander sehr ähnlich. Zwischen ihnen herrschte eine gewisse Eifersucht, jede von ihnen wetteiferte um die Vormachtstellung im Haushalt, aber es gibt keinen Anlaß, nun wirkliche Konflikte und Zerreißproben zu vermuten. Sie vermieden es, Emile in ihre Rivalität hineinzuziehen, der beide Frauen mit seiner Liebe bedachte. Die Briefe, welche die Mutter ihrem Sohn schrieb, wenn er mit Gabrielle alleine verreiste, zeigen deutlich, wie besorgt sie um ihn war. Als sie in Bennecourt verweilten, schrieb Emilie zum Beispiel ihrem Sohn:

»Rudere nicht aufs Wasser hinaus, der Wind ist stark, und ein kleines Boot kann kentern. Du versprichst es mir, nicht wahr, Emile, daß Du meinen Rat befolgst?«

Ein Jahr später, im April 1868, zogen alle drei nach Les Batignolles in die Rue Truffaut in ein Einfamilienhaus mit Garten, wo sie bis 1877 wohnten. Das Dorf Les Batignolles jenseits von Clichy lag ursprünglich außerhalb der Stadt Paris, die ja von einer Zollmauer begrenzt wurde; diese Mauer war 1783 errichtet worden, um die Akzise zu schützen. Les Batignolles war seit 1830 beträchtlich angewachsen, da Spekulanten dort billiges Bauland gekauft und einfache Landhäuser erbaut hatten. Das Kleinbürgertum hatte es sich angewöhnt, dort den Sommer zu verbringen, und mietete günstig Häuser. 1841 wurde die nördliche Grenze von Les Batignolles durch den Bau der Befestigungsanlagen unter Thiers festgelegt. Die Bewohner von Les Batignolles waren hauptsächlich Kaufleute, die sich hierher zurückgezogen hatten, Privatiers, pensionierte Offiziere und Angestellte, die hier nach ihrem Berufsleben Ruhe suchten. So wurde der Privatier aus Les Batignolles zu einem bestimmten Gesellschaftstyp. Der Wein war billig, da er nicht der hohen, in Paris üblichen Besteuerung unterlag, und zahlreiche Cafés und volkstümliche Ausflugslokale wie die berühmte »Auberge du Père Lathuile« wurden schon früher in der Nähe der ersten Befestigungsanlagen eröffnet. Ländliche Gärten und Höfe, in denen jeder seine Haustiere hielt, wechselten ab mit gewinnträchtigen Mietshäusern, die ab 1860 mitten auf Weizen- und Kartoffelfeldern errichtet wurden. Die Verlegung einer Eisenbahnlinie hatte die Industrialisierung des nahegelegenen Viertels Epinettes zur Folge. 1859 wurde die erste Befestigungsmauer zerstört, wodurch hier später die äußeren Großen Boulevards entstehen konnten. Im Januar 1860 wurde das Dorf Les Batignolles eingemeindet und dem 17. Arrondissement von Paris zugeordnet, trotz des Widerstands zahlreicher kleiner Händler, die einen Preisanstieg befürchteten. Denn durch das Eingemeindungsdekret wurde festgelegt, daß nun auch hier die Akzise gezahlt werden mußte. Das Wachstum von Paris war nicht aufzuhalten...

In dieses Viertel an der Grenze zwischen Paris und den Vororten zogen Emile und Gabrielle. Ganz in der Nähe, in der Grande-Rue von Les Batignolles Nr. 11 (heute die Nr. 9 der Avenue de Clichy), befand sich das Café Guerbois, Treffpunkt der Impressionisten. Manet war der erste, der dieses nur ein paar Schritte von seinem Malutensilien-Händler Hennequin entfernte Café aufsuchte. Sehr bald gesellten sich junge Künstler zu ihm: Degas, Fantin-Latoir,

Bazille, Monet, Pissarro, Cézanne, Renoir. Sie versammelten sich jeden Freitagabend an zwei Tischen, die für sie reserviert waren. Zola, Nadar und der Schriftsteller und Kunstkritiker Duranty kamen ebenfalls oft hinzu. Sie diskutierten leidenschaftlich, entwickelten ihre neuen ästhetischen Anschauungen und sammelten hier neue Kräfte.

Ab 1869 wohnten die Zolas in der Rue La Condamine 14, einer engen Verbindungsstraße zwischen der Avenue de Clichy und der Rue de Rome, in einem Haus mit Garten, das Zola im *Werk* beschreibt und das auch Paul Alexis in seinen *Notes d'un Ami (Notizen eines Freundes)*, der ersten Zola-Biographie, erwähnt. Es war eine regelrechte »Pappschachtel«, wie Zola schreibt, mit papierdünnen Trennwänden, einem Wohnzimmer, das als Arbeitszimmer diente, einem Eßzimmer, einer Küche, einem Schlafzimmer, in dem Zolas Mutter wohnte, und einem kleinen Zimmer, in dem das Paar schlief.

Das Haus war zwar bescheiden, doch für Gabrielle und Emile war es ein »Haus der Arbeit und der Hoffnung«. Hier verbrachten sie ihre Abende um den runden Tisch mit Freunden oder aßen abends zu dritt auf der kleinen Terrasse. Bekannte gesellten sich oft dazu und saßen bis spät in die Nacht hinein zusammen.

In einem Brief von 1876 an den russischen Korrespondenten Boborykine beschreibt Zola selbst seinen Alltag, der in zehn Jahren kaum eine Veränderung erfuhr:

»Ich lebe sehr zurückgezogen im entlegensten Winkel von Les Batignolles. Hier wohne ich in einem kleinen Haus mit meiner Frau, meiner Mutter, zwei Hunden und einem Kater. Kommen mich donnerstags abends Leute besuchen, dann sind es zumeist meine Freunde aus der Kindheit. Sie kommen fast alle aus der Provence. Ich gehe so wenig wie möglich aus. (…) Ich halte mich absichtlich von allem fern, ich möchte so viel Ruhe wie möglich für meine Arbeit haben. Ich arbeite wie ein Bürger, zu festgesetzten Stunden: Morgens setze ich mich an meinen Schreibtisch wie ein Händler an seinen Ladentisch; ich schreibe langsam, im Schnitt drei Seiten am Tag, die ich dann wieder abschreiben muß: Stellen Sie sich eine Frau vor, die Wolle verstrickt, Masche für Masche (…) Wirklich, alle echten Arbeiter müssen in unserer Zeit friedliche Menschen sein, jeder gewollten Pose fern in ihrer Familie leben wie ein x-beliebiger Notar in einer kleinen Stadt.

(…) Wenn ich mit meiner Tagesarbeit zufrieden bin, spiele ich abends mit meiner Frau und meiner Mutter Domino. So fällt es mit leichter, auf den Erfolg zu warten.«

Über diesen ruhigen Abenden lag der Friede eines endlich gefundenen inneren Gleichgewichts. Gabrielle schöpfte daraus Kraft und Vertrauen in die Zukunft.

Donnerstagsgäste

Bereits seit 1864 war es Zola zur Gewohnheit geworden, seine Freunde am Donnerstagabend bei sich zu versammeln. Die Gegenwart Gabrielles an seiner Seite schränkte dieses Ritual nicht ein, sondern verlieh ihm sogar eine neue Nuance. Der Freundeskreis vermittelte Zola nicht nur Solidaritätsgefühl, sondern auch die Möglichkeit, den literarischen Raum zu besetzen, ein Netz zu schaffen, auf Verleger und Kritiker Druck auszuüben. Das gesellige Beisammensein am Donnerstagabend wurde zur Institution, die auch nach Zolas Tod aufrechterhalten wurde. Als hervorragende Köchin bereitete es ihr großes Vergnügen, für die Gesellschaft zu kochen. »Wir erwarteten die Donnerstage wie ein Liebes-Rendezvouz«, schreibt der Schriftsteller in seinen Skizzen zum *Werk*.

Zola war ein Feinschmecker; Edmond de Goncourt beichtete er: »Wenn es bei uns nichts Gutes zu essen gibt, bin ich regelrecht unglücklich, ganz, ganz unglücklich.« Gabrielles Kochkunst war exquisit, eine ihrer Spezialitäten war die Bouillabaisse, auf die sie sehr stolz war, denn sogar die Freunde aus der Provence hielten sie für besser als die, die in Marseille geboten wurde.

Sobald die Gäste eintrafen, entfernte sie die große, weiße Schürze, mit der sie ihr schwarzes Popelinekleid schützte, und begrüßte alle herzlich. Es herrschte eine vertraute Atmosphäre, alle duzten sich, waren »Kollegen«. Zu diesen Treffen kam Valabrègue, der Kunstkritiker und gelegentliche Poet, und brachte den jungen, kaum zweiundzwanzigjährigen Paul Alexis mit, dessen Bewunderung für Zola grenzenlos war. Mit von der Partie war auch der Journalist Marius Roux, der Freund aus der Schulzeit. Coste und Cézanne fehlten noch, denn Cézanne arbeitete gerade an einem Bild, das er in Zolas Haus begann und das er »Paul Alexis liest Emile Zola ein Manuskript vor« betitelte.

Gabrielle setzt ihren ganzen Ehrgeiz darein, die Gäste selbst zu bedienen. Das Essen war einfach, aber reichlich: Nach der Bouillabaisse servierte sie Hasenpfeffer, gebratenes Geflügel mit Salat, Käse und dazu Burgunderwein. Nach der Honorarzahlung für Zolas ersten Roman ließen sich die Zolas ein Zweihundertliter-Faß von diesem Wein kommen. Kekse und Tee folgten als Abschluß des Mahls. Zola half ihr, die Tischdecke zusammenzufalten, ohne dabei sein Gespräch zu unterbrechen.

Goncourt beschreibt Zolas Vorliebe für

»die kleinen, von seiner Frau zubereiteten Speisen, gekocht, wie man eben auf dem Lande kocht, aber von einer Köchin, die diese Speisen würzt mit ihrem Glauben an das Talent ihres Herrn und Meisters und mit ihrer religiösen Verehrung für ihn.«[1]

Gabrielles Kochkunst war eine Hommage an das Talent ihres Mannes, um dessen leibliches Wohl sie stets besorgt war. Die Donnerstagstreffen boten Gabrielle die Möglichkeit, ihre Dankbarkeit Zola gegenüber zum Ausdruck zu bringen und selbst Anerkennung zu ernten. Dadurch, daß sie Emiles Freunde empfing, machte sie sich unersetzlich, nahm an seinem Leben teil. Im Laufe der Jahre spielte diese Gastfreundschaft eine immer größere Rolle in ihrer Ehegemeinschaft.

Einige Jahre später, als sich ihre Lebensweise veränderte und aus Gabrielle Alexandrine wurde, stellten die Zolas eine Köchin und einen Diener ein. Von nun an kochte sie nicht mehr selbst, aber sie beaufsichtigte die Köchin, begleitete sie zum Markt und ging persönlich zu den Anlieferern. Sie hatte eine Vorliebe für exotische Menüs, die dem Dîner, das Henriette Sandoz und ihr Mann im Roman *Das Werk* zubereiten, ähnelten:

»… eine Ochsenschwanzsuppe, Steinbarben vom Rost, Filet mit Steinpilzen, Ravioli auf italienische Art, Haselhühner aus Rußland und einen Trüffelsalat; außerdem Kaviar und Kilki[2] als Vorspeise, Eis mit gebrannten Mandelsplittern, einen kleinen ungarischen, smaragdgrünen Käse, Früchte, Gebäck. Als Wein lediglich alten Bordeaux in Karaffen, Chambertin zum Braten und einen Moselschaumwein zum Nachtisch, anstelle des Champagners, der als alltäglich angesehen wurde.«[3]

Der Tee wurde in einem Samowar serviert, dazu gab es Brioche, Teller mit süßem Naschwerk, Kuchen und »eine barbarische Verschwendung an Likören, Whisky, Gin, Kümmel und Raki aus Chio«. Dieses Menü war als Kunstwerk konzipiert, bei dem Gleichgewicht herrschte zwischen den Bräuchen des Nordens und des Südens, des Ostens und des Westens, zwischen der Farbigkeit und dem einfachen Braun, dem Süßen und dem Gesalzenen, dem Milden und Scharfen, zwischen Meeresfrüchten und Früchten der Erde.

Genauso wie Emile verabscheute Gabrielle das mondäne Leben. Ihre Direktheit und Offenheit hinderten sie daran, sich dem verlogenen Gesellschaftsspiel anzupassen. Es mußten Jahre vergehen, bis sie genügend Selbstvertrauen gewann, um sich unter die elegante Gesellschaft zu wagen, wie sie zum Beispiel freitags in der Rue de Grenelle bei Marguerite Charpentier zusammenkam, der Frau von Zolas Verleger. Die Donnerstagsgesellschaft in Les Batignolles war also keine mondäne Zusammenkunft, sondern das Gemeinschaftswerk von Gabrielle und Emile, eine Art erweitertes Familienfest, ein Freundschaftsritual. Von Anfang an war dieses gesellige Beisammensein wichtig für die Entwicklung der zeitgenössischen Literatur, nicht zuletzt für die Entstehung des Naturalismus, ohne jedoch den Anspruch eines literarischen Salons zu erheben.

Diese Abendgesellschaften veränderten sich aber im Lauf der Jahre, zumal auf einige Freunde aus der frühen Jugend verzichtet werden mußte. Dies spiegelt sich im Roman *Das Werk* wider, wo das hervorragende Dîner nur auf Gleichgültigkeit trifft, die ehemaligen Freunde zu sehr damit beschäftigt sind, sich gegenseitig zu beneiden oder zu zerfetzen, und der Hausfrau das Allerschlimmste widerfährt: Die Gäste schlingen die herrlichen Speisen hinunter, ohne darauf zu achten, was sie essen. Henriette bittet sie vergeblich »um ein wenig Andacht bei den Raviolis«, aber die Diskussionen gehen um so leidenschaftlicher weiter. Am Ende schaut das in gleicher Enttäuschung vereinte Ehepaar dem »Zusammenbruch seines Dîners« zu. Als die Gäste fort sind, trauert Sandoz (zweifellos wie Zola) seinen Jugendillusionen und seinem schönen Traum ewiger Freundschaft nach, aber seine Frau, hellsichtiger oder vielleicht auch weniger betroffen, flüstert ihm zu: »Ich hatte dich gewarnt, ich hatte es kommen sehen.« So hätte auch Gabrielle reden können.

Ehefrau oder Konkubine

Das Zweite Kaiserreich wurde bald durch die Dritte Republik mit ihren strengen Moralvorschriften abgelöst. Schluß mit der Leichtlebigkeit, Oberflächlichkeit und den Ausschweifungen des Pariser Lebens, mit dem Cancan, den berühmten Kurtisanen, den Vergnügungen. Arbeit und Sparsamkeit, Korrektheit und Sittlichkeit wurden zum Ideal erhoben.

Die Ehe war eine der Grundfesten der Gesellschaft, und sie spielte eine wesentliche Rolle in der Frage der sozialen Integration oder Ausgrenzung. Nur einige starke Persönlichkeiten wie George Sand[1] oder Marie d'Agoult[2] brachten es damals fertig, die öffentliche Meinung zu brüskieren und sich ungeniert mit ihrem Geliebten zu zeigen. 1870 brachte ein Leben in wilder Ehe für eine Frau unweigerlich mit sich, daß sie ausgegrenzt wurde, denn ehrbare Frauen verkehrten nicht mit einer Frau, die ohne Trauschein mit einem Mann zusammenlebte, sie richteten nicht einmal das Wort an sie. In Künstlerkreisen war allerdings das Verdikt weniger stark.

Gabrielle Meley mußte nicht nur wegen ihrer persönlichen Situation Mut zeigen, sondern auch der Zola entgegengebrachten Feindseligkeit die Stirn bieten. Am 23. Januar 1868 erschien über den soeben veröffentlichten Roman *Thérèse Raquin* eine Rezension mit dem Titel *Die stinkende Literatur*, in der Zolas Roman zusammen mit *Germinie Lacerteux* der Brüder Goncourt und Bildern Manets und Courbets besprochen wurde. Der Kritiker schmähte »die monströse Schule, die vorgibt, die Beredsamkeit der Leichengrube durch die Beredsamkeit des Fleisches ersetzen zu wollen«, und er sah in *Thérèse Raquin* »einen Abfallhaufen aus allen bereits zuvor veröffentlichten Abscheulichkeiten«. Dies war der erste einer Reihe von beleidigenden Artikeln, die mit unerhörter Heftigkeit Emile Zola wegen seiner »Unmoral« attackierten.

Zola wußte sich immer gegen diese Angriffe zu verteidigen, indem er die naturwissenschaftliche Methode seines Schreibens als Argument anführte. Aber wie ging Gabrielle mit diesen Anschuldigungen um? Ihre Vergangenheit, ihre Beziehungen, die bescheidenen Arbeiten, die sie ausführte, ihre wilde Ehe – waren das nicht lauter Verfehlungen gegenüber der bürgerlichen Moral? Das Schlimmste von allem war ihre Jugendsünde, die für immer auf ihrem Gewissen lastete, das Fortgeben der kleinen Tochter. Was würde geschehen, wenn sie dies erführen?

Gabrielle wollte nicht zu einem weiteren Beweisstück im Aktenbündel über die Unmoral des Schriftstellers werden. Sie mußte um so unverdächtiger sein, je weniger man Zola verzieh, der einer immer bissiger werdenden Kritik ausgesetzt war. Zola sollte sein Schweigen über ihre Vergangenheit niemals brechen, und sie sollte ihm dafür ihr Leben lang dankbar sein und ihm ihre ganze Aufopferungsbereitschaft schenken. Die Attacken, die sich gegen Zola richteten, verletzten Gabrielle immer viel stärker als ihn, da sie den wunden Punkt ihrer Vergangenheit berührten: Ihr mangelte es an Sittlichkeit, dem Prüfstein des 19. Jahrhunderts.

Je mehr das Zusammenleben mit Zola sie von ihrer Vergangenheit entfernte, desto weniger ertrug sie, damit identifiziert zu werden. In den Augen der Bourgeoisie lebte sie in wilder Ehe mit einem Mann und mußte oft Sticheleien und Anspielungen hören, die ihr wehtaten. Die Brüder Goncourt zum Beispiel, mit denen Zola seit Dezember 1868 verkehrte, luden ihn immer nur allein ein, als Junggesellen. Darüber hinaus hatte sie das untrügliche Gefühl, daß ihre Bindung nur dann wirklich von Dauer sei, wenn sie heiraten würden. Daß der Schriftsteller sich ihrer Probleme bewußt war, geht aus einer Passage seines Romans *Das Werk* hervor: Der Maler Claude Lantier lebt mit Christine zusammen. Christine ist eine junge Frau aus der Provinz, die er an einem verregneten Abend bei sich aufnahm. Sie bekommen ein Kind, sind aber nicht verheiratet. Sandoz lädt Claude zu der Donnerstagsgesellschaft ein, an der nach seiner Heirat nun auch immer seine Frau Henriette teilnimmt.

»Hör mal, Alter«, hatte er rundheraus zu Claude gesagt, »das finde ich sehr störend …«

»Was denn?«

»Daß Du nicht verheiratet bist … Oh, ich, du weißt ja, ich würde gerne deine Frau mal bei mir sehen … Aber da gibt es solche Dummköpfe, einen Haufen Spießer, die mich belauern und die gräßliche Geschichten erzählen würden …«

»Aber klar, Alter, Christine würde es doch selber ablehnen, zu dir zu kommen! – Oh, wir verstehen sehr gut, ich werde allein kommen, rechne darauf!«[3]

Dieser Dialog verdeutlicht die Selbstverständlichkeit, mit der Christine trotz ihrer Bescheidenheit und guten Erziehung ausgeschlossen wird. Alle, auch die junge Frau, unterwerfen sich ganz selbstverständlich dieser Regelung. Diese Epoche ist übrigens auch dadurch charakterisiert, daß die Rolle der Frau in der Gesellschaft noch weiter beschnitten wird. Die Frauen waren selten so den herrschenden Moralvorstellungen unterworfen wie Mitte des 19. Jahrhunderts.

Wenn nun die bloße Anwesenheit Christines, die ja nur ein Gast ist, bereits Sandoz vorgeworfen werden kann, wie sehr bedroht dann die bürgerliche Verdammnis das Leben von Zola und Gabrielle, deren Vergangenheit viel anstößiger ist als die der jungen Provinzlerin. Mit Feinfühligkeit und den Erfahrungen eines aufmerksamen Gefährten beschreibt Zola in diesem Roman »alles, was eine Frau, die mit einem Mann zusammenlebt, verletzt«, die Boshaftigkeit der Nachbarschaft, die Einsamkeit nach dem Ausstoß aus der Gesellschaft. Aber Christine kann der Verurteilung durch die Gesellschaft nicht entgehen, nicht einmal durch ihre Heirat. Die Verdammung kommt ausgerechnet von Mathilde Jabouille, der Gefährtin Jorys, die, in jungen Jahren ein liederliches Frauenzimmer, im vorgerückten Alter solide wurde. Sie wirft einen kühlen Blick auf diese Frau,

»die, wie es hieß, lange mit einem Mann zusammengelebt hatte, ohne mit ihm verheiratet gewesen zu sein. Sie war in diesem Punkt übermäßig streng, seit die Duldsamkeit der Literaten- und Künstlerwelt ihr selber Zugang zu einigen Salons verschafft hatte.«[4]

Alexandrine nahm wenige Monate nach ihrer Hochzeit eine ähnliche Haltung ein Marie gegenüber, der Gefährtin von Marius Roux. Sie ging später sogar so weit, jede Erwähnung dieser Frau in den Briefen ihres Mannes zu streichen.

Die Frage des Namens und der geheimgehaltenen Mutterschaft sind zentrale Probleme in Gabrielles Leben.[5] Mit zwanzig Jahren änderte Alexandrine ihren Vornamen in Gabrielle um. Mit dreißig strebte sie die Legitimierung ihrer Beziehung an. Die »legitime«

Ehefrau sein, das bedeutete für sie, *ihren* Platz und *ihre* Identität erobert zu haben. Darum vernichtete sie alle Spuren ihrer Jugend – Briefe, Fotografien, Dokumente –, kurz, sie löschte Gabrielle aus. Ihren Onkel Meley und ihre Tante Scar-Laborde hatte sie zu Stillschweigen verpflichtet. Gabrielle hieß sie nur in einem Übergangsstadium, mit diesem Namen konnte sie ihren Platz im Leben erobern.

Die wahre Geburt Alexandrines fand am 31. Mai 1870, an ihrem Hochzeitstag, statt.

Ganz bürgerlich

Für Emile Zola war die Heirat ein genauso wichtiger Schritt wie für Gabrielle-Alexandrine, wenn auch aus anderen Gründen. Noch einmal machte er Pierre Sandoz zu seinem Sprachrohr. Dieser grundlegende Text, den er 1886, fünfzehn Jahre nach der Eheschließung, schrieb, beleuchtet die Beziehung zwischen Alexandrine und Emile Zola.

»Sandoz setzte ihm seine Vorstellung von der Ehe auseinander, in der er ganz bürgerlich die eigentliche Voraussetzung für gute Arbeit, für geregeltes und gediegenes Schaffen bei jenen sah, die heutzutage etwas Großes hervorbrachten. Das Verheerungen anrichtende Weib, das Weib, das den Künstler tötet, ihm das Herz zermalmt und ihm das Hirn leer frißt, war eine romantische Vorstellung, die die Tatsachen widerlegten. Er hatte übrigens das Bedürfnis nach einer Zuneigung, die seine Seelenruhe behütete, nach einem Heim voller Zärtlichkeit, in das er sich wie in ein Kloster zurückziehen konnte, um sein ganzes Leben dem riesigen Werk zu widmen, von dem er unausgesetzt träumte. Und er fügte hinzu, daß alles von der Wahl abhing, er glaubte, diejenige gefunden zu haben, die er suchte, eine Waise, die anspruchslose Tochter kleiner Kaufleute, die keinen Sou hatte, aber schön und klug war. Vor sechs Monaten hatte er sich, nachdem er seine Stellung gekündigt hatte, in den Journalismus gestürzt, wo er mehr Geld verdiente. Er hatte soeben seine Mutter in einem Häuschen in Les Batignolles untergebracht, dort wollte er ein Leben zu dritt führen, mit zwei Frauen, die ihn lieben sollten, und er hatte ein Kreuz, breit genug, seine ganze Familie zu ernähren.«[1]

Das Schlüsselwort ist »ganz bürgerlich«, das hier ohne pejorativen Nebensinn benutzt wird. Es handelt sich bei Zola selbst um eine bürgerliche Eheauffassung *und* um das künstlerische Schaffen: Dem romantischen Kult des Leidens setzt Zola moderne Tugenden des Arbeitsprozesses entgegen. Regelmäßigkeit und Beständigkeit sind wesentliche Voraussetzungen sowohl für die Liebe als auch für das Schreiben. Die Liebe garantiert den Erfolg für die schriftstellerische Tätigkeit, denn die schöpferische Kraft kann sich nur in einem

»Intérieur de tendresse«, einem Heim voller Zärtlichkeit, entwickeln. Nur die Innenwelt – die des Raumes, in den er sich zurückzieht, und die der Phantasie, aus der er seine Träume schöpft – ist fruchtbar. Zola verlangte von seiner Frau, daß sie diese Fruchtbarkeit schützte, aber nicht, daß sie sie durch ihre Inspiration hervorrief oder vergrößerte. Sie sollte Wächterin und nicht Muse sein. Auf diese Weise wurde seine Frau zur Mitarbeiterin. Diese Ehe war ein Verband mit klar definierter Rollenverteilung, Alexandrine und Zola teilten sich ihre Arbeit gemäß der bürgerlichen Eheauffassung: ein Ehemann, der durch seine Tätigkeit den Unterhalt der Familie gewährleistet, und eine Frau, die für den Haushalt verantwortlich ist. Alexandrines »Mitgift« bestand darin, daß sie ihm ungestörtes Schreiben sicherte, das ihm Geld und Ruhm einbrachte. Dies war das Kapital, von dem er über Jahre hinweg zehrte.

Noch im Jahr ihrer Eheschließung erschien *Das Glück der Familie Rougon*, der erste Band des Romanzyklus *Die Rougon-Macquart*. Claude Lantier, die Hauptperson des Romans *Das Werk*, will lieber »ein Kunstwerk gebären als ein Wesen aus Fleisch und Blut in die Welt setzen.« Die Fruchtbarkeit der Zolas war auf schriftstellerischem Gebiet zu suchen. Aus dieser Interessengemeinschaft ging ein neues Wesen hervor – Madame Zola.

Warum hatten sie nicht früher geheiratet? 1870 lebten sie bereits fünf Jahre zusammen. Er war dreißig, sie einunddreißig. Die späte Heirat lag wohl in der geradezu feindseligen Abneigung von Zolas Mutter Emilie gegen eine Ehe, die sie für ihren Sohn enttäuschend fand. Durch ihre Ungeschicktheit und Unerfahrenheit hatte sie seit 1847, als sie Witwe wurde, einen großen Schuldenberg angehäuft. Sobald Emile in der Lage war, seinen Lebensunterhalt zu bestreiten, war er für sie aufgekommen. Denise Le Blond-Zola beschreibt Emilie als eine Frau von »unabhängigem Charakter, eher fröhlich und sehr gefühlsbetont«[3], die sich aber gegen seine Heirat sträubte. So schreibt Colette Becker, daß die Hochzeit zwei Monate nach Zolas dreißigstem Geburtstag stattfand, als er nicht mehr die Einwilligung seiner Mutter zur Heirat benötigte. Denn

»das Zivilgesetzbuch von 1803 setzt fest, daß ein Sohn bis zu seinem fünfundzwanzigsten Lebensjahr nicht ohne Einwilligung seiner Eltern heiraten darf. Zwischen fünfundzwanzig bis dreißig Jahren kann er ohne diese Einwilligung heiraten, aber nicht ohne vorher ihre Meinung in einem ›Akt der

Ehrerbietung‹ eingeholt zu haben, was durch einen Notar bescheinigt, öffentlich bekanntgemacht und dreimal hintereinander durchgeführt werden muß. Dabei ist darauf zu achten, daß zwischen jedem dieser drei ›Akte der Ehrerbietung‹ mindestens ein Monat liegt. Einen Monat nach der dritten negativen Antwort kann er heiraten. Nach dem dreißigsten Lebensjahr genügt ein einziger ›Akt der Ehrerbietung‹.«[4]

Führt man sich den entschlossenen Charakter der beiden Frauen vor Augen, so könnte man annehmen, daß zwischen ihnen eine größere Feindseligkeit ausbrach. Dies war aber nicht der Fall, wie ein Brief belegt, den Emilie im August 1870 kurz nach der Hochzeit dem Paar nach Bennecourt schrieb:

»Meine lieben Kinder,
Ihr habt gestern sicher meine telegrafische Depesche erhalten, ich kam fünf Minuten zu spät zur Post, da die Standuhr stehengeblieben war. Daher also mein Versehen, das ich wieder gutzumachen suchte, indem ich Euch einige Worte telegrafierte, damit Ihr Euch keine Sorgen macht.
Ich habe heute noch niemanden gesehen, man könnte meinen, das Haus sei eine Wüste. Ich beklage mich nicht darüber, vorausgesetzt, ich finde Ruhe.
Ich bin glücklich zu wissen, daß es Euch gut geht, Gabrielle schrieb allerdings ›ziemlich gut‹, was mich doch ein wenig zweifeln läßt an ihrem Wohlergehen. Ich möchte gern glauben, daß dieser Zweifel sich zerstreuen wird, wenn ich Euch beide gesund zurückkehren sehe.
Ihr habt dort nicht viele Pflaumen, unsere hier werden Euch entschädigen. Ich habe einige gegessen, und ich finde sie sehr gut, je länger sie reifen, desto saftiger und aromatischer werden sie.
(…) Gestern und vorgestern hat es geregnet, Euer unbeständiges Wetter erstaunt mich also nicht. Gehabt Euch wohl, seid nicht unvorsichtig, vor allem Gabrielle muß sich schonen, damit sie bei guter Gesundheit ist, wenn sie zu mir zurückkommt.
Ich umarme Euch herzlich tausend- und abertausendmal.
Eure sehr ergebene Mutter
Emilie Zola
Witwe des François Zola.«

Die Eheschließung fand am 31. Mai 1870 im Rathaus des 17. Arrondissements von Paris statt. Die Trauzeugen waren die alten Freunde aus Aix-en-Provence, Paul Cézanne und Paul Alexis, Marius Roux und Solari. Emilie half ihrer Schwiegertochter, den blau-weiß-gestreiften Musselin für das Hochzeitskleid auszusuchen, die ehemalige Weißnäherin schneiderte dann nach der neusten Mode das Hochzeitskleid selbst, das sie in der Folgezeit oft trug. Im Frühjahr 1870 hatte die Turnüre – das kleine Kissen, das unterhalb der Nieren auf den Rücken gebunden wurde – die Krinoline verdrängt; die Fältelung des weiten Rocks, das enganliegende Oberteil, die sechs übereinandergetragenen Unterröcke unter dem leichten Musselin unterstrichen ihre elegante Erscheinung. Blaue Bänder auf den Ärmeln und den Volants, ein Spitzenkragen als einzigen Schmuck, ein Hütchen auf dem straff nach hinten gekämmten Haar, ein Schultertuch mit Fransen, ein paar Maiglöckchenstengel am Mieder, »vollendet wie eine Skulptur, sinnenhaft, lebendig«[5] war Gabrielle Meley, als sie am Arm von Paul Cézanne das Rathaus betrat. Die Trauung ging rasch vonstatten, und schon bald waren alle wieder draußen auf dem Vorplatz. Die Freunde gratulierten dem Paar, und sie brachen alle gemeinsam auf, um dieses Ereignis bei einem Essen zu feiern. Gabrielle war Alexandrine Zola geworden. Allen Widerständen zum Trotz sollte ihre Ehe dreißig Jahre dauern, bis zum Tod Emile Zolas.

ALEXANDRINE ZOLA
(1870–1888)

Der Zusammenbruch[1]

Seit 1868 war Zola Mitarbeiter von *La Tribune*, eines oppositionellen Blatts des Kaiserreichs. Die Artikel, die er in dieser Zeitung sowie in *Le Rappel* und *La Cloche* veröffentlichte, wurden immer polemischer. In *La Cloche* erschien am 17. August sein Artikel über den Krieg, der sogar die vorübergehende Einstellung der Zeitung zur Folge hatte. Emile Zola nahm aktiv am Zeitgeschehen teil und verfolgte besorgt, wie Tausende Bewohner von Paris, die politischen Ereignisse. Sechs Wochen genügten Preußen, das Kaiserreich ins Wanken zu bringen! Am 4. September 1870 wurde die Republik ausgerufen. Die neue Regierung setzte den Krieg fort, und innerhalb von zwei Wochen war Paris von den preußischen Truppen eingeschlossen. Frédéric Bazille schloß sich den Zuaven an und starb auf dem Schlachtfeld, Edouard Manet wurde Nationalgardist, Edgar Degas schloß sich der Artillerie, Antoine Guillemet und Manets Bruder der Bereitschaftspolizei an. Claude Monet, Camille Pissarro und Alfred Sisley brachen nach London auf, Zola wurde, da seine Mutter Witwe und er stark kurzsichtig war, vom Kriegsdienst befreit. Er wäre am liebsten in Paris geblieben, um die Ereignisse besser verfolgen zu können, aber Alexandrine überredete ihn, aus der Stadt zu fliehen, bevor die deutschen Truppen einmarschierten. Hunderttausende von Menschen strömten seit der Proklamation der Republik aus der Hauptstadt, andere flohen während der Gemeindewahlen im November – es war das heillose Chaos jeder Massenflucht:

»... sie schieben und stoßen sich gegenseitig neben den hohen Rädern all dieser Wagen, Umzugskarren, Fluchtfahrzeuge, neben diesen kleinen, in endlosem Zug einander folgenden Handkarren, Militärtransporten, Pferdebahnen, die ineinander verkeilt im Schlamm der aufgeweichten Wege steckenbleiben ...«[2]

lautet der Kommentar Goncourts, als er vom Befestigungswall am

Place de l'Étoile auf das verwüstete Neuilly hinabschaut, wo nur noch die Chapelle d'Orléans aus den Ruinen emporragt. Seit Ende August war Neuilly Militärzone; alle Wohnhäuser waren nach der Evakuierung zerstört worden, die Bewohner der Vorstadt strömten in die Innenstadt von Paris, die Bewohner der Innenstadt flüchteten hinaus in die Provinz. Champs-Elysées und Champs de Mars wurden zu Militärlagern, die große Allee der Tuilerien war mit Stroh bedeckt und zu einem einzigen, riesigen Pferdestall geworden.

Die Zolas flüchteten nach Marseille und wohnten zunächst in L'Estaque, wo sich Cézanne und seine Gefährtin Hortense Fiquet, genannt La Boule, die Kugel, aufhielten, später in Marseille in der Rue Haxo 15. Zola schlug seinem Freund Marius Roux vor, zusammen eine Zeitung zu gründen. Roux, Zolas ältester Freund, war Journalist in Marseille, und die Herausgabe einer Zeitung schien den beiden ein hervorragendes Mittel, sich während dieses Zwangsaufenthalts von unbestimmter Dauer sinnvoll zu beschäftigen. Mit Hilfe von Monsieur Arnaud, dem Direktor der Zeitung *Messager de Provence,* wurde die Tageszeitung *La Marseillaise* gegründet. Aber es waren harte Zeiten, und die Geldmittel reichten nicht aus. Sie mußten bald die Zeitung verkaufen und sich als Mitarbeiter verdingen.

Zola beschloß, nach Bordeaux zu fahren, wohin sich die Regierung der Défense nationale, der nationalen Verteidigung, zurückgezogen hatte. Dort wollte er Kontakt aufnehmen zu den wenigen Bekannten, die er in der republikanischen Partei hatte, und sie über seine Bewerbung um die Stelle des Unterpräfekten von Aix-en-Provence informieren.

Am 12. Dezember 1870 kam er in Bordeaux an und unterrichtete die in Marseille zurückgebliebenen beiden Frauen über die Einzelheiten seiner Reise und seiner Unterkunft. Zola wohnte in einem bescheidenen Hotel für zwei Francs die Nacht. Während seiner Abwesenheit kümmerte sich Marius Roux um Alexandrine und Emilie. Emile unternahm verschiedene Versuche, anfangs ohne großen Erfolg. Man schlug ihm die Unterpräfektur in Quimperlé vor, »ein Loch«, meinte Alexandrine. Zola hätte am liebsten »alles in ein paar Minuten abgehakt«, mußte aber mit Verzweiflung feststellen, daß seine Angelegenheit nicht so recht vorankam. Seine einzige Hoffnung war, »daß wir, wenn wir wieder beisammen sind, das Unglück gemeinsam mit unserem Mut besiegen«. Am 20. Dezember empfing ihn endlich der republikanische Abgeordnete Glais-Bizoin, Mitglied der provisorischen Regierung Gambettas, der sich bereit erklärte, ihn als Sekretär für fünfhundert Francs monatlich einzustellen:

»Sagt Euch zum Trost, daß ich den Fuß auf der ersten Stufe habe und hinaufklettern werde.«

Dieser Trennung sind zehn Briefe von Alexandrine zu verdanken, die zwischen dem 14. und 24. Dezember 1870 geschrieben wurden. Danach schlossen die beiden Frauen »ihren« Mann endlich wieder in die Arme.

Alexandrine schreibt, wie sie spricht, die Rechtschreibung ist ein wenig fehlerhaft, die Zeichensetzung fehlt oder ist völlig willkürlich, die Grammatik fügt sich dem Rhythmus eines spontanen Gedankens oder dem Ton des gesprochenen Worts, einige Ausdrücke sind nicht nur umgangssprachlich, sondern auch ordinär. Zu dieser Zeit unterzeichnete sie ihre Briefe noch mit »Al. Zola«, erst später setzte sie ihren vollständigen Namenszug diagonal unter einen Brief. Ihre Schwiegermutter nannte sie nach wie vor Gabrielle; aber in der Familie hatte jeder auch seinen Kosenamen: Emilie war Madame Canard, Gabrielle wurde zu Coco und Emile zu Mimi. Sozusagen ein Geheimcode.

Die beiden Frauen teilten sich sogar die Briefe, Zola richtete seine Briefe an beide gemeinsam. Alexandrine schrieb als erste, Zolas Mutter ergänzte dann den Brief. Oft ließ die redselige Alexandrine der Schwiegermutter nicht viel zu erzählen übrig, so daß diese sich mit mütterlichen Ratschlägen und ein paar Einzelheiten über den Hund Bertrand begnügen mußte. Zärtlichkeit, heimliches Einverständnis und Humor fanden ihren Platz auch inmitten der Schilderungen materieller Sorgen, kleinster Einzelheiten über die von den beiden Frauen unternommenen Versuche, einige Sous zu verdienen. Ihre finanzielle Lage war erbärmlich, manchmal hatten sie nicht einmal das Geld für einen neuen Federhalter und mußten sich einen aus Papier basteln. Aber auf Zolas Bitte kaufte Coco doch Stoff für ein neues Kleid, und da das Geld nicht reichte, war das Kleid »schlicht häßlich«, wie Mutter Zola mitleidig bemerkte. Coco gab es selbst zu und sprach von sich in der dritten Person wie jedesmal, wenn sie diesen Spitznamen benutzte:

»Coco hat sich ihr Kleid gekauft, aber es ist nicht schön und ich fürchte, es wird Dir nicht gefallen. Nun, sei's drum! Ich nähe weiter daran, denn ich möchte es gern fertighaben, wenn Du zurückkommst...« (19. Dezember 1870)

Die beiden Frauen verzichteten auf alles in der steten Sorge um Emile: Er solle sich genügend Zeit nehmen, genügend Geduld aufbringen, die besten Umstände abwarten, sich anständig ernähren. Alexandrine gelang es, sich fünfzig Francs abzusparen und sie ihm zu schicken, damit er warme Mahlzeiten zu sich nahm:

»Lieber Emile,
    hier schicke ich Dir fünfzig Francs, damit Du mittags warm essen kannst. Versteh mich recht, bei solch einer feuchten Witterung kannst Du Dir leicht etwas holen, und das wird außerdem eine Abwechslung am Tag für Dich sein, von denen es nicht sehr viele gibt, wie ich aus Deinem Brief ersehe.«[3]

Trotz ihrer mütterlichen Sorge spielte Coco auch gern das kleine Mädchen:

»Alter Schlemmer, Du hast acht Austern ohne Coco gegessen, und Coco muß hier alle Tage Muscheln zu nur einem Sou essen!« (15. Dezember 1870)

Die Beziehung zwischen Alexandrine und Emilie war allem Anschein nach harmonisch. Maman, so nannte Alexandrine Zolas Mutter, deren Stockfischmus sie überaus schätzte. Für den Sohn hoben sie sogar ein Stück Kabeljau auf. Sie berichtete ihrem Mann, sie hätten sich zwei Ringe gekauft, »nur Straß«; Mamans Ring hätte einen Franc, der ihre 2,50 Francs gekostet. Im Warenhaus Au Bon Marché hätte sie für Maman Canard noch einmal denselben Stoff wie den ihren gekauft, um ihr ein Kleid zu nähen. Alexandrine und Emilie wetteiferten in mütterlicher Fürsorge und berieten abwechselnd den fernen, geliebten Mann. So ermunterte Alexandrine Emile, einige Ausflüge zu machen:

»(...) Mach einen Ausflug nach Arcachon, wenn das Wetter nicht zu schlecht ist, geh einmal ins Theater, statt nur immer unter den Arkaden herumzuspazieren. Die magst Du uns beschreiben, wenn Du keine anderen Spaziergänge machen kannst. Und, mein armer Geliebter, fasse Dich in Geduld ... Wenn Du irgend etwas brauchst, schreib es uns.«[4]

Ihr Vertrauen in ihn war unerschütterlich:

»Komm, armer Mimi, wir werden vielleicht eines Tages glücklicher sein, und dies Glück wirst Du wahrlich nicht gestohlen haben.«[5]

Und am nächsten Tag, als er von der Unterpräfektur schrieb, die er anstrebte:

»Das ist man Dir sehr wohl schuldig, Du hast genug für sie gearbeitet, sie könnten Dich wohl belohnen, vor allem, weil das, was Du verlangst, recht wenig ist.«

Über jede Ausgabe oder Einnahme rechnete sie peinlichst genau ab, so zum Beispiel am 21. Dezember, als sie erfuhr, daß Zola einen Posten als Sekretär beim Abgeordneten Glais-Bizoin erhalten hatte:

»Ich komme von den Roux, ich kann Dir auf Deine Depesche keine mehr senden, um Dir unsere Freude zu beschreiben. Wir müßten es bei Cabrol aufgeben, wozu aber dort noch neugierige Fragen über uns ergehen lassen? Ich werde morgen kündigen, werde Roux veranlassen, daß er versuchen soll, das Geld von Chappuis zu bekommen, der uns ja seinen Anteil überläßt, das wird 300 Francs ausmachen. Augustine werde ich sicherlich 20 Francs geben müssen, sobald wir abreisen, 30 Francs für die Stiefeletten, und dann noch wahrscheinlich gut 20 Francs für Nebenkosten. Ich werde die Koffer überholen lassen, ich denke, daß sie diese Reise noch überstehen werden. So bleiben mir noch 225 Francs, 80 brauchen wir für die Fahrkarte, 10 für Bertrand, dann noch die übrigen Kosten während der Reise. Rechne aus, was danach noch übrig bleibt. Schreib mir genau, was wir jetzt noch besonders beachten müssen. Ich glaube, daß Du unsere Passierscheine anfordern kannst, was eine Ersparnis von 80 Francs wäre. Das täte niemandem weh! Ein Angestellter kann seine Familie umsonst nachholen, wenn er woanders hinziehen muß. Erkundige Dich immerhin, wir würden einen ganzen Tag gewinnen. Auf Wiedersehen, Mimi, bis bald. Ich küsse Dich von ganzem Herzen.«

Zusammen mit ihrer Schwiegermutter geizte sie nicht mit Ratschlägen für Zola, der ungeduldig und leicht zu entmutigen war:

»Du schreibst nur von der Unterpräfektur in Aix. Denkst Du denn gar nicht mehr an die von Arles? Wenn Du nur Versprechungen erhältst, dann sieh zu, daß die auch sicher eingehalten werden, bring die Leute dahin, daß sie Dir Schriftliches geben. Du weißt, nur mit Kühnheit und Hartnäckigkeit erreicht man bei diesen Leuten etwas ...«[6]

»Mißtraue allen, mein armer Mimi, ich kann es nicht oft genug wiederholen… Gestern schrieb ich es Dir, man darf vieles nur mündlich weitergeben. Paß auch auf, wenn Du Roux schreibst, wäge jedes Wort ab, damit nichts in falsche Hände gerät, was man später bedauert. Wenn Du diesbezüglich nicht auf Coco hörst, machst Du einen Fehler, weißt Du, sowohl was Roux als auch die anderen betrifft…«[7]

Die Weisheit dieser Frau aus dem Volk, die sich durchschlagen mußte und ihre Interessen zu verteidigen lernte, wurde von einem nahezu engstirnigen Mißtrauen begleitet. Die Beziehung zu Marius Roux, der Zolas Interessen in Marseille vertreten sollte, war gespannt, und Alexandrine nahm sich in ihrer Aggressivität oft Marie zum Ziel, Roux' Lebensgefährtin. Abstand hielt sie auch zu »der Kugel« Hortense Fiquet, der Geliebten Cézannes, der sich in L'Estaque versteckt hielt, um der Aushebung zu entgehen. Alexandrines Bemerkungen waren zuweilen bissig:

»Ich schreibe Dir nicht von der *Marseillaise,* die ist mausetot, und ich bedaure, daß ich Dir von ihrer Wiederauferstehung erzählte. Sie ist wie eine Lungenkranke: Im Augenblick, in dem man die größte Hoffnung hatte, stirbt sie! Du schreibst, daß Du die Nummern, die Du bekommst, lesen wirst. Viel Vergnügen! Ich jedenfalls habe immer größte Lust, sie abends in Stücke zu reißen, die Inhalte sind idiotisch und verrückt. Merkwürdige Art, eine Zeitung zu machen…«[8]

Wie ihre Schwiegermutter verlor sie nie ihre Zuversicht, wie Emilie klagte sie nicht. Ein einziges Mal, kurz vor ihrer Abreise aus Marseille, stellte sie fest:»Wenn ich noch oft so getrennt von Zola leben soll, dann, glaube ich, wäre es besser, mit dem Kopf gegen eine Mauer zu rennen…« Ihre ganze Energie zielte darauf ab, ihren Mann aus der Entfernung zu beschützen, zu unterstützen, zu führen. Durch ihren praktischen, autoritären, kämpferischen Sinn war sie Zola zwar eine Stütze, sie übte aber auch dauernd Druck auf ihn aus. Alexandrine war eine kämpferische Natur, und sie verstand es auch, sich zu verteidigen. Wunderte sich Zola etwa, daß so wenig Geld übrig blieb? Verletzt rechnete sie auf Heller und Pfennig ab:

»Prüfen Sie nach, Monsieur, ob meine Rechnung stimmt, und machen Sie andernfalls (…) Ihre Einwände. Überdenke das alles und sag mir offen, wie ich alles einrichten soll, damit es nicht zu Mißverständnissen zwischen uns kommt.«[9]

Doch dabei kamen auch Humor und Scherze zum Tragen:

»Schau Dir ein wenig die Frauen in Bordeaux an, sieh nach, ob sie eine ebenso gute Figur machen wie die Frauen in Marseille, oder ob sie gar hübscher sind. Aber Du weißt, nur anschauen darfst Du sie, mehr nicht, alter Schlingel!«[10]

Als am 24. Dezember der Tag der Abreise kam, war Alexandrines Erleichterung groß:

»Lieber Mimi,
    wir reisen heute abend ab mit Ach und Krach, das heißt, wir versuchen, allem den Rücken zu kehren, so gut es eben geht, ich kann nicht länger bleiben. Bis bald, morgen können wir uns endlich umarmen. Deine treue Frau Al. Zola.«

Aber dieser Brief erreichte Zola nicht mehr rechtzeitig, und sein Brief vom 25. Dezember ging wieder an ihn zurück. Er hatte in der Rue Lalande 48 eine Wohnung gemietet, trotz Cocos Vorurteil, daß »Männer sich in solchen Sachen kaum auskennen«, aber der Mut verließ ihn bald, und er befürchtete, daß sie nach der Kündigung ihrer Wohnung in Marseille ohne Bleibe sein würden:

»Ich bin am Rande der Verzweiflung und irre tief betrübt in den Straßen umher. Solange ich kämpfen mußte, konnte ich unsere Trennung ertragen, aber Ihr könnt Euch nicht vorstellen, wie ungeduldig ich bin, seit ich ein Unterkommen gefunden habe.«

Am 27. kamen Alexandrine, Emilie und der Hund Bertrand nach einer anstrengenden Reise durch Schnee und Eis in Bordeaux an. Wegen starker Schneefälle mußten sie einen Tag und eine Nacht in Frontignan bleiben. Endlich war die kleine Familie wieder vereint, aber ohne einen Sou. Roux und Valabrègue stießen zu ihnen: Der Freundeskreis war noch am Leben.

Zola nahm seine Mitarbeit an *La Cloche* wieder auf und schrieb regelmäßig die Parlamentsberichte.

Bis zum März 1871 blieben sie in Bordeaux. Als die provisorische Regierung Gambettas wieder nach Paris zog, siedelten auch sie um. Nun konnte endlich ihr Aufstieg beginnen. Doch es mußten noch sechs Jahre vergehen und sechs Bücher erscheinen, bis Zola zu Reichtum und Ruhm kam. Alexandrine war ihm stets zur Seite.

Alexandrine hatte die Monarchie von Louis Philippe erlebt, dann die Revolution von 1848, die Zweite Republik unter Louis-Napoléon Bonaparte, schließlich das Zweite Kaiserreich. Das Paris ihrer Jugend hatte sich sehr verändert. Der Architekt Haussmann hatte die Stadt umgewälzt, ganze Viertel eingeebnet, Hunderte von alten Häusern dem Erdboden gleichgemacht. Riesige Verkehrsadern, große Häuser für bürgerliche Familien, Warenhäuser und große Hotels waren entstanden: diese moderne Stadt gefiel Alexandrine. Die Straßen waren hell erleuchtet, sauber, es gab den großen Bois de Boulogne und herrliche Parkanlagen, den Park Monceau, den Park Montsouris und den der Buttes-Chaumont, den englischen Garten an den Champs-Elysées, dazu die Boulevardtheater, die glitzernden Cafés – sie war stolz auf dieses Paris.

Alexandrine war inzwischen eine zweiunddreißigjährige, gestandene Frau. Denjenigen gegenüber, die sie liebte, war sie unendlich großzügig, erwartete aber dafür Dankbarkeit. Fühlte sie sich verraten, dann fand sie für Menschen, die ihr Vertrauen enttäuscht hatten, harte Worte. Ihre Liebe konzentrierte sich auf einen einzigen Mann, dem sie ihre grenzenlose Bewunderung und bedingungslose Hingabe schenkte.

Madame Zola war aber keine Frau, die im Schatten des Künstlers stand, wie manch einer voreilig behauptete. Alle, die Zola nahestanden, täuschten sich über die Rolle seiner Frau nicht, und auch wenn sie Alexandrines hausfrauliche Qualitäten anerkannten, sahen sie sie niemals nur in der Rolle einer Haushälterin oder Köchin. Alexandrine war eine Gefährtin im eigentlichen Wortsinn. Ihre Aufmerksamkeit, ihr Mißtrauen, ihr praktischer Verstand, ihr Realitätssinn, ihr Humor, ihre Vitalität und ihre Energie woben um den Schriftsteller ein schützendes, zuverlässiges Netz. Die Heirat und die durch den Krieg herbeigeführte Trennung (ebenso wie die spätere, durch die Dreyfus-Affäre verursachte Trennung) verstärkten nur noch diese Eigenschaften.

Während der Belagerung von Paris war auch in Les Batignolles die Lage sehr prekär. So schrieb ihr Freund Philippe Solari:

»Man sah auf den Markttischen geköpfte Hunde und Ratten von sehr schöner Farbe, aber sehr teuer, 3 und 4 Francs das Pfund. Fast hätte ich einen Hundekopf gegessen! Den wollte man mir als Kalbskopf verkaufen.«[11]

Am 9. Feburar 1871 informierte Manet seine Freunde, daß die Häuser der Rue La Condamine beschlagnahmt worden waren: Eine Flüchtlingsfamilie, Vater, Mutter und fünf Kinder, wurde im Untergeschoß des kleinen Hauses untergebracht, die Bilder, das Tafelsilber und die auf dem Tisch zurückgelassenen Gegenstände im ersten Stock sichergestellt. Alexandrine und Emile Zola verloren die Nerven, vor allem fürchteten sie um die Papiere und den Garten. Paul Alexis wurde beauftragt, dem ganzen Spuk ein Ende zu machen und vor allem sich des Gartens anzunehmen. Am 27. Februar kam ein weiterer, diesmal aber beruhigender Brief: Die Wohnung sei innerhalb von zehn Tagen geräumt worden, das Arbeitszimmer Zolas und seine Aufzeichnungen seien in bester Ordnung, die Bilder in Sicherheit ... Rosen, Bäume und Weinstöcke würden demnächst beschnitten werden.

Am 2. März hatten die Deutschen Paris geräumt. Am 11. verließ die Nationalversammlung Bordeaux und bezog am 20. März Quartier in Versailles. Die Armee versuchte vergeblich, die Kanonen vom Montmartre zurückzuerobern, und nach dem Tod der Generäle Lecomte und Clément Thomas verließ auch die Regierung Paris aus Furcht vor weiteren Unruhen und zog ebenfalls nach Versailles. Am 26. März fanden Nachwahlen statt, welche die Kommune an die Macht brachten. Zwei Monate lang herrschten Gewalt und Anarchie in Paris, die in die »Blutwoche« vom 21. bis 28. Mai 1871 mündeten, als die Versailler in Paris eindrangen und die Kommune niederschlugen.

Dieses Mal blieb Les Batignolles nicht verschont. Die Frauenvereinigung des Viertels hielt nun ihre Versammlungen in der Kirche Sainte-Marie ab, und der Club der Revolution tagte ein wenig später in der Kirche Saint-Michel, von der man jeden kirchlichen Schmuck entfernt hatte. Der Eintritt war frei, und die mitreißenden Reden wurden eingeleitet von der Marseillaise mit Orgelbegleitung. Die lokale Pasionaria hatte den Beinamen »Die Wäscherin«. Sie war die Frau von Lefèvre. Früher Wäscherin im öffentlichen Waschhaus von Sainte-Marie, rief sie jetzt öffentlich zu Prostitution, Mord und Plünderei auf. Am 23. Mai kam sie auf der Barrikade der Rue des Dames ums Leben.

Zola hatte lange Zeit gehofft, daß es zwischen den Kommunarden und Versailles zur Versöhnung kommen würde. Doch er mußte sich den Tatsachen beugen. Er geißelte die Kommune, diese »gräßliche Parodie von 93«, ebenso aber auch den Egoismus der begüterten Pariser. Die Zolas kehrten am 14. März nach Paris zurück. Bereits am 20. wurde der Schriftsteller aus bisher nicht ganz geklärten Gründen in Paris festgenommen, als er in den Zug nach Versailles steigen wollte, um für die Zeitung *La Cloche* einen Bericht über die erste Sitzung der Nationalversammlung zu schreiben. Er wurde gleich wieder freigelassen, doch am nächsten Tag wiederholte sich dies in Versailles. Die Feindseligkeit der Zeitung *La Cloche* der Kommune gegenüber spielte dabei zweifellos eine gewisse Rolle. Zusammen mit anderen »Verdächtigen« wurde er in die Orangerie des Schlosses von Versailles geführt, dann dank Charles Simon freigelassen. Dennoch verfolgte er weiterhin sein Ziel, über die Versammlung zu berichten. Am 31. März wurde aber der Zutritt zum Bahnhof Saint-Lazare gesperrt, da eine militärische Operation geplant war, und Zola mußte vom Bahnhof Montparnasse abreisen.

Groß war Alexandrines Sorge, und zwar nicht ohne Grund: Zwei Tage später begann die Armee der Versailler ihre Offensive gegen die Kommune und quartierte sich in Courbevoie ein. Am 5. April verbot die Kommune mehrere Zeitungen; der Angriff auf die Pressefreiheit brachte Zola auf. Ein neuer Wohlfahrtsausschuß wurde nach dem Vorbild von 1793 gegründet, es kam zu Straßenschlachten. Tag und Nacht donnerten die Kanonen, Geschosse pfiffen über den kleinen Garten hinweg. Am 10. Mai wurde Emile gedroht, man werde ihn als Geisel gefangennehmen. Seit dem 6. April wurde auf jede Tötung eines Versailler durch die Kommunarden mit dem Tod von drei Geiseln geantwortet. Daher floh er nach Saint-Denis und drängte Alexandrine und seine Mutter, ihm dorthin zu folgen. Die Vorbereitungen waren schnell getroffen, und die beiden Frauen stießen in Saint-Denis zu ihm, wo die Preußen allen, die Paris verlassen wollten, Passierscheine ausstellten.

Am 13. Mai brachen sie von dort nach Gloton auf. Zola schrieb und angelte, Alexandrine setzte sich neben ihn ans Flußufer. Paris mit all seiner Gewaltsamkeit war weit.

Auch in der »Blutwoche« wurde Les Batignolles nicht verschont. Am 21. Mai umzingelten die Versailler die Monceau-Ebene und Les Batignolles, um von dort aus den Bahnhof Saint-Lazare und den Place de Clichy zu befreien, wo sich das Hauptquartier der

Kommunarden befand. Im Lauf der Kämpfe wurde Manets Atelier zerstört. Nach zwei Tagen heftigster Auseinandersetzungen gewannen die Versailler die Oberhand. Die Straßen waren mit Leichen bedeckt, zwei Kapellen wurden errichtet, die eine im Bahnhof von Batignolles, die andere auf dem Promenadenplatz. In den Parks von Monceau und Les Batignolles wurden zwei Massengräber ausgehoben, um die vielen Toten beerdigen zu können. Am 24. Mai kam es zu den letzten Kämpfen. Paris brannte, das Hôtel de Ville, die Tuilerien, das Finanzministerium, ein Teil des Louvre, das Palais-Royal streckten ihre verkohlten Fassaden und rußgeschwärzten Mauern mit leeren Fensterhöhlen in den Himmel.

Und dennoch: Als die Familie Zola nach ungefähr zwei Wochen zurückkehrte, fand sie bei sich zu Hause alles in bester Ordnung vor. Am 4. Juli schrieb Emile an Cézanne:

»Heute befinde ich mich in großer Ruhe in Les Batignolles, als käme ich aus einem bösen Traum. Mein kleiner Pavillon ist unverändert, im Garten ist alles an seinem Platz, nicht ein Möbelstück, nicht eine Pflanze hat gelitten, und ich könnte fast glauben, daß diese beiden Belagerungen ein Scherz waren, der die Kinder erschrecken sollte.«

Alexandrine und Emile blieben von der Kommune verschont.

Schmaler Pfad zum Ruhm

Zola machte sich allmählich einen Namen. Mit zäher Arbeit und pausenlosem Schaffen eroberte er sich einen Platz in der literarischen Öffentlichkeit: Zwischen 1871 und 1877 veröffentlichte er *Das Glück der Familie Rougon, Die Treibjagd, Der Bauch von Paris, Die Eroberung von Plassans, Die Sünde des Abbé Mouret, Seine Exzellenz Eugène Rougon* und *Der Totschläger*. Dazu kamen noch die Bühnenfassung von *Thérèse Raquin*, das Drama *Les Héritiers Rabourdin* und *Le Bouton de Rose* sowie eine Vielzahl von Zeitungsartikeln und die Erzählsammlung *Neue Erzählungen für Ninon*. Im *Werk*, das er einige Jahre später schrieb, beichtete er: »Die Arbeit hat mein Leben eingenommen. Nach und nach hat sie mir meine Mutter, meine Frau, alles, was ich liebe, gestohlen.« 1872 stand er noch am Anfang dieses Prozesses, aber er hielt sich bereits an die Maxime, die er sich selbst gesetzt hatte: *Nulla dies sine linea*, kein Tag ohne eine Zeile.

Daher spielte Alexandrine an seiner Seite eine wichtige Rolle. Es machte ihr große Freude, das Haus zu verwalten. Indem sie über Emiles Frieden wachte, konnte auch sie in Frieden leben. Zuweilen nahm sie auch an seiner Arbeit teil, so zum Beispiel an der Vorbereitung zum Roman *Der Bauch von Paris*. Vor der Niederschrift eines Romans pflegte Zola immer eine minutiöse Recherche anzustellen und ein Dossier mit Notizen anzulegen. Für diesen Roman, der in den Hallen spielt, begab er sich in Begleitung seines Verleger-Freundes Maurice Dreyfous auf nächtliche Expeditionen, um vom Anbruch der Nacht bis hin zum frühen Morgen das Erwachen des Lebens in den Markthallen zu beobachten. Besorgt, oder einfach nur aus Lust, an diesem Abenteuer teilzunehmen, ging Alexandrine mit, da sie dieses Viertel nur zu gut kannte. Die nächtliche Expedition wurde mit einer köstlichen Suppe zu zwei Sous beendet; stolz erzählte später Alexandrine, daß sie das Rezept dieser Suppe sorgsam aufbewahrt habe. Möglich, daß es sich um die duftende Kohlsuppe handelt, die in diesem Roman beschrieben und in einer überdachten Straße der Hallen aus einem Eimer aus Weißblech, der auf

einem kleinen Kocher dampft, in den frühen Morgenstunden aus-
geteilt wird. »Die Frau war mit einer Suppenkelle bewaffnet, nahm
dünne Brotscheiben aus einem Korb und füllte die Suppe in gelbe
Tassen.«[1]

Während dieser Zeit begann Alexandrine auch, neue gesellschaftliche Umgangsformen zu erlernen. Die neuen Bekanntschaf-
ten ihres Mannes und seine Arbeit als Theaterkritiker führten sie
häufiger in die Öffentlichkeit, vor allem ins Theater. Fast jeden
Montag begleitete sie ihn ins Theater, und bei fast allen mondänen
Zusammenkünften war sie an seiner Seite, wenn bisweilen auch
ungern.

Seit 1872 wurden Zolas Romane von Georges Charpentier her-
ausgegeben, der bald zu einem avantgardistischen Verleger wurde:
Er verlegte Gustave Flaubert, die Brüder Goncourt, Alphonse Daudet, Joris-Karl Huysmans, Guy de Maupassant, Henry Céard und
andere Naturalisten. Rasch knüpften sich enge Freunschaftsbande
zwischen Zola und Charpentier, einem sanften, verträumten, fast
schüchternen Mann. Er hatte sich der Bohème angeschlossen und
sich aus diesem Grund mit seinem Vater überworfen. Später ver-
söhnten sich Vater und Sohn wieder, und Georges übernahm den
Familienverlag, an dem er fünf Jahre lang seinen Freund Maurice
Dreyfous beteiligte. 1872 heiratete er Marguerite Lemonnier, Tochter eines ehemaligen Juweliers der Kaiserfamilie, den der Nieder-
gang des Kaiserreichs in den Ruin trieb. Marguerite war in der
Nähe des Place Verdôme aufgewachsen, im Pomp großgezogen
worden von einer adligen Mutter aus der Familie der Reygondo du
Châtelet, hatte eine sehr sorgfältige Bildung und Erziehung genos-
sen, beherrschte Englisch und Deutsch. Marguerite war bezaubernd. Mit ihren grauen, spöttischen Augen, ihrer Frechheit, ihrer
Eleganz, die von einer berechnenden Nonchalance unterstrichen
wurde, einem Quentschen Gönnerhaftigkeit und ihrem »absoluten
Mangel an Unterwürfigkeit«[2] wurde sie schnell zum Schwarm aller
Männer von Paris.

Diese brillante junge Frau führte ab 1872 einen der beliebtesten
und meistbesuchten Salons von Paris, in dem sie Literaten und
Künstler empfing. Und wenn ihr Mann auch murrte und abwarte-
te, bis die »Stänkerer« fortgegangen waren, um mit seinen alten
Freunden Pfeife zu rauchen, so begriff er doch schnell, daß Mar-

guerite dem Verlag mit ihrem Salon einen unschätzbaren Dienst erwies. Jeden Freitagabend drängte sich die beste Gesellschaft von Paris zunächst am Quai du Louvre, dann im herrschaftlichen Haus in der Rue de Grenelle. Oft befanden sich mehr als vierhundert Gäste in den vornehmen Räumen der Charpentiers. Zum ersten Mal stand ein Salon Menschen jeder politischen Couleur offen. Neben der Herzogin von Rohan und der Herzogin von Uzès waren fortschrittliche republikanische Politiker wie Gambetta und Clemenceau anzutreffen. Hier trafen sich nicht nur alle Autoren, deren Werke Charpentier verlegte, sondern auch die impressionistischen Maler, für deren Belange Marguerite sich besonders einsetzte. Einer ihrer treuesten Anhänger war Renoir, der sie mehrmals mit ihren Kindern malte. Camille Saint-Saëns, Jules Massenet, Reynaldo Hahn oder Emmanuel Chabrier führten hier ihre musikalischen Werke auf. Und Marcel Proust, einer der vielen Bewunderer von Marguerite Charpentier, beschrieb zu Beginn seines Romans *Die wiedergefundene Zeit* ihren Salon »mit seinen mit alter Seide bezogenen Möbeln, den zahlreichen Lampen, schönen Blumen, herrlichen Früchten, eleganten Kleidern…« und verlieh seiner Romanfigur Oriane de Guermantes, alias Madame Verdurin, Züge von Marguerites kühnem Avantgardismus.

Marguerite übte auch großen Einfluß auf ihren Mann aus, der oft Risiken einging, um eine bestimmte Kunstauffassung durchzusetzen; dies bewies z. B. auch die Revue *La Vie moderne*, die sie zur Förderung der von ihnen unterstützten Künstler gründeten. In Not geratene Autoren wandten sich oft an Marguerite: »So lässig ihr Mann mit seiner ›was kümmert's mich‹-Haltung war, so aktiv, ehrgeizig und voll guten Willens war sie«, bemerkt Maurice Dreyfous, Charpentiers Geschäftspartner.[3] Im August 1887 wurde sogar anläßlich der Veröffentlichung von Zolas Roman *Mutter Erde* in der Lyoner Zeitung *Le Salut public* behauptet, daß die literarische Leitung des Charpentier-Verlags in den Händen eines weiblichen Triumvirats läge, und zwar von Marguerite Charpentier, Julia Daudet und Juliette Adam, »einer Art Akademie in kleinem Maßstab, zu der nun Frauen Zutritt haben«.

Alexandrine brauchte mehrere Jahre, bis sie sich im Salon dieser von allen bewunderten Frau wirklich wohl fühlte. Noch 1877 mußte der in L'Estaque zurückgebliebene Zola seine Frau, die zur

Beerdigung ihres Vaters nach Paris gereist war, ermutigen, allein den Salon aufzusuchen:

»Und nun zu den Charpentiers. Ich erwähne sie Dir gegenüber noch einmal, obwohl ich weiß, daß es Dir unangenehm ist. Wenn Du ihnen aber kein Lebenszeichen gibst, wird ihnen das äußerst merkwürdig vorkommen. Die Frage Deiner Kleidung spielt keine Rolle: Du trägst Trauer, und Du kannst sagen, daß Du geradezu kopflos aufgebrochen bist, was ja auch der Wahrheit entspricht. Überwinde Dich, meine Liebste, wenn es Dich nicht zu viel kostet…«[4]

Marguerite Charpentier war für Alexandrine sowohl ein Vorbild als auch eine unerbittliche Richterin. Sogar Zola griff auf ihre Kompetenz in den Umgangsformen der vornehmen Gesellschaft und ihrer Gesetze zurück. So bat er sie 1879, als er gerade an seinem Roman *Nana* schrieb, um Rat:

»Gibt man in der großen Welt anläßlich einer Hochzeit einen Ball, und an welchem Abend? Am Abend nach der standesamtlichen Trauung oder am Abend nach der kirchlichen Trauung? Mir wäre es lieber, wenn es am Abend nach der kirchlichen Trauung ist. Ich möchte gern, daß der Ball im Salon der Muffats stattfindet. Und wenn ein solcher Ball ganz und gar nicht üblich ist, könnte es dann eine Abendgesellschaft sein? – Und dann: Wenn eine solche am Abend der standesamtlichen Trauung stattfindet, was trägt die Braut? Und kann ich dann am Abend der kirchlichen Trauung das Brautpaar zur üblichen Hochzeitsreise am Ende des Balls aufbrechen lassen?«

Und er fügte hinzu: »Ich habe mit meiner Frau über die Fragen, die ich Ihnen hier stelle, diskutiert, und ich bitte Sie, den Schiedsrichter zu spielen.« Aus diesem Brief geht deutlich hervor, daß Zola einige Fragen, die sein Romanschaffen aufwarf, mit seiner Frau diskutierte. So wie Zola an seinen *Rougon-Macquart* nach einem festen Plan arbeitete und sich nicht auf willkürliche Launen einließ, begleitete Alexandrine die erfolgreiche Arbeit ihres Mannes mit einem eigenen, durchdachten Plan. Sie schaffte sich eine eigene Identität.

Im Laufe der Jahre gewann Zola die Anerkennung gleichrangiger Kunstschaffender, machte sich Freunde und Feinde in der literarischen Welt. Seit 1868 verkehrte er regelmäßig mit den Brüdern

Goncourt – eine Beziehung, die bis zum Tod Edmonds 1896 aufrechterhalten blieb. Zola verkehrte auch mit Gustave Flaubert, Alphonse Daudet und Iwan Turgenjew; alle fanden sich bei ihm ein bei den »literarischen« Diners am Donnerstagabend. Meistens waren bei diesen Essen nur Männer zugegen, so zum Beispiel beim »Diner der ausgepfiffenen Autoren« oder dem »Diner zu fünft«; bei letzterem waren fünf Autoren versammelt, denen gemeinsam war, daß sie eine schmähliche Niederlage am Theater hinnehmen mußten: Flaubert, Daudet, Goncourt, Zola und Turgenjew. Nach dem Tod Flauberts, den alle sehr bewunderten, wurden diese Abendessen immer seltener. Aus der Feder Edmond de Goncourts stammt ein beeindruckendes Porträt Zolas; es ist das Porträt »eines großen Jungen, voll kindlicher Naivität und den Ansprüchen einer verwöhnten Hure«, der besessen ist »von seinem täglichen Eierlegen: hundert Zeilen, die er sich Tag für Tag abringt«, und der seinen Freunden »von seinem strengen Mönchstum, seinem häuslichen Leben« erzählt, »das keine andere Zerstreuung kennt als des Abends einige Dominopartien mit seiner Frau oder den Besuch einiger Landsleute«.[5] Aber dieser Pantoffelheld, schreibt Goncourt, ist ehrgeizig und arbeitet zäh daran, Paris zu erobern, wobei er das Ziel aller ehemals Armen verfolgt, nämlich sich am Schicksal zu rächen.

Will man den Berichten in Goncourts Tagebuch Glauben schenken, so waren die Gespräche bei diesen Diners oft anzüglich. Drei von ihnen waren Junggesellen, Daudet war Syphilitiker und betrog mit großer Ausdauer seine Frau Julia. Alexandrine ahnte nicht, daß ihr Privatleben am Tisch Flauberts oder Goncourts ausgebreitet wurde. Die Häufigkeit des Beischlafs – einmal in zehn Tagen –, der Einfluß, den der Koitus auf die Schaffenskraft Zolas hatte, all dies beschrieb Goncourt in seinem *Journal*. Jeder der fünf Männer brüstete sich mit seinen »Heldentaten«, Zola beteuerte, daß er bei der Liebe keinerlei moralische Bedenken kannte und daß er in seiner Jugend mit den Frauen seiner besten Freunde geschlafen habe. Es geht darum, wer »am schweinischsten« ist, schreibt Goncourt, und fügt hinzu, daß Zolas »Schweinigelei jetzt ganz und gar in seine Manuskripte einfließt«.[6]

Es gab noch andere Abendessen in größerem Kreis, wie zum Beispiel die Abendgesellschaft »Boeuf nature«, die auf Initiative Numa Costes 1874 ins Leben gerufen wurde. Hinzu kamen die gemeinsamen Essen am Ersten eines Monats und die ungezwungenen Feiern bei Freunden, bei denen Alexandrine oft Madame Daudet und Madame Charpentier traf. Julia Daudet bemerkte später, daß das Gespräch zwischen diesen erhabenen Geistern niemals über persönliche Eitelkeiten hinausging und daß kein echtes Vertrauen untereinander herrschte, nicht einmal auf dem Land »in der Ruhe der Felder«. Besonders unangenehm wurde es, wenn die Unterhaltung sich um das literarische Leben, die Zeitungen oder die Auflagen ihrer Bücher drehte. Sie schreibt, daß diese großen Männer sich gegenseitig für nichtig hielten, wie Tenöre oder Virtuosen in einem Orchester, man brauchte nur zwei an ein und denselben Tisch zu setzen, und schon fingen sie an, voreinander zu brillieren.[7] Wenn die Unterhaltung auch enttäuschend war, das Menü enttäuschte nie. Bei den Daudets gab es Bouillabaisse und korsische Drosselpastete, bei den Charpentiers mit Fisch gefüllte japanische Küchlein und bei den Zolas Haselhuhn.[8]

»Als Menschen mit viel Temperament«, erzählt Daudet, »waren wir alle Feinschmecker. So gab es zum Beispiel ebensoviele Leckerbissen wie Temperamente, ebensoviele Rezepte wie unterschiedliche Provinzen. Flaubert brauchte unbedingt verschiedene Buttersorten aus der Normandie und Enten aus Rouen zur Etouffade, Edmond de Goncourt verlangte, raffiniert und exotisch wie er nun einmal war, Ingwerkonfitüre; Zola Seeigel und Muscheln, Turgenjew genoß seinen Kaviar. Ach, es war nicht leicht, uns zufriedenzustellen, und die Restaurants von Paris erinnern sich sicher an uns. Alle Augenblicke wechselten wir sie. Mal waren wir bei Adolphe und Pellé hinter der Oper, dann im Restaurant am Platz vor der komischen Oper; danach bei Voisin, dessen Keller allen Ansprüchen gerecht wurde und die verschiedenen Gelüste stillte.«

Ab 1882 trafen sich Emile und Alexandrine Zola, Alphonse und Julia Daudet, Marguerite und Georges Charpentier sowie Edmond de Goncourt an jedem 1. Mai bei Ledoyen zur Eröffnung des Salons. Mittlerweile war Alexandrine im Umgang mit Marguerite Charpentier viel freier geworden. So hörte Goncourt eines Tages, »wie die drei vernünftigsten Frauen von Paris sich gegenseitig lachend gestehen, daß jede auf den Schultern der beiden anderen den Mantel wiedererkannt hat, den sie bereits seit drei Jahren trägt, seitdem sie zum Essen zusammenkommen«.[9]

Julia Daudet, die ehemalige Geliebte von François Coppée, kam aus einem reichen, kultivierten Haus, war Musikerin, Kritikerin und Schriftstellerin unter dem Pseudonym Karl Steen. 1879 veröffentlichte sie eine Sammlung von Aufsätzen zur Literatur, von Gedichten und Erinnerungen mit dem Titel *Impressions de nature et d'art*. In ihrem Salon in der Rue Bellerive in Paris und in ihrem Landhaus in Champrosay empfing sie zahlreiche Künstler. Zolas Erzählung *Madame Sourdis* aus dem Jahr 1880 wurde übrigens vom Ehepaar Daudet inspiriert. Julia Daudet hatte drei Kinder, von denen zwei, Lucien und Léon, einen gewissen Bekanntheitsgrad erlangten: Lucien, der mondäne Schöngeist, sollte später einmal der Kaiserin im Exil sowie Marcel Proust nahestehen. Der ungestüme Léon gründete zusammen mit Charles Maurras die Action française.

Julia Daudet und Marguerite Charpentier – zwei Frauen der Oberschicht auf der einen Seite und Alexandrine auf der anderen. Sie hatte aber alle Trümpfe in der Hand: das Talent und die wachsende Berühmtheit ihres Mannes, den auch seine Schriftstellerkollegen als führenden Kopf anerkannten, wenn auch nur widerwillig, dazu ihren außerordentlich starken Willen, selbst eine Grande Dame zu werden, und das Streben nach Erfolg, das sie mit Zola teilte. Eines Abends im Jahr 1878, nachdem Zolas Stück *Le bouton de rose* ausgebuht worden war, warf sie, wie Goncourt behauptet, ihrem Mann auf dem »Begräbnisessen« im Restaurant von Véfour mit kreischender Stimme vor, daß er nicht ihren Rat befolgt habe, Kürzungen in seinem Text vorzunehmen. Sie rächte sich für den Mißerfolg an dem jungen Paul Alexis, den sie seinen »Prügelknaben« nannte. Einige Tage später zwang sie den erschöpften Emile, zum Cernuschi-Ball zu gehen und dort exakte Beobachtungen anzustellen. Gut zehn Jahre später zeichnete sie sich während eines Abendessens bei Daudet mit folgender Bemerkung aus, die Goncourt notierte:

»Wir setzen uns zu Tisch. Daudet ruft mir zu: ›Goncourt, ich bin zu Joret gegangen, um für Sie dort Morcheln zu holen.‹ Daraufhin hört man Madame Zola laut und mit kreischender Stimme sagen: ›Oh! Heutzutage sind Morcheln nichts Besonderes mehr, die kosten drei Francs…‹«

Solche Bemerkungen gab sie immer wieder während des Essens von sich. Madame Charpentier setzte ihre ganze Diplomatie ein, um sie milder zu stimmen. Beim Essen der Bouillabaisse hob sie Alexandrines Talent für die Zubereitung dieses Gerichts hervor, erntete aber als Belohnung dafür die Bemerkung:»Wahrhaftig, Madame, Sie könnten alle glauben machen, daß ich mein Leben in der Küche zubringe!«

Der harmonisch begonnene Abend setzte sich in einer sehr lebhaften Diskussion zwischen Zola und Goncourt über den Geist fort.

»Diese Diskussion war lebhaft, sehr scharf, sehr kämpferisch, so kämpferisch, daß Madame Zola während des Wortgefechts nicht aufhörte, fast schreiend dazwischenzurufen: ›Wenn das so weitergeht, muß ich weinen ... Wenn das nicht aufhört, gehe ich.‹«[10]

Goncourt vermeinte daraufhin, einen beginnenden, ernstzunehmenden Größenwahnsinn bei den Zolas festzustellen, da sie nicht mehr die kleinste Kritik zu ertragen schienen. Alexandrine beherrschte nicht die Kunst, ihre Gefühle in der Öffentlichkeit zu verbergen. Immer solidarisch mit ihrem Mann, wenn er angegriffen wurde, zögerte sie ebensowenig, ihn in Gesellschaft anderer fertigzumachen. Goncourt berichtet, daß ihr hübsches Gesicht böse aussehen konnte, und aus ihrer Stimme hörte er »die Bissigkeit eines ordinären Weibs« heraus, »das uns gleich auskeifen wird«.[11]

Alexandrine Zolas Lehrjahre gingen nicht ohne Angst und Zänkerei dahin; um so größer waren Stolz und Befriedigung, als sie nach einer gewissen Zeit alle Anstandsregeln sicher beherrschte und eine der besten Gastgeberinnen von Paris wurde.

Im April 1874 zogen Alexandrine und Emile Zola um in die Rue Saint-Georges, die heutige Rue des Apennins, im 17. Arrondissement, neben dem Markt von Les Batignolles gelegen. Die neue Wohnung war ein weiterer Schritt in Richtung Wohlstand.

»Es war ein kleines Stadthaus mit Garten (...)«, erzählt Paul Alexis in seiner Zola-Biographie. »Keine weiteren Mieter! Und keine Concierge! Dieser doppelte Traum aller Pariser Eheleute von gewissem Wohlstand war nun verwirklicht. (...) Ein Kellergeschoß mit dem Anrichtezimmer und der Küche; im Erdgeschoß der Salon und das Eßzimmer; dann zwei Etagen, die erste für ihn und seine Frau mit einem großen Schlafzimmer und einem sehr freundlichen Arbeitszimmer zum Garten hin; und schließlich die zweite Etage für seine Mutter.«

Die Miete betrug 1500 Francs jährlich und spiegelte ebenfalls die Verbesserung ihrer Lebensbedingungen wider. Das Haus befand sich nicht weit entfernt von der Avenue de Clichy, in der seit 1871 Alexandrines Vater Edmond Meley wohnte. Am 1. Oktober 1871 unterschrieb er einen Pachtvertrag über zwölf Jahre für das Haus Nummer 159 in der Avenue de Clichy, das sich ungefähr in der Höhe der Rue Cardinet und damit ganz in der Nähe der Rue des Apennins befindet. Edmond war inzwischen Weinhändler geworden. Er vermietete auch einige möblierte Wohnungen in diesem soliden, fünfstöckigen Haus aus Quadersteinen, in dessen Keller er seine Weinfässer lagerte. Bei seinem Tod wurde Joséphine, »Witwe Meley, Schankwirtin und Zimmervermieterin«, seine Nachfolgerin. Sie schloß 1883 einen neuen Pachtvertrag über weitere zwölf Jahre ab. Bis zu zwölf Zimmern vermietete sie in diesem Haus mit dem Schild *Picardie-Hotel*, wie sie es zu Ehren ihrer Heimat nannte.[12]

Der Umzug in die Nähe des Vaters war kein Zufall, denn man kann davon ausgehen, daß sie sowohl von ihm als auch von ihrer Halbschwester Berthe Ophélie wußte, als sie sich nur einige Meter von ihm niederließ. Die kleine Berthe, die im Mai 1850 in Paris geboren wurde, starb gleich nach der Geburt, und im Juni 1857 brachte Joséphine ein zweites Töchterchen zur Welt, das ebenfalls Berthe genannt wurde, genauer: Berthe Ophélie. Das Kind wurde in Guillon im Doubs geboren, einem kleinen Dorf mit 183 Einwohnern; in der Geburtsurkunde der Tochter geben die Eltern als Beruf »Händler« an.

War Alexandrine am 8. Mai 1877 auf der Hochzeit ihrer Halbschwester Berthe mit Paul Gaillard, einem jungen Witwer aus Savoyen, seines Zeichens Stuhlhersteller, und Mieter der Meleys? Die Hochzeit war fröhlich, Trauzeugen waren Nachbarn und Freunde: Alfred Rousseau, ein Mechaniker, der Stuhlfabrikant Jean-Baptiste Mettet, Pauls Chef, Victor Michaudeau, ein bekannter Weinhändler, und der Angestellte Adolphe Lefort. Alle wohnten im selben Viertel. Zola hatte ein paar Monate zuvor seinen Roman *Der Totschläger* veröffentlicht, der im etwas östlicher gelegenen Goutte d'Or-Viertel spielt. Darin beschreibt er die Welt der Handwerker und der kleinen Leute von Paris. Dieses soziale Milieu, das er durch seine Mutter Emilie kennenlernte, war ihm vertraut, und es ist nicht auszuschließen, daß er viele Einzelheiten aus dem Umfeld von Alexandrines Familie übernommen hat. Alexandrines Einfluß auf die Volkstümlichkeit der Romane Zolas war jedenfalls entscheidend, und *Der Totschläger* blieb immer Alexandrines Lieblingsroman.

Der Erfolg dieses Romans erlaubte es dem Paar, sich im April 1877 in der Rue de Boulogne, der heutigen Rue de Ballu, niederzulassen – auf der anderen Seite des Place de Clichy, in den neuen bürgerlichen Vierteln im Süden... Von diesem Zeitpunkt vertiefte sich die Kluft zwischen Alexandrine und ihrer Familie. Die Zolas sollten sehr reich werden.

Am Meer

Damals knüpfte Alexandrine andere Familienbande wieder fester, und zwar die zu den Labordes. Edmonds Schwester Bibienne lebte bekanntlich mit dem Drucker Jean-Pierre Scar-Laborde zusammen. Die Ehe wurde kurz vor seinem Tod in Anwesenheit eines Arztes 1878 auf dem Sterbebett geschlossen. 1845, mehr als zwanzig Jahre zuvor, hatten sie einen Sohn, Emile, bekommen, Alexandrines Vetter ersten Grades. Er war bei der Staatlichen Kreditanstalt angestellt und heiratete am 21. April 1874 Amélie Perrinon. Emile Zola war sein Trauzeuge, und Alexandrine schloß eine enge Freundschaft mit Amélie. Die Labordes bekamen drei Kinder: Eline, genannt Lili, wurde 1875 geboren, Albert, Alexandrines Patenkind, kam 1878 zur Welt und kurz danach André. Amélie Perrinon, 1848 auf der Insel Martinique geboren, verbrachte einen Teil ihrer Kindheit auf den Antillen, der Heimat ihres Vaters, der nach dem Studium am Polytechnikum Marineoffizier und später Generalkommissar der Republik Martinique wurde. Ihm ist es zu verdanken, daß 1848 das Gesetz über die Abschaffung der Sklaverei verabschiedet wurde. Er war Volksrepräsentant der konstituierenden Versammlung im Jahre 1848, mußte aber 1852 ins Exil gehen. Nach dem Tod ihrer Eltern kam Amélie mit ihren Schwestern nach Paris und hatte hier eine schwierige Jugend. 1882 war sie bereits Witwe und verlor zudem 1883 ihren jüngsten Sohn. Mit ihrer leidenschaftlichen Anteilnahme an Politik und Literatur, ihrem fröhlichen Gemüt, ihrer Arbeit für Zola – sie übersetzte für ihn aus dem Englischen – erobert sie das Herz von Emile und Alexandrine, die sie sehr oft nach Médan einluden, damit sie dort mit den Kindern die Ferien verbrachte.

Alexandrine liebte Elina und Albert, Amélies Kinder. Ihre Briefe an ihre sieben Jahre jüngere Cousine zeigen, wie sich Alexandrine mit Amélie verbündete und wie vertraut sie mit ihr war. Bei Amélie ließ sie ihrer Spontaneität, Scharfzüngigkeit, Großmütigkeit oder Streitlust freien Lauf. Ihr vertraute sie ihre jeweilige Gemütsverfassung, ihre Sorgen und Freuden an. Etwa ab 1877 vermitteln diese

Briefe Einblick in Alexandrines Privatleben; bedauerlich ist nur, daß Amélies Antwortschreiben nicht erhalten sind. Vielleicht ist es auf das ähnliche, leidenschaftliche Temperament beider Frauen zurückzuführen, daß sie sich nach dem Tod Zolas heftig zerstritten. Sie sahen sich nie wieder, aber Albert hielt den Kontakt zu seiner Patentante weiterhin aufrecht und widmete ihr später eines seiner Werke, in dem er sie sehr feinfühlig und liebevoll beschrieb.[1]

Im Mai 1874 wurde Alexandrine krank und war einen Monat lang bettlägrig. Auch im Mai des darauffolgenden Jahres litt sie an derselben Krankheit. Besorgt schrieb Emile an Iwan Turgenjew:

»Meine Frau ist heute so krank, daß ich mich nicht von ihrer Seite wage. Ich habe zwei so schreckliche Wochen erlebt. Ach! Ich hoffe, daß alles wieder gut wird.«

Und einige Zeilen später:

»Bleiben Sie gesund, mein lieber Freund. Körperliches Leiden ist entsetzlich.«

Was war das für eine Krankheit, die in mehr oder weniger regelmäßigen Abständen Alexandrine heimsuchte und sie zwei Monate hindurch ans Bett fesselte?

Der Arzt riet ihr, im Meer zu baden – eine hervorragende Gelegenheit für das Paar, endlich einmal Ferien zu machen. Seit bald zehn Jahren träumten sie davon, einen Sommer am Meer zu verbringen. Im vorangegangenen Jahr waren sie von den Charpentiers nach Cabourg und den Guillemets nach Villerville eingeladen worden, doch hatten sie beide Einladungen wegen Zolas Arbeit ablehnen müssen. Im Mai bat Emile Paul Alexis, der gerade nach Saint Malo aufbrach, für sie ein Quartier an der Küste zu suchen, und er gab Alexis sehr genaue Anweisungen:

»Ein kleines Haus mit Küche, Eßzimmer, drei Schlafzimmern und einem Garten, das Ganze nah am Meer, direkt am Ufer, wenn das möglich ist; und außerdem muß das Meer dort bequem zu erreichen sein, wenn man baden will.«[2]

Schließlich brachen sie im August nach Saint-Aubin-sur-Mer in der Provinz Calvados auf, einem mittelgroßen Badeort. 1875 stellte ein Reiseführer Saint-Aubin als »sehr bürgerlichen, traditionellen

Strand, ohne alle Extravaganz« vor. 1929 wurde sein Strand sogar als der »gesündeste Strand Frankreichs«[3] ausgezeichnet! Kaum dort angekommen, lud Zola auch schon Paul Alexis ein, sie zu besuchen. Wie immer lieferte er Zugabfahrtszeiten und Richtungen gleich mit: Um neun Uhr den Zug nach Caën nehmen, dort dann mit dem Pferdeomnibus nach Saint-Aubin fahren; insgesamt sechs Stunden Fahrt. Dabei vergaß er nicht den Preis für die Reise: 37 Francs, alles inbegriffen. Der Klimawechsel und das Licht der Normandie begeisterten sie denn auch sofort. Emile schrieb an Paul Alexis:

»Wir haben hier herrliches Wetter, Stürme und dann wieder Tage voller Sonne, neapolitanische Nächte und Meeresleuchten…«[4]

Alexandrine fühlte sich allmählich besser, sie war noch schwach, aber auf dem Weg zur Genesung. Wie ihre Zeitgenossen glaubte sie unerschütterlich an den Erfolg einer Meereskur: »Meeresbäder sind eines der wirksamsten Mittel, die uns die Natur schenkt«, beteuert ein Medizinlehrbuch der Zeit.

Meeresbäder hatten allerdings eher therapeutischen Charakter und dienten weniger als Ferienvergnügen. Die ärztlichen Vorschriften waren sehr genau, und die Ärzte betonten die Gefahren, die jede Überschreitung der von ihnen gesetzten Grenzen zur Folge haben konnte. Noch der *Larousse médical* von 1929 begrenzte die Dauer eines Bades auf zehn Minuten und erlaubte es nur zweimal täglich, und zwar »zwischen zehn und zwölf Uhr morgens und drei und fünf Uhr nachmittags«.[5] Man sollte überdies schnell ganz eintauchen und den ganzen Körper außer dem Kopf unter Wasser halten. Den Nichtschwimmern empfahl man wärmstens »eimerweise Güsse von Meerwasser über den Kopf«. In einigen Fällen wurde nach dem »Wellenbaden« gründliches Abreiben und ein heißes Fußbad angeraten.

Alexandrine badete mit der leidenschaftlichen Sorgfalt, die sie bei allem, was sie tat, an den Tag legte. »Ihr Bad«, schrieb Zola an Georges Charpentier, »hat sie zur Institution erhoben.«

Unterdessen saß Zola am Schreibtisch mit Blick aufs Meer, redigierte eine Untersuchung über Goncourt, vollendete *Seine Exzellenz Eugène Rougon* und begann, über den *Totschläger* nachzudenken. Aber auch er ließ sich schließlich vom Meer verführen, begleitete seine Frau zum Krabbenfischen, ging mit ihr zum Hafen, um der

Fischversteigerung zuzusehen, oder machte Ausflüge nach Arromanches und Caën.

Bald überfluteten aber die großen Herbststürme den fast menschenleeren Strand und drangen in die Hütte ein, in die Alexandrine und Emile sich flüchteten. Es wurde Zeit abzureisen. Alexandrine fühlte sich zwar immer noch »nicht auf dem Posten«, aber man versicherte ihrem Mann, daß der gute Einfluß des Meeres sich in Paris bemerkbar machen würde.

Im nächsten Jahr gab es neue Abenteuer in einem anderen Landstrich. Dieses Mal reisten sie gemeinsam mit den Charpentiers in die Bretagne. Mitte Juli brachen die beiden Männer auf und suchten eine Ferienwohnung. Emile schrieb zärtlich an seine Frau:

»Hervorragende Reise, meine schöne Loulou. Eine herrliche Nacht. Als wir in das Zugabteil stiegen, war man nah am Ersticken, aber sobald alle Fenster geöffnet waren und wir fuhren, ging es uns sehr gut. Wende die Kissen auf der Bank um, denn die Unterseite ist aus Roßhaar, und das ist kühler.
Man muß zweimal umsteigen, in Nantes um 6 Uhr und in Savenay um halb acht. Die Loire ist zwischen Angers und Nantes wunderbar im Glanz der aufgehenden Sonne. Setz Dich auf die linke Seite des Zuges.
Ich schreibe vom Hotel Couronné, wo wir uns eben mit zwei Eimern Wasser gewaschen haben. Wir waren über und über staubbedeckt. Wir haben einen Wagen gemietet, der uns für zwei Tage dreißig Francs kosten wird. Und gleich wollen wir nach Le Pouliguen aufbrechen. Morgen abend übernachten wir wieder hier im Hotel Couronné, und Mittwoch früh kommen wir mit der Pferdebahn am Bahnhof an.
Mir war überhaupt nicht kalt, und mein Mantel hat mir nicht gefehlt. Nimm nicht zu viele Laufereien auf dich, um ihn zurückzubekommen. Es genügt, daß Du Bescheid gibst, und dann werden wir ihn bei unserer Rückkehr wiederbekommen.
Mach Dir keine Sorgen. Bereite alles gut vor. Grüße Bertrand. Und bis Mittwoch morgen, meine schöne Loulou.
Ich küsse Dich. Wieder und wieder.«

Es ist einer der wenigen Briefe jener Zeit. Der zärtliche Name, den Alexandrine auch für Zola benutzte (er war Loulou-Hund, sie war Loulou-Katze), die Ratschläge, die Empfehlungen, die Küsse, der halb verliebte, halb hausbackene Ton – das alles sind Zeichen für das gegenseitige Vertrauen, die liebevolle Fürsorge und die Liebe, die sie vereinte.

Die Ankunft in Piriac, ihrem Ziel, war äußerst aufregend. Wie geplant, zwängten sich in Saint-Nazaire die Charpentiers und die Zolas, insgesamt etwa zehn Personen (einschließlich Kinder und Personal), in einer eigens gemieteten Pferdebahn. Die obere Etage wurde mit einem Dutzend großer Gepäckstücke beladen. Einige Kilometer nach Piriac kam es zu einem Unfall; eine Schraubenmutter fiel ab, das Rad löste sich, die Bahn kippte und begrub einen Wagen unter sich. Zola befreite sich als erster, kletterte aus dem Fenster und versuchte, die anderen herauszuholen. Aber die Tür ging nicht auf. Darum zog er mit großer Mühe die anderen Reisenden durch das Fenster ins Freie. Sobald sie außer Gefahr war, fiel Alexandrine wegen all der Aufregung »auf der Stelle ohnmächtig zu Boden«. Ein anderer Pferdewagen brachte dann die Sommerfrischler nach Piriac, das Gepäck kam später auf einem Karren nach.

Die Landschaft war schön, das Haus geräumig und direkt am Meer gelegen. Man aß Muscheln, bemühte sich bis Kerkabelec, um dort Austern zu kosten, und man veranstaltete Festgelage mit Venusmuscheln, auf die Zola ganz versessen war. Alexandrine verwöhnte die kleinen Kinder der Charpentiers, deren jüngstes, Paul, das Patenkind Zolas, gerade ein Jahr alt war. Sie gingen zu den Rennen nach Guérande oder promenierten an der Küste entlang bis Batz oder Croisic. Abends saßen sie am Strand, schauten sich die Sterne an und redeten leise miteinander. Alexandrine war glücklich, denn dieses Mal arbeitete ihr Mimi kaum und hatte Zeit für sie. Für das nächste Jahr nahmen sie sich vor, vier Monate im Süden zu verbringen.

Das Jahr des »Totschlägers«

Das Jahr 1877 war nicht nur ein Einschnitt in der Geschichte Frankreichs, sondern auch im Leben Zolas. Am 24. Januar erschien *Der Totschläger*. Der außergewöhnliche Erfolg dieses Romans machte aus Emile Zola einen berühmten und reichen Mann.

Am 16. Mai reichte der Ratspräsident Jules Simon seinen Rücktritt beim Präsidenten Mac-Mahon ein; am 25. Juni wurde die Abgeordnetenkammer aufgelöst. Im Oktober gingen die Republikaner als Sieger aus den Wahlen hervor. Gemäßigte Republikaner (genannt die »Weißen Krawatten«) bekleideten nun wichtige Ämter; sie waren nicht besonders mutig, neigten zu Kompromissen, begünstigten eine opportunistische Politik und profitierten vom allgemeinen, durch moderne Errungenschaften und die Macht der Banken herbeigeführten Aufschwung.

Im Mai 1878 feierte die Pariser Weltausstellung den Geist der Epoche, ihre Neuerungen und die Kühnheit der modernen Architektur. Der Bau des Trocadéro mit seinem Aufzug und seinem riesigen Saal, in dem sechstausend Menschen Platz hatten, die Kolonie-Pavillons, die industriellen Spitzenerzeugnisse, die zahlreichen Festveranstaltungen, an denen spontan Tausende von Schaulustigen teilnahmen – das machte aus Paris die unbestrittene Hauptstadt der Zeit. 1879 beschloß das Parlament, Versailles zu verlassen, wohin es 1871 geflüchtet war, und siedelte wieder nach Paris um. Emile war begeistert von der Weltausstellung, über die er für *Le Messager de l'Europe* berichtete. Trotz vehementer Kritik war der Erfolg des *Totschlägers* groß. Mit seltener Großzügigkeit änderte Georges Charpentier den Vertrag mit Zola ab und garantierte ihm ein Honorar von 50 Centimes pro verkauftem Exemplar, das einen Ladenpreis von 3 Francs 50 Centimes hatte.

Am 16. April 1877 versammelten sich auf einem, wie Goncourt schreibt, besonders freundschaftlichen und fröhlichen Diner Huysmans, Henry Céard, Léon Hennique, Paul Alexis, Octave Mirbeau, Guy de Maupassant, Flaubert, Zola und Goncourt, bei dem die drei

Letztgenannten »offiziell zu den drei Meistern der gegenwärtigen Stunde ernannt wurden«.[1] Dies war die Stunde der Gründung des Naturalismus, dessen Führer Zola werden sollte. Das Diner fand im Restaurant Trap statt, an der Ecke der Rue Saint-Lazare und der Passage Tivoli. Die Speisen trugen Namen zu Ehren der »Meister«:

»Pürierte Suppe *Madame Bovary;* Lachsforelle nach Art *Tochter Elisa;* mit Trüffeln gefüllte Poularde *Heiliger Antonius;* Artischocken: *Einfaches Herz;* Gefrorenes: naturalistisch; Wein: *Coupeau;* Likör: *Totschläger.«*

Das war die Speisekarte der Naturalisten, die in *La République des Lettres* veröffentlicht wurde. Céard aber behauptete, sie sei ein reines Fantasiegebilde. Die jungen Naturalisten standen allerdings noch am Anfang ihrer Laufbahn: Hennique hatte bisher nur das Fragment eines romantischen Dramas veröffentlicht, Huysmans ein einziges Werk, *Le Drageoir aux épices,* Mirbeau ein paar Artikel für eine Zeitung der Bonapartisten; Henry Céard, der bald ein vertrauter Freund der Zolas wurde, hatte begonnen, Medizin zu studieren, wechselte aber bald ins Kriegsministerium über, wo er bis 1882 blieb, um anschließend Bibliothekar und später stellvertretender Kustos im Stadtpalast des Carnavalet-Museums zu werden. Keiner von ihnen konnte von dem Ertrag seiner Bücher leben, jeder hatte eine Anstellung in der Verwaltung, sogar Maupassant. Da Mirbeau 1877 Kabinettschef der Präfektur im Départment Ariège wurde, konnte er später nicht an den literarischen Abenden in Médan teilnehmen.

Am 27. Mai fuhren Alexandrine, Emile und seine Mutter nach L'Estaque bei Marseille. Die plötzlich erlangte Berühmtheit zwang Zola, einem bescheidenen Fischerdorf den Vorzug zu geben, statt die der Hauptstadt nahegelegenen, belebten Strände aufzusuchen. Erneut wurden Alexandrine, die immer noch nicht recht »auf dem Posten« war, von den Ärzten Meerbäder empfohlen. Jeden Morgen konnten sie beim Öffnen der Fenster die Küste betrachten:

»Auf beiden Seiten der Bucht ragen Felsarme ins Meer, während die Inseln in der Ferne den Horizont zu begrenzen scheinen; und so ist das Meer nichts weiter als ein großes Becken, ein See, von intensivem Blau bei schönem Wetter. Im Hintergrund sieht man am Fuß der Berge die Häuser von Marseille, eins über dem anderen an den flachen Hügeln errichtet; bei klarer Sicht kann man von L'Estaque aus die graue Mole von La Joliette sehen und im Hafen dahinter die dünnen Masten der Schiffe; in noch weiterer Ferne aus dichten Baumgruppen hervorschimmernde Fassaden; auf der Höhe strahlt die Kirche Notre-Dame de la Garde mit ihrem Weiß in den Himmel.«[2]

Emile hatte sich ein Stehpult vor das Fenster gestellt und schrieb an seinem neuen Roman *Ein Blatt Liebe*. Hier entwarf er die fünf großen Beschreibungen von Paris, die den Roman in fünf Kapitel unterteilen, während Alexandrine Vorhänge für ihr neues Domizil in der Rue de Boulogne nähte. In einem Brief an Madame Charpentier schrieb Zola voll Bewunderung für seine Frau:

»Meine Frau ist mit einer gewaltigen Aufgabe beschäftigt: Sie näht meine Vorhänge, Applikationen alter Seidenblumen auf Samt, und ich versichere Ihnen, es ist eine sehr hübsche Arbeit.«

Gemeinsam verbrachten die Eheleute viele Stunden am Strand; dem ausgedehnten Bad im Meer folgte das Abendessen und die ruhevolle Betrachtung des Sternenhimmels. Sie führten ein ruhiges, arbeitsames Leben. Wie immer war ihr einziger Exzeß die Schlemmerei. Pfirsiche, Aprikosen, Feigen, Weintrauben, die mit spanischem Pfeffer gewürzten Speisen, Muscheln, die Bouillabaisse, kurz, »eine Menge auserlesener Schweinereien«, die Emile, wie er selbst zugab, im Übermaß zu sich nahm, machten ihren Aufenthalt zu einem ununterbrochenen Festessen. Zola beschrieb die Bouillabaisse:

»Den Fisch zuunterst in den Topf legen, mit Wasser bedecken und dazu Zwiebeln, Öl, Knoblauch, eine Prise Pfeffer, eine Tomate, ein halbes Glas Öl geben; dann den Topf auf das Feuer setzen, es muß so stark sein, daß man einen Hammel braten könnte.«[3]

Kurz darauf erkrankten Zola und Alexandrine, doch bestimmt waren nicht ausschließlich die Schlemmerei und der Schirokko daran schuld. Ihre Unpäßlichkeit konnte einen anderen, tragischeren Grund haben.

Die Geburtsurkunde der kleinen Caroline Gabrielle war am 14. Juli 1877 ausgestellt worden. Die öffentliche Fürsorge stellte aber nur ein »Herkunftszeugnis« aus, auf dem die Nummer des dem

Heim überlassenen Kindes stand. Eine Geburtsurkunde wurde nur auf Verlangen ausgestellt. Wußte Alexandrine bereits, daß ihre Tochter gestorben war? Oder erfuhr sie es im Lauf dieser Wochen? Gab es einen Zusammenhang zwischen der Bitte um Ausstellung der Geburtsurkunde und der Tatsache, daß sie sich beide in dieser Zeit so elend fühlten? Das so spät erfolgte Gesuch um eine Geburtsurkunde läßt die Frage aufkommen, zu welchem Zeitpunkt ihres Lebens Alexandrine nach ihrer Tochter zu suchen begann und wann sie damit auch von ihrem Tod erfuhr.[4]

Gewiß war Alexandrine von Schuldgefühlen geplagt, denn Mutterschaft war für eine Frau im 19. Jahrhundert die einzige wirkliche Erfüllung.

»Welches ist die große Aufgabe der Frau? Gebären, gebären und nochmals gebären. Wenn die Frau sich der Mutterschaft verweigert, wenn sie sie begrenzt, wenn sie sie beseitigt – dann hat eine Frau keine Rechte mehr verdient. Sie ist nichts mehr«,

schrieb noch 1918 Dr. Doleris. In der unmittelbaren Umgebung Alexandrines hatte jede Frau drei Kinder, so z. B. ihre Cousine Amélie Laborde, Julia Daudet und Marguerite Charpentier.

Mutterschaft, Schuld und Tod sind auch die drei Hauptthemen des Romans *Ein Blatt Liebe*, den Zola in L'Estaque schrieb. Dort erzählt er die tragische Geschichte einer Mutter und ihrer Tochter, die in einer sehr engen Beziehung leben, die einen fatalen Ausgang hat. Gewisse Bezüge zu Alexandrines Sorgen und Ängsten sind nicht von der Hand zu weisen.

Im Lauf des August brach eine erstickende Hitze aus, der Mistral ließ nach, mittags erreichte das Thermometer eine Temperatur von vierzig Grad im Schatten. Alexandrine litt unter der Schwüle, Emile hielt sich fast nur im Haus auf und schrieb.

Im September dann eine neue Prüfung für Alexandrine: Ihre Stiefmutter Joséphine schrieb ihr, daß ihr Vater sehr krank sei und sie sich beeilen müsse, wenn sie ihn noch lebend sehen wollte. Zola beauftragte Alexandrines Vetter Emile Laborde, sich nach dem Zustand Edmonds zu erkundigen. Die Antwort ließ nicht lange auf sich warten: Emile Laborde besuchte seinen Onkel und fand ihn in einem sehr kritischen Zustand vor. Am 8. September schrieb er, daß Edmond im Sterben läge. Noch geistig sehr wach, bedauerte der Sterbende nur, daß er nicht mehr an der Abstimmung teilnehmen konnte, »um mit seinem Protest in den allgemeinen Protest des ganzen Landes gegen unsere Regierung einzustimmen«. Am 13. September 1877 starb er um neun Uhr morgens im Alter von siebenundfünfzig Jahren. Seine Frau, sein Schwiegersohn Paul Gaillard und seine Tochter Berthe waren bei ihm.

Alexandrine kam erst am nächsten Morgen nach einer fünfzehnstündigen Reise. Ihr Kummer, daß sie dem Vater in seiner letzten Stunde nicht beistand, die Sorge um die Kosten der Reise, die Zola in seinem ersten Brief an Laborde erwähnte (obwohl ihre finanzielle Situation gar keinen Anlaß zur Sorge gab), ihre Anwesenheit auf der Beerdigung und ihre Trauer weisen darauf hin, daß sie eine enge Beziehung zum Vater hatte. Mit ihm war nun auch das letzte Band zur Kindheit verloren.

Die Trennung erschien Emile recht lang. Zweimal täglich schrieb er seiner Frau, wiederholte wie besessen die Abfahrtszeiten der Züge und Postkutschen, vermischte belanglose Ermahnungen mit zärtlichster Fürsorge, sehnte sich nach ihr und vergrub sich ganz in seine Arbeit. Wie immer, wenn sie auf Reisen war, machte Emile sich Sorgen um ihre Gesundheit, bat sie, sich zu schonen, sich nicht zu übernehmen. Doch in seinem mit unwillkürlichem Humor gepaarten Egoismus trug er ihr eine Reihe von lästigen Besorgungen auf. Sie sollte in der Rue Le Peletier oder der Rue de l'Odéon Stickereien für die Vorhänge kaufen, bei den Trödlern vorbeischauen, die Charpentiers und ihre Tante Alexandrine-Bibienne besuchen, zu Roux gehen ...

»Selbst wenn Du noch Stickereien besorgst, könntest Du vielleicht trotzdem noch Sonntag abend abfahren. Also, Du schiebst den Besuch bei der Tante auf den Sonntag; da du erst mit dem Abendzug um sieben Uhr fünfzehn fährst, hättest Du genug Zeit für diesen Besuch bei der Tante, nämlich von Sonntag um zwölf bis um drei, könntest wieder mit der Kutsche nach Hause zurückkehren, um einen Bissen zu essen, und dann noch rechtzeitig am Bahnhof sein. So hättest Du den ganzen Samstag frei, um alle Deine Besorgungen zu machen – mit der Kutsche, nicht wahr? Du besuchst dann Roux, gehst bei Mademoiselle Guillau vorbei und bei den anderen Trödelhändlern.«

Und dann schloß er mit folgenden Worten:

»Das ist alles, was ich Dir für heute abend zu sagen habe, meine Liebe. Wenn Du Kummer hast, tröste Dich, indem Du an mich denkst, und sag Dir, daß Du Dich noch sechs Wochen erholen kannst, wenn Du wieder hier bist.«

Als sie zurückkehrte, trat alsbald die gewohnte Ordnung wieder ein. Die Freunde Alexis und Coste waren ständig zu Gast, und Alexandrine übertraf sich selbst in der Küche. Sie ließen es sich gut gehen. Erst Ende Oktober kehrten sie wie geplant nach Paris zurück.

Stadthäuser, Landhäuser

Alexandrine bezog mit Zola und seiner Mutter die neue Wohnung in der Rue de Boulogne 23, in der nun die in L'Estaque gefertigten Vorhänge aufgehängt wurden. Nur wenige Schritte entfernt lag Turgenjews Ferienwohnung, Manet wohnte einige Straßen weiter, der Kritiker Duranty war ihr Nachbar und besuchte sie oft. Zunächst zogen die Zolas in die zweite Etage, 1882 dann in die erste Etage in eine größere Wohnung.

Ihre Wohnung spiegelte den erlangten Wohlstand wider. Am Tag nach dem Einstandsdiner[1], das »sehr erlesen, sehr schmackhaft« war, ließ sich Goncourt aus über »den portugiesischen Thron aus massivem Palisander«, der Zola als Sitz in seinem Arbeitszimmer diente, die Glasmalereien des 12. Jahrhunderts, »die grünlichen Tapisserien mit den Heiligen an den Wänden und an den Zimmerdecken, die Flügelaltäre über den Zimmertüren«, kurz, »das ganze Mobiliar kirchlichen Plunders«, das er überspannt und abgeschmackt fand.

In gemeinsamer Trödelleidenschaft häuften Alexandrine und Emile eine verschwenderische Fülle von alten Gegenständen an. Wie die Schlemmerei zeugte auch ihre Sammelwut von einem übermäßigen Lebenshunger. 1890, etwa zehn Jahre später, gestand Zola Henri Bryois in einem für den *Figaro* aufgezeichneten Gespräch:

»Wenn ich mit meiner Frau allein bin, verhalte ich mich nicht wie ein Familienvater, der alles tut, um die Erbschaft seiner Kinder zu vergrößern. Was reinkommt, geht gleich wieder raus. Ich befriedige hemmungslos meine Leidenschaft, Nippes zu sammeln (...) Ich verdiene viel, ich gebe viel aus, und ich weiß nicht, was das Wort Geldanlage bedeutet.«

Zolas Sammelleidenschaft kannte keine Grenzen:

»Ich sammle vor allem Tapisserien, alte Stoffe, alte Wandbehänge, herrliche Tuche. Sehen Sie sich diese Kleider an, wie reich ihr Damastmuster ist, wie wunderschön ihre Farben, ihre feinen Stickereien sind. Sie gehörten adligen Damen am Hofe von Louis XIV.«

Die Zolas liebten chinesische Fayencen, Nippes aus Japan, Kultgegenstände, alte Möbel, außergewöhnliche Vorhänge mit Spitze und Applikationen ähnlich den Meßgewändern. Einen Kontrast zu den Möbeln bildeten die avantgardistischsten Bilder, die an den Wänden hingen: Cézanne, Monet, Manet, Pissarro, Jongkind, Morisot, Guillemet. Beeindruckend war die detaillierte Liste der Kunstgegenstände und Möbel, die Alexandrine nach Zolas Tod dem Versteigerungshaus Drouot übergab. Die Objekte füllten drei Hotelsäle, und der Verkauf zog sich über fünf Tage hin.[2]

Der Roman *Das Werk* beschreibt und analysiert dieses Phänomen. Henriette und Pierre Sandoz können sich nach den Erfolgen des Schriftstellers eine größere Wohnung leisten. Sie häufen antike Möbel und alte Teppiche an, dazu den »Nippes aller Völker und aller Jahrhunderte – eine steigende Flut, die jetzt über die Ufer trat und die in Les Batignolles mit dem alten Topf aus Rouen begonnen hatte, den sie ihm zum Namenstag geschenkt hatte«.[3] Auch sie werden von einer »fröhlichen Kaufwut« getrieben und rennen von einem Trödler zum anderen. Wie Zola erfüllt sich Sandoz alle Jugendträume und kauft, was er sich mit fünfzehn Jahren nicht leisten konnte; seine Vorliebe gilt dem Mittelalter, das zur Zeit seiner Jugend – es war die Epoche der Romantik – in Mode war. Der Salon der Sandoz ist überfrachtet, alles ist bunt zusammengewürfelt, aber es herrscht eine warme Atmosphäre:

»…und wahrhaftig herrschten in dem von zwei alten Delfter Fayencelampen erhellten Salon sehr sanfte, warme, gedämpfte Farbtöne; die matten Goldschattierungen der Dalmatiken, mit denen die Sitze bezogen waren, die vergilbten Intarsien der italienischen Fächerschränke und der holländischen Glasschränke, die verschwommenen Farben der orientalischen Portieren, die hundert feinen Abstufungen der Elfenbeinschnitzereien, der Fayencen, der Emailarbeiten, das alles war vom Alter verblaßt und hob sich von der neutralen dunkelroten Wandbespannung des Raumes ab.«[4]

Seit vielen Jahren träumten Emile und seine Mutter von einem Haus auf dem Land. Da aber Alexandrine davon nicht besonders begeistert war, zwei Haushalte zu versorgen, beauftragt Zola zunächst einmal seine Freunde, einen Ort für die Sommermonate ausfindig zu machen. Der Maler Guillemet empfahl ihnen die Gegend um Triel in der Nähe von Poissy, westlich von Paris. Nicht weit von Vernouillet zog das erste Haus des Dörfchens Médan am Ufer der Seine seine Aufmerksamkeit auf sich. Von der Seine durch eine Eisenbahnlinie getrennt, ein wenig außerhalb des Dorfes, schmiegte sich das kleine Steinhaus mit nur drei Fenstern und einem Gärtchen »an eine charmante Landschaft mit Wasser und Bäumen«, wie Alexandrine ihrem Vetter Emile Laborde schrieb. Die Wiesen, die Vorhänge aus Zitterpappeln, Pappeln und Weiden, der Schatten der Nußbäume und Haselnußsträucher, die kleinen grünen Inselchen in der Seine machten es zu »einem grünen Paradies«. Das Haus wurde aber nicht zur Miete, sondern zum Kauf angeboten. Die hohen Auflagen des *Totschlägers* erlaubten es ihnen, diesen »Kaninchenstall« für neuntausend Francs zu kaufen. »Die Literatur hat dieses bescheidene Landasyl finanziert«, schrieb Zola an seinen Freund Flaubert, den er sofort dorthin einlud.

Die Freunde wurden zu einem Besuch aufgefordert. Sie weihten gemeinsam den Kahn mit Namen *Nana* auf der Seine ein, den der junge Maupassant, ein begeisterter Ruderer, am 14. Juli 1878 aus Bezons geholt hatte. Eine genaue Wegbeschreibung, wie man Médan erreichte, schickte Zola Léon Hennique:

»Nehmen Sie den Zug, der um zwei Uhr in Paris abfährt, und steigen Sie in Triel aus; dort wenden Sie sich in die Richtung, aus der Sie gekommen sind, nach Paris also. Gehen Sie am linken Bahngleis entlang; der Weg neben dem Gleis führt direkt nach Médan. Nach einer halben Stunde Fußweg kommen Sie an eine Brücke; gehen Sie hinüber, und Sie sind da: Das Haus steht auf der anderen Seite der Brücke, rechts.«

Emile begann sofort mit der Renovierung. Er träumte von einem großen Arbeitszimmer mit mehreren Ruhelagern und von einer Terrasse. Um mit dem Ausbau zu beginnen, erwarb er eine kleine Parzelle von 400 Quadratmetern. Es war der erste der vierundzwanzig Landkäufe, die den Besitz von anfangs 1200 auf 41 909 Quadratmeter vergrößern würden, einschließlich der Wiesen bis zur Seine und der 1880 erworbenen Insel von Médan. Die Ausführung der Arbeiten vertraute er dem einheimischen Maurer Alfred Burneron an, und bald verwandelte sich das Häuschen in eine große Baustelle. Zuerst wurde ein viereckiger Turm gebaut, in dem Emiles Arbeitszimmer untergebracht war. Mit Leib und Seele war er Bauherr und baute zusammen mit seinem »Schloß«, wie er sein Haus spaßeshalber nannte, sein schriftstellerisches Werk auf. Der viereckige Turm stand zur selben Zeit da wie der Stapel Fahnen für den Roman *Nana*, und er wurde auch Nana genannt.

War er der Architekt, dann war Alexandrine die Baumeisterin. Ihre Wachsamkeit und ihr praktischer Sinn wirkten auf der Baustelle Wunder; sie beaufsichtigte den Fortgang der Arbeiten und verteilte den Lohn am Samstagabend. Denise Le Blond-Zola bestätigte:

»Médan war das Werk von Madame Zola; (…) nicht ein Baum wurde hier gepflanzt, nicht ein Blumenbeet entworfen, nicht eine Allee angelegt, wozu sie nicht ihre Meinung gesagt hätte.«[5]

Und Zola selbst schrieb an Céard:

»Meine arme Frau und ich, wir sind erschöpft. Wir arbeiten zu viel, sie beim Organisieren, beim Überwachen der Arbeiten für dieses verflixte Haus, ich, indem ich mich bis zwei Uhr morgens über meinen Sätzen abrackere …«

Aus der ehemaligen Grisette war die »Burggräfin« von Médan geworden, wie es Goncourt mit gewohnter Treffsicherheit ausdrückte. Bald konnte Emile dank ihrer Anstrengungen sein Arbeitszimmer beziehen, einen 5,50 Meter hohen Raum, von dessen Fensterfront die Seine zu sehen war. Ein Renaissance-Kamin, Glasfenster aus dem 15. Jahrhundert und das übliche Tohuwabohu von altem Trödel (Tapisserien, mittelalterliche Rüstungen, japanische Möbel, Nippes aus dem 18. Jahrhundert) bevölkerten dieses dem Schreiben geweihte Atelier, in dem über dem Kamin Balzacs Devise eingraviert war: *Nulla dies sine linea*, kein Tag ohne eine Zeile.

Im August 1879 war der Umbau so weit fortgeschritten, daß die ersten Gäste, Céard und Hennique, die beiden jungen Naturalisten, zum Übernachten dort bleiben konnten. Die Männer arbeiteten am *Abbé Faujas*, während Alexandrine in der Küche tätig war und sie bewirtete. Im Erdgeschoß des Turms befand sich das Eßzimmer, das im November mit Cordoba-Leder ausgeschlagen wurde. Aus Rücksicht auf Alexandrines empfindliche Bronchien wurde noch ein großer Heizofen installiert, den sie im Winter 1879 mit einer zehn Tonnen schweren Fuhre englischer Kohlen beheizten. Im Sommer 1896 ließen sie sogar eine Karbidbeleuchtung anbringen.

»Dieses Haus ist ein Faß ohne Boden«[6], stöhnte Emile 1880 in einem Brief an Céard.

Alexandrine Zola ging nun auf die Vierzig zu, sie war »eine Schönheit mit ihren sanften, sehr dunklen Augen und der wie von innen leuchtenden Blässe ihres Gesichts.«[7] Das Bild, das Manet im Frühjahr 1879 von ihr anfertigte, hält ihren verträumten und zugleich energischen Gesichtsausdruck fest. Zola hatte ihn gebeten, einen Fächer für seine Frau zu bemalen, der sich aber als zu zerbrechlich erwies. Als Entschädigung dafür bot Manet an, Alexandrines Porträt zu malen. Er stellte sie kräftig dar, mit vollem Hals und der Lebenskraft einer Frau aus dem Volk, hob aber zugleich ihre Melancholie hervor. Ein spitzer Halsausschnitt mit einfacher Spitzenstickerei, ein blaues Tuch unterstreichen ihre Schlichtheit: kein Schmuck, im Haar nur ein kleiner Kamm, der die braunen Locken bändigt.

Entgegen ihren Erwartungen war Alexandrine von Médan bezaubert. Endlich hatte sie einen ihr angemessenen Bereich. Im Laufe der Jahre wurde dann das Landhaus ihr Hauptwohnsitz: 1878 blieben sie dort von Juli bis Januar, 1879 von Mai bis Januar und 1880 von Mai bis Dezember.

Im September 1880 weihte Alexandrine die norwegische Tannenholz-Blockhütte auf der Insel ein, die sie beim Abbau der Weltausstellung erworben hatten. Steingut zierte die Wände des einzigen großen Zimmers, und der Kamin war so groß, daß man darin ein Lamm am Spieß braten konnte. Mit einer kleinen Zeremonie legte sie ein Schriftstück in einem Eisenkästchen nieder, das anschließend eingemauert wurde: »Ich habe am 27. September 1880 den Grundstein gelegt zu diesem Haus auf unserem Inselbesitz, den wir Le Paradou nennen.« Und Zola fügte eigenhändig hinzu: »Ich habe an der Grundsteinlegung durch meine liebe Frau teilgenommen.« Die Feierlichkeit dieser zweifachen Erklärung verrät, wie wichtig dieser Akt für das Paar war. Paradou, ihr Paradies, war ihr gemeinsames Werk. Auf der Insel wurde eine Anlegestelle beim Haus geschaffen, und die ganze Gesellschaft ruderte im Kahn zum Paradou, um dort zu Mittag zu essen oder Kaffee zu trinken. Im Sommer badeten sie, faulenzten im Gras, gingen am Wasser spazieren wie in den schönsten Tagen von Bennecourt.

1882, zwei Jahre später, ließen sie den Gästepavillon bauen, den sie den Charpentier-Pavillon nannten, weil er fast ausschließlich dem Verleger und seiner Frau vorbehalten war. Vier gemütliche Zimmer, die Wände ganz schlicht mit buntem Kretonne bezogen, beherbergten das Verlegerehepaar, das sich manchmal einige Wochen in Médan aufhielt. Alexandrine und Marguerite waren vertrauter miteinander geworden. So konnte Charpentier 1887 in aller Aufrichtigkeit seinem Freund Zola schreiben: »Meine Frau liebt Deine Frau und sendet ihr herzliche Grüße.«[8]

Nach dem Erfolg des Romans *Germinal* konnten sich die Zolas 1885 erlauben, einen zweiten Turm erbauen zu lassen, den sie nach dem Roman benannten. Im Erdgeschoß des sechseckigen Turms war ein großer Billardsaal mit Mosaikboden und bunten Glasfenstern. Im zweiten Stock ließ Emile für seine Frau einen großen Wäschesaal einrichten, ein Pendant zu seinem Arbeitszimmer im anderen Turm, der von drei hohen Fenstern erhellt wurde. Die linke Fensterfront ging auf den Garten, die mittlere auf die Seine und die rechte auf die Eisenbahnbrücke. Bis zur Decke reichten die Schränke aus dunklem Holz, in denen riesige Stapel weißer Wäsche aufbewahrt wurden. Gleich vom ersten Tag an machte Alexandrine aus diesem Raum ihren Salon, ihr Arbeitszimmer, ihr Boudoir, ihr Damenzimmer. Mit ihrer Cousine Amélie, mit Freundinnen und Näherinnen, die sie einstellte, damit sie ihr beim Nähen und Ausbessern der Wäsche halfen, verbrachte sie dort schöne Stunden. Oft stand sie im Morgengrauen auf und stickte. Ihr kleines, aus Weiden geflochtenes Nähtischchen stand in der Nähe des Fensters, so daß sie auf den zur Seine hin abfallenden Garten schauen konnte. Das war für sie die schönste Stunde des Tages. Sie konnte sich ungehindert ihren beiden widersprüchlichen Neigungen hingeben, dem Tätigsein und dem Träumen beim Nähen und »Stich für Stich und Masche für Masche einem gefahrvollen und verführerischen Weg folgen«.[9]

Dem Wäschezimmer gegenüber befand sich im Erdgeschoß des Hauses Alexandrines andere Domäne, die Küche. Verziert mit blauen Keramikkacheln bot sie alle Kochutensilien, von denen im ausgehenden 19. Jahrhundert eine Köchin nur träumen konnte: Kupferpfannen, eine Kaffeemühle, ein Fleischwolf, ein Hackbeil, eine Kaffeekanne, eine Küchenwaage mit Gewichten, Bratpfannen und Kessel aller Größe … Neben der Tür zum Eßzimmer war ein kleines Handwaschbecken aus rötlichem Kupfer; ein Holztisch auf Rädern stand in der Mitte des Raums. Alles hatte hier seinen festen Platz, die Anordnung der Gegenstände diente dem praktischen Gebrauch und nicht dekorativen Zwecken. Alles ganz anders als bei Zola, der sich gern mit mittelalterlichen Ritterrüstungen umgab, um moderne Romane zu schreiben ... Pragmatismus auf der einen Seite, Phantasie auf der anderen.

Wie alle bürgerlichen Hausfrauen der damaligen Zeit begnügte sich Alexandrine meistens damit, den Haushalt zu verwalten, die Einkäufe und die Gerichte festzulegen, dem Dienstmädchen Anweisungen für die Zubereitung der Speisen zu geben. Oft legte sie aber auch selbst mit Hand an, um den Teig zuzubereiten oder um das Essen für die Gäste bei den besten Lieferanten einzukaufen. Wie Julia Daudet, Marguerite Charpentier oder Madame Adrien Proust hatte auch Alexandrine *ihre* speziellen Lieferanten, darunter Corcellet in der Galerie de Valois 104, einen Feinkost-Spezialisten mit exotischen Lebensmitteln, auf die die Zolas ganz versessen waren. Kaufte sie bei ihm oder bei seinem Nachfolger das Känguruh, das sie ihren Gästen an einem Februarabend des Jahres 1896 vorsetzte? Das Fleisch habe wie altes Reh geschmeckt, kommentierte Goncourt griesgrämig. Léon Daudet gibt eine eindrückliche Beschreibung eines Ladens mit südländischen Produkten:

»Echtes Öl, das nichts mit dem grauenvollen Produkt zu tun hatte, das man unter diesem Namen in der Mehrzahl der Feinkostläden verkaufte, und je nach Jahreszeit Frühgemüse, Kichererbsen, kleine zarte Artischocken oder Melonen, Pfirsiche, Albergen und sogar zartes Wild. Vom Publikum durch einen gläsernen Behälter getrennt, gab es hier den schrecklichen cacha, diesen wahnsinnigen Käse, der mit seinen köstlichen und gefürchteten Waffen in seinem Innern zwischen Wein- oder Brombeerblättern aufbewahrt wurde. Die kandierten Früchte aus Apt standen neben dem Mandelkonfekt aus Aix-en-Provence und den Fruchtbonbons aus Carpentras auf den Regalen. Ganz selten tauchte dort auch die Poutargue aus Martigues auf, ein Leckerbissen für alle Meeresfrüchteliebhaber, ein Konglomerat von Eiern der Meeräsche, in seiner Würze und seinem Geschmackshorizont viel außergewöhnlicher als der Kaviar, meiner unmaßgeblichen Meinung nach ...«[10]

Über ihre Freunde konnten sie sich die Produkte auch direkt vom Herstellungsort kommen lassen: der Provenzale Numa Coste lieferte ihnen Fässer mit Olivenöl, Henry Céard oder Albert Laborde den Wein, der Kunstkritiker Théodore Duret, der aus dem Departement Charentes stammte, weißen Branntwein, Antony Valabrègue sorgte für den Honig und Amélie, die ihre Beziehungen zu den Antillen nicht verloren hatte, für den Rum.

In seinem Buch *Zola à table* spottet Courtine über die kulinarischen Vorlieben der Zolas; er hielt Emile für einen eingebildeten Vielfraß und Alexandrine für eine zänkische, dicke Tonne, die sich an ihren Töpfen rächte. Er erwähnt aber mit keinem Wort die hervorragenden Gerichte und die vorzügliche Bewirtung in Médan sowie in Paris. Zweifelsohne fühlte sich Alexandrine herausgefordert, ihren guten Ruf als einfallsreiche und ausgefallene Köchin zu wahren. Zwischen den Charpentiers, Daudets und Zolas herrschte eine Art freundschaftlicher Wettstreit: Wer wußte am besten, was genießen heißt? Auf diesem Gebiet konnte Alexandrine mit Marguerite oder Julia gut mithalten, und niemand zweifelte ihre Überlegenheit an, obwohl sie manchmal Gefahr lief, sich lächerlich zu machen, wenn sie ihre »Komödie der Hochvornehmheit« spielte wie z. B. während eines Diners, bei dem René Simond zufolge, dem Leiter von *Echo de Paris*, die Diener mit weißen Krawatten servierten und Alexandrine »tiefdekolletiert, halbnackt«, bei einem »phantastischen Diner den Ehrenplatz einnahm: sieben Gläser für die verschiedenen Sorten Wein, deren Namen verkündet wurden: ein Chambertin von 1877, eine Château-Lafite von 1880, ein Château Yquem von 1882 usw.«. Letztendlich laut Goncourt »ein so unnatürlicher Aufwand« für ein Diner auf dem Lande, daß die beiden Gäste »in Lachen ausbrachen«, als sie den Raum verlassen hatten.[11]

In diesem Milieu waren Literatur und Eßkultur nicht voneinander zu trennen. Man traf sich in den besten Restaurants, lud sich gegenseitig an prunkvoll gedeckte Tische ein. Das Tagebuch Goncourts ist angefüllt mit solchen Berichten; so regte beispielsweise das »feine Diner« vom Donnerstag, dem 9. März 1882, Zola zu einer Beschreibung in seinem Roman *Das Werk* an:

»Suppe aus grünem Weizen, Rentierzunge aus Lappland, Streifenbarbe auf provenzalische Art, mit Trüffeln gefülltes Perlhuhn.(…) Ein Essen für Feinschmecker, gewürzt mit einer originellen Unterhaltung über Freßsachen und über Magenphantasien, bei dem Turgenjew uns schließlich verspricht, uns Sumpfschnepfen aus Rußland kosten zu lassen, die besten jagdbaren Wasservögel der Welt.«[12]

Eine Abwandlung dieses Essens kreierte Alexandrine, als sie zu der Suppe aus grünem Weizen und den Streifenbarben Austernpastetchen, kleine Filets mit Ravioli, mit Trüffeln gefülltes Perlhuhn, Gänseleberpastete, Kopfsalat, Spargelstückchen, holländisches Eis, Käse und Dessert reichte.

Als die Zolas in Paris ihre neue Wohnung in der Rue de Boulogne bezogen, aßen sie zur Feier des Tages Haselhuhn. Daudet verglich es mit dem Fleisch einer alten Kurtisane, das in einem Bidet mariniert wurde. Alexandrine sammelte auch von Freundinnen oder auf Reisen neue Rezepte: Aus Belgien brachte sie von einem Essen zu Ehren von François Coppée das Rezept für Waldschnepfen in Champagner mit, deren »unbeschreiblich süße Soße« von der Gänseleber herrührte, die eingelegt wurde. Aus Rom übernahm sie das Rezept für ein Dessert:

»*Zabaglione:* So viele Eigelb wie Personen; ein Weinglas Marsala, ein halbes Glas Malaga oder Lunel, ein Likörglas Rum, ein Glas sehr guten Weißwein, dies für vier Eier, so daß alles zusammen drei gute Gläser Flüssigkeit ergibt. Vanille und gemahlenen Zimt hinzufügen. Aufs Feuer stellen und unentwegt mit einem Quirl verrühren, bis eine cremige Masse entsteht, auf keinen Fall zum Kochen bringen. Sofort heiß servieren.«

Zola konnte nach Aussage Goncourts mit seinem ausgeprägten Geruchs- und Geschmackssinn sofort erkennen, wenn an einem Gericht etwas fehlte oder nicht richtig war, wenn es zu kurz, zu lang oder ungenügend gewürzt war.

»Wenn er ein weiches Ei vor sich hat, kann er euch lehrerhaft sagen, wenn er das Innere der Schale untersucht hat, wieviele Tage, ja, wieviele Stunden das Ei alt ist.«

Im Alltag tischte Madame Zola ein einfacheres, allerdings immer reichliches und schmackhaftes Essen auf. Das Honorar für den Roman *Pot-Bouille (Ein feines Haus)* gestattete ihnen, sich 1882 Gewächshäuser mit seltenen Blumen, Volièren und einen Hühnerhof zu kaufen.

»Mir ist zu Ohren gekommen, und es scheint öffentlich bekannt zu sein, daß Sie nur noch Obst und Gemüse aus eigenem Anbau essen. Und Ihre grünen Erbsen müssen wohl köstlich sein!« schrieb Charpentier im Juni 1878 an Zola. Alexandrine kümmerte sich um die Hühner und Kaninchen:

»Als gute Hausfrau, wie sie es ja immer war, kümmert sie sich noch in Médan um die geschlüpften Küken und das Wohlergehen der Tiere auf ihrem Bauernhof. Alles muß sauber, alles blank geputzt sein, auf dem Hof genauso wie im Hause des Meisters.«[13]

Denise Le Blond-Zola erzählte, daß der Stall gefliest und jeder Futtertrog aus Marmor war und daß der Name der Kühe an der Wand geschrieben stand. Die Kuh Mouquette, das Pferd Bonhomme, das die Kutsche zog, mit der die Gäste am Bahnhof von Villennes abgeholt wurden, die Hühner, die Kaninchen, Hunde, Katzen und die Volière vermittelten allen Gästen das Gefühl, nun wirklich auf dem Lande zu sein. Im September 1881 schickte Hennique junge Kaninchen nach Médan, und Alexandrine und Emile holten sie mit einer großen Zeremonie am Bahnhof ab. Aus roten und schwarzen Johannisbeeren, Himbeeren und Pflaumen kochte Alexandrine Marmelade für ihre Freunde. Théodore Duret lieferte ihr Obstbrand, und zwar fünfzigliterweise!

Waren 1881 nur Henri Cavillier als Kammerdiener und seine Frau Zélie Leriche als Köchin bei den Zolas beschäftigt, so kamen fünf Jahre später zwei Gärtner und ein Zimmermädchen hinzu, und 1891 standen auch ein Kutscher, der Gärtner Pierre Lenôtre, genannt Octave, mit seiner Frau Léonie, ein junges Zimmermädchen und ein Gärtner-Gehilfe in ihren Diensten – ein untrügliches Zeichen für den Wohlstand und den gesellschaftlichen Erfolg der Zolas. 1896 beschäftigten sie insgesamt sieben Personen: den Kutscher Joseph Canesson, den Kammerdiener Jules Delahalle, seine Frau Eugénie als Köchin, Marie Sommier als Zimmermädchen, den Gärtner Pierre Lenôtre, dessen Frau Léonie und einen Gärtnerjungen.[14] Das Personalproblem nahm einen nicht zu unterschätzenden Platz in Alexandrines Leben ein, wurde sogar im Lauf der Zeit, vor allem nach Zolas Tod, noch gewichtiger, da sie im Alter immer größere Ansprüche stellte. Einmal wurde sogar Céard um Hilfe gebeten, der ihnen im Januar 1887 ein junges Kammermädchen empfahl. Aber zu spät – sie hatten soeben neue Diener eingestellt. Ein Jahr später wurden sie alle entlassen, und ohne Hilfe im Haushalt war alles beschwerlich, es konnten keine Gäste mehr zum Essen eingeladen werden, der Besuch mußte sich mit einer Tasse Tee begnügen. Alexandrine stellte sich selbst nicht mehr in die Küche. Sie wußte später die Verdienste derer zu schätzen, die sie bedienten. Simone Lenôtre, der Tochter ihrer ersten Gärtner, vermachte sie 1000 Francs, ihrem Dienstmädchen Jeanne Bacens 2000 Francs, mit denen sie sich dafür bedankte, daß sie sie während des Ersten Weltkriegs nicht verließ, und ihrer Concierge in der Rue de Rome 500 Francs.

Der bürgerliche Lebensstil des Hauses, die zahlreichen Einladungen, Alexandrines Perfektionismus und ihr Streben nach Ehrbarkeit erlaubten nicht, daß sie sich die geringste Nachlässigkeit gestattete. Alles mußte geplant sein, wie folgende an Elina, die Tochter ihrer Cousine Amélie, gerichteten Worte zeigten:

»Mein liebes Kätzchen, Du mußt mir sofort schreiben, ob ich Euch zum Mittagessen oder zum Diner erwarten soll. Bei diesem gewittrigen Wetter wage ich nicht, im voraus Lebensmittel zu besorgen. Außerdem möchte ich Euch für Euer Gepäck den guten Rouleau schicken.«

Denn ein paar Tage zuvor hatte sie ein von den Charpentiers im letzten Augenblick abgesagter Besuch sehr verdrossen:

»Die Charpentiers haben uns versetzt. (...) Und ich habe mich seit acht Tagen mit den Dienern herumgeärgert, damit alles rechtzeitig vorbereitet ist, und mir eine solche Hundemühe gegeben ...«

Die Charpentiers waren aber wohl häufiger unzuverlässig. Ein anderes Mal kamen sie zu früh und zwangen Alexandrine, ihre ganze Organisation umzuwerfen, was ihr sehr mißfiel.

In Médan war es oft kompliziert einzukaufen, und so kam es nicht selten vor, daß sie einem ihrer Gäste eine präzise Einkaufsliste vorlegte. So mußte im Juli 1890 die fünfzehnjährige Elina in Paris zunächst zum Apotheker gehen, den man brieflich informiert hatte, um dort ein Präparat auf Jodtinkturbasis abzuholen, dann zum Optiker Laurençon, der sein Geschäft am Bahnhof Saint-Lazare hatte, und Alexandrines repariertes Lorgnon abholen, außerdem fünf Meter Wollzopf für Alexandrines Handarbeiten mitbringen. Ein andermal, zum Beispiel im Juli 1897, fuhr Madame Zola für einen Tag selbst nach Paris. Den ganzen Vormittag verbrachte sie damit, in ihrem Lieblingskaufhaus La Place Clichy ihre Einkäufe zu tätigen, so daß sie erst um halb zwei bei Lathuille zu Mittag einkehren konnte, wo sie die Spezialität des Hauses, Brathuhn im Zwiebelkranz mit Kartoffeln und Artischockenherzen, aß.

Die Gastgeberin von Médan

Früh begann der Tag für Alexandrine in Médan, sie stand vor Emile auf und ließ das Feuer in der Küche anfachen. Beide frühstückten vor neun Uhr, dann sah Zola seine Post durch, und Alexandrine half ihm manchmal, die zahlreichen Rezensionen seiner Werke auszusortieren, so zum Beispiel, als nach dem Erscheinen von *Lourdes* der ganze Billardtisch mit Zeitungsausschnitten bedeckt war. Anschließend begab sich der Schriftsteller in sein Arbeitszimmer, und Alexandrine kümmerte sich um den Haushalt, wies die Bediensteten an, überwachte die Arbeiten, gab Zélie Anweisungen für das Mittagessen und achtete darauf, daß ihr Mann nicht gestört wurde.

Um ein Uhr riefen ihn zwei Gongschläge zum Mittagessen, das im Eßzimmer eingenommen wurde. Emile saß mit dem Rücken zum Garten, Alexandrine ihm gegenüber bei der Tür. Das Zimmer war geräumig und hatte Platz für zehn Gäste. Das Mittagessen fand immer in entspannter Atmosphäre statt. Wenn der Schriftsteller mit seiner Arbeit am Morgen zufrieden war, verkündete er, wie viele Seiten er geschrieben hatte und ließ sich gern auch in Anwesenheit von Gästen ausführlich darüber aus. Nach dem Essen trank Alexandrine meistens eine Tasse Kaffee, Zola ein Gläschen Likör im Billardsaal. Danach legten sie ihren Zeitplan für den Nachmittag fest, der für den Schriftsteller immer mit einem Mittagsschläfchen begann. Alexandrine nutzte diese Zeit oft zum Schreiben, denn sie unterhielt eine rege Korrespondenz, die im Lauf der Jahre immer umfangreicher wurde.[1]

Die Atmosphäre in Médan war recht entspannt, heiter und ungezwungen. Alexandrine war besonders glücklich, wenn sie junge Bewunderer Zolas empfing. Für die vom Schicksal weniger begünstigten Künstler war sie die große Schwester, Nährmutter und Ehefrau des Mannes, den sie am meisten verehrten. Sie genoß es, ein wenig Macht zu haben, blieb dennoch immer freundlich, humorvoll und voll fröhlicher Einfälle.

Seit 1876 war Henry Céard ein enger Freund. Ihre Freundschaft

begann auf merkwürdige Weise: Er wohnte beim Weindepot in
Bercy, wo sein Vater stellvertretender Bahnhofsvorsteher war. Als er
seine Visitenkarte Zola überreichen ließ, hielt dieser ihn für einen
Weinverkäufer. Das Mißverständnis war bald geklärt. Alexandrine
und Emile mochten diesen etwa zehn Jahre jüngeren, intelligenten
Mann sehr. Seine Fröhlichkeit, seine Anekdoten über die Pariser
Gesellschaft, seine Hilfsbereitschaft machten ihn zu einem sehr
angenehmen Zeitgenossen. Er erwies Zola unzählige Dienste, von
der Recherche für seine Romane bis hin zum Kauf eines Pferdes.
Und eines Tages brachte er Huysmans mit. Paul Alexis wiederum
hatte die beiden mit Léon Hennique bekanntgemacht. Der war
durch einen brillanten Vortrag über den *Totschläger* berühmt geworden, bei dem sich Alexandrine unerkannt unter die Zuhörer
gemischt hatte. Alexis hatte auch Maupassant mitgebracht, den er
bei Flaubert in der Rue du Faubourg-Saint-Honoré kennengelernt
hatte und der seine Erzählungen noch unter dem Namen Guy de
Valmont veröffentlichte. Die beiden jungen Männer trafen sich
immer in einem verrufenen Café an der Place Pigalle, um dort leidenschaftlich über Fragen der Literatur zu diskutieren. Sie waren
danach ständige Gäste der Donnerstagstreffen bei Zola in der Rue
de Boulogne.

Zwischen Alexandrine Zola und Henry Céard bestand eine
komplizenhafte Freundschaft besonderer Art. Alexandrines »schel-
mische Redekunst«, wie Céard es einmal ausdrückte, nahm sich oft
Paul Alexis, Zolas Lieblingsschüler, zur Zielscheibe. »Alexis, bitte
heute nichts zerbrechen«, rief sie, wenn dieser »dicke, kurzsichtige
Junge mit dem immer etwas verblüfften Gesicht« sich nur auf sein
Gehör verlassend durch den mit Nippes überfrachteten Salon steu-
erte. Sie konnte ihn nicht ausstehen, weil er sich jeden Abend, wenn
die anderen sich schlafen legten, im Salon im Erdgeschoß unter dem
Vorwand, daß er nur nachts arbeiten könne, häuslich niederließ,
weswegen er nach zwei Petroleumlampen verlangte.

»Madame Zola fand als ordentliche Hausfrau, daß dieser dicke Junge besser
am Tag arbeiten und nachts schlafen sollte, wie alle Welt. Sie liebte die Literatur, aber sie dachte auch an ihr Petroleum«, schließt Louis de Robert
humorvoll.[2]

Ab 1878 traf sich »die kleine Bande«, wie Alexandrine sie nannte, in

Médan, um dort sowohl Mußestunden zu verbringen als auch um zu arbeiten. Zola lud seine Künstlerfreunde zu einer in literarischen Kreisen neuartigen Gemeinschaft auf dem Lande ein. Paul Alexis, Henry Céard, Joris Huysmans, Léon Hennique, Guy de Maupassant, Paul Cézanne, der Graveur Fernand Desmoulin, Octave Mirbeau, Edmond de Goncourt sowie die Ehepaare Georges und Marguerite Charpentier, Alphonse und Julia Daudet und später der Komponist Alfred Bruneau mit seiner Frau Philippine, Jeanne und Eugène Fasquelle machten aus Médan mehr als nur einen literarischen Salon, mehr als eine Sommerfrische. Schnell wurden Alexandrine und Emile Zola zu bekannten Persönlichkeiten. Emile wurde Gemeinderatsmitglied in Médan, und Alexandrine unterhielt einen guten Kontakt zum Dorfpriester, der ihr aus Dankbarkeit für ihre großzügigen Spenden die verantwortungsvolle Aufgabe übertrug, am Patronatsfest das geweihte Brot auszuteilen. Viele Jahre hindurch, bis zum Verkauf des Hauses, hatte sie auch bei der Preisverleihung für Schulklassen den Vorsitz inne. Nicht ohne Humor schrieb sie an Amélies Tochter Elina Laborde:

»Ich erinnere Dich daran, daß ich zwei Tage lang eine Person des *öffentlichen*[3] Lebens bin. Am Sonntag teile ich das geweihte Brot aus, und am Montag bin ich auf der Preisverleihung.«[4]

Von einer dieser sonntäglichen Dorffeiern erzählt auch Céard und gewährt damit Einblick in die Vergnügungen des ländlichen Lebens:

»Beim Patronatsfest begleitete man Madame Zola zur Kirche, die dort das geweihte Brot austeilte. (…) Am Abend dann eine ganz andere Musik. Zu den Tönen des mechanischen Orchesters eines Karussells mit Holzpferdchen auf einer Wiese unter dem Nachtgestirn, das das Feuerwerk ersetzte, das wegen des schmalen Budgets der Gemeinde abgesagt werden mußte, tanzte man Polkas und grüßte, wie es sich gehört, im Rhythmus der Quadrillefiguren die jungen Mädchen des Ortes, die Siegerinnen im edlen Spiel der Nadeln.«

Unter den Besuchern war auch der alte Freund Cézanne, der mehrmals nach Médan kam. Man hat oft betont, daß Alexandrine Paul Cézanne nicht mochte und daß sie einen gewissen Einfluß hatte auf die zunehmende Abkühlung der Freundschaft zwischen den beiden

Künstlern. Man hat sogar behauptet, sie habe Bilder von Cézanne verbrannt. Es gibt aber keinerlei Hinweise für ein persönliches Ressentiment.[5] Cézannes Briefe geben Aufschluß über die Entwicklung seiner Beziehung zu Alexandrine. Der erste, in dem er Zola Grüße für Gabrielle aufträgt, ist vom 30. Juni 1866. Aus der Zeit zwischen 1864 und 1865 wurden keine Briefe gefunden. Der Ton ist freundschaftlich wie in den beiden anderen schriftlichen Mitteilungen dieses Jahres: »Gabrielle und auch Dir meine Ehrerbietung«, »Wünsche Gabrielle einen guten Tag«, »Ich drücke Dir die Hand und ebenso Gabrielle«.

Im Lauf der Jahre wurde Gabrielle, die »Kameradin« der Bennecourt-Bande, für ihn zu Madame Zola, und der Ton erstarrte: »Meine Ehrerbietung« für Madame Zola wechselte ab mit »hochachtungsvollen Grüßen«. In Alexandrine erkannte Cézanne die frühere Gabrielle nicht wieder, dennoch blieb er der Gastgeberin von Médan und ihrer Gastfreundschaft zu Dank verpflichtet, denn er war jederzeit herzlich willkommen, sobald er nur den Wunsch äußerte zu kommen. In dieser »leuchtenden Landschaft« ging er auf Motivsuche oder ruderte mit dem Kahn zur Insel von Villennes.

An einem Sommertag des Jahres 1879 beschloß er sogar, Alexandrine beim Servieren des Tees im Garten zu malen. Er versuchte, die anmutige Geste festzuhalten, mit der sie mit »ihrem schönen, zitternden Arm« die Teekanne hielt und sich in ihrem leichten Sommerkleid über den Tisch neigte. Für Cézanne Modell zu stehen, war keine leichte Angelegenheit: Alexandrine gab sich alle Mühe stillzustehen, und sie goß, den Arm in der Schwebe, geduldig einen imaginären Tee in eine Porzellantasse. Noch einen Cézanne zu den neun Bildern, die sie schon hatten, wobei sie nur den Wunsch hegte, sie allesamt auf den Speicher zu werfen und durch ein Landschaftsbild von Monet oder ein Seestück von Guillemet zu ersetzen! Und da kam auch schon Antoine Guillemet, der Freund aus der Jugendzeit, näherte sich scherzend der Hand, die die Teekanne hielt, um sie zu küssen, und wandte sich alsdann an Cézanne. Alexandrine brach in lautes Lachen aus, drehte sich zu ihm um und vergaß ihre Pose. Da explodierte Cézanne, er stand auf, warf seine Staffelei um, zerbrach die Pinsel, durchbohrte die Leinwand und entfernte sich wild gestikulierend. So kam das Bild von der Tee einschenkenden Alexandrine nicht zustande.

Im Umgang mit Cézanne schwankte sie zwischen Zuneigung und Verärgerung, wobei letztere mehr und mehr die Oberhand gewann. Immer unzufrieden, ironisch oder bitter, war er ein schwieriger Gast, und selbst seine besten Freunde waren erleichtert, wenn er fortging. Alexandrine wußte sehr wohl, daß er es nicht leicht hatte: Der Erfolg hatte sich nicht eingestellt, er war finanziell von seinem Vater abhängig, dem er weder seine Beziehung zu Hortense noch die Existenz seines inzwischen achtjährigen Sohnes Paul zu gestehen gewagt hatte. Monatelang lebten die drei nur von den sechzig Francs, die Zola regelmäßig Hortense auszahlen ließ – eine Großzügigkeit, die Alexandrine bewunderte. Sie selbst hatte sich damit begnügt, ihm einen Berg alter Putzlappen zu überlassen, die der Maler im Sommer 1880 aufbrauchte. Eine sehr bescheidene Gabe …

Alexandrine mochte Hortense Fiquet nicht. Sie nannte sie La Boule, die Kugel, der kleine Paul war »le Boulet«, die Geschützkugel. Paul Cézanne lernte Hortense ungefähr 1870 kennen. Sie war eine großgewachsene dunkeläugige Frau aus dem Jura. In jungen Jahren war sie mit ihren Eltern nach Paris gekommen. Nach dem Tod ihrer Mutter lebte sie bei ihrem Vater, einem kleinen Bankangestellten. Sie verdiente sich ihren Lebensunterhalt als Buchbinderin und stand hin und wieder den Malern Modell, um die tägliche Misere ein wenig aufzubessern. Sie entstammte demselben Milieu wie Gabrielle, lebte unter ähnlichen Umständen, hatte einen ähnlichen Start ins Berufsleben und eine Beziehung zu einem noch unbekannten Künstler. Alexandrine mochte aber niemanden, der sie an das erinnerte, was sie vergessen und verdrängen wollte. Allerdings nahm nach der ähnlich verlaufenen Jugend ihr Leben eine andere Wendung. Hortense blieb nach der Geburt Pauls im Januar 1872 und trotz ihrer späteren Heirat mit Cézanne immer arm. Alexandrine wurde hingegen wohlhabend, angesehen und *Madame Zola*, wie Cézanne sie nannte.

Cézanne war noch mehrere Male in Médan, im Oktober 1881 für eine Woche, nachdem die Zolas aus Grandcamp zurückgekehrt waren, dann im Herbst 1882 für einige Wochen. Drei Jahre später, im Juli 1885, besuchte er sie noch einmal. Aber zu viel trennte Zola und Cézanne: der glänzende Erfolg des einen, die Isolation und die Zweifel des anderen und vor allem die unterschiedliche Lebens-

und Kunstauffassung. In jenem Sommer wollten Alexandrine und Emile nach der Kur in Le Mont-Dore ihn in Aix-en-Provence besuchen, aber in Marseille war die Cholera ausgebrochen. Die Charpentiers, die sie begleiten wollten, hatten Angst, ihre Kinder könnten sich anstecken. Die Epidemie war im Juni im Süden Spaniens ausgebrochen und hatte bereits eine große Zahl Opfer gefordert. Am 20. August wurden 170000 Erkrankungen verzeichnet, davon waren 67000 bereits tödlich verlaufen; seit Juli breitete sich die Seuche auch in Frankreich aus.

Cézanne und Zola sahen sich nie wieder. Als im April 1886 *Das Werk* erschien, war ihre Freundschaft so gut wie zu Ende. Cézanne glaubte sich in der Romanfigur des erfolglosen Malers Claude Lantier wiederzuerkennen. Verhaltene Trauer spricht aus seinem letzten Brief an Zola:

»Mein lieber Emile,
soeben habe ich *Das Werk* erhalten, das Du mir freundlicherweise geschickt hast. Ich danke dem Autor der *Rougon-Macquart* für dieses schöne Zeugnis der Erinnerung, und ich bitte ihn, mir zu erlauben, ihm in Gedanken an die früheren Jahre die Hand zu drücken.
Ganz der Deine in der Faszination für die vergangenen Zeiten.
Paul Cézanne.«

Alexandrine ließ nun die neun Cézanne-Bilder auf den Speicher bringen.[6]

Daß sie sich in Médan sehr wohlfühlten, davon zeugen die zahlreichen Photos, die Zola und Alexandrine machten. Sie hatten viele gemeinsame Freizeitbeschäftigungen: das Boule- oder Croquet-Spiel, die Spaziergänge, die Kahnfahrten, das Schwimmen, später noch das Photographieren und Radfahren, *die* Leidenschaft des ausgehenden Jahrhunderts. Alexandrine traute sich nur auf das Dreirad. Mit gemäßigtem Stolz verkündete sie ihre Erfolge. 1896 schrieb sie Albert Laborde, daß sie mehr als 15 Kilometer bis zum Wald von Verneuil zurückgelegt habe: »Ich bin sehr stolz auf diesen Fortschritt, blase mich aber deshalb nicht weiter auf.« Der eigentliche, professionelle Radfahrer war Emile, für den das Fahrrad »eine ständige Lehre für den Willen war, eine wunderbare Lektion für richtiges Verhalten und Reaktion«. Im März 1895 ließ er sich sogar ein »Vélodometer« einbauen, um die Entfernung zwischen der Rue de Bruxelles und Médan auf zwei unterschiedlichen Wegen vergleichen zu können. Ein neues Erlebnis waren nun auch die Gruppenausflüge der Freundesschar, die beispielsweise an einem Sonntag im August 1894 zum Wald von Verneuil aufbrach. Der Komponist Bruneau, sein Freund Gallimard und Alexandrine saßen im Pferdewagen, der Graveur Desmoulin ritt auf dem Pferd Bonhomme, Zola und Dr. Larat fuhren Rad. Sie wurden von einem sintflutartigen Regen überrascht und bis auf die Knochen durchnäßt. Emile stieg mit seinem Rad zu den anderen in den Pferdewagen und ließ den von oben bis unten mit Schlamm bespritzten Dr. Larat allein nach Médan zurückradeln. Alexandrine mußte danach alle mit trockenen Kleidungsstücken versorgen.

Die Spätnachmittage waren nach dem Tee, der draußen oder im Billardsaal getrunken wurde, oft ausgefüllt mit der Entwicklung der Photos. Emile oder Alexandrine und ihr Patenkind Albert schlossen sich dann in ihrem Labor ein, das sie sich im Keller eingerichtet hatten. Ein Doppelfester mit roten Fensterscheiben schützte die Filme vor dem Tageslicht, ein langer, an einer Seite in die Wand eingelassener Tisch diente ihnen als Arbeitstisch. Während Zolas Aufenthalt in Royan 1888 hatte der Bürgermeister dieser Stadt ihn in die Kunst der Photographie eingeweiht. Danach bekam er Ratschläge von seinen Freunden Carjat und Nadar und wurde ein leidenschaftlicher Photograph mit zehn, teilweise sehr ausgeklügelten Apparaten. Alexandrine teilte sogleich sein Interesse und lernte ebenfalls, die Bilder zu entwickeln.

Alexandrine machte sich jedoch keine Illusionen über ihre Talente als Photographin. Mit dem ihr eigenen Sinn für Selbstironie beichtete sie Elina:

»Ich mache schreckliche Photographien, die mir zudem sehr viel Mühe machen, aber es ist eben eine Beschäftigung. (…) Das Photo von Euch dreien vor dem Haus ist gar nicht so schlecht und tröstet mich ein wenig über die anderen Scheußlichkeiten, die ich Euch demnächst schicken werde.«[8]

Beim Entwickeln der Bilder im Keller kam es immer wieder vor, daß sich Alexandrine davonstahl, um das Abendessen vorbereiten zu lassen oder daß sie, wenn sie Gäste erwarteten, der Zusammenstellung des Menüs den größten Teil des Nachmittags widmete. Ihre

Abende verbrachten sie dann meistens im Billardsaal, wie Albert Laborde in seinen Erinnerungen erzählt. Zola übte zwei oder drei Karambolagen auf dem Billardtisch, machte dann eine Schachpartie oder legte sich auf ein Sofa, um Bücher und Zeitschriften durchzublättern. Am Tisch wurde gelesen, genäht, geschwatzt. Alexandrine, Amélie und ihre Kinder spielten oft auch eine Partie Billard, die sie »die Butike« oder »die Baracke« nannten. Um elf Uhr begaben sich alle ins Bett mit einem Kerzenhalter in der Hand. Emile und Alexandrine zogen sich in ihr im Turm gelegenes Schlafzimmer zurück, an das ein Badezimmer angrenzte. Die beiden bis auf den Boden reichenden Fenster gingen zur Seine hinaus.

Manchmal fuhren Alexandrine und Emile ins Theater nach Paris; oft ließ sich Zola, der beauftragt war, Theaterkritiken zu schreiben, von Céard vertreten, der ihm dann seinen Bericht zuschickte. Als Pariserin liebte Alexandrine die Theateratmosphäre; am liebsten sah sie die Stücke ihres Mannes oder Adaptationen seiner Romane für die Bühne, was zwar für ihr Engagement als Ehefrau sprach, jedoch nicht von einem besonderen literarischen Geschmack zeugte.

Am Abend der Premiere von *Nana* im Januar 1881 entdeckte Goncourt die weinende Alexandrine in ihrer dunklen Loge. Auf seine Trostworte entgegnete sie mit schriller Stimme:»Monsieur de Goncourt, Sie finden dieses Publikum gut, was? Na gut, Sie sind eben nicht anspruchsvoll!« Er ging hinaus, kehrte aber kurz darauf nach einer vom Publikum mit Beifall bedachten Szene zurück, und Alexandrine entschuldigte sich für ihr Aufbrausen.

Es kam für Alexandrine nicht in Frage, Emile allein den Gefahren des Theaters auszusetzen, wie sie ihrem Vetter schrieb:»Ein Autor kann an den ersten Abenden die Kulissen nicht verlassen, und so werdet Ihr *uns* nicht zu Hause antreffen.« Wenn sie Ehrenkarten und Freiplätze verteilen konnte, fühlte sie sich besonders wichtig. Ihrer Cousine Amélie schrieb sie ein wenig hochmütig im Februar 1879 anläßlich der Aufführung des *Totschlägers*:

»Ich lege Euch zwei Karten für die Morgenvorstellung am nächsten Sonntag ein. Solltet Ihr sie nicht für Euch selbst benutzen können, bitte ich Euch, die Karten nur an Verwandte oder an Bekannte weiterzugeben, denn da die Karten nicht numeriert und deshalb an Personen gebunden sind, sollten die Benutzer ordentliche Leute sein.«[9]

Sie erlebte nicht nur den triumphalen Erfolg der Premiere am 18. Januar 1879, sondern sie bestand darauf, am 14. April das Stück ein zweites Mal zu sehen. Zola hielt das für »eine komische Idee« und weigerte sich, hinzugehen: Darum verabredete sie sich um Viertel vor elf mit Céard, Hennique und Huysmans, um der Aufführung beizuwohnen. Der Theaterdirektor von L'Ambigu hatte jedem Pariser freien Eintritt für diese hundertste Vorstellung gewährt. Ab sieben Uhr morgens standen die Menschen Schlange, und Dailly feierte in der Rolle von Mes Bottes einen wahren Triumph. Vierzehn Tage später fand im Elysée-Montmartre-Saal ein großer Volksball statt, auf den eine gelungene Werbekampagne mit Hilfe der *Totschläger*-Darsteller aufmerksam machte: Auf dem Einladungsplakat wurde angekündigt, daß es um Mitternacht einen Imbiß geben würde. Die Männer sollten als Arbeiter, die Frauen als Wäscherinnen gekleidet erscheinen. Wer sich anders anzog, wurde trotzdem eingelassen. Alexandrine und Emile machten aber diese Maskerade nicht mit zum großen Mißfallen einiger, die sich darüber entrüsteten, daß der Autor des *Totschlägers* bürgerlich gekleidet erschien.

Ein drittes Mal ging Alexandrine ins Theater L'Ambigu, als dort das Stück noch einmal am 28. August aufgeführt wurde. Der Saal war vollends ausverkauft. Dieses Mal begleitete sie nur der treu ergebene Céard und teilte mit ihr die Loge. Die Zuschauer erkannten sich in Mes Bottes wieder, und Alexandrine wollte sogar sein Konterfei an ihrer Küchentür befestigen, obwohl er nicht zu den »ordentlichen Leuten« gehörte!

Die Novellensammlung *Les Soirées de Médan* machte mit einem Schlag sowohl die Naturalisten als auch das Dorf Médan bekannt. 1880 war nur Zola einer breiteren Öffentlichkeit bekannt, die fünf anderen Naturalisten – Joris-Karl Huysmans, Henry Céard, Léon Hennique, Paul Alexis und Guy de Maupassant – waren jünger und galten als seine Schüler. Albert Wolff prangerte in einem Artikel im *Figaro* den »anmaßenden Titel« an, »der wohl bedeuten soll, daß das hübsche Dorf zwischen Poissy und Triel ebenso bekannt ist wie die europäischen Hauptstädte«.

»Zola hat sich hier ein Landhaus bauen lassen, wo er sich acht Monate im Jahr von seinen Schmeichlern umgeben aufhält; die übrigen vier Monate verbringt er in Paris in Gesellschaft ebenderselben jungen Männer, die ihn

›lieber Meister‹ nennen, und er wartet nur darauf, daß sie ihn ›Großer Bürger von Médan‹ nennen.«[10]

Die Wahl des Titels war nicht einfach. Den Titelvorschlag *Die komische Invasion* verwarf man, obgleich er genauer den Inhalt der
Erzählsammlung widerspiegelte, eine entmystifizierende Sicht des
Krieges von 1870. Man entschied sich jedoch für einen Titel, der das
private Ambiente, in dem die sechs Schriftsteller zusammenkamen,
und Zolas Rolle unterstrich. Es war letztlich auch nach Aussage
Céards »eine Hommage an das liebe Haus, in dem uns Madame
Zola wie eine Mutter behandelte und sich freute, aus uns verwöhnte, große Kinder zu machen«.[11] So war Alexandrine nicht ganz
unbeteiligt an diesem Kollektivwerk, das sechs Erzählungen über
dasselbe Thema enthielt. Maupassant trug viel zum Ruhm dieser
Sammlung bei, indem er in *Le Gaulois* verklärt über dessen Entstehung berichtete:

»Wir waren im Sommer bei Zola auf seinem Landgut in Médan. Während
der langen Verdauung nach langen Mahlzeiten (denn wir alle sind Vielfraße
und Feinschmecker, und Zola ißt allein so viel wie drei gewöhnliche
Romanschriftsteller zusammen) redeten wir über dies und das. Er erzählte
uns den Inhalt seiner zukünftigen Romane, teilte uns seine literarische
Auffassung, seine Meinung über alles mögliche mit. Manchmal nahm er
sein Gewehr, das er wie ein typischer Kurzsichtiger handhabe, und schoß,
ohne seine Rede zu unterbrechen, auf Grasbüschel, nachdem wir ihm fest
beteuert hatten, daß es Vögel seien, und er wunderte sich immer sehr,
wenn er nicht einen einzigen Kadaver fand.

An manchen Tagen angelten wir, und Hennique hatte dabei viel Erfolg,
zu Zolas großem Leidwesen, der nur alte Latschen fing.

Ich lag ausgestreckt im Kahn *Nana* oder ging für Stunden fort, während
Paul Alexis mit seinen schlüpfrigen Vorstellungen herumlungerte, Huysmans Zigaretten rauchte und Céard, der das Landleben stupide fand, sich
langweilte.

So verstrichen die Nachmittage. Aber die Nächte waren herrlich, warm,
das Laub duftete, und jeden Abend gingen wir auf der großen Insel
gegenüber spazieren.

Ich brachte alle im Kahn *Nana* hinüber. Und in einer Vollmondnacht
redeten wir über Mérimée, von dem die Damen sagen: ›was für ein charmanter Erzähler!‹ (…)

Zola fand, daß das Erzählen eine ausgezeichnete Idee sei – man müsse
sich Geschichten erzählen. Wir lachten, und dann kamen wir überein, daß,

damit unsere Aufgabe nicht allzu leicht würde, der einmal gewählte Rahmen in den Geschichten der anderen beibehalten werden müsse.

Wir setzten uns, und in der großen Ruhe der schlafenden Felder, im hellen Mondschein erzählte uns Zola diese entsetzliche Episode aus der unheilvollen Geschichte der Kriege, die den Namen *L'Attaque du Moulin,* Der Angriff auf die Mühle, trägt.«

In Wahrheit war es wohl so, daß die Idee zur Sammlung *Les Soirées de Médan* bei Maupassant in der Rue Clauzel aufkam. Außer *Boule de Suif (Fettklößchen)* waren fast alle Novellen der Sammlung schon geschrieben. Jeder las die eigene Novelle vor, aber als Maupassant seine vorgelesen hatte, standen alle auf und nannten ihn einen Meister. Der Platz für Zolas Erzählung im Buch war vorher festgelegt worden, danach wurde die Reihenfolge der Novellen ausgelost –, und Maupassants Erzählung kam an die erste Stelle. Die Sammlung galt als Manifest der naturalistischen Schule, und Médan wurde berühmt. Das Ehepaar Zola hatte eine Lebenskunst erfunden, Alexandrine war zur Gastgeberin von Médan geworden.

1880 war ein schreckliches Jahr: Im April starb Duranty, ein enger Freund Zolas, im Mai Flaubert, im Oktober Zolas Mutter.

Seit einigen Jahren hatten sich die Beziehungen zwischen Alexandrine und ihrer Schwiegermutter so verschlechtert, daß Emilie Zola es vorgezogen hatte, in eine kleine Wohnung in der Rue Ballu umzuziehen. Beide Frauen waren besitzergreifend und nicht in der Lage, sich unterzuordnen, beide waren sehr eifersüchtig, liebten abgöttisch denselben Mann und hatten sich darum mehr als einmal aneinander gerieben. Seit ihrer Heirat und vor allem seit den Erfolgen ihres Mannes machte Alexandrine deutlich, daß sie die Herrin im Haus war.

Anfang Oktober 1880 hatte Emilie Zola einige Tage beim Sohn ihres Bruders, Louis Gabriel Aubert, im Departement Meuse verbracht. Da sie dort erkrankte – man hielt es für eine Gallenkolik – wollte sie wieder zu ihrem Sohn nach Médan. In einem Brief vom 8. November 1880 an ihre Cousine Amélie schilderte Alexandrine die Ereignisse:

»Als ich sie in Paris abholte, war ich ganz entsetzt, sie so wiederzusehen, mit furchtbar geschwollenen Beinen, und nur auf Grund ihres ausdrücklichen Wunsches und der unbedingten Empfehlung eines Arztes haben wir sie aufs Land gebracht. Gleich nach der Untersuchung durch den Arzt wußte ich, das sage ich Euch, welches Unglück uns erwartete. Dennoch waren wir nicht auf ein so grausames und schnelles Ende gefaßt.«[1]

Emile Zola konnte den Anblick der sterbenden Mutter nicht ertragen, irrte in den Feldern umher oder verbarg sich im Haus. Alexandrine pflegte darum allein ihre Schwiegermutter.

In dem drei Jahre später geschriebenen Roman *La Joie de vivre (Die Freude am Leben)* versuchte Zola, den Tod seiner Mutter zu verarbeiten, sein Grauen zu bannen. Das Dreiecksverhältnis zwischen Madame Chanteau, Pauline und Lazare erinnert an Emilie, Alexandrine und Emile. Wie Madame Zola stirbt auch Madame Chanteau an einer durch eine Wassersucht sich verschlimmernden Herz-krankheit. Während ihres Todeskampfes wird sie von ihrer Nichte Pauline gepflegt, einer Waise, die sie bei sich aufgenommen hat, und sie schleudert ihren Haß dem jungen Mädchen entgegen, das ihren einzigen, vergötterten Sohn heiraten wird. Dieser empfindet Furcht und Schrecken angesichts des Todes seiner Mutter und bekommt Schuldgefühle. Seit langem leidet er schon an schweren, krankhaf-ten Ängsten, die er nicht bezwingen kann. Er ist unfähig, seiner Mutter beizustehen, verkriecht sich irgendwo im Haus, von seiner Ohnmacht gequält. Pauline – ein Spiegelbild von Alexandrine?

»Selbst auf diesem Sterbebett zog kein Friede in sie ein, es war ihr unmög-lich, zu verzeihen. (…) Ihre heftigen Ausbrüche von einst, ihr eifersüchti-ger Groll erwachten bei den Einzelheiten, die sie sich voller Pein immer vergegenwärtigte. Nicht mehr geliebt zu werden, mein Gott! sich verraten zu sehen von denen, die man liebt! Sich allein wiederzufinden, voller Ver-achtung und Empörung! (…) Paulines Zuneigung kehrte nicht zurück, nur die Pflicht hielt sie in diesem Zimmer.«[2]

Emilie Zola wurde in Aix-en-Provence neben ihrem Mann be-stattet. »Madame Zola wird von ihrem Dienstmädchen und dem Diener gestützt, ihr Gesicht ist schmerzverzerrt«, schrieb Céard. Alexandrine schien erschütterter zu sein als ihr Mann:

»Meine Frau ist so gebrochen, daß wir sicher erst in einigen Tagen zurück-kommen.«

Monatelang mußte Alexandrine dem Schriftsteller seelischen Bei-stand leisten. Ihn quälten Todesgedanken, er wurde jede Nacht von Alpträumen heimgesucht, und es fiel ihm schwer, wieder in Médan zu leben. Im März 1882 gestand er Goncourt:

»Ja, seit diesem Tag ist der Tod immer in unseren Gedanken anwesend und sehr oft – wir haben jetzt ein Nachtlicht in unserem Schlafzimmer – sehr oft sehe ich nachts meine Frau an, die auch nicht schläft, und ich fühle, daß sie dasselbe denkt wie ich; und so liegen wir schweigend nebeneinander, sagen nicht, woran wir denken … aus Schamgefühl, ja aus einem gewissen Schamgefühl … Ach, dieser Gedanke ist so entsetzlich!«

Nie kam die Ähnlichkeit der beiden stärker zutage. Von Kindheit an hatte der Tod sie ins Unglück, in Armut und Einsamkeit gestürzt.

Groß, kräftig gebaut, willensstark und sehr aktiv erschien Alexandrine zwar auf den ersten Blick, aber sie wurde in ihrem Leben – sie starb mit sechsundachtzig Jahren – oft von Krankheiten heimgesucht. Oft hütete sie das Bett, manchmal über Wochen hinweg, wie im Sommer 1875, ohne daß die Krankheit hätte benannt werden können: »ein Leiden«, »erschöpft«, »gar nicht auf der Höhe«, »müde«, »krank«. Wenn Zola vom Gesundheitszustand seiner Frau sprach, häufte er solche Anspielungen an, bezeichnete aber fast nie die Krankheit, an der sie litt. Sprach er von eigenen Beschwerden, so beschrieb er in allen Einzelheiten, was ihm fehlte. Von Kindheit an war er sehr nervös, litt unter Koliken, später unter einer schmerzhaften Blasenentzündung, unter Entzündungen der Magen- und Darmschleimhaut.

Mit den Jahren wurden diese Leiden stärker; Herzbeschwerden und Todesgedanken gesellten sich hinzu. Seine Klagen Dr. Toulouse gegenüber[3] und die Aussagen seiner Zeitgenossen lassen ihn als einen von Ängsten verfolgten, nervösen Mann erscheinen, der Opfer eines Verschwörungs- und Aberglaubens wurde und unter dem Zwang litt, den Zahlen immer eine besondere Bedeutung geben zu müssen.

Der Tod seiner Mutter verstärkte diesen Zwang bei ihm, während Alexandrine, von Schuldgefühlen geplagt, zwischen 1881 und 1882 häufiger als sonst Asthmaanfälle hatte. Der Aufenthalt am Meer bei Grandcamp führte nicht zum gewünschten Erfolg, und Zola wünschte für seine Frau »eine sehr strenge Behandlung«, sobald sie wieder in Paris sein würden. Nervöse Erstickungsanfälle, unter denen sie immer wieder litt – schon 1874, dann im April 1875, erneut 1877 und im Februar 1878 – quälten sie verstärkt im November 1882. Dieses Mal war Zola äußerst beunruhigt, er verbrachte die Nächte an ihrem Bett und schrieb verzweifelt an Céard: »Ich mag das Leben noch so sehr lieben, ich bin jetzt doch wieder sehr pessimistisch.«

Wahrscheinlich litt sie schon lange an Asthma, denn Emilie machte sich schon zu Beginn der Verbindung ihres Sohnes mit Alexandrine über die Gesundheit ihrer zukünftigen Schwiegertochter Sorgen. Die Anfälle wurden immer heftiger im Verlauf der Jahre. Zola pflegte seine Frau mit einer Hingabe, die ganz im Widerspruch stand zu seiner panischen Angst vor Krankheiten. Die

Erinnerung an diese Krisen schlug sich literarisch nieder in *Die Freude am Leben*, wo Lazare Tage und Nächte am Bett der kranken Pauline verbringt. Das pfeifende Atmen der Kranken, ihr trockener, kehliger Husten, ihre Erstickungsanfälle könnten die Alexandrines gewesen sein wie auch die Mandelentzündung, an der Pauline offenbar leidet. Und Lazares Ängste und Fragen waren die Zolas:

»Warum dieser Greuel des Schmerzes? War das nicht alles entsetzlich überflüssig, dieses Gemarter des Fleisches, diese verbrannten und verkrümmten Muskeln, wenn das Übel über einen so zarten und weißen, armen Mädchenkörper herfiel? Wie besessen von dem Leiden kehrte er immer wieder an das Bett zurück. Auf die Gefahr hin, Pauline zu ermüden, fragte er sie, ob sie noch mehr litt und wo es jetzt weh tat.«[4]

Ähnlich wie Lazare und Pauline waren auch Zola und Alexandrine durch die Krankheit zusammengeschweißt.

»Des Nachts vor allem, wenn er bei ihr wachte, hörte schließlich einer des anderen Gedanken, die Drohung der ewigen Trennung erfüllte selbst ihr Schweigen mit Rührung. Nichts war von so grausamer Süße, niemals hatten sie eine so innige Verschmelzung ihrer Wesen gespürt.«[5]

Die unerwartete Anfälligkeit und Kränklichkeit seiner Frau band Zola mindestens ebenso stark an sie wie ihre Kraft.

Zolas Roman *Der Traum* aus dem Jahr 1888 weist Ähnlichkeiten mit der Situation Alexandrines und Zolas auf: Hubert und Hubertine, beide Devotionaliensticker, sind gegen den Willen der Mutter Hubertines eine Liebesheirat eingegangen. Vor ihrem Tod verflucht die Mutter die junge Frau, die ein Kind zur Welt bringt, das sogleich stirbt.

»Das Ehepaar hatte trotz seines glühenden Wunsches kein Kind mehr bekommen. Nach vierundzwanzig Jahren beweinten sie noch immer jenes Kind, das sie verloren hatten ...«[6]

Hubertines Unfruchtbarkeit erlebt das Ehepaar als Strafe:

»Indessen liebten sie einander leidenschaftlich, sie lebten anspruchslos von der Arbeit; und sie waren unglücklich, es wäre darüber sicherlich zu Streitigkeiten gekommen, zu einem höllischen Leben, vielleicht zu einer gewaltsamen Trennung, wenn sie sich nicht beide soviel Mühe gegeben hätten, er nicht so gütig, sie nicht so vernünftig wäre.«[7]

Der Widerstand von Hubertines Mutter gegen die Verbindung des Paares erinnert an den von Emilie Zola und der Tod von Hubertines Kind an den von Alexandrines Tochter. Verwirrend ist auch, daß das Roman-Ehepaar ein kleines, verlassenes Mädchen vor seiner Tür findet, Angélique, ein Fürsorgekind. Angélique drückt ihren einzigen Schatz fest an sich, nämlich das

»... Zöglingsbuch, ausgestellt von der Jugendfürsorge des Departement Seine. Auf der ersten Seite waren unter dem Amtssiegel des heiligen Vinzenz von Paul folgende Rubriken vorgedruckt: Name des Zöglings, und ein einfacher mit Tinte gezogener Strich füllte den leeren Raum; dann stand bei den Vornamen: Angélique-Marie; bei den Daten: geboren am 22. Januar 1851, aufgenommen am 23. desselben Monats, eingetragen unter der Registriernummer 1634. So waren also Vater und Mutter unbekannt, keine Papiere, nicht einmal ein Geburtsschein, nichts als dieses Büchlein, das von verwaltungsmäßiger Kälte starrte, mit seinem Umschlagdeckel aus blaßrosa Leinen. Niemand auf der Welt und eine Eintragung in der Gefangenenliste, die numerierte und klassifizierte Verlassenheit ... »[8]

Ein paar Seiten später erinnert Zola an die Kette aus ovalen Beinperlen, die mit einem Silbermedaillon geschlossen wurde, auf dem der Name und die Nummer eingraviert waren, »dieses Sklavenhalsband«, das Angélique bis zum Alter von sechs Jahren getragen hatte.

»Und immer noch fühlte sie dieses Band (...) an ihrem Halse, dieses Halsband eines Haustieres, das man zeichnet, um es wiederzuerkennen: es haftete in ihrem Fleisch, sie rang nach Luft.«[9]

Nach einigen Jahren beschließt das Paar, das Kind zu adoptieren, und Hubert bricht nach Paris auf, um Erkundigungen einzuholen. Dreimal verweigert ihm die öffentliche Fürsorge jede Auskunft:

»Er mußte hartnäckig bleiben, sein Anliegen in vier Büros auseinandersetzen, sich heiser reden, indem er sich als amtlicher Vormund vorstellte, ehe ein Abteilungsleiter, ein großer Hagerer, sich gnädigst bereit fand, ihn darüber zu unterrichten, daß genaue Unterlagen völlig fehlten.«[10]

Schließlich gelingt es ihm doch, eine Geburtsbescheinigung zu erhalten, auf welcher der Name der Hebamme, die das Kind im Heim ablieferte, eingetragen ist. Der Fluch der Mutter lastet auf dem Ehepaar. Hubertine macht ihrem fassungslosen Mann bittere Vorwürfe:

»Du gibst mir die Schuld?«

»Ja, du bist schuldig, und auch ich habe Schuld auf mich geladen, als ich dir folgte ... Wir waren ungehorsam, unser ganzes Leben ist dadurch verdorben.«

»Und du bist nicht glücklich?«

»Nein, ich bin nicht glücklich ... Eine Frau, die kein Kind hat, ist nicht glücklich ... Lieben bedeutet nichts, die Liebe muß gesegnet sein.«[11]

Das sagt auch einiges über das Glück Alexandrines in ihrer Ehe.[12] Trotz ihrer gegenseitigen Zuneigung und ihrer engen Verbindung warf die Kinderlosigkeit einen Schatten auf das Leben der Zolas. Kein Kinderlachen erschallte im Haus von Médan, was Goncourt zweimal während seiner Besuche dort erwähnte:

»Wir kommen zum Abendessen zurück, und er steht auf in der Abendstimmung, im Garten ohne Bäume und im Haus ohne Kinder eine Traurigkeit, die Daudet ebenso erschüttert wie mich.«[13]

Als sein *Journal* 1891 erschien, war Alexandrine über diese Bemerkung, die sie Goncourt lange Zeit übelnahm, tief verletzt.

In seinen Memoiren schrieb Louis de Robert über seine Besuche bei Alexandrine nach dem Tod Zolas:

»Dennoch hatte diese große Seele Augenblicke der Verbitterung. Weinend sagte sie mir: ›Warum wollte er keine Kinder von mir, als ich sie ihm noch schenken konnte?‹

Und Louis de Robert setzt hinzu: Warum? Weil er zu lange nur an sein Werk, an seine schriftstellerische Mission gedacht hatte. Der Wunsch, Vater zu sein, war zu spät in ihm erwacht, erst als er schon die Fünfzig erreicht hatte; zu einer Zeit also, als das Schaffensfieber nachließ, da entdeckte er, daß er auf viele Freuden verzichtet hatte und daß seine schriftstellerische Tätigkeit ihm als Menschen nicht alles zu geben vermocht hatte. Das ist die ganze Tragödie.«[14]

Diese Aussage paßt zu dem Satz: »Werke gebären wird von ihm dem Kinderzeugen vorgezogen«, den Zola in seinen Vorstudien zum Roman *Das Werk* über die Hauptfigur Claude Lantier niederschrieb.

Nach dem Aufenthalt in Grandcamp 1881 und in Bénodet 1883 beschlossen die Zolas, eine Kur in einem Thermalbad auszuprobieren. Sie wählten Le Mont-Dore, ein auf Erkrankungen der Atemwege spezialisiertes Bad, das allerdings kein mondäner Kurort war, wie Henry Céard, der seinen Vater 1881 nach Le Mont-Dore begleitete, beschrieb: Die Kurgäste würden sich nicht entblöden, Trachtenkleidung der Auvergne auszuleihen, um sich darin fotografieren zu lassen, und es sei unmöglich, in dem Tohuwabohu, das im Hotel herrsche, zu arbeiten. Es gäbe dort ein ständiges Kommen und Gehen der Kurenden, die zu unterschiedlichen Zeiten zu ihren Anwendungen gingen, oder des Personals, das die Bettwärmer in die Zimmer brächte. Die Trennwände zwischen den Zimmern seien papierdünn, die Türen würden ohne Unterlaß knallen. Céard war nicht krank, »eine schwere Schuld in einem Land, wohin alle Welt die unterschiedlichsten Kranken entsendet«. Schließlich wurde ihm noch das Zimmer genommen, um es einem anerkannt kranken Kurgast zu geben, einem »herrschsüchtigen Katarrhkranken«, dessen Aufenthalt dem Hotelier eindeutig mehr Vorteile brachte. Einziger Trost: die wilde, herrliche Landschaft, die Céard zu tagelangen Wanderungen einlud mit dem Erfolg, daß er »die Kranken durch seine provozierende Gesundheit beleidigt«.[15]

Diese Warnung hielt jedoch die Zolas nicht davon ab, nach Le Mont-Dore zu fahren. Die Eisenbahngesellschaft von Orléans hatte für eine gute Verbindung nach Clermont-Ferrand gesorgt, wo die Kranken in Postkutschen umstiegen. Die Zolas fuhren am Gare de Lyon in Paris um 19.55 Uhr ab und waren um 5 Uhr morgens in Clermont-Ferrand. Dann standen ihnen noch etwa fünfzig Kilometer bis Le Mont-Dore bevor, und zwar über eine zwanzig Kilometer an einem Steilhang entlangführende Straße. Schenkt man Zola Glauben, so war es eine abenteuerliche Reise, da es schüttete, Hagel und Blitze die Pferde erschreckten, die Kutsche auf dem einsamen Gebirgsweg hin und her gerüttelt wurde. Als der Regen aufhörte, tröstete die Schönheit der Auvergne sie über ihr unangenehmes Abenteuer hinweg.

Obwohl das Hotel Chabaury, in dem Alexandrine und Emile Zola abstiegen, nur angesehene Persönlichkeiten aufnahm, Adlige oder berühmte Künstler, verfügte es nur über wenig Personal, und einige Gäste zögerten nicht, ihre eigenen Diener mitzubringen. Die Mahlzeiten wurden meistens gemeinsam eingenommen. Es gab zwei große Tische, an denen gut hundert Gäste Platz hatten, zudem noch einige in kleinen Salons aufgestellte Tische für Gäste, die in einer privateren Atmosphäre speisen wollten.

Der Tageslauf des Ehepaars Zola wurde von den Anwendungen bestimmt. Alexandrines Tag begann schon um vier Uhr morgens, denn sie zog es vor, bei den Inhalationen zu den ersten zu gehören. In den ersten Tagen waren nur Inhalationen und Fußbäder vorgesehen, später wurde die Kur anstrengender. Bis neun Uhr folgten ohne Pausen Hydrotherapie, Dampfduschen, Inhalationen, Bäder im Mineralwasser-Schwimmbad. Dazu begab sich Alexandrine ins »Dampfbadgebäude«, ein etwas modernerer Bau als das Kurgebäude. In der Vorhalle standen Sänften, in denen die Kurenden zu den Bädern getragen wurden. In der ersten Etage waren drei, in undurchdringlichen Dampf getauchte Inhalierräume gleichzeitig in Benutzung. Alexandrine war manchmal so erschöpft, daß sie sich nach den Anwendungen hinlegen mußte. Zola beklagte sich darüber 1885 bei Céard:

»Meine Frau ist sehr erschöpft und von der Härte der Behandlungen ganz betäubt, so daß man nicht sagen kann, ob es ihr besser geht oder eher schlechter.«

1884 war er jedoch froh über die Klugheit des Arztes, der verbot, daß sich seine Frau ermüdete, und der »unnütze Bewegungen zu verabscheuen« schien. Eine unmittelbare Besserung versprach er nicht, diese werde sich frühestens nach zwei Monaten bemerkbar machen. Darum hatte Zola eine positive Meinung von diesem Arzt, durch den sich Alexandrine aber entmutigt fühlte. Sie beklagte sich über die »kindische Unnachsichtigkeit« bei der Behandlung. Céard tröstete sie und erklärte ihr,

»daß gerade dieses Idiotenleben in den Thermalbädern mit seinem mathematischen Zeitplan von größter Wirksamkeit ist. Man erholt sich, indem man sich auf eine neuartige und besondere Art abmüht.«[16]

Das Mittagessen fand um zehn Uhr morgens statt, das Abendessen um fünf Uhr oder um fünf Uhr dreißig. Die Mahlzeiten wurden durch einen zweifachen Gongschlag angekündigt, nach dem sich die Kurgäste zu Tisch begaben. Es wurde gut und reichlich gegessen: gegrillte Fleischstücke, Hammelbraten, Sülzgerichte, Geflügel, Krebse und Forellen, dazu gab es Gemüse oder »Kartoffeln nach Art von Le Mont-Dore«, eine Spezialität des Hotels Chabaury: Kartoffelbrei, unter den Crème fraîche und Eischnee gehoben wurde. Man häufte ihn zu einer Kuppel auf, über die man geriebenen Käse der Auvergne und frische Butter gab. Zum Nachtisch gab es Kompott, Schnittkäse aus der Auvergne und Walderdbeeren. Eifrig wurde dazu Mineralwasser getrunken; die Menge wurde vom Badearzt Dr. Percepied festgelegt, der wegen seines Erfolgs bei den Frauen Dr. Herzensbrecher genannt wurde. Das Wasser trank man unter den Arkaden des Gebäudes, wo es von jungen Mädchen, zumeist Bäuerinnen, ausgeschenkt wurde.

Der Großteil des Nachmittags war Ausflügen gewidmet. Nach langem Zögern versuchten die Zolas trotz der Warnung Céards die Besteigung des Sancy unter Leitung eines Führers. Ein Nachbar aus Médan, Dr. Magitot, sorgte für Pferde und Führer. Weder Alexandrine noch Emile hatten je auf einem Pferd gesessen, und nun ging es gleich fünf Stunden im Sattel bergauf, um einen Höhenunterschied von siebenhundert Metern zu bewältigen. Auf dem Hinweg klappte alles, aber auf dem Rückweg begann Alexandrines Pferd plötzlich zu traben, die Unglückliche fiel aus dem Sattel, hing an einem Fuß kopfüber vom Pferd, das zum Glück stehenblieb. Es gelang, sie zu befreien. Sie blieb unverletzt. Zola aber war so entsetzt, daß er zwei Tage lang »ein heftiges inneres Zittern« verspürte und die Augen nicht schließen konnte, ohne sie »vom Pferd fallen und sich das Genick brechen« zu sehen.

Schließlich erklärte er, vom Thermalbad enttäuscht zu sein, das er nie für einen Roman benutzen könnte. Die Zerstreuungen für die Kurgäste und die Begegnungen mit Bekannten trösteten ihn nicht darüber hinweg, daß er die Arbeit an seinem Roman *Germinal* unterbrochen hatte. Aber Alexandrine fühlte sich besser, sie setzte die Kur sogar noch zu Hause fort, wie sie an Elina in einem Brief schrieb:

»Ich habe mir einige Flaschen Mineralwasser aus Le Mont-Dore schicken lassen, von dem ich morgens nüchtern ein paar Gläser zu mir nehmen werde. Außerdem inhaliere ich mit Wasser aus Enghien. Ein neuer Zeitvertreib!«[17]

1885 überredete Emile sie, wieder Le Mont-Dore aufzusuchen, denn sie hatte ein schwieriges Jahr hinter sich mit schmerzhaften

Rheumabeschwerden im Knie, die sie ans Bett fesselten. Alexandrine hatte sich im Zug erkältet und begann ihren Kuraufenthalt im Bett. Zola befürchtete, daß seine »liebe Kranke« bei der Gleichgültigkeit des Personals eine Rippenfellentzündung bekäme. Die Behandlung war sehr anstrengend und letztendlich weniger wirksam, als man sich erhofft hatte, so daß sie beschlossen, im kommenden Jahr wieder an die See zu fahren und im Meer zu baden. Dort war das Klima milder als in der Auvergne.

Alexandrines Kuraufenthalte in Le Mont-Dore wegen des Asthmas und in Salsomaggiore in Italien wegen des Rheumas sollten nach dem Tod Zolas wesentliche Haltepunkte in ihrem Leben sein. Madame Zola wurde dort mit allem Respekt, den ihre Stellung forderte, empfangen, denn nicht jede der kurenden Damen hatte einen Gatten, der im Pantheon beigesetzt wurde.

MADAME ZOLA
(1888–1902)

Die Krise in der Lebensmitte

Die Jahre 1885 bis 1888 waren für Zola Jahre des Ruhms. Sein Roman *Germinal* wurde von der Presse hochgelobt. Die Situation der Arbeiter war damals ein neues Thema, und er führte seine Leser in eine ihnen bislang kaum bekannte Welt.

Seine Recherchen, seine Kontakte mit dem Abgeordneten Giard und den Sozialisten, der etwa zehntägige Aufenthalt in Anzin – vom 23. Februar bis zum 4. März 1884 – wurden die Grundlage seiner Schilderung des Bergarbeiterlebens. Die Recherche war mühsam, und Zola zweifelte mehr als einmal an seinem Erfolg. Darum war seine Erleichterung groß, als die Kritik einhellig die »epische Größe« seiner beschwörenden Schilderungen feierte. Sogar seine härtesten Kritiker mußten sein Talent anerkennen. Mit *Germinal* wurde Zola zu einem Symbol. Aus ganz Frankreich erreichten ihn Bitten sozialistischer Blätter, Auszüge aus seinem Roman veröffentlichen zu dürfen. Obwohl er selbst kein Sozialist war, gab Zola allen diesen Bitten nach, denn *Germinal* wurde für die Armen geschrieben und gehörte den Armen. »Mein Buch ist ein Werk des Mitleids und nichts weiter«, beteuerte er einem Journalisten der Zeitung *Le Matin* gegenüber.

Ende der achtziger Jahre war Zola reich und in ganz Europa berühmt. 1885 hatte ihm *Germinal* allein ungefähr siebzigtausend Francs eingebracht, ohne den Anteil, den er für jede Übersetzung seines Werks erhielt. Dies war erst der Anfang. Das Jahreseinkommen Zolas sollte in den kommenden zehn Jahren von ungefähr 80000 Francs auf 160000 Francs ansteigen, eine ansehnliche Summe, nicht nur für damalige Verhältnisse.

Alexandrine und Zola zogen aus diesem Geldsegen eine besondere Befriedigung. Für Zola »hat das Geld den Schriftsteller emanzipiert, hat das Geld die moderne Literatur geschaffen«.[1] Er empfand daher keine Scham, so viel Geld zu verdienen, und seine Briefe legten Zeugnis davon ab, wie sehr er den finanziellen Aspekt seiner Arbeit beachtete. Aber die Zolas gaben auch viel Geld aus. Neben den Ausgaben für die Renovierung des Hauses in Médan und ihrer Sammelleidenschaft wurde das meiste Geld für zahlreiche Einladungen verwendet. Künstlerfreunden gegenüber war Zola großzügig und unterstützte sie oft finanziell – Paul Cézanne, Claude Monet, Philippe Solari und Paul Verlaine gehörten zu seinen Schützlingen. Zola konnte sogar regelrecht verschwendungssüchtig sein: »Der Reichtum ist da, ich nehme ihn hin, aber ich gebe ihn auch aus, ohne zu rechnen.«

Alexandrine teilte die Liebe ihres Mannes zum Leben im Wohlstand. Sie war eitel und liebte elegante Kleidung, doch kaufte sie diese nicht bei den großen Couturiers wie ihre Freundin Marguerite Charpentier; sie kaufte die allerschönsten Stoffe und nähte sich ihre Kleidung am liebsten selbst. Manchmal ließ sie sich auch von Modellen anregen, die sie in der Zeitschrift *Le Miroir des Modes* fand und die sie nach ihrem Geschmack abänderte. Ihr Lieblingskaufhaus war *La Place Clichy* ganz in ihrer Nähe, aber sie tätigte ihre Einkäufe auch in den Kaufhäusern in der Nähe des Louvre. Daran, daß sie nicht selten mit neun Koffern und drei Hausangestellten in die Ferien reiste, konnte man ihren Wohlstand ablesen.

Der Ruhm veränderte die Lebensweise der Zolas nicht von Grund auf, zwang sie aber, den vielen Neugierigen aus dem Weg zu gehen und für ihre Ferien einen ruhigen Ort auszuwählen. Zola lag vor allem daran, seinen Arbeits- und Veröffentlichungsrhythmus nicht zu unterbrechen, bis der gesamte Romanzyklus vollendet wäre. Nach dem Roman *Germinal*, der 1885 erschien, veröffentlichte er 1886 *Das Werk*, 1887 *Die Erde* und 1888 *Der Traum*. *Die Erde* wurde zu einem Skandal. Man warf ihm eine zu rohe Beschreibung der Bauern vor. Die extreme Gewaltsamkeit im Roman – unkontrollierbare, übermächtige Sexualität, Vergewaltigungen, Morde, erzwungene Abtreibung – erschien wie eine Provokation und erhitzte die Gemüter.

Fünf junge, von Daudet und Goncourt ermutigte Autoren nutzten diese Kritik an Zola, um ihn auf gehässige Weise persönlich anzugreifen. Das »Manifest der Fünf« erschien am 18. August 1887 im *Figaro*. Die Autoren Paul Bonnetain, Joseph-Henri Rosny, Lucien Descaves, Gustave Guiches und Paul Margueritte waren kaum bekannt, äußerten sich aber im Namen der Naturalisten, die eine bestimmte Richtung vertraten. Nachdem sie sein »kindisches Getue um den berühmten Stammbaum« und seine Dokumentationsmethode kritisiert hatten, suchten sie nach Mängeln in seiner Person und in seiner Beziehung zur Sexualität.

»Als junger Mann war er sehr arm, sehr schüchtern, und die Frau, die er nicht in dem Alter bekam, in dem man erste sexuelle Erfahrungen macht, läßt ihm, der eine ganz falsche Auffassung von Frauen hat, keine Ruhe. Durch seine Nierenkrankheit wird er immer wieder aus dem Gleichgewicht gebracht, und ohne Zweifel stellt er deswegen gewisse Körperfunktionen über die Maßen in den Mittelpunkt und neigt er dazu, ihre Wichtigkeit zu übertreiben.«

Sie bezichtigten ihn, ein impotenter »keuscher Mann« zu sein, der ständig befürchte, daß man seine Impotenz bemerke. Dieser krankhafte, vom Sex besessene Psychopath sei nicht nur ein besonderer Fall der Literatur, sondern auch ein Fall für die Psychiatrie. Unnötig zu sagen, daß die Presse davon profitierte, vor allem wegen des Sommerlochs, obgleich die Mehrzahl der Journalisten Zola verteidigte. Zola enthielt sich jeder Antwort auf diese Anwürfe und willigte sogar in ein Versöhnungsessen mit Daudet und Goncourt ein, die verdächtigt wurden, das Manifest angeregt zu haben. Es fand am 4. Mai 1888 auf »neutralem Gebiet« bei Charpentier statt. Im übrigen leisteten die Unterzeichner des Manifests, außer Bonnetain, der sehr früh starb, einer nach dem anderen öffentlich Abbitte.

»Man wird alt«, seufzte Zola bereits 1885 mit fünfundvierzig Jahren. Zwei Jahre später entwarf er in den Skizzen zum *Traum* folgendes Handlungsschema: Ein vierzigjähriger Mann hat sich bisher ganz der Wissenschaft gewidmet und nie geliebt. Er verliebt sich in ein junges sechzehnjähriges Mädchen, das ihn zu lieben glaubt. Es trifft aber einen jungen Mann, in den es sich wirklich verliebt. Resignierend gibt der Vierzigjährige das Mädchen frei. In seinen Notizen gestand Zola:

»Was mich betrifft: Arbeit, Literatur haben mein Leben aufgefressen. Bestürzung, Krise, das Bedürfnis, geliebt zu werden.«

Und er fügte hinzu:

»Nach aller wissenschaftlichen Arbeit: wichtig ist nur die Frau. Das ist ein Geständnis. Schluchzen. Ein verpaßtes Leben. Das Alter kommt, Liebe ist nicht mehr möglich, der Körper geht dahin.«

Das war der Beginn dessen, was er 1889 »die Krise in den Fünfzigern« nannte. Dem Holländer Van Santen Kolff schrieb er:

»Verzeihen Sie mir mein langes Schweigen. Es gibt Wochen, Monate, wo Stürme in mir toben, Stürme der Leidenschaften und des Bedauerns. Dann wäre es immer am besten, man würde schlafen.«

War sich Alexandrine bewußt, wie tief diese Krise war? Konnte sie ermessen, wie stark die Reue war, die den Schriftsteller nun immer stärker erfaßte, je näher er der Vollendung seines Werks kam? Ein Satz aus dem Roman *Das Werk* über Sandoz und Henriette, deren Beziehung der ihren so ähnlich ist, läßt möglicherweise die Wahrheit hindurchschimmern: »Sie gaben sich weniger aus Liebe denn aus dem Wunsch nach Beruhigung hin«. Genügte ihr diese Beruhigung? Dennoch spürte sie die innere Ferne ihres Mannes, der im selben Roman schreibt:

»Hör zu, die Arbeit hat mein Leben gefressen. (...) Meine arme Frau hat keinen Mann, ich bin ihr nicht mehr nah, selbst dann nicht, wenn unsere Hände sich berühren.«

Alexandrine schob diese Ferne auf seine Arbeit und erkannte dabei nicht das wirkliche Ausmaß seiner ziellosen Unruhe, seiner Krise. Sie glaubte, daß er über seinen Erfolg überglücklich war. Er hingegen fragte sich, ob er nicht sein Leben verfehlt hatte. Sie verharmloste seine Ängste, beruhigte ihn, schimpfte, wechselte das Thema, überging seine Sorgen. Sie glaubte zu sehr an ihre Ehe, zu sehr an die Einzigartigkeit Emiles, der in ihren Augen so anders war als alle Männer, und sah den Abgrund nicht, der sich auftat.

Im ersten Entwurf von *Die Freude am Leben* hatte Zola es sich zur Aufgabe gemacht:

»Die Liebe in der Ehe zu beschreiben mit ihren Zärtlichkeitskrisen und Kältezuständen: das Leben, wie es ist.«

Alexandrine konnte sich mit ihrem Realitätssinn an »das Leben, wie es ist«, halten. Aber Zola genügten offensichtlich Beschwichtigungen, Zärtlichkeiten und Frostigkeit nicht mehr. 1889 gestand er Goncourt:

»Meine Frau ist nicht da ... Und ich kann kein junges Mädchen wie diese vorbeigehen sehen, ohne mich zu fragen: »Ist so was nicht besser als ein Buch?«

Nach einer handfesten Selbstzensur des Autors, der den Mann von vierzig Jahren im Roman *Der Traum* in der Figur eines von seinen Leidenschaften gequälten Bischofs auftreten läßt, wird Angélique auf den Vorplatz der Kirche geführt, in der soeben ihre Ehe mit dem Sohn des Bischofs geschlossen wurde, und dort stirbt sie als Jungfrau. Trugbilder, Schuldgefühle, ein innerer Kampf gegen sexuelles Verlangen in diesem Roman zeugen von Zolas tiefer Unzufriedenheit.

Auch sein Verhältnis zum Essen veränderte sich. Seitdem er aufgehört hatte zu rauchen, war er sehr dick geworden. Bei 1,72 Meter Größe war ein Leibesumfang von 1,20 Meter schon sehr bedenklich. 1887 wog er 96 Kilo, im Theater hatte er Mühe, sich zwischen den Sitzreihen hindurchzuzwängen. Alexandrine, die fast genauso groß war wie er, wog fast 80 Kilo. Sie aßen beide zu viel und zu gut und bewegten sich zu wenig. Für den Autor des Romans *Der Bauch von Paris*, der aus der Gegenüberstellung von Dicken und Dünnen geradezu ein Symbol machte, muß es unerträglich gewesen sein, sich auf der Seite der Dicken wiederzufinden. Für Alexandrine war das Problem etwas anders gelagert. Sie ging auf die Fünfzig zu, und üppige Frauen kamen Ende des Jahrhunderts dem Schönheitsideal näher als schlanke. Sie zwängte sich in ein Korsett, hielt sich gerade und trug stolz ihre Röcke mit Turnüre, Mieder mit Jabots, enganliegende Jacken und lange Halsketten zur Schau: Sie war eine reife Frau auf dem Höhepunkt ihres Lebens. Sie lehnte jede Diät ab und überließ es Emile, damit sein Glück zu versuchen. Er tat es, im November 1887. Die Diät bestand darin, keinen Wein zum Essen und überhaupt keinen Alkohol mehr zu trinken, stärkehaltige Nahrungsmittel zu meiden, nur gebratenes oder gegrilltes Fleisch zu essen. Das Ergebnis war spektakulär: Er nahm vierzehn Kilo in drei Monaten ab. Das einzige sinnliche Vergnügen, das sie noch miteinander teilten, das Schlemmen, wies er von sich. Am 4. März 1888 schrieb Goncourt nach dem »Versöhnungsdiner« bei Charpentier in sein *Journal*:

»Sein Magen ist ausgeblendet und sein Körper irgendwie länger, wie in die Länge gezogen, und was besonders seltsam ist, ist die Tatsache, daß die feine Gesichtsbildung früherer Zeiten, die verlorengegangen, die ganz in seinem vollen, dicken Gesicht der letzten Jahre verschwunden war, wieder zum Vorschein gekommen ist, so daß er wirklich wieder Ähnlichkeit mit seinem von Manet gemalten Porträt hat, jetzt mit einer Nuance von Boshaftigkeit in seiner Miene.«

Er sah wieder aus wie in jungen Jahren, zugleich hatte er einen neuen Lebenshunger; nun war er bereit, sich für die Bühnenfassung von *Germinal* zu schlagen. Alexandrine nahm ab August 1888 noch sechs Kilo zu.

1885 entdeckte das Ehepaar Charpentier dank des Kunstkritikers Théodore Duret die Küste der Saintonge. In der Nähe von Royan mieteten sie ein Häuschen in dem kleinen Dorf Le Bureau, das zur Gemeinde Saint-Palais-sur-Mer gehört. Begeistert von diesem ersten Aufenthalt kauften sie sich ein Grundstück in der neuen Siedlung La Vallière und ließen sich ein Haus bauen, das sie als Hommage für Zola Le Paradou nannten.[2]

Alexandrine und Emile Zola besuchten sie im September 1886 und zogen mit ihnen nach elf Stunden Zugfahrt in die Villa La Guadeloupe. Leider wurde ihr Aufenthalt durch eine Beinverletzung, die sich Alexandrine selbst zugefügt hatte, getrübt. Der Bluterguß wurde nicht resorbiert, es trat eine Schwellung auf, die Zola sehr beunruhigte, die ihn an die geschwollenen Beine seiner Mutter vor ihrem Tod erinnerte. Aber die Angst war völlig grundlos, nach einigen Tagen besserte sich der Zustand des Beins, und sie konnten wie geplant bis zum 21. September dort bleiben.

Im Sommer 1887 waren sie wieder in Royan. Sie waren am 31. August in den Zug gestiegen und hatten 60 Francs Zuschlag gezahlt für ein Abteil, das man das »Betten-Toiletten-Abteil« nannte. Dieses Mal wollten sie fünf Wochen in Royan bleiben und erst am 3. Oktober wieder nach Paris zurückkehren. Sie verbrachten herrliche Wochen mit der Freundesschar von Georges und Marguerite Charpentier: Victor Billaud, der Direktor der »*Gazette des bains de mer de Royan*«, den Graveuren Prunaire und Desmoulin, dem Dichter André Lemoyne. Auch Henry Céard gesellte sich zu der Gruppe. Ausflüge, baden im Meer, Schlemmereien – Zola hatte mit seiner Schlankheitskur noch nicht begonnen –, Bootsausflüge, Fahrten zu Duret nach Cognac und Rückkehr im Boot, Opernabende … Zola war begeistert von diesem Aufenthalt mit seinem »Faulenzerleben«.

Alexandrine aber hatte einigen Kummer, wie ein Brief an Elina Laborde zeigt:

»Nein, meine Liebe, ich konnte meinen schönen Badeanzug noch nicht einweihen, und es ist gewiß, daß ich ihn wieder nach Paris bringen werde, ohne ihn aus dem Koffer geholt zu haben. Dein Onkel allerdings badet jeden Tag, außer, wenn wir weite Ausflüge machen. Die Ausflüge bringen mir übrigens kein Glück, denn der vom Dienstag, den ich Deinem Mütterchen gegenüber erwähnt habe, hat mir eine Erkältung zum Geschenk gemacht. Unsere Freunde wollten einen herrlichen Aussichtspunkt aufsuchen und ließen mich mit Madame Charpentier, die wie ich eine schlechte Wanderin ist, am Strand auf sie warten. Sie haben sich verlaufen, und wir mußten mehr als zwei Stunden auf sie auf einem weiten, ausgesetzten Strand warten. Und darum nun spricht deine Tante durch die Nase, und sie weint, als wäre sie traurig. Füge dem noch eine riesige Schwellung am rechten Ohr hinzu, wodurch es nun so aussieht, als hätte ich mir eine Tomate als Ohrring angesteckt.«[3]

Offensichtlich gingen die Ferien für sie daneben: Sie wurde ohnmächtig auf dem Weg nach Piriac, fiel in Le Mont-Dore vom Pferd, verletzte sich am Bein, bevor sie nach Royan fuhr, sah sich am Strand im Stich gelassen oder mußte auf ihren Schnupfen und ihr geschwollenes Ohr Rücksicht nehmen, während die anderen in die Wellen sprangen.

Als sie aber nach Médan zurückkehrte, hatte sie ihren Schwung wieder, wie der Brief bezeugt, den sie am 2. November 1887 an ihre Cousine Amélie Laborde schrieb:

»Aber natürlich nicht, Du, meine liebe Freundin, bist kein gemeiner Affe, ich dagegen wohl. Ich hätte Dir schon seit langem schreiben sollen. Aber unser lieber Sohn, wie Du unseren armen Monsieur Mi nennst, macht mir viel Arbeit wegen all der Pflege, die ich ihm von morgens bis abends angedeihen lassen muß, ohne daß ich einen wirklichen Erfolg sehe. Es geht ihm allerdings ein bißchen besser, obwohl er immer noch verrückt ist und ungeheuer viel frißt. Aber er ist immer noch nicht wieder stubenrein, ein Zeichen, daß die Genesung noch nicht eingetreten ist.

Und auf der anderen Seite Loulou, der sich in dem großen Haus langweilt und das er im Augenblick als wirklich zu groß empfindet. So kehren wir nun Donnerstag, den 10., endgültig zum Überwintern nach Paris zurück. Ich arbeite mich tot, um meine Näherei so einigermaßen auf Vordermann zu bringen; denn in Paris fällt es mir sehr schwer zu arbeiten, da bin ich absolut nicht am rechten Fleck, etwas Ernsthaftes zu tun.

Ich wollte Dir gleich an dem Tag, an dem ich Deinen Brief erhalten hatte, antworten, aber seit drei Tagen habe ich nun schon eine unerträgliche Migräne.

Was Du mir über Narcisse berichtest, finde ich entsetzlich. Können wir ihm nicht ein paar Frauen zum Heiraten schicken? Vielleicht fände er unter vielen eine, die ihm gefallen würde.

Ah doch! Du bist doch ein gemeiner Affe, weißt Du! Ich mußte den Brief gestern hier unterbrechen und schreibe heute weiter; nun erhielt gerade heute morgen Emile einen Brief von Dir, in dem Du ihm schreibst, ich wäre scheußlich. Ach, alte Heuchlerin! Und dann gratulierst Du Monsieur auch noch zu dem, was man ihm für *Germinal* gibt. Du wirst schon sehen, daß ich mich rächen werde.

Bis dahin sende ich Dir, meine liebe, liebe Mélotte, meine herzlichsten Küsse und den Kindern alle Zärtlichkeit. Vergiß mich nicht bei Deinen Lieben.

Mit herzlichen Grüßen,

Alexandrine Zola

Grüße auch meine Tante von mir, und informiere sie über unsere Rückkehr.«[4]

Hier offenbart sich Alexandrine rückhaltlos in einer Mischung aus Zuneigung, Spontaneität, Humor und Aggressivität. Ihre Tierliebe, ihre Näherei, ihre Schalkhaftigkeit Amélie gegenüber, ihre enge Familienbindung, ihre Migräneanfälle, das Bedürfnis ihres Mannes, umsorgt zu werden – der ganze Alltag der achtundvierzigjährigen Frau.

Ein Jahr später, 1888, waren sie wieder in Royan. Sie reisten am 25. August ab und bezogen am 26. die Villa des Œillets. Alexandrine war derart »in Hochbetrieb«, wie Zola an Amélie schrieb, um alles perfekt zu organisieren, daß sie ihn sogar beauftragte, an ihrer Statt der Cousine zu schreiben, die sie mit ihren beiden Kindern Elina und Albert, Alexandrines Patenkind, besuchen sollte. Die Ferien begannen besonders schön, da die Verlobung von Georgette, der Tochter Charpentiers, mit dem Journalisten Abel Hermant gefeiert wurde. »Es ist ein ewiges Fest, und nichts ist schwerer, als zwei Zeilen zu schreiben«, warnte Zola Céard und ermunterte ihn doch, sich dem Freundeskreis – Georges und Marguerite Charpentier, Fernand Desmoulin, Victor Billaud und dessen Frau, Théodore Duret, Amélie Laborde und ihre Kinder – zuzugesellen.

In *La Gazette des bains de mer de Royan* und in den viel später nie-
dergeschriebenen persönlichen Erinnerungen Albert Labordes ist
nachzulesen, daß es neben den Ausflügen, den Diners und den
Meerbädern viele Anlässe zum Feiern gab. Das Trio Zola, Charpentier und Desmoulin wurde »die drei weißen Männer« genannt,
denn sie trugen immer tadellos weiße Flanellanzüge, und auf den
Photos stellten sie immer die elegante Lässigkeit von Boulevard-Fla-
neuren zur Schau, die in der Sommerfrische sind. Auf einem legt
Emile Zola seinen Freunden kameradschaftlich die Hand auf die
Schulter. Er trägt einen halbhohen Hut, sein Bart ist zurückge-
schnitten, er ist schlank und sieht zehn Jahre jünger aus. Auf einem
anderen, sehr fröhlichen Photo sieht man gut fünfzehn Gäste unter
Bäumen sitzen. Die Sommersonne wirft helle Lichtflecken auf
Marguerite Charpentiers weißgepunktetes, dunkelblaues Kleid und
auf ihr lächelndes Gesicht, auf das ein breitkrempiger Hut seinen
Schatten wirft. Ihre Tochter Georgette sitzt im Vordergrund. Ein
großer Hut liegt auf einem der Tische. Einige Gäste halten ein Glas
in der Hand, und Zola, der im Hintergrund steht, hebt das seine
zum Gruß, wobei er eine Hand auf die Schulter seiner Frau gelegt
hat. Alexandrine ist durch einen prachtvollen Hut vor der Sonne
geschützt; sie ist die einzige, die nicht ins Objektiv schaut, sie wirkt
abwesend. Ihr Gesicht ist rund geworden, etwas verkrampft, und ihr
Blick ist auf irgend etwas vor ihr gerichtet – vielleicht auf die andere Menschengruppe, die sich am äußersten linken Rand des Fotos
zusammendrängt: zwei Dienerinnen und zwei Kinder. Hauben und
Schülermützen, graue Bauernkittel und weiße Bäuerinnenschür-
zen, die Fäuste in die Hüfte gestemmt, die Arme verschränkt, so stehen sie da, nachdem sie eingewilligt haben, daß man auch sie pho-
tographiere. Zwei Welten stehen hier nebeneinander.

Unpäßlichkeit zwang häufig Madame Zola, zu Hause zu bleiben
und das Bett zu hüten, während sich die anderen amüsierten. Sie
zog in ihrem Zimmer die Vorhänge zu, denn die Dämmerung beruhigte sie. Sie fühlte sich fern von allem und unendlich müde. Sie
freute sich, daß Emile seinen Spaß hatte. Für ihn organisierte sie mit
Amélies Hilfe eine Überraschungsfeier nach Antillen-Art.[5] Sie ver-
kleideten sich mit großen Togen, färbten ihre Gesichter schwarz.
Das Menu, das unter höchster Geheimhaltung aus Paris bestellt
wurde, war exotisch und exquisit. Serviert wurde ein *kalalou*, eine

Fischsuppe, ein Ragout aus Schweinefleisch, *pois-z'yeus-noué* ... Das Essen zog sich bis in die Nacht hinein; dann klingelten ein paar schwarze Männer an der Tür eines nahe gelegenen Hotels und baten um »gute weiße Milch für arme kleine Neger«. Über diesen Streich lachten sie noch Tage später.

Während ihres Aufenthalts begann Zola zu photographieren, Frédéric Garnier, der Bürgermeister von Royan, unterwies ihn.

In diesen Ferien gab es aber ein einschneidendes Ereignis, das Zolas und Alexandrines Leben verändern sollte: Emile Zola hatte sich verliebt.

Die junge Weißnäherin

Alexandrine hatte Jeanne Rozerot wahrscheinlich im Mai 1888 eingestellt, wie Denise Le Blond-Zola vermutet.[1] Am 4. Mai brachen
Alexandrine und Emile zu ihrem Landhaus auf, und wie gewöhnlich begann Alexandrine umfangreiche Näharbeiten, für die sie eine
Nähhilfe brauchte. Das junge Mädchen, das man ihr empfahl,
wurde als Zimmermädchen und Näherin eingestellt. Alles gefiel ihr
an der kleinen Näherin: Sie wurde in einem Kloster erzogen, war
geschickt, sehr diskret, fröhlich und gehorsam. Jeanne Rozerot
gegenüber empfand sie eine ganz eigenartige Sympathie, die sie sich
nicht erklären konnte. Im Grunde hätte sie Jeanne am liebsten zu
ihrer Gesellschafterin gemacht. Sie arbeiteten gemeinsam im
Wäschezimmer, Jeanne war geschickt im Sticken und erinnerte
Alexandrine an ihre eigene Jugend. Die große, schlanke, aufrechte
Jeanne war einundzwanzig Jahre alt und hätte ihre Tochter sein
können.

Jeanne war sehr zurückhaltend, aber wenn man sie sanft zu fragen
verstand, gab sie ein paar Einzelheiten aus ihrem Leben preis. Ihre
Geschichte wies eine überraschende Ähnlichkeit mit Alexandrines
Geschichte auf. Und dies war verwirrend für Madame Zola.

Jeanne wurde am 14. April 1867 in Rouvres-sous-Meilly in Bur-
gund als zweite Tochter des Müllers Philibert Rozerot geboren. Als
sie zwei Jahre alt war, starb ihre Mutter, drei Jahre später heiratete ihr
Vater zum zweiten Mal. In dieser zweiten Ehe wurden sechs Kinder
geboren. Die Stiefmutter behandelte Jeanne und ihre ältere Schwester Cécile derart schlecht, daß Jeanne zu ihrer Großmutter mütter-
licherseits flüchtete. Dort erhielt sie ein wenig Unterricht bei Nonnen, wo sie auch das Nähen erlernte. Schließlich wurden Cécile
und Jeanne von einer Tante aufgenommen, die einen Bäckerladen
in Courbevoie bei Paris hatte. Cécile heiratete einen Bäcker,
während Jeanne in einer Nähwerkstatt den Beruf der Weißnäherin
erlernte.

Sowohl Alexandrine als auch Jeanne waren ohne Mutter aufge-

wachsen und hatten unter der Wiederverheiratung des Vaters gelitten. Wie Gabrielle war auch Jeanne zurückgewiesen worden, wie
sie fand sie Zuflucht bei ihrer Familie, beide wurden von einer
Tante aufgezogen. Schließlich kamen sie beide sehr jung in die
Lehre und wurden Weißnäherinnen. Jeanne war Halbwaise, eine
beliebte Figur in Zolas Werken: sanft, frisch, ein wenig schüchtern
wie zum Beispiel Denise im Roman *Paradies der Damen*, ein
Mädchen, das durch seine Einfachheit und Ehrbarkeit schließlich
den mächtigen Octave Mouret erobert. Mit Jeanne war Alexandrine auf jeden Fall sehr zufrieden. Zu ihrer Frische, ihrer Zurückhaltung und ihrer Schönheit kamen ihr Ernst und ihre Fertigkeit
beim Sticken hinzu. Wie hätte Zola nicht ein so charmantes junges
Mädchen bemerken sollen in dem großen Haus in Médan, das ihm
im vergangenen Winter schon so leer und traurig vorgekommen
war? Er konnte sich nur über die Entscheidung seiner Frau freuen,
Jeanne mit in die Ferien nach Royan zu nehmen. Wurde er sich
bereits der Zwiespältigkeit seiner Gefühle für das junge Mädchen
bewußt?

Alexandrine war sich ihrer selbst zu sicher, war zu vertrauensselig
und zu sehr davon überzeugt, Zola in all seinen Facetten zu kennen,
aber ihre Cousine Amélie Laborde warnte sie. Doch Alexandrine
ließ sich ihre Illusionen nicht nehmen.

Jeanne kam mit nach Royan.

In Royan gab es genug Gelegenheiten für Zola und Jeanne zusam-
menzusein. Ermunterte Alexandrine, wie behauptet wird, selbst
ihren Mann dazu, mit der jungen Weißnäherin spazierenzugehen,
während sie krank darniederlag? Jeanne war ein ehrbares Mädchen,
und sicher widerstand sie ihm eine Weile. Aber die Ergriffenheit des
berühmten, ergrauenden Schriftstellers überzeugte sie schließlich
davon, daß er es aufrichtig mit ihr meinte. Er liebte sie.

Nie sahen Zolas Freunde ihn in derart hervorragender Form.
Weit davon entfernt, seine Ferien schreibend im Zimmer zu verbringen, ließ er sich kein einziges Vergnügen entgehen. Er hatte zu
seiner Lebenslust zurückgefunden. An seiner Seite lächelte Alexandrine, denn sie hatte schon im vorhinein gewußt, daß ihm diese
Ferien besonders gut tun würden. Aber als sie wieder nach Hause
zurückkehrten, erlebte sie eine große Enttäuschung: Jeanne bat aus

persönlichen Gründen um ihre Entlassung. Vielleicht war es am besten so, meinte Alexandrine bei dem Gedanken an Amélies Warnung.

Sie wußte nicht, daß ihr Mann Jeanne in der Rue Saint-Lazare 66 in Paris untergebracht hatte, einige Straßen von ihrer eigenen Wohnung entfernt. Sie wußte auch nicht, daß er am 11. Dezember 1888 ihr Geliebter wurde, wie eine Karte belegt, die er ihr zehn Jahre später in Erinnerung an dieses Datum schrieb.

Drei Jahre lang merkte sie nichts, was äußerst erstaunlich ist, da man ihr nachsagte, sie sei eifersüchtig und besitzergreifend. Schonte man sie oder ihren Mann? Wie gelang es Zola, der Frau, mit der er seit fünfundzwanzig Jahren zusammenlebte, eine für ihn so lebenswichtige Beziehung zu verheimlichen? Und Alexandrine, die nie etwas übersah, mußte wild entschlossen gewesen sein, die Augen vor der Realität zu verschließen. Es war die Komplizenschaft des Schweigens, die den beiderseitigen Wunsch bekräftigte, nichts ins Schwanken geraten zu lassen, nicht auseinanderzugehen.

Zola verwöhnte die dreißig Jahre jüngere Frau, richtete ihr eine schöne Wohnung ein, stellte für sie eine Köchin und ein Zimmermädchen ein, bezahlte ihr sogar Klavierstunden, brachte ihr Bücher, schenkte ihr Kleider und Schmuck. Er liebte ihre Jugend, ihren Körper, den Duft ihrer Haut, ihre Blicke, ihre zärtlichen Gesten, ihre Bewunderung. Er liebte seine eigene Kraft, die zurückgekehrte Vitalität, seine Potenz. Durch sie liebte er sich selbst.

Alexandrine wußte von alledem nichts. Sie begrüßte es sehr, ihn fröhlich und bei guter Laune zu sehen. Er arbeitete weniger. Um so besser. Sie war stolz darauf, daß er im Juli 1888 Ritter der Ehrenlegion wurde. Sein Wunsch war nun, Mitglied der Académie Française zu werden. Begann er endlich, das Leben ein wenig zu genießen? Würden sie reisen, was sie sich so sehr wünschte? Sie gab sich Mühe, trotz ihrer Migräneanfälle und ihrer Depressionen ausgeglichen zu wirken. Aber sie bemerkte, daß sie immer häufiger plötzlich einem Stimmungswechsel unterlag, gegen den sie nicht ankämpfen konnte. Oft war sie mürrisch oder schlecht gelaunt, sie wurde allmählich zänkisch. Sie fühlte sich müde, hatte häufig Magenschmerzen, ihre Haut begann, Falten zu bekommen. Sie war wieder dicker geworden. Wenn sie sich im Spiegel betrachtete, erkannte sie sich kaum wieder: unförmig in ihren hochgeschlossenen Kleidern, mit ihrem mächtigen Busen, mit dem durch Schulterpolster und Ballonärmel verbreiterten Oberkörper. Durch die Turnüre des Rocks wirkte sie schwerfällig, wie eine Matrone.

Im Juni 1889 erschütterte der Tod ihres Hundes Fanfan das Ehepaar Zola. Seit sechs Monaten trichterten sie ihm die Nahrung behutsam ein, pflegten ihn wie ein Kind.

Ihren Mann sah Alexandrine immer seltener. Wenn sie in Médan waren, fuhr er häufig ohne sie nach Paris. Wenn er in Paris war, so teilte er seinen Freunden mit, sei er nachmittags nie zu sprechen, weil er an seinem neuen Roman arbeite. Im März 1888 machte er die Bekanntschaft des jungen Komponisten Alfred Bruneau, der den Roman *Die Sünde des Abbé Mouret* vetonen wollte, aber Zola hatte den Text schon Massenet versprochen und schlug ihm den Roman *Der Traum* vor. Bruneau wandte sich an den Librettisten Louis Gallet, und gemeinsam schrieben sie die erste Oper nach einem Werk von Zola. So begann die fruchtbare Zusammenarbeit und enge Freundschaft der beiden Künstler Zola und Bruneau, die nach dem Tod Zolas in der Freundschaft zu Alexandrine weiterlebte.

Im Sommer 1889 begann Zola endlich mit der Niederschrift des Romans *Das Tier im Menschen*. Für diesen Roman bemühte er sich wie immer um eine exakte Dokumentation. Um die Gefühle, die er in seinem Roman schildert, selbst empfunden zu haben, kletterte er auf eine Lokomotive:

»Zunächst ein großes Zittern, Müdigkeit in den Beinen und dann eine langanhaltende Sprachlosigkeit, die von den Erschütterungen herrührt. Der Kopf scheint ganz leer zu werden.«

Im vorangegangenen März hatte er sich eine kleine Eskapade mit Jeanne nach Le Havre erlaubt, denn hier sollte ein Teil des Romans spielen. Die Eisenbahnlinie nach Westen führte direkt unter den Fenstern des Hauses in Médan vorbei. Wie oft hatte er mit seiner Frau den durch die Nacht brausenden Zug gehört, der eines Tages den Romanhelden Jacques Lantier in den Tod reißen würde. Dieser Roman sollte F. W. J. Hemmings zufolge gelesen werden »wie ein Geheimtext, dessen verborgene Botschaft sich mehrmals wiederholt: Ich bin schuldig, ich muß meine Schuld verstecken, wenn sie je entdeckt wird, wird das eine entsetzliche Katastrophe auslösen.«[2]

Das große Geheimnis

Alexandrine reiste zur Vorbereitung des Romans *Das Tier im Menschen* zwar nicht mit ihrem Mann nach Le Havre, aber sie nahm weiterhin regen Anteil am gesellschaftlichen Leben zusammen mit ihm. Auf der Hochzeit von Georgette Charpentier und Abel Hermant sah man sie am Arm des Dichters Théodore de Banville, am 2. Juli 1889 führte ein fröhliches Abenteuer sie beide während der Weltausstellung auf die Plattform des Eiffelturms, wo sie in Gesellschaft Charpentiers, Hermants, Dayotas und Edmond de Goncourts zu Abend speisten. Sie stiegen mit dem Aufzug auf den Turm und kletterten zu Fuß hinunter. Den Rest des Abends verbrachten sie in der Rue du Caire, wo zwischen Champ-de-Mars und Avenue Suffren ein Souk mit seinen Buden, arabischen Cafés und ägyptischen Häusern aufgebaut wurde. In einem orientalischen Restaurant klatschten sie einer Bauchtänzerin Beifall, den Abend beendeten sie in den Straßencafés, wo Alexandrine Dattelschnaps trank und sehr vergnügt war.

Im September dann eine weitere Abwechslung: Sie zogen um in die Rue de Bruxelles 21, in die letzte Wohnung des Schriftstellers. Mehr als je zuvor wurde sie mit Nippes und ebenso massiven wie bunt zusammengewürfelten Möbeln vollgestopft, sie war die am meisten fotografierte und am häufigsten beschriebene Wohnung. Der Schreibtisch war so groß wie ein Tisch für ein Bankett, die mit Holzschnitzereien und Wandbehängen verzierte Treppe, der riesige Salon mit angrenzendem Eßzimmer waren deutliche Zeichen ihrer neuen gesellschaftlichen Stellung. Zola tat alles, um seine Frau zufriedenzustellen, er ließ sogar elektrisches Licht legen, ein außerordentlicher Luxus für die Zeit. Dennoch sollte es nicht das Haus des Glücks sein.

»Ach, dieses Haus, in dem man niemals die Freude erlebt, ein kleines Feuer in einem Kamin zu sehen, in dem das elektrische Licht den Augen wehtut und wo man erfriert, weil immer alle Türen offenstehen für die Ausstellung im Treppenhaus: Sarkophage römischer Krämer und mit Messern geschnitzte Altaraufsätze, die besser die Kapelle einer Blindenanstalt zieren würden.«[1]

So lästerte Goncourt und behauptete, bereits einmal wegen der bei Alexandrine und Emile Zola herrschenden Kälte eine Leberkolik bekommen zu haben. Das wahre Heim Emile Zolas wurde mehr und mehr das Haus Nummer 66 in der Rue Saint-Lazare. Aber Alexandrine wußte es nicht.

Ebensowenig wußte sie, daß ihr Mann zehn Tage nach ihrem Einzug in die Rue de Bruxelles, am 20. September 1889, zum ersten Mal in seinem Leben Vater geworden war. Eine kleine Tochter mit großen, grauen Augen, Denise Emilie Henriette, erblickte das Licht der Welt in der Rue Saint-Lazare, wo Jeanne mit dem Beistand von Dr. Delineau entbunden hatte. Es war vielleicht das größte Glück im Leben Zolas, ein ganz unverhofftes Glück, das aber strikt geheimgehalten werden mußte. Nie bekam Alexandrine eine der verschlüsselten Botschaften zu Gesicht, die Zola dem Arzt schickte:

»Tausend Dank, mein lieber Doktor, für die guten Nachrichten, die Sie mir zukommen ließen. Pflegen Sie meinen kleinen Freund gut, ich werde Ihnen zutiefst dankbar sein, wenn alles nach Wunsch läuft, denn ich habe Ihnen ja gesagt, wie groß meine Freude bei einem guten Ergebnis sein wird.«

Oder den Brief vom 4. September:

»Lieber Doktor, ich werde bis halb fünf bei meinem kleinen Freund sein, und ich wäre sehr glücklich, wenn Sie kommen könnten und ich Sie hier träfe. Obwohl keine Gefahr besteht, möchte ich doch beruhigt abreisen können.«

Am 23. September verpflichtete Zola Henry Céard, der bereits zum Überbringer seiner geheimen Schreiben avancierte, die Geburtsurkunde im Rathaus des 9. Arrondissements mit zu unterschreiben. In einem verschlüsselten Brief informierte er Céard über das Treffen:

»Mein guter Céard, ich wende mich an Sie als an den treuesten und diskretesten meiner Freunde und bitte Sie um einen Dienst. Bitte, finden Sie sich morgen, Montag, um elf Uhr im Hof des Rathauses Rue Drouot im 9. Arrondissement ein. Es handelt sich nur um eine Unterschrift.«

Emile Zola war der erste Unterzeichner der Geburtsurkunde, in der eingetragen wurde, daß »der Vater nicht genannt« wurde. Zwei Monate später unterschrieb auch Jeanne das Dokument und erkannte Denise offiziell als ihre leibliche Tochter an. Die Wahl Henry Céards als Vertrautem und Komplizen erwies sich als ungeschickt, wie die später auftretenden Mißverständnisse zeigten. Belegt ist, daß Zola sich zwei Monate später, am 21. Dezember 1889, mit Céard in einem Café gegenüber der Trinité-Kirche verabredete und ihm die Wahrheit enthüllte. Céard war sehr betroffen und versprach, Schweigen zu bewahren. In einer bisher unveröffentlichten Notiz schrieb er:

»Er erklärte mir, daß sich unter dem ehelichen Dach nichts mehr abgespielt habe, wohl aber in einer mit Blumen gefüllten Wohnung in der Rue Saint-Lazare 66. Er zeigte mir die Fenster in der fünften Etage: Man konnte sie durch die Fenster des Cafés hindurch von unserem Tisch aus oberhalb des Platzes vor der Trinité-Kirche sehen.«

Dann fügte er hinzu, Zola habe ihm beteuert, seine Frau weiterhin zu lieben, daß er aber

»in seinem Wunsch, Kinder zu haben, sich eine gesunde Person ausgesucht habe, einen ›geradlinigen‹ Charakter.«

Wenn Denises Geburt auch geheim blieb, so begann man nun doch, über Zolas Liebschaft herzuziehen. Auch schien er sie nicht mehr verbergen zu wollen. Léon Hennique traf den Schriftsteller zu seiner großen Überraschung am Eiffelturm in Begleitung einer entzückenden jungen Frau mit einem rosa Hut. Immer wieder begegnete man den beiden in Paris. Im Gegensatz zu Céard konnte Paul Alexis seinen Mund nicht halten, die Gerüchte wurden lauter, und schon war es unvermeidlich, daß sie von Goncourt mit böser Freude aufgegriffen wurden:

»Heute hat Paul Alexis (...) mir bestätigt, daß Zola eine kleine Affäre hat. Zola habe ihm gestanden, daß seine Frau hervorragende hausfrauliche Qualitäten besitze, aber auch sehr viel *Frostiges*, was ihn dazu geführt hätte, woanders ein wenig *Wärme* zu suchen. Und er spricht von zweiter Jugend und allerlei heftigen Genüssen, von Befriedigung mondäner Eitelkeiten bei diesem alten Gebildeten, der kürzlich Céard fragte, ob man in zwölf Reitstunden lernen könne, sich so auf einem Pferd zu halten, daß man schon einen Ritt durch den Bois de Boulogne wagen könne.«[2]

Waren Daudet und dessen Frau etwa nicht auf dem laufenden? Und Charpentiers? Alexandrine war Gegenstand besorgter Neugier. Man beobachtete ihre Reaktionen, ihre Launen. Für ihre Depressionen gab es jetzt eine bessere Erklärung. Wann würde sie die Wahrheit erfahren? Aber Alexandrine schien immer noch nichts zu ahnen. Nur wenige Briefe ihrer Korrespondenz mit Amélie Laborde zwischen 1888 und 1891 sind erhalten geblieben, darin werden nur Einladungen nach Médan, zu tätigende Einkäufe in Paris, die Johannisbeerernte erwähnt. Ein Briefchen an Emile Zola vom 27. Mai 1890 zeigt sie als leidenschaftlich Liebende:

»Mein lieber Loulou, morgen fahren wir nach Paris. Ich hoffe, Du wirst während dieser kurzen Reise der freundlichste aller Ehemänner sein. Wenn Du schön lieb bist, werde ich Dich noch abgöttischer lieben, wenn das überhaupt noch möglich ist.

Ich umarme Dich fest und küsse Dich und küsse Dich wieder und wieder.

Deine Louloute, die Dich liebt.«[3]

Im Verlauf des Sommers 1890 wurde Alexandrines Müdigkeit außergewöhnlich stark, oft schlief sie nach dem Frühstück wieder ein. Magenschmerzen quälten sie. Sie fühlte sich einsam und freute sich voll Zärtlichkeit auf den nächsten Besuch von Amélie und den Kindern.

In der Öffentlichkeit entschuldigte sie ihren Mann mit dem gewohnten Fanatismus, wie zum Beispiel während eines Abendessens bei den Charpentiers, bei dem der Schriftsteller mürrisch war. Sie entschuldigte ihn, er habe morgens schlecht gearbeitet und zudem beim Kauf eines Louis-Quatorze-Möbels eine Enttäuschung erlebt. Als sie hörte, daß die auf dem Roman *Der Traum* basierende Oper verschoben wurde, beschrieb Goncourt ihre Reaktion: »Bitterkeit, die sich in die Stimme eines ordinären Weibs mischt, das einen gleich ankeifen wird.« Müdigkeit und Unpäßlichkeit wechselten mit Gekeife und aufflackerndem Enthusiasmus immer häufiger ab. Dennoch gab es deutliche Anzeichen für die wachsende Kluft zwischen den Eheleuten. Während eines Essens bei Daudet vertraute Alexandrine Goncourt an, unter entsetzlicher Migräne zu leiden, und er kommentierte:

»Sie ist überzeugt, daß sie verrückt wird; und obgleich ich sie wegen dieser wunderlichen Idee ein bißchen verspotte, kommt sie mit einer seltsamen Hartnäckigkeit und als wäre es eine fixe Idee immer wieder auf ihre Furcht zurück, wahnsinnig zu werden.«[4]

Zu dieser Zeit, im Juli 1881, hatte Paul Alexis das Geheimnis Goncourt noch nicht verraten, ein Grund dafür, daß Goncourt sich über die Ursache von Alexandrines Krise nicht weiter ausließ. Er stellte nur fest, daß Zola hingegen so energisch und lebensvoll war wie nie zuvor.

Obwohl er ständig ein schlechtes Gewissen hatte, lebte Zola intensiver denn je. Zum ersten Mal machte er die Erfahrung, Verräter und gleichzeitig glücklich zu sein. Wenn er in Paris war, besuchte er fast jeden Nachmittag Jeanne und brachte ihr Blumen, die er bei den Händlern am Bahnhof Saint-Lazare kaufte. Auf Anraten von Paul Alexis mietete er dann für sie ein Haus in Cheverchemont in der Nähe von Médan und stahl sich immer wieder fort, um sie zu besuchen. Auf der einen Seite die junge Frau und das Kind, auf der anderen die Gefährtin aus alten Zeiten – Zola fand die Dreiecksbeziehung seiner Kindheit wieder, die zwischen seiner Mutter und seiner Großmutter geteilte Liebe – und die seiner jungen Jahre, als er seine Liebe zwischen seiner Mutter und Gabrielle-Alexandrine gerecht aufteilte. Eine solche Dreiecksbeziehung schien ihm ein inneres Gleichgewicht zu garantieren.

Noch wußte Alexandrine nicht, daß ihr die Rolle der frigiden, alternden, betrogenen Ehefrau beschieden war, aber sie spielte sie bereits unbewußt, allerdings mit einer gewissen Bitterkeit. Obwohl es immer ihr Wunsch war zu verreisen, schrieb sie völlig deprimiert ihrer Cousine über die Reise, die sie mit Zola im September 1891 unternehmen wollte:

»...denn ich muß Dir sagen, daß die berühmte Reise beschlossen ist. Wohin fahre ich, nicht wahr? Du kannst es leicht erraten, dahin, wohin ich am allerwenigsten möchte. In die Pyrenäen und zum Schluß nach Royan. Du springst in die Luft, ich fühle es, aber, meine liebe Freudin, so ist es in meinem ganzen Leben, nie das zu bekommen, was ich mir wünsche oder erst dann, wenn ich keine Lust mehr darauf habe. Nun gut, ich sitze auf den

Koffern und bin ohne jede Begeisterung. Vielleicht wird es eine zauberhafte Reise. (…) Von Zeit zu Zeit bekommst Du eine Karte, damit Du siehst, daß ich noch lebe …«[5]

Enttäuschung und Hoffnung, Ernüchterung und Selbstmitleid sprechen aus diesen Zeilen. Verstrickt in seine täglichen und immer notwendiger werdenden Lügen, sah Zola nur die Möglichkeit einer Reise, um der Geburt seines zweiten Kindes zu entfliehen.

Der Mann, der anläßlich der Dreyfus-Affäre ungeheuren Mut beweisen sollte, war im Privaten nicht in der Lage, die Wahrheit offen einzugestehen und Verantwortung auf sich zu nehmen. Er beauftragte Céard, sich während seiner Reise um Jeanne und um seine zweijährige Tochter zu kümmern. Am 8. September schrieb er ihm:

»Mein alter Freund, ich hätte Sie so sehr gern getroffen, denn ich möchte einen Dienst von Ihnen erbitten.

Nach dem 20. dieses Monats, wenn Sie zurückgekehrt sind, dann schauen Sie doch einen Nachmittag mal nach meiner armen J. Gewiß wird sie nichts brauchen. Aber ich wäre beruhigt, wenn ich wüßte, daß sie immer ein treues und diskretes Herz wie das Ihre zu ihren Diensten hat.

Ich schreibe dem Arzt Ihre Adresse, damit er Ihnen eine Depesche schickt, sobald die Dinge erledigt sind. Sie haben dann vielleicht die Freundlichkeit, mit ihm das Kind anzumelden; Jacques Emile Jean, wenn es ein Junge ist; Germaine Emilie Jeanne, wenn es ein Mädchen ist. Nehmen Sie als zweiten Zeugen Alexis oder eine andere Person, die Jeanne bestimmt. – Im Falle eines Unglücks haben Sie alle meine Vollmachten, und versuchen Sie, mich so schnell wie möglich zu benachrichtigen. Ich werde eine Möglichkeit finden, Ihnen meine Adresse zukommen zu lassen.

Wir brechen morgen früh nach Bordeaux auf und reisen später in die Pyrenäen.

Und von ganzem Herzen Dank, mein alter Freund, was Sie für mich tun, ist eine gute Tat, denn ich bin nicht glücklich.«

Verständlich, daß er »nicht glücklich« war. Er besichtigte Lourdes und Saint-Sébastien im Regen in Begleitung von Alexandrine, die keinen Wert auf diese Reise legte, während seine Geliebte zum zweiten Mal niederkommen würde. Von der Reise aus erteilte er Céard Anweisungen, wie er vorzugehen habe, um ihn zu benachrichtigen: Er solle postlagernd nach Biarritz schreiben und im *Figa-*

ro unter der Rubrik Persönliches eine kleine Anzeige aufgeben, die er mit Duval unterschreiben solle. »Schreiben Sie Fasan, wenn es ein Junge ist, und Fasanenhenne, wenn es ein Mädchen ist, so, als handle es sich um eine Volière.«

Am 27. September entdeckte er die Anzeige: Es war ein Fasan. Wie vereinbart meldete Céard das Kind unter dem Namen Jacques Emile an. Zola dankte seinem Freund und brachte sein Aufgewühltsein zum Ausdruck. »Trotz des großen Kummers, den mir dieses Abenteuer verursacht, wird mein ganzes Menschendasein davon vollkommen verwandelt. In meinem Alter sind das tiefgehende Erfahrungen.«

Worüber sprach Zola mit seiner Frau, als er von der Geburt seines Sohnes erfuhr? Er wäre ihr die Wahrheit schuldig gewesen, konnte sie ihr aber nicht sagen. Das Schweigen war nicht mehr zu ertragen.

Der Brief

Man stelle sich folgende Szene vor. Es ist der 10. November 1891, ein grauer, stürmischer Tag. Madame Zola wird die Post übergeben. Die Schrift kennt sie nicht. Sie öffnet den Brief und liest: »Ihr Mann ... Jeanne Rozerot ... Rue Saint-Lazare 66 ... zwei Kinder ...«

Diese Erniedrigung – ihr ehemaliges Hausmädchen! Verzweiflung, Haß.

Unvorstellbar, daß der Mann, dessen Leben sie seit achtundzwanzig Jahren teilt, an dem sie keinen einzigen Augenblick zweifelte, den sie immer unterstützte und liebte, sie drei Jahre lang hat belügen können. Ihr ganzes Leben stürzt ein. Es ist, als hätte er sie immer belogen. Das Schlimmste sind die beiden Kinder. Sie schreit auf, will alle ermorden.

Zola ist außer sich vor Sorge, und wieder einmal ruft er Céard zu Hilfe:

»Mein alter Freund, meine Frau wird gänzlich verrückt. Ich befürchte, daß ein Unglück geschieht. Gehen Sie doch bitte morgen in der Rue Saint-Lazare vorbei, und sorgen Sie für das Nötigste. Verzeihen Sie mir.«

Céard sorgt für das Nötigste, holt Jeanne und die Kinder aus der Wohnung, bringt sie in Sicherheit.

Im Brief steht: Rue Saint-Lazare Nummer 66. Das ist gleich nebenan. Alexandrine zögert nicht, sie muß sich Gewißheit verschaffen. Sie dringt in die Wohnung ein, bricht einen Sekretär auf, ergreift alle Briefe, die sie darin findet, liest sie und läßt ihre Wut an den Briefen ihres Mannes aus. Ihr Schreien versetzt die Dienerschaft in Angst und Schrecken.

Zola entschuldigt sich bei Jeanne: »Ich habe alles getan, damit wir nicht zu Dir gingen. Ich bin sehr unglücklich. Verzweifle nicht.« Jeanne versteht Alexandrine, selbst wenn sie den Schmerz und den Zorn von Madame Zola fürchtet.

Drei Jahre Lügen: ihre ehemalige Näherin, zwei Kinder, eine zweite Wohnung, eine zweite Familie. Jeder Tag bringt eine Unmenge neuer Fragen und Enthüllungen. Vor ihr tut sich ein Abgrund auf. Sie glaubt, drei Jahre lang das Gespött von ganz Paris gewesen zu sein. Nie wieder wird sie sich hinauswagen, sich diesen Blicken aussetzen. Wenn sie es wenigstens mit einem Schürzenjäger, einem Maupassant oder auch einem Daudet zu tun hätte, dann hätte sie noch Verständnis dafür. Aber sie war sich seiner immer so sicher!

Monate der Krisen und Leiden. Manchmal packt Zola die Angst. Grobheiten und Flüche schallen durch das Haus. Man sagt, daß er die Wände ihres Schlafzimmers auspolsterte, um ihre Schreie zu ersticken. Der Brief hat ihr mit einem einzigen Schlag die Identität entrissen, die sie sich aufgebaut hatte. Der Verrat Zolas weist sie zurück in die Einsamkeit der kleinen Alexandrine, in die Irrtümer Gabrielles, in die Verlassenheit der »Enterbten der menschlichen Existenz«. Zola hat fünfundzwanzig Jahre Vertrauen und gemeinsamen Lebens zerstört.

Dieser Verrat ist für sie wie ein Totschlag, ihr Totschlag als Ehefrau. Durch ihr Schreien, ihr Gebrüll, ihre Maßlosigkeit drückt sie ihre Verzweiflung, Verletzung und ihre Eifersucht aus. Die Existenzgrundlage ist ihr entzogen worden.

Zolas Befürchtungen waren nur zu berechtigt, Alexandrine hätte Hand an sich legen oder andere umbringen können. Vier Jahre später gestand er Goncourt, daß es immer noch vorkomme, daß er »sich vollgespritzt sehe mit dem Blut seiner Kinder, dem Blut seiner Geliebten, die von seiner Frau umgebracht wurden, und daß er fürchte, daß diese Furie ihm sein Gesicht zerkratzen, es entstellen könnte.«[1]

Für Zola stand es auf keinen Fall zur Debatte, Jeanne und die Kinder aufzugeben. Er war bereit, Verantwortung auf sich zu nehmen, hatte aber nicht die Absicht, Alexandrine zu verlassen, und stellte sich ihren Vorstellungen entgegen, als sie von Scheidung sprach. Georgette Hermant, der Tochter Charpentiers, schrieb er:

»Sei ganz sicher, meine liebe Georgette, daß ich mich nie wie ein böser Mann aufführen werde. Meine Frau wird mich nicht verlassen, es sei denn, ihr Glück läge darin, was aber nicht der Fall ist.«[2]

Zola blieb dennoch Alexandrine treu. Die Frau verlassen, die alles mit ihm geteilt, immer an ihn geglaubt und ihn bedingungslos geliebt hatte, das hieße für ihn, einen Teil von sich im Stich lassen.

Alexandrines Gegenwart an seiner Seite gehörte zu seinem Werk. Sie hatten sich kennengelernt bei seinem Debüt als Romanschriftsteller. Als sie heirateten, hatte er gerade den Zyklus der *Rougon-Macquart* begonnen, und die Ehekrise fiel fast genau mit der Vollendung dieses Werks zusammen. Alexandrine stellte immer wieder sein Gleichgewicht her. Indem sie ihn in seiner Arbeit unterstützte und an seinem gesellschaftlichen Aufstieg teilhatte, half sie ihm bei der Eroberung seines Ruhms. Die Kraft und Kontinuität seines Schaffens waren nicht von Alexandrine zu trennen.

Im entscheidenden Augenblick seines Lebens war er in einer Falle. Die beiden Frauen an seiner Seite versinnbildlichten nicht die Vergangenheit und die Zukunft, sondern die beiden untrennbar miteinander verschmolzenen Seiten eines tiefen Widerspruchs. Jede von ihnen sollte ihn auf ihre Weise auf der vor ihm liegenden Wegstrecke begleiten, die eine im Schatten, die andere im Vordergrund. Bevor sie sich beide zusammentaten, sollte es noch viele Auseinandersetzungen geben.

Ähnlich ehrgeizig und hartnäckig wie Zola, stellte Alexandrine ihre gesamte Energie in den Dienst ihres Mannes, aber nicht als Opfer, sondern vielmehr als Möglichkeit einer Selbstverwirklichung. Darum war sein Verrat für sie unerträglich, darum erlaubte dieser Verrat es ihr aber auch, sich neu zu formen, nachdem sie begriffen hatte, daß Jeanne Rozerot nicht danach trachtete, ihren Platz einzunehmen. Darum auch war die Trennung von Emile und Alexandrine Zola unmöglich.

Die Tage nach dem Ruhm

Die erste Reaktion der beiden war, zu einem *modus vivendi* zu finden. Wenn niemand Alexandrines legitime Stellung als Ehefrau in Frage stellte, konnte alles seinen gewohnten Gang gehen. Sie war Madame Zola und würde es bleiben. Und Emile Zola fand es wichtig, den Schein zu wahren. Das Recht zur Scheidung war erst kurz zuvor wieder eingeführt worden, aber eine Scheidung blieb ein Schandfleck. Wer sich um die Aufnahme in die Académie Française bewarb, war es sich schuldig, über jeden Verdacht erhaben zu sein.

Sie beschlossen daher, nichts zu ändern und die geplante Reise nach Belgien zu unternehmen. Brüssel und Antwerpen waren die ersten Ziele einer nun einsetzenden Reihe von Reisen, die den Sinn hatten, die Eheleute vor den Augen der Öffentlichkeit einander wieder anzunähern. Fern von Paris wußte Alexandrine ihren Mann auch fern von Jeanne, was ihre Eifersucht in Zaum hielt. Sobald sie aber nach Paris zurückkehrten, flammten die Feindseligkeiten zwischen ihnen wieder auf. Bei der kleinsten Verspätung hegte sie Verdacht, sie quälte Zola, forschte ihn aus, spionierte hinter ihm her und machte ihm das Leben zur Hölle. Allerdings nutzte er jede Gelegenheit, um Jeanne und die Kinder in seine Arme zu schließen. Im August 1892 schrieb er Jeanne aus Lourdes:

»Sag meiner kleinen Denise, daß ihr Papa sie nicht besucht, weil er woanders zu viel Arbeit hat, und daß er sie trotzdem sehr liebhat. Er denkt jeden Abend und jeden Morgen an sie und an Euch beide. Ihr seid mein Gebet.«

Henry Céard und Amélie Laborde versuchten, Alexandrine zu beruhigen, wie ein Brief Céards an Amélie Laborde dokumentiert:

»Madame, morgen werden Sie hier ein wenig mehr Ruhe vorfinden. Ich bin gestern, Montag, hingegangen und habe versucht, die Dinge zu glätten. Ich verhehle nicht, daß zwar zur Zeit Stille herrscht, daß aber schnellstens eine bessere Lösung gefunden werden muß. Wichtig ist, sie in Ruhe suchen zu können und nicht mit Gewalt eine Entscheidung herbeiführen zu wollen. Unsere arme Freundin sprach von Aufbruch, Einsamkeit, sogar davon, sich ihren eigenen Lebensunterhalt verdienen zu wollen. Ich glaube, es ist mir gelungen, sie ein bißchen zu trösten und sie daran zu hindern, sofort eine Entscheidung zu treffen. Andererseits sehe ich sehr wohl, daß das gemeinsame Leben mit Zola dauernd Schmerz und Kampf bedeutet, und ich befürchte, es wird ein nutzloses Unterfangen sein, zwei Herzen, die so gebrochen sind, wieder ins Gleichgewicht bringen zu wollen. Ich gehe erst Samstagabend oder Sonntag wieder hin. Ich habe das so abgemacht, und das hat den Vorteil, daß es nicht so aussieht, als hielte man dauernd einen Kriegsrat. So gewinnen wir vielleicht acht Tage der Entspannung. Ach, die Tage nach dem Ruhm!«[1]

Einige Tage später führte ein erster Ausflug das Ehepaar Zola in die Normandie. Sie verbrachten drei Tage in Le Havre, besichtigten Honfleur und Trouville. In Fécamp besuchten sie Amélie, in Etretat die Fasquelles. Diese Reise und die Aufmerksamkeiten ihrer Freunde bekamen Alexandrine gut, und beide kehrten »etwas müde aber sehr zufrieden« von ihrer Reise zurück.

Nicht lange danach brachen sie nach Lourdes auf, wo Zola für einen neuen Roman vierzehn Tage lang Aufzeichnungen machte. Danach fuhren sie über Toulouse, Carcassonne, Nîmes und Arles nach Aix-en-Provence, wo der Schriftsteller die Stätten seiner Kindheit aufsuchte. Bevor sie nach Italien weiterreisten, hielten sie in Monte-Carlo an, von wo Alexandrine an Amélie schrieb: »Du siehst, meine Liebe, in meinem Alter braucht man viele Freunde um sich herum.« In Nizza machten sie dann wegen der ausgebrochenen Typhuserkrankung nicht mehr Station. Die Küste war im September, vor Saisonbeginn, trübselig:

»Seit Marseille ist es in allen diesen sogenannten Überwinterungs-Städten so: Sie verbreiten den Eindruck großer Traurigkeit. Die Gärten, die ich mir voller Blumen und sehr schön vorgestellt hatte, sind verlassen. In einigen Tagen wollen sie die Rasen mähen. Da diese Gärten seit dem vergangenen Mai keinerlei Pflege erhielten und da die Straßen ganz staubig sind, sind die Grünflächen und die Bäume ganz weiß und von der Sonne verbrannt.«[2]

Der Himmel war wolkenverhangen, es war schwül. Emile und Alexandrine waren müde und machten nur einen kleinen Spaziergang. Vom Kasino berichtete Alexandrine:

»Wir sind wieder hinausgegangen, Dein Onkel und ich waren bestürzt darüber, daß man sich für eine Sache begeistern kann, die uns sehr dumm vorkam und von der wir zugegebenermaßen nichts verstehen. (...) Nur diejenigen, die nicht spielten und an einem Tisch saßen, interessierten sich für die Gegenwart Deines Onkels. Kaum waren wir eingetreten, da begann auch schon das Getuschel in den einzelnen Gruppen, aber es waren nicht viele da, so außerhalb der Saison.«[3]

Trotz der leichten Melancholie, die den Brief durchzieht, schien das Paar zur Ruhe gekommen zu sein. Aber ein Jahr später brach die Wunde wieder auf, und zwar nach dem Erscheinen von *Doktor Pascal*, dem letzten Roman des Zyklus *Die Rougon-Macquart*.

Wie konnte Zola es wagen, seiner Frau diesen Roman zum Lesen zu geben, der beinahe auf jeder Seite seine Liebe zu Jeanne feierte? Erschwerend kam hinzu, daß das Buch feierlich seiner Mutter und seiner Frau zugleich gewidmet war:

»In dankbarer Erinnerung widme ich meiner Mutter und meiner lieben Frau diesen Roman, der die Zusammenfassung und der Abschluß meines gesamten Werkes ist.«

War der Abschluß seines Werks nicht zugleich der Schlußpunkt der Rolle, die Alexandrine an seiner Seite gespielt hatte? Im Roman fühlt der neunundfünfzigjährige Doktor Pascal Rougon unerbittlich, wieviel Zeit er verloren hat. Wie Zola widmete er sein ganzes Leben der Arbeit und versäumte zu leben und zu lieben:

»Ach, warum hatte er nicht gelebt! In manchen Nächten verfluchte er sogar die Wissenschaft und klagte sie an, sie habe ihm das Beste seiner Manneskraft genommen. Er hatte sich von der Arbeit verschlingen lassen, die ihm das Hirn zerfressen, das Herz zerfressen, die Muskeln zerfressen hatte. Aus dieser ganzen einsamen Leidenschaft waren nur Bücher hervorgegangen...«[4]

Sein Leben gerät aus der Bahn, als er sich der Liebe bewußt wird, die er zu seiner fünfundzwanzigjährigen Nichte Clotilde faßt – sie ist in Jeannes Alter – und er ihr Geliebter wird.

Mitfühlend beschreibt Zola ihre ersten Liebesregungen, ihre erste Liebesnacht. Clotilde ist das Porträt Jeannes, sie trägt wie diese eine Kette aus sieben Perlen, die Jeanne ihr ganzes Leben nicht abgelegt hat. Was wäre geschehen, wenn Alexandrine die Widmung gelesen hätte, die er in das Exemplar für Jeanne schrieb?

»Meiner geliebten Jeanne – meiner Clotilde, die mir das königliche Fest ihrer Jugend schenkt und die mich in mein dreißigstes Lebensjahr zurückversetzt hat, indem sie mir meine Denise und meinen Jacques schenkte, meine beiden lieben Kinder, für die ich dieses Buch schrieb, damit sie wissen, wenn sie es eines Tages lesen, wie sehr ich ihre Mutter geliebt habe und welche ehrerbietige Zärtlichkeit sie ihr eines Tages für das Glück erweisen sollen, mit dem sie mich jedesmal in meinem großen Leid tröstete.«

Beim Lesen dieses Romans hatte Alexandrine in der Tat ermessen können, wie sehr Zola Jeanne vergötterte. Möglicherweise war sie auch befremdet darüber, daß er im Roman Gebrauch von dem anonymen Brief machte, der den Funken ins Pulverfaß geschleudert hatte: Pascal und Clotilde leben ihre Leidenschaft aus, kümmern sich nicht um das Gerede der Leute, das im übrigen aufhört, wenn sie dieses herrliche Paar in seiner Freude sehen, das wie Abigail und König David daherkommt, der sich »auf die nackte Schulter der jungen Sunamitin stützt«. Eines Tages jedoch erhält Pascal einen Brief, in dem ihm sein Verhältnis zu Clotilde vorgeworfen wird. Man mag seine Leidenschaft noch entschuldigen, doch durch nichts wird gerechtfertigt, daß er das junge Mädchen seiner »senilen Liebe« opfere, es entehre. Man hoffe, er werde sich von ihr trennen, und die Moral werde den Sieg davontragen.

Nach den ersten Regungen der Überraschung und Wut erkennt Pascal den Briefstil seiner Mutter Felicité. Doch der Brief veranlaßt ihn, sein Tun zu hinterfragen und sich des Unrechts bewußt zu werden, das er Clotilde antut.

Vielleicht war dieser Roman das einzige Mittel für Zola, seiner Frau seine Gefühle verständlich zu machen – ein außerordentlich ungeschickt gewähltes Mittel. Hinter dem Zynismus oder der Gedankenlosigkeit, seiner Ehefrau seine Liebesgeschichte mit einer Mätresse zu widmen, würde sich dann ein armseliges Geständnis verbergen. Aber Alexandrine verstand es anders: Sie sah im Roman eine zusätzliche Demütigung, einen unerträglichen Affront.

Das war die größte Krise ihrer Ehe. Alexandrine wollte endgültig fortgehen. Der Roman wurde am 14. Mai 1893 beendet, aber Alexandrine hatte schon einige Passagen gelesen und kannte auch das Thema. Sie kränkelte seit März. Die Freunde der Zolas waren besorgt. Einige Tage vor dem Erscheinungstermin des Romans schrieb Céard an Amélie Laborde:

»Liebe Madame, ich werde heute abend nicht zu Ihnen zum Essen kommen können, aber ich werde im Laufe des Abends bei Ihnen vorbeischauen. Wir müssen uns, wenn es geht, über eine Situation unterhalten, in der alles ernst ist, sogar das Ende …«

Am 5. Juni wandte er sich an Zola:

»Soeben hatte ich Besuch von Madame Zola. Trotz der Bemühungen von Madame Laborde und mir glaubt sie wegen neu eingetretener Umstände am Ende ihrer Selbstverleugnung zu sein und spricht von Scheidung.

Angesichts ihrer vernünftigen und entschlossen vorgebrachten Argumentation und damit sie sich nicht an einen Rechtsanwalt wende, der Ihr Unglück nur zu einem aufsehenerregenden Prozeß ausnützen könnte, habe ich daran gedacht, einen sowohl juristisch beschlagenen als auch menschlichen Mittler zu suchen, der sich einer zu großen Sympathie und einer zu großen Leidenschaft enthält und Mittel zur Aussöhnung finden soll, damit sich beide Partner wieder einander annähern können, was ich von ganzem Herzen wünsche.

Einen solchen Menschen habe ich in meinem guten Jacquemaire gefunden, dessen berufliche Hingabe und dessen große Liebe zur Literatur ich kenne. Sind Sie damit einverstanden, daß wir uns beide morgen, Dienstag, bei ihm um 5 Uhr treffen? Er wird uns vielleicht zu Dingen raten, auf die ich jetzt nicht mehr komme und die vielleicht eine Situation bessern helfen, die so verzweifelt zu sehen ich sehr bedaure.

Traurig macht nicht das Wachen über das Wohlergehen meiner Freunde, sondern daß die Freundschaft selbst uns so viel Betrübnis bereiten kann.

In großem Schmerz der Ihre. H.C.«[5]

Der betrübte Ton dieses Briefes zeigt, wie sehr Céard am Drama des Ehepaars Zola Anteil nahm, und seinen Wunsch, die beiden wieder miteinander zu versöhnen. Obwohl er Pate von Denise war, hatte er abgelehnt, an Jacques Taufe teilzunehmen – er hatte sich für Alexandrine entschieden.

Alexandrine hatte ihn in einem undatierten Brief um Hilfe gebeten:

»Mein lieber Freund,

im Namen der großen Zuneigung, die ich für Sie empfinde, und im Namen derjenigen, die Sie Ihrerseits mir entgegenbringen, kommen Sie nach Médan ab Mittwoch, schenken Sie mir ein paar Minuten. Meine ganze Liebe gilt Ihnen und meiner lieben Amélie.«[6]

Am 21. Juni 1893 wurde im Chalet des Isles ein prunkvolles Festessen anläßlich des Abschlusses der *Rougon-Maquart* gegeben. Zweihundert Gäste in schwarzen Anzügen oder geblümten Sommerkleidern landeten auf der Insel im Bois de Boulogne – alte Freunde wie Marius Roux oder Paul Alexis, Schriftsteller oder berühmte Persönlichkeiten aus den Reihen der oberen Zehntausend von Paris. Stellvertretend für die Regierung kam Raymond Poincaré, Minister des Schulwesens und der Schönen Künste. Madame Zola lächelte, reichte ihre Hand zum Handkuß, sagte freundliche Worte. Das Mahl wurde unter einem großen Zirkuszelt eingenommen. Das von Alexandrine bis ins kleinste Detail vorbereitete Sommermenü bestand aus: Melone, Lachsforelle in Kräutermayonnaise, Rinderfilet Richelieu, Kalbsnuß mit Spargelspitzen, gebratenem jungem Truthahn, Gemüsesalat, jungem Rebhuhn in Trüffelpastete, Eis, Käse und Obst. Beim Dessert wurden Toasts ausgebracht. Georges Charpentier vergaß in seiner Rede nicht, die »tapfere und aufopferungsvolle Gefährtin aus frühen Tagen, in denen glücklicherweise Kummer und Elend unbekannt waren«, lobend zu erwähnen. Die Zeremonie war für sie die reinste Qual, dennoch lächelte sie. Sie war Madame Zola, »die Gefährtin aus frühen Tagen«.

Goncourt, Huysmans und Daudet kamen nicht. Unter Henry Céards Fernbleiben litt Alexandrine zusätzlich. Drei Tage später erklärte er sein Verhalten in einem Brief an Amélie. Wäre er gekommen, so hätte er ein paar lobende Worte über Alexandrine sagen müssen, und die Erwähnung ihrer Verdienste hätte ihre Verwundung und ihren Schmerz nur noch vergrößert. Um einen Skandal zu vermeiden, den Alexandrine möglicherweise herbeigeführt hätte, war er der Feier ferngeblieben. Er fügte hinzu:

»Was bringt uns die Zukunft? Ich schaue ihr nicht ohne Traurigkeit entgegen, denn immer mehr verschlechtert sich der Gesundheitszustand unserer armen Freundin durch all dieses Leid…«

Nach und nach traf er sich immer seltener mit Zola. Er vergaß aber Alexandrine nicht. 1896 kam er anläßlich des Begräbnisses von Goncourt auf sie zu und fragte sie, ob sie immer noch sehr litt. Sie antwortete ihm nicht sofort, aber einige Tage später schrieb sie ihm:

»… Hier nun meine Antwort, mein lieber Céard; an dem Tag, an dem ich die Sinnlosigkeit all meiner Anstrengungen erkannte, als ich zu der schmerzhaften Erkenntnis gelangte, daß der Bruch endgültig war, habe ich mir vorgenommen, mich ganz ruhig zu verhalten, nicht mehr darüber zu sprechen, mich in das traurige Leben zu fügen, das mir nun bereitet worden war als Preis für vergangene Tage… Finden Sie mich vernünftig genug?«

Seltsamerweise nahm er mitten in der Dreyfus-Affäre, nachdem er zum Gegner Zolas geworden war und dieser sich im Exil befand, wieder Kontakt zu ihr auf. Sie war empört darüber und äußerte sich rückhaltlos über diesen schwierigen und widersprüchlichen Menschen. Aber nach dem Tod Zolas war sie es, die Céard schrieb, weil sie einige Auskünfte über einen Abschnitt in Zolas Testament und über das Manuskript des Romans *Nana* haben wollte. Eine zaghafte Wiederaufnahme ihrer Beziehungen schien sich anzubahnen, und 1903 lud sie Céard ein, sie bei seinem nächsten Parisaufenthalt zu besuchen, denn:

»Lassen Sie uns vergessen, was es Schmerzliches in der Vergangenheit gab.«

Aber Céard lebte mittlerweile zurückgezogen in der Betragne und wünschte, den Kontakt zu seinen alten Freunden aus der Literaturszene nicht wieder aufzunehmen. Alexandrine bedauerte dies und schrieb ihm 1905 sehr freundlich:

»Da Sie nicht mehr kommen wollen, um mir guten Tag zu sagen, schreiben Sie mir, bitte; ich empfinde die Beendigung einer Freundschaft als so schmerzhaft, daß ich sehr darunter leide, und einige Zeilen würden diesen Schmerz mildern.«

Céard schickte ihr ein Exemplar seines letzten Romans *Terrains à vendre au bord de la mer*, und in einem Brief vom 19. Oktober 1906 bestätigte sie den Erhalt des Buches voller Begeisterung:

»Dank für Ihr Buch und daß Sie an mich gedacht haben, ich bin sehr gerührt. Und bravo! bravo! daß Sie zur Literatur zurückgekehrt sind, die Sie, erlauben Sie mir diesen Vorwurf, nie hätten aufgeben dürfen, ebensowenig wie Sie die Menschen, die Sie liebten, hätten aufgeben dürfen. Mit Freude nehme ich die gute Nachricht auf, gut für mich und für die, die leider nicht mehr unter uns weilen…«[7]

Sie vergab Henry Céard.

Der Kompromiß

Im Sommer 1893 war Alexandrines Gesundheitszustand unverändert schlecht. Nachdem Charpentiers sie in Médan besucht hatten, wollten sie nach Beg-Meil fahren und vorher eine Rundreise durch die Bretagne machen. Zola hatte gewiß die Hoffnung, daß Alexandrine wieder gesund würde, wenn er nicht mit Jeanne zusammenkommen konnte. Sie kämpfte gegen ihre Depressionen an und versuchte, sich ein Beispiel an dem Graveur Fernand Desmoulin zu nehmen, dessen fröhliches Gemüt sie bewunderte. Philippine Bruneau, der Frau des Komponisten, schrieb sie:

»Ja, meine Freundin, ich werde Ihren Rat befolgen und versuchen, fröhlich zu sein, aber wird mir das trotz guten Willens gelingen? In Ihrem Alter vergehen die Gewitter schnell, da ist nur etwas Schwarzes dagewesen, aber in meinem, sehen Sie, ist alles viel schlimmer; wenn die Gewitter heftig sind, reißen sie alles mit, denn man hat seine Jugend verloren, das heißt, die Kraft, alles zu ertragen.«

Schließlich aber machten sie diese Reise doch nicht, weil sie zu erschöpft und der Arzt strikt dagegen war. Madame Daudet beschrieb Alexandrine als »alt, verhutzelt, vergrippt«, sie sehe aus wie »eine alte Puppe in der Auslage eines Geschäfts, das Pleite macht.«[1] Sie fühle sich »müde, müde über alles«, schrieb sie Amélie. Ihre Vertraulichkeiten Julia Daudet gegenüber, die diese sogleich an Goncourt weitergab, der alles in seinem Tagebuch notierte, zeigen ihre Traurigkeit und ihr Gefühl der Verbitterung ihrem Mann gegenüber:

»Ich sehe ihn nur zum Mittagessen … Nach dem Essen geht er ein wenig im Garten umher, wartet darauf, daß es zwei Uhr wird und die Zeitungen kommen und wirft mir zwischendurch ein paar Worte zu … oder veranlaßt mich, mich um die Kuh zu kümmern. Aber ich kenne mich doch gar nicht damit aus, es ist eher die Aufgabe der Gärtnerin … Dann geht er wieder hinauf, um die Zeitungen zu lesen und hält seinen Mittagsschlaf … In den vorhergehenden Jahren war meine Cousine hier, aber in diesem Jahr macht sie Ferien am Meer und fehlt mir sehr.«

Sogar Médan wurde ihr lästig. Sie hoffte, daß ihre Reise nach London sie ein wenig zerstreuen würde und packte die Koffer.

Zola war dorthin in seiner Funktion als Präsident der Société des gens de lettres vom Institut der englischen Journalisten eingeladen worden. Madame Zola sollte ihn auf dieser Reise begleiten und an allen geplanten Zusammenkünften teilnehmen. Wenn sich der Schriftsteller zuvor ein wenig um den Empfang durch das englische Publikum Sorgen gemacht hatte, so wurden ihm seine Befürchtungen schnell genommen, denn die Reise wurde ein Triumph! Ein prachtvoller Strauß, der ihnen in ihre Suite im Savoy Hotel von Oscar Wilde geschickt wurde, war nur der Anfang einer Reihe von Ehrenbezeugungen für Zola, die während ihres gesamten Aufenthalts nicht abbrachen. Zola wurde »königlich gefeiert«, schrieb Alexandrine voller Begeisterung an Madame Bruneau, und sie war bei jeder Feier dabei. Und was für Feiern! Ein Abend in der Alhambra, der berühmtesten Music-Hall Londons, eine Spazierfahrt im Landauer durch die schönsten Stadtviertel und danach ein Empfang, zu dem das Institut der Journalisten in die Lincoln's Inn Hall einlud, am Abend ging es zunächst ins Theater und dann zu einem prunkvollen Empfang Madame Zola zu Ehren, den der Lord-Major in der Guilhall veranstaltete. Er bot Alexandrine seinen Arm und stieg mit ihr die große Treppe des Gildensaales hinab, in dem sie von vier- bis fünftausend Gästen empfangen wurde. Was für eine glänzende Bestätigung! Der Aufenthalt endete dann entsprechend, nach einem Bankett im Kristallpalast ging es zu einer Gartenparty von Sir Edward Lawson ihnen zu Ehren, dann von einem Empfang in Covent Garden zum Besuch des Britischen Museums – überall wurde ihnen ein herzlicher und prunkvoller Empfang bereitet. In »The Authors' Club« klatschten die berühmtesten Autoren Englands Zola Beifall: Conan Doyle, Thomas Hardy, Jerome K. Jerome, Georges Moore, Oscar Wilde.

Alexandrine kam verwandelt zurück. Die Ehrungen, die sie an der Seite ihres Mannes empfangen hatte, taten ihr gut. Sie schmeichelten ihrer Eitelkeit, da sie als ehemalige Weißnäherin stets den Luxus und die Aristokratie bewundert hatte, und stellten sie wieder an ihren rechtmäßigen und einzigen Platz: an den Platz neben Zola.

Fern von diesem Glanz warteten eine junge Frau und ihre Kinder auf seine Rückkehr. Er vergaß sie nicht:

»Ich erzähle Dir das, meine große Jeanne, weil ich in diesem Augenblick an Euch denke. Ja, es gibt in einem kleinen Winkel Frankreichs drei Wesen, die mir sehr lieb sind, und wenn sie im Schatten stehen, teilen sie nicht weniger meinen Ruhm. Ich will, daß Du und meine beiden lieben Kinder Euren Anteil an allem habt. Eines Tages müssen sie endlich vor aller Welt meine Kinder sein, und dann wird alles, was hier geschieht, auch für Euch geschehen sein. Ich wünsche, daß sie ohne Einschränkung an der Bekanntheit ihres Vaters teilhaben!«[2]

Diesen Wunsch erfüllte ihm Alexandrine.

Der langsame Prozeß von der Ablehnung zur Annahme oder, wie sie es ausdrückte, zur Resignation begann. Immer wieder hat Alexandrine gesagt, daß sie nach 1891 nie wieder glücklich war, und das stimmt. Aber ihre Vitalität und ihre Liebe zum Leben gewannen bald die Oberhand, und nach und nach fand sie sich mit der Doppelexistenz ihres Mannes ab. Dabei wuchs sie sogar über sich selbst hinaus. Vielleicht wurde sie von der Angst beflügelt, ihren Platz als erste Ehefrau zu verlieren, vielleicht aber nahm sie alles schließlich aus unwandelbarer Liebe zu ihrem Mann hin. Sie begann ihr Leben neu zu gestalten, wurde immer selbständiger und unabhängiger, suchte sich ihre eigenen Freunde, ihre Sommerurlaubsorte und baute eigene Beziehungen auf.

Ihr Bemühen um Unabhängigkeit einerseits und der Rückfall in die Resignation andererseits kennzeichnen die Jahre zwischen 1895 und 1898. Immer wieder tauchten Probleme und Schwierigkeiten auf, wenn Eifersucht und Verbitterung Macht über Alexandrine gewannen und sie sich erneut in Beschimpfungen und Vorwürfen erging. Zola schrieb im März 1894 Van Santen Kolff, daß er »eine lange Krise physischer und seelischer Leiden hinter sich« habe. Zu anderen Zeiten hingegen war sie großzügig und nachsichtig. Erstaunlicherweise akzeptierte sie nach und nach sogar Jeanne und die Kinder. Was war bei ihrer Entscheidung, die Gegebenheiten hinzunehmen, echte Opferbereitschaft und was Berechnung? Sie paßte sich Zola an, der entschlossen war, niemals Jeanne und die Kinder zu verlassen. Sie wußte, daß sie teilen mußte. So versuchte sie zu retten, was zu retten war: Ihre Rolle in der Öffentlichkeit, die glücklichen Augenblicke mit ihren gemeinsamen Freunden, die Kameradschaftlichkeit eines alten Ehepaars, den gemeinsamen Alltag. 1894 feierten sie ihr dreißigjähriges Zusammensein. Zola kümmerte sich unermüdlich um seine Ehefrau, damit sie ihm sein Doppelleben verzieh. Er nahm sie auf alle Feiern, auf alle öffentlichen Veranstaltungen, auf jede Reise mit und lud immer wieder Freunde ein.

Im Vergleich dazu erscheint Jeannes Leben recht einsam. Unter den Freunden Zolas gab es nur wenige, die sie besuchten, so das Ehepaar Alexis, dem von nun an die Tür von Médan verschlossen blieb. Zola war sich bewußt, daß er ihr nicht das Leben bot, das sie verlangen konnte, auch wenn sie nichts weiter über das hinaus verlangte, was er ihr gab. Er schrieb:

»Ich hätte gern Deiner Jugend ein paar Vergnügungen geschenkt, statt Dich zu zwingen, wie eine Eingeschlossene zu leben. Ich wäre so glücklich, mit Dir jung sein zu können, mich durch Deine Jugend zu verjüngen, und statt dessen mache ich Dich alt, mache ich Dich unaufhörlich traurig. (...)

Es ist wahr, mein größter Schmerz ist, da ich auf das Meer verzichtete, nicht der gute Papa für meine lieben Kinder sein zu können. Ich wäre so glücklich gewesen, mein liebes Töchterchen im Arm zu tragen und mit ihr im kühlen Wasser zu spielen! Und Jacques hätte ich beigebracht, Sandburgen zu bauen, die die Flut dann hinweggespült hätte.«

Da es keinerlei Briefe von Jeanne gibt, wissen wir nichts über ihre Gefühle. Sie hielt sich sehr diskret zurück, blieb im Halbschatten, als hätte sie gewollt, hinter der Gestalt ihres berühmten Mannes und der Kinder verborgen zu bleiben.

Wer war Jeanne Rozerot? Die zahlreichen Fotografien, die Zola von ihr machte, zeigen eine bezaubernde junge Frau mit sanftem Gesicht und ein wenig traurigem Blick. Der Eindruck großer Ruhe geht von ihr aus, aber auch von Gefügigkeit: Bat Zola sie, so vor der Kamera zu posieren? Auf einem Foto hat sie ein Laken um sich geschlungen wie eine antike Figur, auf einem anderen die Arme auf den Kopf gelegt, dann wieder sieht man sie nur im Halbprofil und schließlich nur ihren Nacken, auf dem Flaumhaare wie ein Schatten liegen. Sie machte offenbar alle Posen, die er verlangte, mit einer Spur Gefügigkeit wie eine große Puppe. Manchmal ist sie prächtig gekleidet mit allen Kostbarkeiten, die sie niemals in der Öffentlichkeit hätte anlegen können, trägt eine Boa, einen kleinen Schleier, dann wieder ist sie fast nackt und gehorcht auch darin den Wünschen ihres Geliebten. Man glaubt, seine Anweisungen beim Fotografieren zu hören: »Heb deinen Kopf, sieh mich an, sieh nach links, noch ein wenig mehr, stütz dich mit dem Arm auf die Bank. So ist es gut.« Die Mehrzahl der Fotografien, auf denen man nur sie allein sieht, sind von großer Sinnlichkeit, als ob Zola für immer festhalten wollte, was er am liebsten hatte: ihre Schultern, die Wölbung ihres nackten Rückens, ihr langes, gelöstes Haar und die Körperhaltungen, die ihn am meisten berührten.

Diese Fotos kontrastieren mit denen, die er von den Kindern machte. Da folgte sein Objektiv Denise und Jacques in ihren Bewegungen beim Spielen, Lachen, Herumtollen im Garten in Verneuil, ihren Fahrradausflügen, ihrem Schmollen, ihrer Lebensfreude, Freiheit und Komplizenschaft. Neben ihnen sitzt Jeanne am Kaffeetisch, sie liest, stickt oder ordnet Blumen, hat ein wachsames Auge auf sie, ist ruhig und freundlich. Augenblicke der Entmutigung, der Angst um die Zukunft der Kinder, ihre Liebe, ihre Bewunderung für Zola und ihr Glaube an ihn, ihre geduldige Kraft, können wir nur ahnen. Jeanne wählte den Schatten und beklagte sich nie darüber. Vielleicht war für sie gerade der Schatten der geeignetste Ort.

Zola aber zweifelte sehr oft und machte sich Vorwürfe, daß er um sich herum nichts als Unglück verbreitet habe. Aus Médan schrieb er 1894 an Jeanne:

»Ich bin nicht glücklich. Dieses Teilen, dieses doppelte Leben, das zu führen ich gezwungen bin, macht mich letztendlich verzweifeln. So bitte ich Dich, gut zu mir zu sein und es mir nicht übelzunehmen, wenn die Dinge nicht nach meinem Willen sind. Ich hatte den Traum, alle um mich herum glücklich zu machen, aber ich sehe sehr wohl, daß das unmöglich ist, und ich bin derjenige, der davon am meisten betroffen ist.«[3]

Nach Kompromissen und Enttäuschungen stellte sich allmählich ein Gleichgewicht her. Zola teilte sich nun zwischen seinen beiden Haushalten auf. Der Morgen war der Arbeit gewidmet, beim Mittagessen und dem Mittagsschlaf blieb er noch bei seiner Ehefrau, zum Tee aber am Nachmittag ging er zu seiner Geliebten und zu den Kindern, denen auch die Abende gehörten. Er setzte sich dann in einen großen, blauen Sessel, las die Abendausgaben der Zeitungen, nahm die Kinder auf seine Knie und erzählte ihnen Geschichten. 1895 meldete er die sechsjährige Denise zum Unterricht bei Madame Dieterlen an, bei der sie bis zum Ende ihrer Schulzeit blieb. Zwei Jahre später brachte er den kleinen Jacques zur Schule.

Um 1896 mietete er für Jeanne ein Haus in Verneuil in der Nähe von Triel. Wenn er in Médan war, fuhr er jeden Tag mit dem Fahrrad zum Teetrinken hinüber. Die zahlreichen Fotografien, die er an diesen Nachmittagen machte, spiegeln wider, was die private Atmosphäre einer Familie wie jede andere sein könnte. Aber nie – mit Ausnahme von ein paar Wochen in den Jahren 1898 und 1899 während des Exils Zolas in England – lebten Jeanne Rozerot und die Kinder mit ihm zusammen.

Daß Alexandrine sich mehr und mehr mit dem anderen Leben ihres Mannes abfand, lag vor allem an ihrer Liebe zu den Kindern Zolas. Ihr Schuldbewußtsein, Zola keine Kinder geschenkt zu haben, spielte dabei sicher auch eine Rolle. Hinzu kam die Sorge, den Platz an seiner Seite in der Öffentlichkeit oder sogar seine Zuneigung verlieren zu können. Schließlich spielte vielleicht auch neben dem Gefühl der Unabänderlichkeit die Auffassung der damaligen, bürgerlichen Gesellschaft eine gewisse Rolle, nach der ein Seitensprung des Mannes eben üblich war. Sie verzieh ihm nie, resignierte nicht, nahm aber schließlich ihr Los hin und fand sogar einen besonderen Weg: Sie gewann die Herzen der Kinder ihrer Nebenbuhlerin.

Um 1895 begann daher eine Zeit, in der Zola seine kleine Familie nicht mehr verschweigen mußte. In ihren Briefen bat Alexandrine um Informationen über Coco (Jacques) und Poulet (Denise), und von jeder ihrer Reisen brachte sie ihnen Geschenke mit. Langsam wuchsen ihr Zolas Kinder ans Herz, selbst wenn sie für die Kinder lange eine fast unbekannte Dame blieb, die sie nur schwer einordnen konnten. Wie hätten sie auch ahnen können, daß »die Dame«, die sie in die Arme nahm, die Frau ihres Vaters war? Ein oder zweimal im Monat, später wöchentlich, ging sie mit ihnen und ihrem Vater spazieren, im Winter durch die Tuilerien, zum Palais Royal oder auf die Champs-Elysées und im Sommer in den Bois de Boulogne.

»Wir kamen nie mit leeren Händen zurück,« erzählt Denise Le Blond-Zola: »»Die Dame‹ schenkte uns immer etwas, vor allem, wenn sie von ihrer jährlichen Italienreise heimkam. Ich mochte ungefähr zehn Jahre alt gewesen sein, als mir die ältere Tochter von Alexis eines Tages ganz zufällig von ihrer Patentante erzählte, Madame Zola, die sie nur selten sähe. Ich staunte nicht, blieb in meiner kindlichen Ruhe; wir waren glücklich, wir liebten unsere Eltern zärtlich, und die Eltern liebten uns Kinder, nichts auf der Welt schien dieses Glück trüben zu können.«[4]

Indem sie sich so verhielt, eroberte Alexandrine ihren Platz an der Seite Zolas leichter zurück, als wenn sie sich in Ablehnung oder Depression eingeschlossen hätte. Sie billigte Zola das Recht zu, Vater zu sein, und das Recht, »der liebe Kamerad ihres Lebens« zu bleiben. Dem Komponisten Alfred Bruneau beteuerte sie 1896:

»Glauben Sie mir, lieber Freund, was gut ist, was über allem steht, ist die so feste Zuneigung, die aus unserer Beziehung entstanden ist.«

Indem sie Jeanne und die Kinder akzeptierte, wuchs sie über sich hinaus. Als die Dreyfus-Affäre losbrach, war sie zum Engagement bereit.

Der schöne italienische Sommer

Januar 1894: Auguste Vaillant, ein zweiundzwanzigjähriger Arbeiter der Lederverarbeitung, erklärte vor Gericht, daß es für ihn ein Akt sozialer Gerechtigkeit gewesen sei, eine Bombe in die Versammlung der Abgeordnetenkammer geworfen zu haben. Er wurde im Februar hingerichtet. Am 12. Februar warf Emile Henry eine Bombe ins Café Terminus in der Nähe des Gare Saint Lazare, wobei es zwei Tote und mehrere Verwundete gab. Im Mai wurde er guillotiniert. Fast überall explodierten Bomben, vor allem in Cafés oder Restaurants. Im Juni erstach der zweiundzwanzigjährige Italiener Santo Caserio in Lyon den Präsidenten Sadi Carnot und schrie: »Es lebe die Revolution! Es lebe die Anarchie!« In der darauffolgenden Stunde wurden in Lyon italienische Geschäfte und Cafés geplündert. Zum Schutz der Italiener mußte die Armee eingesetzt werden.

Emile und Alexandrine Zola bereiteten ihre Romreise vor. Diese Reise dauerte vom 31. Oktober bis zum 15. Dezember 1894, also sechs Wochen. Zola hatte sie lange vorbereitet, hatte sich bereits von Paris aus um die dortigen Verbindungen gekümmert, wie zum Beispiel zu dem Vetter Goncourts, Edouard Lefèvre de Béhine, der französischer Botschafter beim Heiligen Stuhl war, um unter allerbesten Bedingungen am zweiten Roman seiner Trilogie *Drei Städte – Lourdes, Rom, Paris* arbeiten zu können. In Rom begab er sich an eine regelrechte Recherchenarbeit, machte sehr zahlreiche Notizen, und in allen Städten, die sie aufsuchten, fotografierte er eifrig: in Rom natürlich, aber auch in Neapel, Capri, Florenz, Venedig, Siena und Mailand.

Bereits im September 1892 hatten die beiden Italien entdeckt, als sie zu den Feiern zu Ehren von Christoph Kolumbus nach Genua eingeladen worden waren. In der Heimat seiner Vorfahren war dem Schriftsteller ein triumphaler Empfang bereitet worden. Damals befanden sie sich im schlimmsten Abschnitt ihres Ehelebens.

Als sie um sieben Uhr morgens in Rom ankamen, wurden sie von Graf Bertolelli und von Attilio Luzzato empfangen, dem Herausgeber der Zeitung *La Tribuna* und dem Verleger der *Rougon-Macquart*. Graf Edoardo Bertolelli d'Auro stellte sich ganz dem Ehepaar Zola zu Diensten und brachte die beiden zu ihrer prachtvollen Suite im Grand Hotel. Er war ein berühmter, schöner Dandy, vierzig Jahre alt, hatte braunes Haar und einen üppigen Bart. In der Via Veneto führte er einen der meistbesuchten Salons der Zeit. Er war großzügig und gastfreundlich und hätte dem Ehepaar Zola gern sein vornehmes Patrizierhaus angeboten, aber Zola wollte lieber unabhängig bleiben. Edoardo Bertolelli war Jahre hindurch in Rom Alexandrines ständiger Begleiter.

Sie war bezaubert von Italien, vom Himmel mit seinem durchsichtigen Blau, dem leichten Nordwind, der verhinderte, daß die Hitze unerträglich wurde, den violetten Bergen am Horizont der römischen Campagna. Die Märkte, der Petersdom, die Weinberge am Ufer des Tiber bei der Via Giulia, Trastevere, die Musikalität der italienischen Sprache, alles begeisterte sie. Und sofort wurden sie in einen Wirbel von Einladungen und Besuchen gerissen, wie ihr Brief vom 5. November an Philippine Bruneau zeigt:

»Meine liebe Freundin,
ich bin wie Pinpin und lasse die Zunge hängen, so müde bin ich. Aber alles, was wir sehen, ist so interessant, daß es mir trotz allem gut geht. Das Schlimme ist, daß meine Müdigkeit stärker wird, wenn die Einladungen kommen. Um zusagen zu können, wartet mein Mann auf eine Antwort des Papstes. Er ahnt jetzt sehr wohl, daß er nicht empfangen werden wird, aber noch ist nichts entschieden. Erst in einigen Tagen bekommt er eine endgültige Antwort. Gestern haben wir in der französischen Botschaft in der Nähe des Vatikans zu Mittag gegessen mit Monsieur Béhaine, einem Vetter von Goncourt. Er ist ein sehr liebenswürdiger Mensch, ich habe bedauert, nicht die Bekanntschaft seiner Frau machen zu können, sie befindet sich zur Zeit aus gesundheitlichen Gründen in Frankreich.
Bis jetzt war ich nicht eine Stunde allein. Ich nehme alle Einladungen an. Man überschüttet mich mit Blumen. Die Zeitung *La Tribuna,* in deren Verlag die übersetzten Romane meines Mannes erscheinen, schickt mir jeden Tag einen Strauß.
Heute nachmittag waren wir in der Villa Médicis und haben dort unter den Stipendiaten einen Musiker getroffen, einen Freund Ihres Mannes. Hébert, mit dem wir gestern in der französischen Botschaft zu Abend aßen, wollte uns als ehemaliger Leiter der Akademie die Ehrungen der Villa Medicis erweisen. Die Stipendiaten sind recht gut untergebracht, in einer

der schönsten Lagen Roms. Sie müssen alle sehr begabt sein. Während wir warteten, waren sie sehr liebenswürdig zu uns, boten uns Tee und Kuchen an, und mir schenkten sie einen wunderschönen Blumenstrauß. In den zwei Stunden, die wir in der Villa verbrachten, hatte ich das herrliche Gefühl, einmal wieder unter Franzosen zu sein.

Ich beginne allmählich, mich in der riesigen Stadt zurechtzufinden, denn zuerst hatte alles, was ich sah, in meinem armen Kopf ein wahres Tohuwabohu ausgelöst ... Übrigens glaube ich, daß ich, wenn wir wieder in Paris sind, alles viel klarer sehen werde als jetzt, hier mischt sich immer meine Müdigkeit unter meine Bewunderung und mein Staunen.

Welches Staunen zum Beispiel bei den Caracallathermen, wo achtzigtausend Menschen zugleich baden konnten. Fast alles aus dem antiken Rom hat solche Ausmaße.«[1]

Alexandrine und Emile Zola wurden wie ein Herrscherpaar empfangen und in die Salons der Aristokratie eingeführt, die Zola in seinem nächsten Roman zu beschreiben beabsichtigte. Wenn Papst Leo XIII. auch ablehnte, Zola zu empfangen – *Lourdes* stand auf dem Index, und nie war der Autor von *Germinal* und *Mutter Erde* in den Geruch der Heiligkeit gelangt –, so bewilligte ihm zum Ausgleich König Umberto eine Audienz, und drei Tage später wurde Alexandrine von Königin Margherita empfangen.

Überall wurden sie gefeiert. Nur in Venedig, der Geburtsstadt von François Zola, dem Vater des Schriftstellers, ließ der Bischof während des Besuchs des Antichrist Gebete sprechen. Begeistert kehrten die beiden von ihrer italienischen Rundreise zurück. Nie zuvor hatte Zola so viel Material gesammelt. Er vergaß aber dennoch nicht, Jeanne und den Kindern Geschenke mitzubringen und für sich Sammlerstücke, die er in die Wohnung in der Rue de Bruxelles schicken ließ: Basreliefs, Büsten und zwei riesige Sarkophage, die der mittelalterlichen Ausstattung der Wohnung eine antike Note gaben ...

Was bedeuten schon die Attacken der französischen Presse, die diesen Empfang in Italien als Verrat ansah? Frankreich unterhielt die allerschlechtesten Beziehungen zu Italien:

»In der Reihe von Beleidigungen, die ich im Lauf meiner schriftstellerischen Arbeit sammeln konnte, fehlte noch eine, nämlich ›heimatloser Gesell‹. Die habe ich nun auch, die Sammlung ist vollständig.«

Ach, leider noch nicht ganz vollständig, wie er vier Jahre später feststellen mußte.

Italien bekam einen festen Platz im Herzen Alexandrines. Bis zum ersten Weltkrieg[2] fuhr sie von nun an jedes Jahr im Oktober nach Italien, machte zunächst ihre Kur in Salsomaggiore, begab sich dann nach Parma, Rom oder Neapel. Und nach und nach erwachte durch diese Reisen in ihr eine neue Frau. Sie wurde neugierig, kulturbeflissen und vor allem unabhängig und abenteuerlustig. Sie lernte italienisch und freute sich, daß sie es auch ein wenig schreiben konnte. Wenn ihre jährliche Reise zunächst für sie ein Mittel war, dem ehelichen Kompromiß zu entfliehen, der sie nach wie vor sehr belastete, wurde sie recht schnell ein Ziel an sich und ein Vergnügen, das sie kaum erwarten konnte. Jedes Jahr suchte sie ihre italienischen Freunde wieder auf. Dabei erweiterte sich ihr Freundeskreis schnell.

Jedes Jahr war sie erneut bezaubert vom goldenen Licht des römischen Herbstes, den Gärten der Villa Borghese und der Villa Medici, dem Duft von Buchsbaum und Eukalyptus, der Silhouette der Schirmpinien und der Zypressen auf dem Pincio, wenn die Sonne hinter der silberglänzenden Kuppel des Petersdoms untergeht, den antiken Statuen auf den lichtdurchfluteten Terrassen, den Piazzette, auf die man ganz unverhofft hinter einer Straßenbiegung stößt, den rötlichen Fluten des Tiber, der Straße zwischen Weingärten und Olivenbäumen hinauf nach Frascati, aber auch von den Kulturdenkmälern, von Malerei und Musik, den prunkvollen Empfängen, Theaterabenden, der italienischen Freundlichkeit und Fröhlichkeit. In jedem Herbst brachte der Zug sie nach Italien, und jedesmal war es eine Befreiung für sie. Sie floh vor der Last des Alltags, der Eifersucht, der Eintönigkeit.

Bei ihrer ersten Reise 1895 war Zola beunruhigt, weil sie allein fahren wollte. Man darf nicht vergessen, daß sie dreißig Jahre lang nicht von seiner Seite gewichen war. Doch in seinen Telegrammen und den langen, täglichen Briefen riet er ihr trotz seiner Besorgnis, auszugehen und sich zu vergnügen:

»Nimm Dir etwas vor, amüsier Dich gut, erhol Dich gut, schreib mir Briefe, aus denen ich Deine Lebendigkeit herausspüre, wie den von heute morgen, denn es wird mir immer ein großer Trost sein, wenn ich weiß, daß Du trotz allem, was geschehen ist, nicht zu unglücklich bist.«

Die einunddreißigjährige Alexandrine Meley, 1870.
Das Foto stammt aus dem Jahr, in dem sie Emile Zola heiratete.
© Association du Musée Emile Zola, Médan (F)

*Alexandrine Zola im Jahre 1875. Das Ehepaar Zola machte
zum ersten Mal Urlaub.*
© Association du Musée Emile Zola, Médan (F)

Alexandrine Zola unterwegs nach Italien. Madame Zola reiste 1895
zum ersten Mal allein und ließ sich in Aix-en-Provence fotografieren.
© Association du Musée Emile Zola, Médan (F)

Emile Zola am Schreibtisch seines Arbeitszimmers in Paris,
Rue de Bruxelles 21. Foto: AKG, Berlin

Emile Zola und Alexandrine 1902 in Médan vor dem Sarkophag.
© Association du Musée Emile Zola, Médan (F)

Alexandrine spielt Mandoline in Médan. Von links nach rechts: Emile Zola,
Marguerite und Georges Charpentier, Alexandrine Zola und Fernand Desmoulin.
© Association du Musée Emile Zola, Médan (F)

Teestunde im Garten von Verneuil. Jeanne Rozerot und Emile Zola
mit ihren Kindern Denise und Jacques.
© Association du Musée Emile Zola, Médan (F)

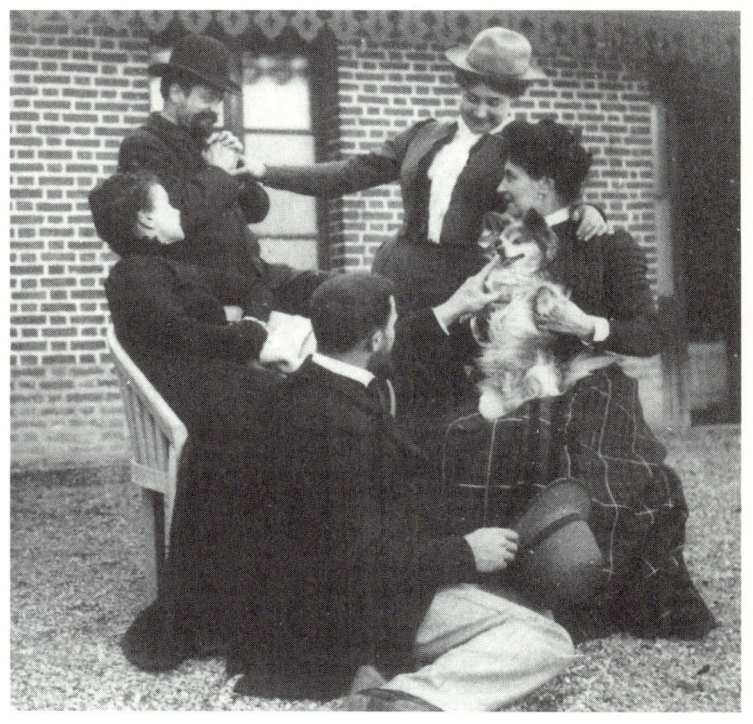

Momentaufnahme von Emile Zola: Das Leben in Médan.
Von links nach rechts: Amélie Laborde, Georges und Elina Loiseau
(geb. Laborde), Madame Zola und der Hund Fan.
© Association du Musée Emile Zola, Médan (F)

Alexandrines Antwort zeigt, daß die Wunden noch nicht verheilt sind:

»Ich kann Dir nicht sagen, daß ich sehr fröhlich bin, und ich befürchte sehr, daß ich es niemals sein werde, denn das Teilen eines Herzens ist für mich genauso schmerzhaft wie der Gedanke, daß Du Dich verlassen gefühlt hast. (…) Bedeutet es denn nichts, eine sehr alte, sehr feste Bindung zu haben, die, wenn sie auch nicht vollkommen bleiben konnte, doch unerschütterlich in ihrem Willen ist, das, was als Glück blieb, gegen alle und auch sich selbst gegenüber zu verteidigen?«[3]

Sie schrieben sich jeden Tag. Durch seine Briefe konnte sie die kleinen Ereignisse seines Alltags verfolgen, erfuhr von seinen Besuchen bei Freunden, dem Regen auf dem Zinkblech an den Fenstern, von der Arbeit der Dienerschaft, die ihre Abwesenheit nutzte, um das Haus von Grund auf zu putzen. Octave habe ihm allerlei Neuigkeiten über die Tiere in Médan überbracht: Mouquette bekam ihr Kälbchen, aber sie wurde alt, eine Gans klemmte sich im Ententeich den Hals ein, und Leonie fand es besser, sie zu schlachten und sie in die Rue de Bruxelles zu schicken zusammen mit einem Korb Chrysanthemen und einem weiteren Korb Quitten. Der Elektriker kam vorbei, der Handwerker im Keller hatte seine Arbeit fast beendet. Die Straße wurde neu gepflastert, dabei war das Pflaster noch gar nicht schlecht gewesen. Und dann sei auch der Juwelenhändler gekommen und habe ihm einige Stücke gezeigt – zu teuer. Der Ofensetzer in Médan verlange eine Anzahlung, Mariani, der korsische Apotheker, habe ihm vier Flaschen Whisky und zwölf Flaschen seines Coca-Weines geschickt. Alexandrine könne sich daran erfreuen, für ihn hätte ein solcher Wein keinerlei Bedeutung. Er führe mit Desmoulin ein wenig Rad, und er arbeite an seinem Roman *Rom*, das 11. Kapitel mache ihm recht viel Mühe. Er informierte sie über die geplanten Artikel im *Figaro*, über seine Verabredungen und die Übersetzungen seiner Romane. In ihrer Abwesenheit wurde »er immer einsamer« und verließ das Haus nur, um die Kinder zu besuchen. Er arbeitete mit Denise, sie mußte ihm die Heilige Geschichte aufsagen:

»Die arme Denise ist sehr mit ihren Schularbeiten beschäftigt, und wir können sie und Jacques nicht mehr am Dienstag zum Spazierengehen abholen, denn da hat sie nachmittags Unterricht. Ich glaube, ich wähle den

Mittwoch, um mit Dir und den Kindern auszugehen, wenn es Dir paßt. Nun, wir werden darüber sprechen.«[4]

In all seinen Briefen fiel kein einziges Wort über Jeanne. Alexandrine wußte, daß er ihre Abwesenheit nicht ausnutzte, um bei seiner Geliebten zu wohnen. Er arbeitete. Nichts konnte den Zeitplan, den er sich auferlegt hatte, abändern.

Aber kaum eine Woche nach ihrer Abreise plante er schon ihre Rückkehr:

»Ich werde Dir unser klassisches Wiedersehensessen machen: eine gute Bouillon, Austern und ein junges Rebhuhn.«

Er wollte sie unbedingt persönlich am Bahnhof abholen. Natürlich wußte er, daß sie allein zurechtkam, sie hatte es ihm oft genug gesagt, aber er wollte, daß jemand am Bahnhof war, der sie liebte. Er war so einfühlsam, daß er fürchtete, sie bekäme bei der Rückkehr in die Eintönigkeit Heimweg nach Italien und würde sich, kaum zu Hause, »nach der Freude dort« zurücksehnen.

»Laß mich doch,« beharrte er, »bedaure mich nicht, daß ich früh aufstehen muß, denn das macht mir großes Vergnügen. Ich habe gerade eine kleine Kutsche bestellt, die mich hier Montag um sechs Uhr früh abholt. Du brauchst nur hineinzuspringen, und wir fahren gemeinsam nach Hause.«

Am Ende seines Briefes vom 19. November schrieb er zärtlich:

»Unser Tagebuch in Briefform ist bald beendet, da Deine Rückkehr bevorsteht. Deine Briefe waren jeden Morgen für mich ein großes Vergnügen, und ich bin glücklich bei dem Gedanken, daß meine Briefe Dir überallhin folgten und Dich daran erinnerten, daß das Haus Dich erwartet und daß Du hier einen alten und guten Freund hast, der Dich liebt und der trotz allem an Dein Glück denkt, als wäre es sein eigenes.«

Beim Lesen dieser Zeilen erkannte Alexandrine möglicherweise, daß die Opferrolle auch Vorteile hat ... Aber was machte Madame Zola so allein in Italien? Da viele ihrer Briefe nicht zugänglich sind[5], kann man nur versuchen, ihre Reise mit Hilfe der Briefe Zolas zu rekonstruieren. Nach einem Aufenthalt in Aix bei der Familie Zolas und in Marseille, das sie nicht mochte, kam sie am Samstag, dem 9. November 1895, in Rom an. Wie im vorangegangenen Jahr und wie in allen folgenden wohnte sie im Grand Hotel. Das Wetter war herrlich, eine Abwechslung vom grauen Pariser Novemberwetter, und gleich begann sie mit ihren Besuchen, traf Freunde wieder, die sie im Jahr zuvor mit Emile kennengelernt hatte. Sie besichtigte die Sixtinische Kapelle, das Forum, die Villa Borghese, die Katakomben und nahm sogar an einer Fuchsjagd teil. Wenn sie noch länger geblieben wäre, hätte man sie überhaupt nicht mehr abreisen lassen, stellte Zola fest, da man begann, Feste zu ihren Ehren zu veranstalten. Sie solle nicht zögern, ihren Aufenthalt zu verlängern! Aber trotz seiner Ermunterungen war es Alexandrine wichtig, zum vereinbarten Termin nach Hause zurückzukehren. Alles weitere würde sie im nächsten Jahr erleben.

1896 hatte sie, ermutigt durch ihre guten Erfahrungen, ihre Abreise auf den 5. September vorverlegt. Es herrschte eine entsetzliche Hitze, was aber ihre Begeisterung nicht im geringsten dämpfen konnte. Sie schrieb Elina Laborde, die am regelmäßigsten von ihr Post bekam:

»Ich wäre unterwegs fast gekocht worden, so heiß war es, und hier in Rom finde ich auch keine Abkühlung, überhaupt nicht. Aber der Himmel ist von einem tiefen, herrlichen Blau. Abends gegen sechs Uhr verströmt der Pincio einen köstlichen Duft, den ich mit größtem Genuß einatme, tagsüber traue ich mich nicht nach draußen. Ich muß Dir sagen, daß ich jeden Morgen meine berühmte Kur mit dem Wasser von Albule mache. Ich verlasse das Hotel um halb acht und komme erst mittags wieder. Die Behandlung dauert nicht einmal eine Stunde, aber ich brauche mehr als eine Stunde, um mich dorthin zu begeben, und genauso lange für den Rückweg.«[6]

Ein paar Zeilen weiter liest man über ihren »charmanten Bertolelli«:

»Ein Gimpel, aber doch liebenswürdig. (...) Der arme Junge konnte mich nicht am Bahnhof abholen, er hatte die Nacht auf seinem Toilettensitz verbracht oder auf dem Nachttopf, genauere Einzelheiten fehlen mir, ich weiß nur, daß er eine Schüssel auf den Knien hielt, denn meinen armen Freund überkam Übelkeit. Du siehst (...) ›Non è della poesia, questa‹. Er schrieb mir, daß es ihm unendlich leid tue, aber er sei nicht in einem Zustand, sich im Hotel zeigen zu können. (...) Aber am nächsten Tag schleppte er sich doch her, geschniegelt und gebügelt, aber noch ganz blaß. Er war sofort ganz zu meiner Verfügung, wollte mich zu dem Ort begleiten, an dem ich am ersten Tag meine Kur machen sollte. Während ich dort meine kleinen Dinge regelte, ging er im Garten spazieren, las seine Zeitungen und begleitete mich anschließend zum Hotel zurück.«[7]

Einen Monat später war sie in Neapel. Sie hat einen Orkan miterlebt, der schreckliche Sturm versetzte sie in Angst und Schrecken,
begeisterte sie aber zugleich. Wenn Emile so etwas in seinem
Gedicht, das er für Bruneaus Oper schreibt, verarbeiten könnte!
Ihre Freude, in Italien zu sein, zeigt der folgende Ausschnitt aus
einem Brief an Elina:

»Du fragst, wann wir uns wiedersehen. Das dauert vielleicht noch ein
wenig, Liebe, denn Dein Onkel ist sehr gütig und läßt mir immerfort noch
Zeit, damit ich mich nicht abhetze und alle meine Wünsche hier befriedige. Ich verspäte mich immer mehr. Zuerst war es wegen meiner Kur, jetzt
wegen des schlechten Wetters. Ich kann daher nicht so schnell alle Ausflüge unternehmen, wie ich mir vorgenommen hatte. Es scheint sogar sicher,
daß ich einige ganz unterlassen muß. Aber wie sehr mich alles interessiert!
So viele Dinge, die man aus der Geschichte kennt, die einen aber viel mehr
fesseln, wenn man sie an den historischen Orten aufsucht.
    Ich kann Euch in diesem Winter sehr viel erzählen. Wenn man mir Fra-
gen stellt, kann ich, wie Ihr wißt, unaufhörlich erzählen. Ich sehe Dinge,
die mir einen Schauer durch den ganzen Körper jagen, und diese Schauer
werden noch größer, wenn ich mir klarmache, was ich sehen konnte.
    Dein Onkel ist im Unrecht, sich so viele Sorgen meinetwegen zu
machen, ich bin, auch wenn ich mich wagemutig gebe, äußerst vorsichtig
(...)
    Neapel werde ich gewiß Sonntag oder Montag verlassen. Das Wetter ist
überhaupt nicht gut, also werde ich wohl nicht länger bleiben. Danach
möchte ich so gern noch ein wenig Rom genießen! Ich glaube nicht, daß
ich viel vor Allerheiligen wieder bei Deinem Onkel bin, da er die Güte hat,
mir bis dahin freizugeben.«[8]

In diesen Zeilen machen sich die übergroße Neugier, dazu die
Gesundheit und Begeisterungsfähigkeit der siebenundfünfzigjähri-
gen Alexandrine bemerkbar, die doch so oft krank war oder über
ihre Gesundheit klagte. Sie trat aus dem Schatten ihres Mannes und
erlangte dadurch eine unerwartete Unabhängigkeit, unerwartet,
weil sie sie niemals anstrebte, bevor Jeanne in ihr Leben einbrach. Ist
es nicht ein wenig die Freiheit Gabrielles, zu der sie nun zurück-
fand? Einer allerdings durch ihre Stellung als Ehefrau Zolas hoch
angesehenen Gabrielle. Sie war sich bewußt, daß die Ehrungen für
sie im Grunde zum größten Teil dem Schriftsteller galten:

»Du bist bei allen Ehren, die man mir erweist, mitgemeint«, schrieb sie ihm 1900, »man kann sagen, die Ehrungen, die man Dir schuldig ist, kommen mir zugute ebenso wie Dein Ruhm.«

In Italien verwandelte sich ihr Leben. Sie hörte auf, Hausfrau zu sein, mußte sich nicht mehr um das Innere ihres Hauses und um eine gute Haushaltsführung kümmern und sich nicht mehr den von ihrem Mann festgelegten Regeln unterwerfen. Sie war frei und hatte nur ihr eigenes Vergnügen im Sinn. In den Familiennachrichten im *Figaro* las man, wohin sie zur Sommerfrische fuhr: Sie wohnte in den besten Hotels, wurde dort wie eine Königin empfangen. In ihren Hotelsuiten mit Körben voll Blumen las sie jeden Tag die Zeitungen, die ihr aus Frankreich nachgeschickt wurden, trank ihren Tee, schrieb Briefe, empfing Freunde. Sie fuhr in der Kutsche spazieren, suchte Salons auf, nahm an Premieren teil. Sie baute sich ihren eigenen Freundeskreis in der Welt der Presse und des Adels auf. Alle erfreuten sich an ihrem Humor, ihrer Fröhlichkeit, ihrer Eleganz. Sie war die Pariserin. Auch zeigte sie, was immer sie auch von sich behauptete, Wagemut, denn zu jener Zeit war es außergewöhnlich, daß eine Frau ihres Alters allein in einem fremden Land umherreiste, die Nase stets im Wind, neugierig, voller Begeisterung. Zum Teufel mit der strengen Zeiteinteilung und den langweiligen Stundenplänen: Sie wollte Neapel Sonntag verlassen oder auch Montag, und wann sie wieder in Frankreich wäre, wußte sie nicht genau! Auf alle Fälle nicht vor Allerheiligen, da ihr Mann sie frei über das Datum ihrer Rückkehr entscheiden ließ. Ihre Aufenthalte in Italien waren die Antwort auf die Untreue ihres Mannes. Die Rollen hatten sich vertauscht. Nun wartete *er* zu Hause auf sie. Sie ließ sich den Wind des Abenteuers um die Nase wehen, wurde eine andere.

Die Verwandlung von Alexandrine Zola hatte bereits ein Jahr zuvor Goncourt bemerkt. Alexandrine war gekommen, um ihm für den Empfang, den ihr sein Vetter in Rom bereitet hatte, zu danken. Goncourt schreibt, daß sie »ganz aufgekratzt, ganz erblüht« war, »mit ihrem Veilchenstrauß am Gürtel«. Sie war »vierzehn Tage von zu Hause ausgerissen, ganz anders wiedergekommen.« Das machte ihn nachdenklich, aber Primoli, den er um genauere Informationen bat, klärte ihn auf:

»Er (Primoli) beginnt zu lachen, gibt kleine Ah- und Oh-Laute von sich und sagt mir schließlich, daß sie einen Flirt mit einem italienischen Journalisten habe, den er im übrigen für platonisch hält.«[9]

Wer weiß? Vielleicht hatte der »charmante Bertolelli« doch einige besondere Aufmerksamkeiten, die es einer betrogenen Frau erlaubten, ihr Selbstbewußtsein und die Freude am Leben zurückzugewinnen? Wir können sicher sein, daß Alexandrine eine kleine Rache nicht mißfallen hätte. Dieser verführerische Mann, der immerhin vierzehn Jahre jünger war als sie, verpaßte nicht eine ihrer Verabredungen. Jeden Tag besuchte er sie in ihrem Hotel, brachte ihr Blumen, begleitete sie ins Theater oder auf einen Spaziergang. Seine Großzügigkeit war unerschöpflich, immer war er für sie da. Er gab sogar bei dem Maler Lelièvre ihr Porträt in Auftrag. Dieses Bild zeigt uns eine elegante und verjüngte Madame Zola, bezaubernd in ihrem Kleid aus Seidenmoirée, mit Reiherfedern im Haar und einem Blumenstrauß in der Hand. Es ist das Porträt einer Frau, die geliebt wird, daran besteht kein Zweifel. Aber mehr wissen wir nicht. Niemals gab sie ihren etwas spöttischen oder auch teilnahmsvollen Ton auf, den sie immer dann anschlug, wenn sie ihn erwähnte. In ihren Briefen nannte sie ihn immer nur bei seinem Nachnamen und spielte nie auf die kleinste Vertraulichkeit zwischen ihnen an. Alles läßt darauf schließen, daß diese Zuneigung platonisch blieb, wie Primoli vermutete, und daß Bertolelli sich mit einer liebevollen Freundschaft begnügen mußte, die allerdings für Alexandrine die beste Verjüngungskur war. Graf Edoardo Bertolelli d'Auro starb 1913, und Madame Zola fuhr danach nie wieder nach Italien.

Im Oktober 1897 machte sie wieder eine Rundreise, die dieses Mal im Norden Italiens begann, wo sie in Mailand und Brescia die Angehörigen von Carlo Zola, Rechtsberater im Berufsgericht, aufsuchte. Doch die »charmanten, viel zu charmanten Vettern« waren ein bißchen zu aufdringlich: So viele Schmeicheleien fand sie schließlich ermüdend. Ihre Geschenke wurden in der ganzen Stadt herumgereicht, was ihr nicht gerade gefiel. Kurz, sie fand alles lästig.

»Schlimmer noch«, schrieb sie einen Monat später Elina, »sie wollten mich duzen und baten mich, das ebenfalls zu tun. Oh weh! Das gehört nun gar nicht zu meinen Gewohnheiten! Aber wenn man sich in Italien zweimal gesehen hat, platsch, das Du!« Und ein paar Zeilen später: »Ich weiß nicht, ob Dein Onkel Euch die rührenden, gestickten Scheußlichkeiten gezeigt hat. Bestimmt. Die rühren einen zu Tränen!«

»Tresora della casa nostra, prediletta Madonica«, spottete sie, stolz auf ihre Fortschritte im Italienischen. Sie spräche es schlecht, aber man würde sie verstehen, und das wäre das Wichtigste! Sie besaß sogar »die Unverfrorenheit, auf italienisch zu schreiben«.

In Rom führte sie wieder ihr »lustiges Leben«. Es kam vor, daß sie den ganzen Tag Besuch hatte und nicht einmal Zeit fand, etwas zu essen oder hinunterzugehen, um ihre französischen Zeitungen zu kaufen – schon kam der nächste Besucher. »Mademoiselle, lachen Sie nicht, meine Unterhaltung hat für sie einen solchen Zauber – nicht auf italienisch – daß dieser Monsieur mit mir bis zu einer fast ungehörigen Stunde sprach, und als er mich endlich verließ, bat er mich auch noch, ihn jeden Abend einzuladen.«

»Gestern ein Essen in der Stadt, abends Theater, heute Empfang im Laufe des Tages und dann noch einen am Abend, morgen in etwa ruhig, außer einem schönen Spaziergang, den ich ganz allein machen werde, ganz für mich. Mittwoch Empfang; Donnerstag Spaziergang nach Frascati oder ein Abendessen bei meiner Gräfin, demnächst dann ein Diner bei den Luzzatos, ich weiß noch nicht, an welchem Tag, Sonntag Diner bei meiner Gräfin und vielleicht auch noch ein Theaterbesuch. Uff, uff.«

Und dazu die fast täglichen Besuche des treuen Bertolelli. »Er ist nicht fröhlich, der Unglückliche!« Alexandrine neckte ihn, um ihn etwas zu erheitern, und wenn sie glaubte, ein wenig zu weit gegangen zu sein, entschuldigte sie sich. Er prostestierte auf französisch mit charmantem italienischen Akzent:

»Aber nein, aber nein, Sie machen mich nicht ärgerlich, sie sind ein Sonnenstrahl in meinem armen, sorgenreichen Leben.«

Wenn sie auf ihre römischen Freunde gehört hätte, wäre sie den Winter bei ihnen geblieben und erst im Februar nach Hause gefahren. Aber wäre sie da nicht Gefahr gelaufen, der Pariserin ähnlich zu werden, die in solch hohem Maß die Gewohnheiten der Leute hier angenommen hatte, daß man sie selbst dann, wenn sie französisch sprach, für eine Italienerin halten konnte? Dieser Verlust der eigenen Identität hatte Alexandrine sehr betroffen gemacht.

»Ich war überrascht und frage mich, ob es mir ebenso ergeht, ohne daß ich es bemerke. Auf alle Fälle hoffe ich, daß es nicht mehr lange dauern wird und ich wieder die Luft meiner lieben Stadt Paris einatme. Es ist sehr merkwürdig, welch unangenehmen Eindruck diese Frau auf mich gemacht hat.«

Dachte sie vielleicht einmal flüchtig daran, in Italien zu leben? »Es gefällt mir hier, aber mit Sicherheit werde ich hier niemals für immer leben«, schrieb sie, und es klingt wie ein halbes Schuldbekenntnis.

Wie auch immer, sie freute sich, »zurückzukehren, um bei mir zu Hause Gutes und Schlechtes zu erleben.« Hinter ihren Nörgeleien, gestand sie, verbarg sich oft eine besorgte Zärtlichkeit. Und außerdem wollte ihr Mann, daß sie zurückkäme. Er riet ihr, den neuen, durchgehenden Zug von Rom nach Paris zu nehmen, der sie in achtundzwanzig Stunden und dreißig Minuten zum Gare de Lyon bringen würde, so daß er sie diesmal nicht zu gewohnter Stunde abholen mußte »mitten in der traurigen und feuchten Nacht«. Sie wußte aus seinen Briefen, daß er auf ihre Gegenwart Wert legte. Seine Botschaft vom 6. Dezember 1897 war sogar sehr drängend:

»Die Gemüter haben sich dermaßen erhitzt, daß man auf alles gefaßt sein muß; und da wäre man überrascht, Dich nicht an meiner Seite zu sehen.«

Die Nachricht ist klar. Sie sollte heimkehren. Emile Zola hatte in der Dreyfus-Affäre Stellung bezogen.

J'accuse

Während der gesamten Dreyfus-Affäre war Alexandrine Zolas alter ego, seine Kriegsberichterstatterin, seine Zeugin Numer eins. Was wäre aus dieser Affäre geworden, wenn sie sich seinem Engagement widersetzt hätte? Sie, der man so oft nachsagte, sie sei zu bürgerlich, zu sehr auf ihre Ehrbarkeit bedacht, hat Zola nie gebremst, ihn nicht einmal in dem Augenblick zurückgehalten, als er ihr gesamtes Vermögen und ihren Frieden aufopferte, um sich für eine Sache zu engagieren, die beide zunächst gar nicht als die ihre ansahen – ganz im Gegenteil. Die Tochter von Caroline Wadoux – Alexandrine nahm während der Affäre den Namen ihrer Mutter als Decknamen an und unterschrieb ihre Briefe mit Caroline Wadoux – war eine geborene Kämpferin und konnte deshalb aus dem während der Affäre auf sie zukommenden Mißgeschick neue Kraft ziehen und neues Ansehen gewinnen. Mehr als die Jahre des Elends und der Wanderschaft, mehr als die Tatsache, daß sie die Untreue ihres Mannes akzeptierte, machte die Rolle, die sie während der Dreyfus-Affäre an der Seite ihres Mannes übernahm, sie endgültig und für immer zu »Madame Zola« – und das bereits in den Augen der Zeitgenossen.[1]

Zolas Anfänge in dieser Affäre muten seltsam an. Als zögere das Schicksal oder als sammle es vor dem Anklopfen erst einmal alle Kraft, verstrichen vier Jahre, bevor sich der Schriftsteller in den Kampf warf, der sein ganzes Leben von Grund auf veränderte. Zunächst gab er ausweichende Antworten, erkannte sich in der ihm vorgeschlagenen Rolle nicht wieder, sah keinen Anlaß, sich in dieser Affäre zu engagieren.

Aber als dann die Geschichte für ihn Bedeutung erlangt und dramatische Züge bekam, als er die Hauptfiguren, das Opfer, die Ungerechtigkeit und das Leid erkannt hatte, zog er in den Kampf und gab, was in seinen Kräften stand. Er opferte sein beschauliches, angenehmes Leben, opferte den so mühsam erworbenen Frieden und griff in den Geschichtsablauf ein, wurde Hauptakteur, wurde

selbst Opfer und wurde zum Helden. Für ihn und mit ihm kämpften an seiner Seite zwei Frauen, jede auf ihre Art, unterstützten
ihn, ermutigten ihn, halfen ihm. Jeanne wachte über die Kinder, die
die großen Umwälzungen zu spüren bekamen und die ebenfalls
bedroht wurden, sie war der Hafen der Ruhe und Zärtlichkeit,
den er so nötig brauchte, um neue Kraft zu schöpfen. Alexandrine
wurde wieder seine Kampfgefährtin, die sie fünfundzwanzig Jahre
lang gewesen war: aktiv, leidenschaftlich, energisch, loyal, aufopferungsbereit und anspruchsvoll, aber auch ungerecht, wie sie es eben
auch sein konnte.

Als Zola sie im November und Dezember 1897 in sieben Briefen
immer wieder aufforderte, nach Hause zu kommen, begriff sie, daß
in ihrem Mann eine Verwandlung vorgegangen war. Nur ihr vertraute er zunächst sein Zögern, dann seine Entscheidung an. Im
Lauf der Briefe klärte er zuerst für sich selbst, was er von der Affäre
und seinem Engagement hielt, und teilte ihr anschließend seine
Überzeugungen mit.

6. November. Bernard Lazare bat zum zweiten Mal innerhalb
eines Jahres den Schriftsteller, das Wort in der Dreyfus-Affäre zu
ergreifen. Zola schrieb seiner Frau:

»Ich möchte mich lieber heraushalten, die Wunde ist zu sehr vergiftet.«

8. November. Der Anwalt Picquarts, Louis Leblois, lud Zola am
13. November zu einem Essen bei Auguste Scheurer-Kestner ein,
dem Vizepräsidenten des Senats. Scheurer-Kestner war von Dreyfus'
Unschuld überzeugt. Zola schrieb nach Italien:

»Die Dokumente, die mir vorgelegt wurden, haben mich vollkommen
davon überzeugt, daß Dreyfus unschuldig ist; es liegt ein entsetzlicher
Justizirrtum vor, der auf alle hohen Tiere des Kriegsministeriums zu-
rückfallen wird. Der Skandal wird schrecklich sein, eine Art militärischer
Panama-Skandal.
Ich werde mich in den Kampf begeben, wenn es sein muß. (...) Ich
gestehe, daß mich ein solches Drama leidenschaftlich erregt, ich kenne
nichts Schöneres.«

10. November:

»Ich werde nicht persönlich eingreifen, denn dazu bin ich eigentlich nicht
fähig genug.«

16. November:

»Der Bruder von Dreyfus bewirkt offiziell die Anklage. Wenn Du sehen könntest, in welchen Schmutz ihn Leute wie Drumont und Rochefort ziehen. Ich bin leidenschaftlich daran interessiert, denn vielleicht kann man später einen wunderbaren Roman daraus machen.«

25. November:

»Du weißt nicht, was ich gemacht habe? Mit Feuer und Flamme einen Artikel über Scheurer-Kestner und die Dreyfus-Affäre geschrieben. Das verfolgte mich, ich konnte nicht mehr schlafen, ich mußte mir Erleichterung verschaffen. Ich fand es feige zu schweigen. Die Folgen sind mir gleichgültig, ich bin stark genug, biete allem die Stirn. Der Artikel wird morgen im *Figaro* erscheinen.«

29. November:

»Diese Dreyfus-Affäre macht mich so wütend, daß mir die Hände zittern. (...) Ich möchte die Debatte erweitern, eine große Affäre der Menschlichkeit und Gerechtigkeit daraus machen.«

2. Dezember:

»Um mich hat sich eine Gruppe gebildet (...) die heutige Jugend, ehemalige literarische Gegner, die innerlich aufgewühlt sind, (...) die ganze Familie Dreyfus. (...) Noch einmal, mach Dir meinetwegen keine Sorgen: Ich schreibe jetzt die schönste Seite meines Lebens. Mir begegnen großes Glück und große Ehre. – Ich werde mich erst in einigen Tagen wieder einmischen, wenn ich fühle, daß es nötig ist.«

Und am 6. Dezember:

»Die Gemüter haben sich dermaßen erhitzt, daß man auf alles gefaßt sein muß; und da wäre man überrascht, Dich nicht an meiner Seite zu sehen.«

»Ich schreibe jetzt die schönste Seite meines Lebens ... Und da wäre man überrascht, Dich nicht an meiner Seite zu sehen.« Wie hätte Alexandrine in Italien bleiben können? Am Sonntag, dem 12. Dezember 1897, war sie wieder in Paris. Sie wollte an seiner Seite stehen. In der Zwischenzeit hatte Emile drei Artikel im *Figaro* veröffentlicht, drei so eindeutige Stellungnahmen, daß die Zeitung nach heftigen Leserprotesten und Abonnementskündigungen alle weiteren Artikel ablehnte. Der Schlußsatz des Artikels vom 25. November: »Die Wahrheit hat sich in Bewegung gesetzt und nichts wird sie aufhalten« wurde zum Wahlspruch der Dreyfus-Anhänger, der Dreyfusards. Eugène Fasquelle übernahm den Staffelstab von Zola und war ihm während der gesamten Dreyfus-Affäre eine unverzichtbare Stütze.

Am 14. Dezember veröffentlichte Zola seinen mitreißenden *Brief an die Jugend*, am 7. Januar seinen *Brief an Frankreich*. Doch einige Tage später, am 11. Januar 1898, erklärte der Kriegsrat Esterhazy einstimmig für unschuldig.

Wie konnte es dazu kommen? Um das zu verstehen, muß man sich die wichtigsten Ereignisse dessen, was Zola in einem Brief an seinen alten Freund Numa Coste »das außergewöhnlichste Abenteuer der Welt« nannte, in die Erinnerung zurückrufen.[2]

Es begann drei Jahre zuvor.

Am 25. September 1894 wurde dem militärischen Abschirmdienst im Generalstab, Statistische Abteilung genannt, ein Brief zugespielt, der an den Militärattaché der deutschen Botschaft in Paris, Schwarzkoppen, adressiert war. Es handelte sich um das berühmte Bordereau, eine Art Liste. Dieser Brief bewies, daß sich in den Reihen des französischen Militärs ein Verräter befand. Wer war es? Der Kriegsminister General Mercier ordnete eine Untersuchung an. Man darf nicht außer acht lassen, daß Deutschland in den Augen sehr vieler Franzosen seit dem Krieg von 1870 ein Feind war, dem man alle möglichen üblen Machenschaften zutraute.

Sehr schnell und auf äußerst zufällige Art konzentrierten sich alle Verdachtsmomente auf den Hauptmann Alfred Dreyfus, der damals zum Generalstab abgestellt war. Er war ein brillanter junger Mann, Elsässer, reich. Und Jude. Zu seinem Unglück hatte seine Handschrift eine gewisse Ähnlichkeit mit der Schrift des Bordereau-Verfassers, genug Ähnlichkeit für Major du Paty de Clam, ihn am 15. Oktober unter abenteuerlichen Umständen zu verhaften. Dreyfus verzweifelte, er wußte nicht einmal, weshalb man ihn anklagte.

Am 1. November begann die Presse mit ihrer Kampagne. In der antisemitischen Zeitung Edouard Drumonts *La libre Parole,* das freie Wort, erschien ein Artikel, in dem zum ersten Mal der Name Dreyfus öffentlich genannt wurde. Am 19. Dezember begann der

Dreyfus-Prozeß unter Ausschluß der Öffentlichkeit vor dem Kriegsgericht.

Am 22. Dezember wurde Dreyfus als Verräter zu lebenslänglicher Deportation verurteilt. Am 5. Januar 1895 erfuhr er unter den Buhrufen und Todesdrohungen der zuschauenden Menschenmenge seine öffentliche militärische Degradierung im Hof der Militärakademie. Gut zehn Tage später wurde er eines Nachts deportiert, kam zuerst in ein Gefängnis auf der Ile de Ré und im April auf die Teufelsinsel vor Französisch-Guyana. Man hatte dort für ihn ein spezielles Gefängnis gebaut, ein Steinverließ von vier mal vier Metern. Die Teufelsinsel trug ihren Namen zu Recht: Von dort kam niemand lebend zurück.

März 1896. Eine Wendung: Während der Bruder des Verbannten, Mathieu Dreyfus, und Alfreds Frau Lucie verzweifelt versuchten, der Wahrheit zum Durchbruch zu verhelfen, gelangte Oberstleutnant Picquart, seit 1895 Leiter des militärischen Abschirmdienstes, in den Besitz eines handgeschriebenen Telegramms von Schwarzkoppen – immer noch Militärattaché der deutschen Botschaft – an einen gewissen Esterhazy. Dieses Telegramm wurde nach der Farbe französischer Telegramme »das kleine Blaue« genannt. Verbarg sich ein weiterer Spion in der Armee? Picquart beschloß, Nachforschungen anzustellen. Dabei fielen ihm zwei von Esterhazy geschriebene Briefe in die Hände, und überrascht stellte er eine Übereinstimmung mit der Schrift des Bordereau fest. Es gab also nur einen einzigen Verräter, den anderen hatte man unschuldig ins Bagno auf der Teufelsinsel geworfen. Picquart war sofort von der Richtigkeit seiner Beobachtungen überzeugt und teilte diese dem Chef des Generalstabs, Boisdeffre, mit, der ihm zu allergrößter Zurückhaltung riet. Vergeblich. Daraufhin benötigten Picquarts Vorgesetzte nur sieben Wochen, um zu der Entscheidung zu kommen, daß er, der jüngste Oberstleutnant der französischen Armee, lästig wurde. Man schickte ihn als Inspektor an die Ostgrenze, um ihn unschädlich zu machen.

Im Maimonat dieses Jahres (1896) veröffentlichte Zola, der von alledem nichts ahnte, im *Figaro* einen sehr offenen und lebhaften Artikel gegen den Antisemitismus mit dem Titel *Für die Juden*.

Am 16. September forderte Lucie Dreyfus die Revision des Prozesses gegen ihren Mann. Nun wurde es für die Dreyfus-Gegner gefährlich. Die Akte war dünn, Dreyfus könnte freigesprochen werden. Wie konnte man die Akte auffüllen? Durch sich selbst wird man immer am besten bedient: Major Henry aus dem militärischen Abschirmdienst erwies diesen Dienst. Er verfaßte ein Dokument – oder ließ es verfassen –, das Dreyfus niederschmettern sollte: einen Brief von Schwarzkoppen an seinen Kollegen und persönlichen Freund, den Italiener Panizzardi. Dieser Brief wurde später »der falsche Henry« genannt. Und um noch mehr Ruhe und Sicherheit zu haben, versetzte man Picquart als Regimentskommandeur nach Tunesien. Die Zeit drängte. Bernard Lazare, ein von Dreyfus' Unschuld überzeugter jüdischer Journalist, gab in Brüssel eine Broschüre mit dem Titel *Ein Justizirrtum. Die Wahrheit über die Dreyfus-Affäre* heraus. Auch vermehrte er seine Anstrengungen, Persönlichkeiten aus Literatur und Politik in aller Welt für Dreyfus zu gewinnen. So wandte er sich auch an Zola. Aber der lehnte ab.

Als Picquart im Januar 1897 in Tunesien war, wurden ihm die Vorgänge klar. Er nahm Urlaub, reiste nach Paris und erzählte alles seinem Anwalt Louis Leblois unter dem Siegel der Verschwiegenheit. Leblois gab sein Wissen, ebenfalls unter dem Siegel der Verschwiegenheit, an Scheurer-Kestner weiter, der daraufhin beschloß, für Dreyfus' Rehabilitation zu kämpfen. Auch Bernard Lazare setzte seine Kampagne fort. Er suchte ein zweites Mal Zola auf, der nun einwilligte, sich zu einer Versammlung bei Scheurer-Kestner zu begeben.

Mathieu Dreyfus hatte vom Bankier Esterhazys den wahren Namen des Verfassers des Bordereau erfahren. Am 16. November veröffentlichten die Zeitungen einen Brief von Mathieu Dreyfus an den Kriegsminister General Billot, der mittlerweile Merciers Stelle eingenommen hatte, in dem er Esterhazy beschuldigte, das Bordereau geschrieben zu haben. Druck fördert Gerechtigkeit: Gegen Esterhazy wurde daraufhin eine Untersuchung eingeleitet. Er war Major der Infanterie ohne große Karriereaussichten, ein hochverschuldeter, skrupelloser Abenteurer. Das war der Augenblick, den Zola wählt, um seine Kampagne im *Figaro* zu starten und Alexandrine zu bitten, nach Paris zu kommen. Für die Dreyfus-Anhänger schien die Affäre endlich zu einem guten Ende zu kommen.

Daher ihr Erstaunen, als sie Ende Dezember erfuhren, daß Esterhazy, nachdem Gutachten von Schriftsachverständigen eingeholt worden waren, freigesprochen werden sollte. Sein Prozeß war nur noch eine Formsache, um das Verfahren gegen ihn abzuschließen, was am 11. Januar 1898 erledigt wurde: Einstimmig spricht ihn das Kriegsgericht frei. Picquart aber, der gegen die Schriftsachverständigen geklagt hatte, wurde festgenommen und am nächsten Tag auf die Festung Mont-Valérien verbracht. Jetzt war die Affäre festgefahren. Alle legalen Mittel hatten versagt. Dreyfus, auf der Felseninsel vom Fieber gepackt, kämpfte mit dem Tod.

Zola sah den Feispuch Esterhazys voraus. Er wußte, daß man nun die Legalität und alle Vorsicht, zu der Mathieu Dreyfus und Scheurer-Kestner immer wieder mahnten, vergessen mußte, wenn man Alfred Dreyfus retten wollte. Schluß jetzt mit dem Ausschluß der Öffentlichkeit und dem Kriegsgericht! Die Affäre mußte den Händen der Militärs entrissen werden, sie gehörte vor die Öffentlichkeit. Die Wahrheit mußte mit einem Schlag ans Licht kommen, durch einen Geniestreich. Ein mutiger Streich außerdem für einen alternden Mann, der seinen Ruf, den er weltweit genoß, der öffentlichen Meinung entgegensetzte, um der Wahrheit zum Durchbruch zu verhelfen. Wie im Fieber verfaßte er innerhalb von zwei Tagen seinen berühmten *Offenen Brief an den Präsidenten der Republik*, der wie eine Bombe einschlug. In diesem Text mit dem Titel *J'accuse* rekapituliert er alle Ereignisse seit Beginn der Affäre und äußert seine Meinung mit großer Offenheit und Entschlossenheit. Er weist nach, protestiert, prangert öffentlich an, klagt an. Sein Ziel war, selbst vor Gericht gestellt zu werden, um die ganze Affäre ans Tageslicht zu bringen. Alexandrine schrieb Amélie:

»Heute morgen, als Emile noch schrieb, bin ich ohne besondere Absicht in sein Arbeitszimmer eingetreten, wie ich es manchmal so mache; aber sein Blick hat mich regelrecht vernichtet, und ich habe mich schnell wieder zurückgezogen!«[3]

Sie wußte wie er um den Ernst der Stunde, sah, daß sie an einer Wendung ihres Lebens standen. Sicher ahnten sie nicht, in welchem Maß ihr Leben sich verändern würde, aber die ermutigenden wie auch die beleidigenden Briefe, die der Schriftsteller seit seinem Einsatz für Dreyfus erhielt, zeigten ihnen überdeutlich, wie sehr Leidenschaft und Haß entfesselt waren. Für Zola, den Veteran der Polemik, waren es deutliche Zeichen.

Er hatte sich nicht geirrt, er schrieb jetzt die schönste Seite seines Lebens.

»… Ich klage Oberstleutnant du Paty de Clam an, die teuflische treibende Kraft für den Justizirrtum gewesen zu sein …

… Ich klage General Mercier an, sich der Teilnahme an einem der größten Ungerechtigkeiten des Jahrhunderts möglicherweise aus Mangel an Scharfsinn schuldig gemacht zu haben …

… Ich klage General Billot an, die sicheren Beweise der Unschuld Dreyfus' in Händen gehabt und sie unterdrückt zu haben …

…Ich klage die Generäle Boisdeffre und Gonse der Komplizenschaft an dem Verbechen an …

…Ich klage General Perilleux und Major Ravary an, eine ruchlose Untersuchung geführt zu haben …[4]

… Ich klage die drei Schriftsachverständigen Belhomme, Varinard und Couard an, lügenhafte und betrügerische Gutachten erstellt zu haben …

… Ich klage die Kriegsgerichtsverwaltung an, in der Presse, insbesondere im *L'Eclair* und im *L'Echo de Paris*, eine abscheuliche Kampagne geführt zu haben mit dem Ziel, die öffentliche Meinung irrezuführen und den Irrtum des Kriegsgerichts zu verschleiern.

… Ich klage schließlich das erste Kriegsgericht an, das Recht verletzt zu haben, indem es einen Angeklagten aufgrund eines Dokuments verurteilte, das geheim blieb, und ich klage das zweite Kriegsgericht an, diese Illegalität auf Befehl gedeckt zu haben …

Ich weiß, daß ich durch diese Anklagen unter die in den Artikeln 30 und 31 festgelegten Bestimmungen des Pressegesetzes vom 29. Juli 1881 falle, welche das Vergehen der Rufschädigung bestrafen. Ich setze mich in voller Absicht diesen Bestimmungen aus. Die Personen, die ich anklage, kenne ich nicht und habe sie nie gesehen, ich habe ihnen gegenüber weder Rache- noch Haßgefühle. Sie sind für mich Unbekannte, die der Gesellschaft Schaden zufügen. Und meine empörten Zeilen sind nur ein Mittel, der Wahrheit und der Gerechtigkeit unverzüglich zum Durchbruch zu verhelfen.

Ich habe nur eine Leidenschaft, Klarheit im Namen der Menschheit zu schaffen, die so viel erlitten und die ein Recht darauf hat, glücklich zu sein. Mein heftiger Protest ist nur der Schrei meiner Seele. Man möge den Mut aufbringen, mich vor das Schwurgericht zu stellen und die Untersuchung im hellsten Tageslicht stattfinden zu lassen!

Ich warte, Herr Präsident.

Mit vorzüglicher Hochachtung,

Emile Zola«

Dieser offene Brief – den Titel *J'accuse* fand Clemenceau, der Leiter des Ressorts Politik der Zeitung *L'Aurore* – wurde am 13. Januar ab acht Uhr morgens verkauft. Den ganzen Tag über riefen Zeitungsjungen den Titel aus, und mehr als zweihunderttausend Exemplare der *L'Aurore* wurden am gleichen Tag noch in den Straßen von Paris verkauft. »Der Schock, den Zola damit versetzte, war so groß, daß Paris umzukippen drohte«, kommentierte Peguy, dessen Buchhandlung in der Rue Cujas einer der Hauptversammlungsorte der Dreyfus-Anhänger wurde. Zolas Brief brachte die Affäre ins Zeitgeschehen zurück, änderte aber deren Charakter. Jetzt war es nicht mehr nur der Kampf für einen Mann – sicher ein wichtiger Kampf, da der Mann unschuldig war –, sondern eine Auseinandersetzung zwischen Anhängern der Gerechtigkeit, der Wahrheit und einer bestimmten Auffassung von den Menschenrechten einerseits und andererseits der Armee, der Institutionen und der Kirche, die ihre eigene Auffassung von der Dreyfus-Affäre zum Teil auch im Namen der Staatsraison vertraten. Nun stand etwas ganz anderes auf dem Spiel. Die kleine Gruppe Dreyfusards der ersten Stunde wurde zu einer regelrechten Partei, die sich für die Revision einsetzte. Die Presse, und zwar die gesamte Presse, begab sich in die Arena, sogar die größte Sportzeitung *Le Vélo*, die sich dadurch in zwei miteinander konkurrierende Blätter aufspaltete.[5] Aus aller Welt kamen Solidaritätserklärungen, Petitionen wurden verteilt, Künstler, bekannte Schriftsteller, aber auch bisher unbekannte wie Anatole France oder der junge Marcel Proust setzten sich für Dreyfus ein.

Die Kräfte aber, gegen die sie kämpften, darf man nicht unterschätzen: In diesem Jahr fanden die Parlamentswahlen statt, politische und moralische Auseinandersetzungen, Machtkämpfe, massive Versuche der Wählerbeeinflussung waren an der Tagesordnung. Neben den alten traditionellen, monarchistischen und bürgerlichen Rechtsparteien, in deren Reihen viele von Dreyfus Unschuld überzeugt waren, entstand eine neue, äußerst antisemitisch und nationalistisch gesinnte Rechte. Ehemalige Boulangisten wie der rechtsgerichtete Paul Déroulède, Begründer der Liga der Patrioten und Vorsänger eines muskelprotzenden Patriotismus, oder der linksgerichtete Rochefort und andere vereinten sich aufgrund ihres gemeinsamen Antisemitismus in einer rechtsextremen, nationalistischen und antirepublikanischen Gruppierung. Zeitungsartikel,

Demonstrationen, Straßenkämpfe, Zerstörungen von Schaufenstern jüdischer Geschäfte, Bedrohungen, Beleidigungen und Verleumdungen, Appelle an die »wahren Franzosen«, sich gegen die »Agenten des Auslands« zur Wehr zu setzen – alle Mittel waren recht, um eine zutiefst gespaltene Gesellschaft zu beeinflussen und Druck auf sie auszuüben.

Von einem Tag auf den anderen wurden in ganz Frankreich regelrechte Demonstrationen des Hasses entfesselt. Und überall fügte man den antisemitischen Parolen den Namen Zolas hinzu. In Nantes zogen dreitausend junge Menschen durch die Straßen, brüllten Todesparolen und zerstörten die Auslagen jüdischer Geschäfte. In Nancy, in Rennes, Bordeaux, Moulins, Montpellier, Angoulême, Tours, Poitiers, Toulouse und vielen anderen Städten demonstrierte die Menge und schrie: »Nieder mit den Juden, nieder mit Zola, nieder mit Dreyfus!« Soldaten schützten jüdische Geschäfte gegen Plünderer. Im gesamten Osten Frankreichs zogen die Menschen tagelang durch die Straßen und brüllten: »Erschießt Zola! Tod den Juden!« In Marseille zählte man viertausend Demonstranten, ebenso viele in Bordeaux, in Rouen waren es zweitausend, und in allen Städten fanden Versammlungen statt, auf denen Zola, Dreyfus und die Juden als Feinde aufgebaut wurden. 1897 hatte Jules Guérin in Paris die ehedem von Drumont gegründete »Französische Liga für den Antisemitismus« zu neuem Leben erweckt und schickte seine Banden »aus Lastträgern, Metzgern, Stadtstreichern und Intellektuellen aller Couleur«[6] durch die Straßen. Er selbst ließ sich nur zusammen mit einer Horde von zwölf mit Knüppeln und Eisenstangen bewaffneten Metzgern aus La Villette in der Öffentlichkeit blicken. Überall in Paris sah man große Plakate mit der Aufschrift: »Zola an den Galgen!«

Alexandrine hörte, las, sah das alles. Unter ihrem Fenster schrie die Menge, Tag und Nacht drang das Gebrüll zu ihnen herauf: »Nieder mit Zola, tötet Zola!« Und wenn sie hinausgingen, stürzten die Leute an ihre Wagentür, um sie grob zu beschimpfen. Sie hatten sich auf einen regelrechten Krieg eingelassen und waren wirklich in Gefahr. Ihre Feinde würden nicht so schnell ermatten. Dabei war Alexandrine zwei Monate zuvor noch in Italien die verehrte Ehefrau eines hoch angesehenen Schriftstellers gewesen. Jetzt war sie die Ehefrau eines Volksfeindes.

Zola wurde vom Schwurgericht am 23. Februar 1898 wegen übler Nachrede und Rufschädigung zu einem Jahr Gefängnis und dreitausend Francs Geldstrafe verurteilt, die Höchststrafe, vor der ihn sein Verteidiger Fernand Labori, dessen Wortgewalt der Feder seines Mandanten in nichts nachstand, nicht bewahren konnte.

Der Prozeß gegen Zola wurde am 7. Februar eröffnet. Trotz der an einer Gaslaterne aufgehängten verleumderischen Proklamation Drumonts und Jules Guérins, die die Menge aufhetzen sollte, konnte Zola in relativer Ruhe den Justizpalast auf der Seineinsel erreichen, da ein großes Polizeiaufgebot die Menge in Schach hielt. Aber am 8. Februar wurden die Polizisten von Hunderten von Demonstranten überrannt, die Zola am Ausgang des Gerichts erwarteten. Knüppel, Spazierstöcke mit Eisenspitzen, Fäuste kämpften gegen Polizeiknüppel. Nur unter Polizeischutz konnten Zola und seine Freunde das wartende Pferdefuhrwerk erreichen, die Beschimpfungen und Drohungen der Menge gellten ihnen in den Ohren. Zola war gezwungen, am nächsten Tag in aller Heimlichkeit über den Quai des Orfèvres den Justizpalast durch einen Nebenausgang zu betreten. Ab jetzt wählte man jeden Tag einen anderen Weg, denn die Masse wollte Zolas habhaft werden. Desmoulin, Fasquelle und Bruneau begleiteten ihn in einem der beiden Fuhrwerke, das ihm zur Verfügung gestellt worden war, in dem anderen saßen die Sicherheitskräfte, die die Menge auf Abstand hielt. Der Prozeß dauerte insgesamt zwei Wochen. Im Saal drängten sich die Zuschauer wie bei allerwichtigsten Prozessen. Junge Rechtsreferendare mußten sich auf den Boden setzen. Es herrschte eine unerträgliche Hitze. Alexandrine war jeden Tag anwesend. Umgeben von ihren Freunden saß sie auf der sogenannten »Bank der Verteidigung«: an ihrer Seite die Mutter des Anwalts und seine Ehefrau, die hübsche, junge Madame Labori, Marguerite und Georges Charpentier, Amélie Laborde und ihre Kinder, Madame Jacquemaire – die Tochter von Georges Clemenceau – der Kritiker und Bühnenautor Octave Mirbeau und seine Frau Alice und dann natürlich Eugène Fasquelle, Fernand Desmoulin und Alfred Bruneau. Man versucht, zu diesen Personen noch eine Madame Verdurin aus dem Roman Marcel Prousts *Auf der Suche nach der verlorenen Zeit* hinzuzählen, die man »während der Sitzungen des Schwurgerichts an der Seite Madame Zolas sah, unten zu den Füßen der Richter.«[7] Und wie seine Romanfigur Bloch war der junge Marcel Proust ebenfalls anwesend, er kam »morgens und geht erst am Abend, kommt mit einem Vorrat an belegten Broten und einer Kanne Kaffee, wie bei den Abschlußprüfungen in der Schule oder beim schriftlichen Abitur.«[8]

Zola auf der Anklagebank war stets sorgfältig gekleidet in seinen schwarzen Gehrock, die weiße Weste und roten Handschuhe, trug die Ordensbandschleife der Ehrenlegion und stützte das Kinn auf den Knauf seines Spazierstocks, als träumte oder langweilte er sich hin und wieder. Hinter ihm sein Verteidiger Fernand Labori und Albert und Georges Clemenceau, die zu seinen Gunsten aussagen durften.

Auf jedes Bemühen Laboris, einen Zipfel des Schleiers zu lüften und die heiklen Punkte der Affäre anzusprechen, und trotz der sehr zahlreichen Zeugenaussagen, die die Verteidigung beibringen konnte, hatte der Präsident nur eine einzige Antwort:

»Diese Frage steht nicht zur Debatte.«

Bei der Urteilsverkündigung platzte die erregte, fanatisierte Menge los, beschimpfte und bedrohte Zola. Damen stiegen auf die Bänke und kreischten. Alexandrine hatte bereits vorher den Saal verlassen und hörte glücklicherweise nicht die schreckliche Parole: »Tod für Zola!«, auf die Zola nur mit einem einzigen Wort antwortete:

»Kannibalen.«

Sie wartete in großer Angst auf den weiteren Verlauf. Zola flüchtete zu Eugène Fasquelle am Boulevard Haussmann. Um sie zu beruhigen, ließ er ihr um neun Uhr abends die Botschaft übermitteln:

»Meine liebe, geliebte Frau, mach Dir keine Sorgen. Wir sind bei Fasquelle, ohne eine lebende Seele getroffen zu haben. Ich habe sehr großen Hunger und werde gleich gut essen, dabei ein wenig Champagner trinken, um mein Gleichgewicht wiederzufinden. Touny[9] wollte, daß ich nicht zu Hause zu Abend essen, sondern lieber erst später heimkehren sollte. Erwarte mich also zwischen halb zwölf und Mitternacht. Alles läuft sehr gut, und alles wird bestens, wenn ich meine Entscheidung gefällt habe. Ich küsse Dich sehr herzlich.«

Die Alternative war klar: entweder das Urteil annehmen und ins

Gefängnis gehen oder Berufung einlegen. Letzteres empfahlen ihm seine Freunde Labori und Clemenceau. Alexandrine war darüber erleichtert, sie wußte, daß er zu allem bereit war. Er hatte ohne Zögern und ohne jede Einschränkung sein Leben eingesetzt, um die Unschuld von Dreyfus zu beweisen, er wollte seinen Kampf zuende führen. Aber jetzt war es gut, daß er sich zunächst gegen das Gefängnis entschied.

Alexandrine und Emile Zola mußten unter Polizeischutz gestellt werden, ihre Haustür in der Rue de Bruxelles wurde ab jetzt Tag und Nacht bewacht. Mit ihrem beschaulichen Leben war es vorbei. Aber hatte es das überhaupt jemals gegeben? Zola war überzeugt, einer gerechten Sache zu dienen, war Feuer und Flamme und schrieb:

»Man hat mich zum Äußersten verurteilt, und ich werde bis zum Äußersten durchhalten.«

Woran also zweifeln?

Revision, Aufhebung des Urteils wegen eines Formfehlers, zweiter Wiederaufnahmeantrag – Alexandrine war allmählich in Rechtsfragen beschlagen. Eifrig verfolgte sie Zeitungsberichte, traf sich mit Fernand Labori, Mathieu Dreyfus, Georges Clemenceau und Georges Picquart, zu dem sie seit Prozeßbeginn freundschaftliche Beziehungen geknüpft hatte. Ein zweiter Prozeß wurde Zola von den Schriftsachverständigen anhängig gemacht, der Einzelklagen aufgriff, die im ersten Prozeß unberücksichtigt geblieben waren. In diesem Verfahren wurde er am 9. Juli dazu verurteilt, den Schriftsachverständigen für ihre Expertisen fünftausend Francs und darüber hinaus eine Geldstrafe von zweitausend Francs zu bezahlen. Dazu kamen noch zwei Monate Gefängnis mit Bewährung.

An diesem Tag veröffentlichte der Journalist Ernest Judet in der mächtigsten Volkszeitung *Le Petit Journal* mit einer Auflage von einer Million Exemplaren einen niederträchtigen Artikel über François Zola, den Vater des Schriftstellers, den er beschuldigte, wegen Geldunterschlagungen aus der Armee entlassen worden zu sein. Judet besaß eine große Macht innerhalb des Pressewesens. Zola war zutiefst verletzt und antwortete mit einer Anklage wegen übler Nachrede. Doch konnte er keine Beweise beibringen. Alexandrine hatte wieder und wieder das gesamte Arbeitszimmer ihres

Mannes und »seine Rumpelkammer voll Papierkram, der sich teilweise seit zwanzig Jahren angehäuft hat« auf der Suche nach Dokumenten über ihren Schwiegervater durchsucht, konnte aber nichts finden.

Ihr Leben veränderte sich vollkommen. Sie lebten inmitten eines Wirbels, befanden sich in unaufhörlichen, spektakulären Auseinandersetzungen. Zolas Mut hatte sie ins Zentrum des Zeitgeschehens versetzt. Er wurde gehaßt oder hochverehrt. Blumensträuße, Kränze zu seinen Ehren, Garben, Telegramme, Petitionen, Zeitungsartikel, Droh- oder Dankesbriefe kamen aus aller Welt und stapelten sich auf ihren Tischen, Stühlen, Schränken, Kaminsimsen. Diese solidarischen Briefe bedeuteten Trost, oft waren sie ganz naiv, oft überschwenglich oder warmherzig, in Prosa oder Versen, von Arbeitern, Bürgern, Männern, Frauen, Studenten, sogar von Kindern geschrieben, kamen aus Frankreich, England, Italien, Rußland, Norwegen, der Türkei, Südamerika. Aber wie entsetzlich waren diese vielen anonymen Briefe, die zu Dutzenden eintrafen, deren Inhalt sie schon vor dem Öffnen kannten und die bis zum Erbrechen immer dieselben Schimpfworte wiederholten: »Italiener, Verräter, Bestochener, Preuße, Jude, Itzig, beschnittener Schwanz, dreckiges Schwein, leck mich am Arsch, beschissener, dreckiger Lump, nieder, nieder mit dem ruchlosen Juden, krepier am Pranger, am Schandpfahl ...« Und dazu die Briefe mit Exkrementen oder Abbildungen des Schriftstellers, die durch Dreck gezogen oder denen die Augen ausgestochen worden waren.[10] Seine Frau, aber auch seine Geliebte hatten große Angst um ihn. Eines Tages folgte Jeanne ihm sogar aus der Ferne mit den Kindern durch die Straßen. Alexandrine begleitete ihn überallhin, beklagte sich nicht. Wie Albert Laborde schrieb,[11] entdeckte sie, daß sie wieder »vibriert wie in ihrer Jugend, und sie empfängt alle wie verwöhnte Kinder bei sich zu Hause, die ihren Mann unterstützen«. Die Donnerstage wurden wieder zu Kampfversammlungen, zu denen man ging, um Neuigkeiten zu erfahren, auf denen man die Ereignisse diskutierte, unter Gleichgesinnten war und seine Waffen putzte. Ebensolche Versammlungen fanden bei Marguerite Charpentier statt, deren Salon bei Marcel Proust zum Salon der Madame Verdurin wird. Bei Marguerite Charpentier konnten die Gäste alle prominenten Persönlichkeiten, die sich für die Revision des Dreyfus-Prozesses ein-

setzten, treffen: Zola, den schönen Oberst Picquart in seiner hell-
blauen Uniform mit den vergoldeten Litzen, Georges Clemenceau,
den Baron Reinach oder auch Fernand Labori. Und wenn das
Publikum bei Marguerite Charpentier nun mondäner geworden
war, so deshalb, weil »die Präsidentin«, wie Alexandrine sie nannte
(Proust sagt »la Patronne«) sich von einigen ihrer Getreuen getrennt
und sich ihr Publikum ein wenig verändert hatte. Die Zeit lag
weit zurück, in der sie Gäste mit gegensätzlichen Meinungen zusammentreffen lassen konnte, der Zeitgeist war nicht mehr der der
Toleranz. Ihr alter Freund Renoir war zum Feind übergelaufen und
besuchte nun den antisemitischen Salon von Madame de Loynes in
der Avenue des Champs-Elysées, wo man auch den Kritiker Jules
Lemaître, den steinreichen Boni de Catellane, Ernest Judet und alle
zukünftigen Führer der »Liga des französischen Vaterlandes« antraf.
Pissarro und Sisley sprachen nicht mehr mit Renoir und Cézanne.
Degas entließ sein protestantisches Dienstmädchen, denn »alle Pro-
testanten sind für Dreyfus«. Monet, dessen Beziehung zu Zola sich
abgekühlt hatte, schrieb ihm, um ihm seinen Beifall mitzuteilen.
Jedes Lager hatte seinen Kommandostab, seine Zeitungen, seine
Stadtviertel, seine Salons, Cafés, Kneipen, Versammlungen und
sogar seine eigenen Bälle. In diesem Orkan, der alle Leidenschaften
aufwirbelte, Familien auseinanderriß und Tausende von Menschen
zu Straßendemonstrationen trieb, war der Name Zolas in aller
Munde, so daß Anfang 1898 der Name der eigentlichen Hauptperson der Affäre, Dreyfus, fast schon in Vergessenheit geraten war.

Anfang April zogen Alexandrine und Emile wieder nach Médan,
wo man Abfälle über ihre Gartenmauer schleuderte und sie belei-
digte. Eine Gruppe Soldaten bewarf sie gar mit Steinen. Die Kinder
wurden in Verneuil, wo Zola ein Ferienhaus für Jeanne gemietet
hatte, mit Dreckwasser übergossen. Alle erhielten sie Todesdrohungen. In den Kreisen der Konformisten wurde der Name Zola ein
Synonym für Dreck. François Mauriac erzählt, daß man in seiner
Familie einen Nachttopf einen »Zola« nannte.[12] Wie sollte man
einer solchen Entfesselung des Hasses begegnen? Wie diesen Haß
einfach negieren?

Zu Ende des Prozesses hielten es die Dreyfusards für unerläßlich,
eine eigene Vereinigung zu haben. Der Senator und ehemalige
Justizminister Ludovic Trarieux gründete zusammen mit einigen

Freunden die »Liga der Menschenrechte«, die sehr schnell dank ihrer vielen Unterabteilungen in ganz Frankreich, ihrer öffentlichen Versammlungen und Publikationen das geistige Zentrum der Dreyfusards wurde. Aber sie hatte kaum Gewicht angesichts der immer zahlreicher werdenden, aggressiven Ligen der Gegenseite: die antisemitische Liga, die Liga der Patrioten von Déroulède, die Liga des französischen Vaterlandes, die einige Monate später unter ihrem Dach Gegner der Revision versammelte wie Charles Maurras, den katholischen Dichter François Coppée, Jules Lemaître, den Schriftsteller Maurice Barrès, Léon Daudet, den Sohn von Alphonse Daudet, Frédéric Mistral, Jules Verne und auch den Maler Edouard Degas.

Mitte Juni löste die Regierung Brisson die Regierung Méline ab, und an ihrer Spitze stand nun der neue Kriegsminister Cavaignac, ein fanatischer Republikaner, der überzeugt war, allein der Affäre gewachsen zu sein und sie aus der Welt schaffen zu können. Am 7. Juni richtete er in einer Parlamentsrede über Esterhazy, den er für einen Komplizen von Dreyfus hielt, und über Dreyfus auf Grund neuer Beweise, die er neben einem sogenannten Schuldeingeständnis seitens Dreyfus zu besitzen beteuerte. Diese Rede wurde in allen Gemeinden Frankreichs ausgehängt, wurde ein Triumph für den neuen Kriegsminister und eine neue Enttäuschung für die Verfechter der Revision: Wie gegen einen Mann ankämpfen, der nicht verdächtigt werden konnte, im Bund mit der Rechten zu stehen? Als sie schließlich Jaurès für die Sache gewannen, ließ dieser sie wieder Hoffnung schöpfen: Er war sich von Anfang an sicher, daß die sogenannten Dokumente Cavaignacs allesamt gefälscht wurden. »Die Fälscher sind aus ihren Löchern gekommen; wir haben sie jetzt an der Kehle gepackt«, beteuerte er.

Cavaignac machte allerdings die Affäre auf seine Weise wieder aktuell, denn wenn es neue Beweise gab, mußte Dreyfus von neuem vor Gericht gestellt werden. Picquart, der im Februar festgenommen worden war, bestritt öffentlich, das Telegramm zwischen Esterhazy und Schwarzkoppen gefälscht zu haben. Cavaignacs Antwort darauf war, ihn weiterhin festzuhalten.

Esterhazy wurde am 12. Juli festgenommen und einen Monat später aufgrund der Einstellung des Verfahrens wieder auf freien Fuß gesetzt. Dreyfus befand sich immer noch auf der Teufelsinsel. Zola sollte erneut vor Gericht gestellt werden, dieses Mal in Versailles, einer Stadt, in der es fast nur Anhänger des Militärs gab. Während einiger Kampagnen wurde sein Porträt öffentlich verbrannt. Aber am allerstärksten war der Haß vermutlich in Algerien, wo durch das Dekret Crémieux von 1871 allen Juden die Bürgerrechte zuerkannt worden waren. Dutzende und Aberdutzende von Geschäften wurden hier geplündert, und es verging kein Tag ohne Gewalt. Von den sechs Abgeordneten aus Algerien, die im Mai 1898 gewählt wurden, waren vier Mitglieder der antisemitischen Gruppe innerhalb der Nationalversammlung.

In dieser angespannten Atmosphäre fand der zweite Prozeß gegen Zola statt. Am Samstag, dem 16. Juli, verließ er Médan und fuhr in seine Pariser Wohnung. Am darauffolgenden Montag begab er sich in Begleitung von Desmoulin zu Charpentier in der Rue du Bois, und gemeinsam fuhren sie durch den Bois de Boulogne und Sèvres nach Versailles. Der Anfang des Prozesses war sehr genau von Labori vorbereitet worden, der die Verlegung des Prozesses nach Versailles als gesetzeswidrig anfocht und einen neuen Revisionsantrag stellte. Da sein Antrag zur allgemeinen Verwunderung keine aufschiebende Wirkung hatte, verließ Zola sehr ruhig die Anklagebank und ging schweigend aus dem Saal unter Beschimpfungen und Beleidigungen, die von allen Seiten auf ihn niedergingen: »Feigling, Verräter, geh zu deinen Juden!« Déroulède brüllte: »Raus aus Frankreich! Ab nach Venedig!« Wie bei der ersten Gerichtsverhandlung wurde Zola zur Höchststrafe verurteilt: ein Jahr Haft und dreitausend Francs Geldstrafe, was er aber, da er den Saal vor der Urteilsverkündigung verließ, nicht mehr hörte.

Im Wagen rieten ihm dann die Brüder Clemenceau und Fernand Labori, Frankreich zu verlassen, bevor das Urteil ihm nach Hause zugestellt, also rechtskräftig wurde. Emile Zola widerstrebte dieser Gedanke, den er für eine Flucht hielt, und bat um Bedenkzeit. Bei den Charpentiers gab er dem Drängen seiner Anwälte nach und fällte die in ihren Konsequenzen für sein ganzes Leben so schwerwiegende Entscheidung, noch am selben Abend nach London ins Exil zu gehen.

Alexandrine hatte ihn seit dem Morgen nicht mehr gesehen und wartete in der Rue de Bruxelles auf ihn. Hätte sie, wenn sie bei ihm gewesen wäre, in diese Abreise eingewilligt? Desmoulin wurde damit beauftragt, sie zu benachrichtigen, während Emile Jeanne einen kurzen Brief schrieb:

»Liebe Frau, die Affäre hat sich so gewendet, daß ich gezwungen bin, nach England zu fahren. Mach Dir keine Sorgen, warte in Ruhe auf Nachricht von mir. Sobald ich irgendetwas beschließen kann, werde ich Dich informieren. Ich will versuchen, einen Ort zu finden, an den Du mit den Kindern zu mir kommen kannst. Aber es gibt etliche Schwierigkeiten, und ich werde wohl einige Tage benötigen. Im übrigen werde ich Dich auf dem laufenden halten, ich schreibe Dir, sobald ich in England bin. Sage niemandem auf der Welt, wo ich mich befinde.«[13]

Alexandrine wagte nicht, ihm einen Koffer zu packen, die Rue de Bruxelles wurde permanent überwacht. Sie rollte ein Nachthemd und einige Gegenstände in eine Zeitung und brachte sie ihm in panischer Angst. Beide bestiegen sie eine Kutsche und fuhren zum Gare du Nord. Emile hielt ihre Hand und drückte sie fest, gehetzt tauschten sie ein paar Worte. In einem anderen Wagen kam Georges Charpentier zum Bahnhof und kaufte für Zola die Fahrkarte nach London.

Alexandrine schaute verzweifelt und verständnislos ihrem abfahrenden Mann nach »mit verschwimmendem Blick, die zitternden Hände zusammengepreßt«. Sie war nun die Ehefrau eines ins Exil getriebenen Schriftstellers.

»Wächterin und aufopferungsvolle Dienerin«

»Ich will nicht warten, lieber Freund, bis ich wieder auf dem Land bin, um Dir zu schreiben. C(harpentier) ist fortgegangen, ich bin zu Hause, wohin ich mich begab, nachdem ich Dich verlassen hatte. Hier traf ich auf (Bruneau), der bis halb zwölf bei mir blieb. Wir saßen beide wie dumm da, denn in diesem ganzen Alptraum war uns vor allem der Grund für Deinen plötzlichen Aufbruch unklar, und wir fragten uns, worin die Gefahr bestehen könnte; ich kann mir immer wieder einreden, daß man ›nicht daran rühren‹ dürfe, aber ich kenne Eure Gründe nicht, und gleich werde ich mich zu Deinem Berater begeben, damit er mir die Dinge ein wenig erklärt.

Erst am Nachmittag werde ich nach Médan fahren können. Mittwoch abend komme ich dann wieder nach Paris, so wie wir es in letzter Zeit immer gemacht haben. Ob ich dann Donnerstag wieder nach Médan fahren kann, weiß ich noch nicht. Jetzt ist es sechs Uhr morgens, ich konnte mich noch nicht um die Abfahrtszeiten der Züge kümmern, und als ich aus dem Bahnhof kam, waren mein Kopf und mein Herz bei Dir, und ich dachte nicht an meine nächste Abreise.

Es muß wohl eine recht große Gefahr bestehen, daß Du darin einwilligtest, so schnell abzureisen und alles, was Du liebst, zurückzulassen, und daß Du es mir nicht gleich erzählt hast, obwohl Du weißt, daß ich immer für Dich eintrete. Aber ich will Dich nicht mit meinen armen, persönlichen Dingen betrüben. Ich möchte nur noch eins, nämlich lange genug leben, wenn ich Dir von Nutzen sein kann.

Es sind viele liebe Briefe und Karten eingetroffen. Madame Ménard hat einen außergewöhnlich schönen Rosenstrauß geschickt, und diese Rosen haben mich an unser trauriges Geschick erinnert: Äußerlich so schön wie eine Rose, aber wie viele Dornen in unseren gebrochenen Herzen.

Le Chevalier[1] merkt, daß jemand fehlt, er schaut mich erstaunt an, scheint von mir Rechenschaft zu verlangen und wissen zu wollen, was ich mit Dir gemacht habe.

Wenn ich von Deinem Ratgeber zurückgekehrt bin, werde ich zwei oder drei Besorgungen machen, Mittag essen, und dann fahren wir nach Médan.

Ich habe Angst vor den Besuchen der Freunde, die mich traurig und weich machen werden, das will ich nicht, ich brauche so sehr das bißchen Kraft, das mir noch geblieben ist.

In den Küssen, die ich hier auf das Papier drücke, findest Du meine ganze Hingabe an Dich. Werde vor allem nicht krank. Gütiger Gott!

Ich werde, so schnell ich kann, zu Dir kommen, aber nur für ein paar Tage. Deine arme alte Alexandrine.«[2]

Diese Zeilen, die Alexandrine nur ein paar Stunden nach Zolas Abreise schrieb, spiegeln die konkrete Situation wider, die sie bewältigen mußte, die Schritte und Maßnahmen, die sie plante, und die komplexe Beziehung zu ihrem Mann. Trotz ihrer Tatkraft und Unabhängigkeit verfiel sie gegen ihren Willen hin und wieder in ihre aggressive, fordernde Opferrolle, denn sie war durch die neue Situation sehr verunsichert.

»Ich habe den Eindruck, ein armes Schiff mitten auf dem Meer zu sein, das alle Stürme über sich ergehen lassen muß«, schrieb sie Madame Bruneau einige Tage später, »(...) und das immer in dem Augenblick, wo man glaubt, es gehe unter, die Unbilden besiegt, doch verliere ich jedes Mal einen Teil meiner Planken.«[3]

In der Zwischenzeit war Emile schon fast in London angekommen. Er mietete sich im Grovenor Hotel ganz in der Nähe von Victoria Station unter dem Namen Pascal ein Zimmer. Sofort schrieb er ihr einen Brief, den er an seinen Anwalt Fernand Labori adressierte. Dieser sollte ihn Alexandrine übergeben, wenn sie ihn aufsuchte. Am Donnerstag, dem 21. Juli, erhielt Alexandrine zwei Briefe von ihrem Mann, und sie begann jetzt, ihn zu beruhigen:

»Ich bin nun noch ruhiger, sogar äußerst ruhig, denn ich fühle, daß alles gut geht. (...) Sei nicht besorgt, ich bin wohlauf und fühle mich sehr stark.«

Und sie fügte ein paar Zeilen später hinzu:

»In der Flaute sehe ich immer erledigt aus, aber im Ernstfall kommen meine Kräfte zurück.«

Seine Bitte, sofort zu ihm zu kommen, beantwortete sie aber ablehnend:

»Du schreibst mir, ich solle kommen, wie soll ich aber von hier wegfahren? Ich kann nicht einen Schritt tun, hier nicht und auf dem Land auch nicht, man weiß, was ich in jeder Minute mache, Geheimpolizei und Reporter stehen vor unseren Türen.«

Die Bahnhöfe, Häfen und Grenzen wurden überwacht, Agenten sofort auf die Suche nach dem Entflohenen ausgesandt. Die Polizei verteilte seinen Steckbrief. Man habe ihn in der Schweiz, in Deutschland, in Belgien gesichtet, berichteten die Zeitungen... Um die Spuren zu verwischen, bat Alexandrine ihre Bediensteten, Körbe mit Lebensmitteln auf die Insel vor Médan zu bringen. Wie also könnte sie zu ihm reisen, ohne sofort Aufsehen zu erregen? Bruneau schrieb sie:

»Vor unserer Tür hat sich die Geheimpolizei aufgestellt, ebenso im Hotel uns gegenüber in der Rue de Bruxelles und in Médan, außerdem werden wir noch von den Reportern der Schmutzblätter bespitzelt; ich kann mir weder die Nase putzen noch husten, ohne daß das nicht sofort am nächsten Tag gedruckt würde. Sie wissen, um wieviel Uhr die Bediensteten zu Bett gehen, um wieviel Uhr ich dasselbe tue. Unflätigkeiten werden auf die Mauern unseres Grundstücks geschrieben, man schickt mir Briefe, in denen ich und auch unsere Diener bedroht werden. Aber, meine liebe Freundin, ich bin aufrecht wie ein Pfahl, ich sehe keineswegs so aus, als würde man mich auf diese Weise angreifen können. Ich fahre nach Paris, wenn man mich ruft; und Sonntag, am Tag der Landfeier hier, werde ich wie jedes Jahr das geweihte Brot austeilen. (...)«[4]

»Aufrecht wie ein Pfahl.« Allein stand sie nun da und mußte allen die Stirn bieten. Und sie wird ihnen die Stirn bieten! Am 19. Juli war Desmoulin nach England zu Zola gefahren und half ihm dort, Kontakt zu einem englischen Anwalt aufzunehmen. Sein Übersetzer Ernest Vizetelly besuchte ihn ebenfalls. Zusammen mit dem Anwalt fuhren sie nach Surrey hinaus, wo Zola und Desmoulin sich in einem Hotel einmieteten. Ein Netz der Solidarität entstand; der Verleger Fasquelle schickte ihm regelmäßig Geld, Desmoulin fuhr immer wieder nach England, und der Briefwechsel mit Alexandrine konnte dank eines Vetters von Desmoulin, Doktor Larat, aufrechterhalten werden. Um ihre Gegner in die Irre zu führen, benutzten sie Pseudonyme: Alexandrine wurde Alexander oder Alex, dann Caroline Wadoux, Jeanne wurde Jean, das Ehepaar Mirbeau war Saint Balise, Eugène Fasquelle hieß Monsieur des Clématites usw. Selbst wenn die französischen Agenten kein Recht hatten, auf englischem Hoheitsgebiet zu operieren, arbeitete Labori die juristische Begründung der überstürzten Abfahrt aus, die noch ganz »improvisiert« war, als man Zola riet, sich in England zu verstecken. In drei

Monaten würde er nach Frankreich zurückkehren können, und zwar im Triumph!

Am 26. Juli schickte der nach Frankreich zurückgekehrte Desmoulin das folgende Telegramm an Zola, der auf seine Frau wartete:

»Schwierigkeiten sofortige Abreise Alexander. Brief folgt. Auroux.«

Im nächsten Brief erklärte sie dann ihr Zögern: Sie wollte gewiß kommen, aber nur für einige Tage, und sie plane, danach – nach Italien zu fahren, wie immer! Desmoulin war etwas irritiert von dieser Entscheidung, die ihm »doch ein wenig ungewöhnlich« vorkam, sah darin »eine ungewohnte, nervöse Unruhe« und auch den für Alexandrine charakteristischen »Widerspruchsgeist vor jeder Überlegung«. Er hoffte, sie umstimmen zu können, aber Zola bat ihn, nichts zu unternehmen:

»Mein lieber Freund, ich bitte Sie inständig, keinen Druck auf Alex auszuüben und ihm die Freiheit zu lassen, so zu entscheiden, wie er es für richtig hält. (...) Trotz des Glücks, das ich hätte, ihn in meine Arme zu schließen, fühle ich, daß es zweifellos das Weiseste wäre, er käme unter diesen Bedingungen nicht. Doch da will ich mich nicht festlegen. Soll er es selbst entscheiden.«

Vor allem wollte sie das Urteil des Kassationsgerichts über Laboris Antrag vom 18. Juli abwarten, bevor sie eine Entscheidung fällte. Doch schrieb sie ihm, ihr »scheint die Zeit unendlich lang, ich möchte Dich schnell wiedersehen...«

Hin und her gerissen zwischen Laboris Warnung, jetzt auf keinen Fall nach England zu fahren, und dem Wunsch, ihren Mann wiederzusehen, zögerte sie einerseits, kämpfte andererseits verbissen darum, die Reise zu ihm antreten zu können. Schließlich beugte sie sich der Meinung des Anwalts, versicherte Emile aber, daß sie sofort kommen werde, wenn er es wünsche, aber auf seine Verantwortung ...

Es ist charakteristisch für diese Beziehung, daß sich jeder bereit zeigte, sich dem anderen zu fügen, gleichzeitig aber deutlich den eigenen Willen hervorhob. Das Problem war, daß sie weit voneinander entfernt lebten und daß die Verzögerungen durch die Post ihre Aussprachemöglichkeiten äußerst erschwerten. Während aber Alexandrine von vielen Freunden umgeben war, lebte Zola isoliert und war gezwungen, sich in einem Land zu verbergen, dessen Sprache er nicht verstand. Er wurde immer verzweifelter.

»Liebe Frau, mein armes Herz ist voll Ungewißheit und Angst. Nun debattiere ich schon seit sechs Tagen mit dem guten Desmoulin über die beste Entscheidung. Und ich weiß nicht mehr aus noch ein, ich bin an einem Punkt äußerster Bedrücktheit angelangt und habe Dich nicht bei mir, um mit Dir alles zu besprechen und zu erfahren, was Du selbst möchtest.

Ich habe Desmoulin gesagt, daß er abreisen und Dir meine Zweifel übermitteln solle und meinen Wunsch, Dich absolut frei und unabhängig in dieser Situation zu wissen. Er wird Dir meine Pläne mitteilen, und Ihr werdet gemeinsam darüber befinden. Aber ich bitte Dich in Anbetracht unseres langjährigen gemeinsamen Lebens, handle so, als stünde nur Dein eigenes Glück auf dem Spiel und als existierte ich überhaupt nicht. Ich will, daß Du so glücklich bist, wie nur eben möglich, und ich selbst bin nur unter dieser Bedingung glücklich.

Ich liebe Dich mit meinem ganzen, verbitterten Herzen, das krank ist, weil es nicht mehr aus noch ein weiß.«[5]

Das Gleichgewicht, in dem Zola zwischen seinen beiden Haushalten lebte, zerbrach. Er hatte gerade noch Desmoulin am 27. Juli beauftragen können, Jeanne einen Brief zu übergeben. Jeanne wußte nicht, wo er war, und sie befand sich in größter Angst und Einsamkeit, wie man sich vorstellen kann. Auch sie wurde überwacht. Die Briefe zwischen Alexandrine und Emile spiegeln immer auch das wider, was Alexandrine Zolas »andere Beziehung« nannte, mit dem Unterschied, daß er sich sehr wohl hütete, auch nur die leiseste Anspielung auf Jeanne zu machen. Sie aber schrieb offen, daß sie fürchtete, er würde, wenn sie bei ihm sei, sich nur »nach einem tröstlicheren und fröhlicheren Zusammensein« sehnen. Das würden sie dann beide sehr wohl bemerken, aber »nicht wagen, es sich einzugestehen«.

Sie zählte ihm verschiedene Pläne auf, und einer war ebenso unausgereift wie der nächste: Sie wollte ihn besuchen, aber nur für einige Tage und dann wieder nach Paris zurückkehren, oder sie käme und überließe ihren Platz an seiner Seite Jeanne, führe von England aus direkt nach Italien; oder sie bliebe bei ihm. Ihre Lage wurde noch schwieriger, als ihr das Urteil des Gerichts von Versailles zugestellt wurde. Zola war erneut zu einem Jahr Gefängnis und dreitausend Francs Geldbuße verurteilt worden. Jetzt mußte sie möglicherweise alle Möbel verkaufen, um die Prozeßkosten bestreiten zu können. Wie könnte sie unter solchen Umständen das Haus verlassen? Der arme Desmoulin wurde mit brieflichen Verhandlungen überhäuft, und er spielte diese schwierige Vermittlerrolle so gut es ging, immer wieder überquerte er den Ärmelkanal, um seinen Auftrag zu erfüllen.

Aber schließlich verkündete er Zola Alexandrines endgültige Entscheidung:

»Sie glaubt, und darin hat sie größtenteils recht, daß es unumgänglich ist, daß sie hier bleibt, um den Leuten Rede und Antwort zu stehen, um Dokumente herbeizuschaffen, die von Nutzen sein können, und um im Augenblick des bereits erwähnten Verkaufs anwesend zu sein. (...) Sie hat mich daher beauftragt, Sie *einzuladen*, Ihre Kinder zu sich zu holen, denn sie versteht sehr gut, daß Sie nicht länger allein bleiben können. Und was Italien betrifft, so verzichtet sie auf ihre Reise, *sagt sie*.«[6]

Endlich hatte sie über ihr Verhalten entschieden, aber der Entschluß war ihr nicht leichtgefallen. Es war ein Opfer, und in ihren Briefen nannte sie ihre Entscheidung mehrmals so, aber ein Opfer, zu dem sie sich frei entschlossen hatte, weil sie meinte, daß die Situation es erforderte. Sie wollte tun, »was zu tun für alle am besten ist, ich sage, für alle«, stellte sie klar.

»Ich glaube, ich darf mich nicht der geringsten Reue über meinen Entschluß hingeben, unser Bedauern wäre zu groß, wenn wir der Zärtlichkeit, die wir noch füreinander empfinden, nachgeben würden. (...) Fortgehen, um bei Dir zu leben, und Dich dann doch wieder verlassen müssen, das wäre ein noch größerer Schmerz, und bei Dir bleiben bis zum günstigen Augenblick, das würde bedeuten, Dich Herzensbindungen zu berauben, die hier ganz nutzlos sind...«[7]

Diese Entscheidung hatte sie sicherlich einiges gekostet, aber sie brachte ihr viel ein – man verzeihe diese rechnerische Gegenüberstellung, denn sie tat es nicht aus Berechnung.

Sie hatte sich zu einer nun sehr klaren Auffassung über ihre Verantwortung durchgerungen und ging ein großes Risiko ein, indem sie Jeanne zu Zola reisen ließ. An Zolas Dankbarkeit, sein eventuelles Schuldbewußtsein, die Schuld, die er ihr gegenüber abzutragen hätte – an solche Vorteile hatte sie nicht gedacht:

»Mein einziges Vergnügen, meine einzige Freude, mein ganzes Glück besteht darin, Dir nützlich zu sein und ganz zu Deiner Verfügung zu stehen.«

Die außergewöhnlichen Umstände, in denen sie lebten, erlaubten ihr, über sich hinauszuwachsen, und machten aus ihr eine Frau, die so geliebt wurde wie seit langer Zeit nicht mehr. Davon zeugt die Antwort des tief gerührten Zola:

»(…) Ich werde die Kinder bei mir haben, aber sie sind nicht alles. Wenn Du wüßtest, wie voll mein armes Herz ist von Dir, wie sehr es unter dem, was geschieht, leidet! Ich habe keine Ruhe mehr, ich bin bis ins Innerste aufgewühlt, und durch die Ungewißheit in meinem Leben habe ich ein nervöses Zittern, das nicht aufhört.

Dennoch glaube ich, daß Du die allerbeste Entscheidung getroffen hast. Ich konnte sie Dir nicht anraten, da das so ausgesehen hätte, als wollte ich den Tag unseres Wiedersehens hinauszögern. Aber ich pflichte Dir bei; Du bist die Weisheit in Person. (…)

Ich küsse Dich von ganzem Herzen, meine liebe Frau, Du bist im Augenblick Wächterin und aufopferungsvolle Dienerin zugleich, Du vertrittst mich und verteidigst mich.

Sei gewiß, daß ich niemals vergessen werde, wie bewundernswert Dein Herz in diesen traurigen Zeiten ist. Wenn ich Dich nicht immer so geliebt hätte, wie ich Dich liebe, würde ich jetzt aufgrund Deiner Haltung tiefste Reue empfinden.«[8]

Die Aufrichtigkeit Zolas kann nicht in Zweifel gezogen werden, was die zur selben Zeit geschriebenen Notizen zeigen:

»Wenn die Kinder hier sein werden, werde ich mich vielleicht ein wenig beruhigen. Aber sie sind nicht alles für mein Herz, und wie sehr wird mir meine arme Frau fehlen.«[9]

Von diesem Augenblick an war die Rolle Madame Zolas vorgezeichnet: »Wächterin und aufopferungsvolle Dienerin« mit dem Auftrag, den Schriftsteller zu vertreten und zu verteidigen. Dieser Aufgabe widmete sie sich nun ganz und schöpfte daraus neue Kraft. Zola konnte ermessen, was er ihr verdankte, denn er kannte die Gefahren, in die sie sich in diesem Klima der Feindseligkeiten und Bedrohungen begab.

Aber er sollte sich nur nicht zu sehr seiner Rührung hingeben. Seinem Dankesbrief vorgreifend, schrieb sie:

»Du sagst, daß Du mich so gern glücklich sehen würdest, ach, mein armer Freund! Du, der Du mich besser kennst als jeder andere, Du kennst mich doch so schlecht, daß Du zu dieser Stunde noch glaubst, hoffen zu können, mich glücklich zu sehen bei all den Traurigkeiten und Bitterkeiten, die mich seit fast zehn Jahren zu ersticken drohen. Ich sagte es Dir zwei Jahre danach, daß für mich alles zuende sei, daß ich mein trauriges Leben nur noch dazu benutzen würde, denen Gutes zu tun, die ich liebe. Das versuche ich, und ich werde es tun, solange ich kann.«[10]

Gewiß, sie war zu Opfern bereit, aber ohne zu vergessen, was er ihr angetan hatte. Die Rechnung, die 1891 unter ihnen aufgemacht worden war, war noch lange nicht beglichen.

Zum ersten Mal lebte sie nun ohne ihn in Frankreich, aber sie war nicht allein, wurde von vielen Freunden zum Essen eingeladen. Im Augenblick allerdings wollte sie lieber allein sein:

»Ich fühle mich nur wohl, wenn ich niemanden sehe, wie zum Beispiel jetzt im Augenblick, es ist die Stunde, die wir beide so sehr liebten, wenn alle Welt schläft und kein Geräusch mehr im Haus zu hören ist.«[11]

Und einige Tage später:

»Ich gebe mich der Einbildung hin, daß Du gar nicht abgereist bist, und wirklich, Du bist immer anwesend, ich bilde mir ein, Du bist hier. Manchmal so stark, daß ich schon den Mund öffne, um mit Dir zu reden und vollkommen vergesse, daß Du nicht da vor mir sitzt wie an ganz gewöhnlichen Tagen.«

Regelmäßig zog sie die große Standuhr auf, deren Glockenschlag er so gern hörte, sie stellte Blumen in sein Arbeitszimmer, wo alles so aufgeräumt war, als käme er jeden Augenblick nach Hause; seine Papierbögen und Löschblätter warteten auf ihn. Aber »die Arbeitsmaschine brummt hier nicht mehr.« Die Briefe, Zeitungen, alles, was an ihn adressiert war, legte sie auf den Tisch, vor dem sein Stuhl unverrückbar stand. Jeden Abend ordnete Alexandrine die Post und legte die Brieföffner auf den Stapel. Am Ende jeder Woche machte sie ein Paket aus der eingegangenen Post, auf das sie das Datum schrieb. Sie kümmerte sich um Pinpin, ihren Lieblingshund, gab ihm seine Pillen, badete ihn und erzählte ihm von seinem Herrchen. Nach und nach richtete sie so ihr Leben in Médan ein, wo sie hauptsächlich wohnte, und in Paris, wohin sie zwei- oder dreimal in der Woche fuhr, anfangs auch viermal trotz der erstickenden Hitze, um alle wichtigen Dinge zu regeln und die Post abzuholen. Donnerstags und sonntags abends schickte Zola seine Briefe an sie ab, so daß sie sie samstags und dienstags abholen konnte. Ziemlich schnell nahm sie ihre alten Gewohnheiten wieder auf. Sie hatte ihren Part in dieser Situation gewählt, und sie richtete sich ohne Resignation darin ein. Am Abend des 12. August, als sie wußte, daß Jeanne und die Kinder bei Zola eingetroffen waren, sprach sie ihm neuen Lebensmut zu:

»Zunächst machst Du mir schreckliche Sorgen damit, daß Du dich so unruhig fühlst; bei Gott, so beruhige Dich doch! Unsere Trennung war unter den Bedingungen, unter denen sie stattfand, furchtbar, aber erinnere Dich, daß wir uns zu Beginn dieses Monats ohnehin getrennt und erst im Oktober wiedergesehen hätten, Du hattest diese Trennung akzeptiert, ganz glücklich, dann Deinen Herzensbindungen freier nachgeben zu können; alles geschah nun durch die Umstände ein wenig überstürzt, darum sind wir auch beide traurig, und es fehlt uns an Vernunft, wir sehen die Dinge nicht klar, wenn unser Herz traurig ist.«

Die Ankunft Jeannes und der Kinder bei ihm in seinem Haus in Penn in der Nähe von Weybridge, wo er seit dem 1. August wohnte, ließ Zola nicht gänzlich zur Ruhe zurückfinden. Der Freispruch für Esterhazy und der Verlauf der Dreyfus-Affäre machten ihn immer pessimistischer. Indem er sie zu sich kommen ließ, hatte er ein zusätzliches Risiko auf sich genommen, erinnerte ihn Desmoulin, dadurch würde man bloß auf seine außereheliche Beziehung aufmerksam. Seine Anhänger könnten sich empören, wenn die bekannt würde. Und einige seien in der Tat der Meinung, daß seine Person störte und der Sache nur Schaden zufügte ... Von da wäre es nur ein kleiner Schritt zu folgern, daß er in England weniger lästig war. Wenn man ihm aber zur Vorsicht riet, explodierte Zola. Er antwortete Desmoulin:

»Aber alles, was Sie sich gesagt haben, das habe ich mir selbst gesagt, und zwar schon vor langer Zeit. Und wissen Sie, warum ich darüber hinweggegangen bin? Weil es mir schnurzegal ist! Ich habe genug, ich habe genug, ich habe genug! Ich habe meine Pflicht erfüllt, und ich verlange, daß man mich in Ruhe läßt.«

Alexandrine schrieb er, daß er immer größere Zweifel hege an den Manövern, die zu seinem Aufbruch ins Exil führten. Diesen ganzen Ärger hätten sie sich sparen können. Er riet ihr, sich nicht mehr von Labori und dessen Freunden beeinflussen zu lassen, so aufrichtig sie es auch meinten, und nur ihrem eigenen gesunden Menschenverstand zu vertrauen. Er seinerseits sei sehr entmutigt. Er schlug ihr einen neuen Plan für die kommenden Monate vor. Sie solle im September zu ihrer Kur in Italien aufbrechen und sich erholen. Sobald dann die Kinder am 1. Oktober abgereist wären, wollte er mit ihr in Genua zusammentreffen, wohin sie ihm einige Dinge bringen sollte. Und dort würden sie beide zusammenleben und nicht eher nach Frankreich zurückkehren, als »bis der Gerechtigkeit zum Durchbruch verholfen« wäre.

»Wir sind jetzt zu alt, um das Leben noch einmal von vorne zu beginnen; und alles, was ich noch verlange, ist, dieses Leben in Frieden zu beenden, und müßte es im allerletzten Loch sein.«[12]

Fern seiner Heimat, ohne innere Sicherheit und in großer Sorge um die Zukunft seiner Kinder brauchte er mehr denn je seine Frau:

»Niemals haben wir einen Augenblick durchgemacht, in dem wir unsere gegenseitige Liebe und unser Verständnis mehr gebraucht hätten. Die geringste Meinungsverschiedenheit zwischen uns wäre jetzt ganz einfach entsetzlich. Darum will ich so sehr, daß Du mich Deine Wünsche wissen läßt, immer, damit ich versuchen kann, mich ihnen anzupassen. Laß uns über alles einer Meinung sein, damit wir weniger leiden.«[13]

In seinen Briefen unterrichtete er sie über das Zusammensein mit den Kindern und den Fortgang seiner Arbeit; er hatte soeben einen neuen Roman begonnen. Seine nebensächlichsten Gedanken teilte er ihr mit, aber über Jeanne schwieg er sich aus, sie war wie von Wunderhand ausradiert.[14] Und wie soll man diesen überraschenden Satz verstehen, den er ihr am Donnerstag, dem 18. August 1899, schrieb?

»Wenn ich die Kinder umarme, denke ich an Dich.«

Obgleich sich Alexandrine über den Lebensmut ihres Mannes Sorgen machte, verlor sie nicht ihren Sinn für Humor und ihre Tatkraft. Ihre handfeste Therapie beschrieb sie Madame Bruneau:

»Ich war sehr betrübt über die letzten Briefe, nicht wegen seines Gesundheitszustands, sondern wegen einer gewissen Entmutigung. Da habe ich also mein Kampfroß hervorgeholt und meinen Helden in Furcht und Schrecken versetzt, und das hat ihm gutgetan, denn heute habe ich gefühlt, daß das Barometer in seinem Kopf wieder auf eine annehmbare Höhe geklettert ist.«

Innerhalb weniger Wochen hatte sich Schweigen um den im Exil lebenden Zola gebreitet. Er war so fern von allen, konnte nur mühsam mit Hilfe eines Lexikons die englischen Zeitungen lesen und wurde über die Ereignisse in Frankreich immer mit einer Verspätung von einem oder zwei Tagen unterrichtet. Und vor allem war er handlungsunfähig, ein für einen Mann wie Zola unerträglicher Zustand. Aber er klagte nicht, sondern vergrub sich in seine schriftstellerische Arbeit. Die Abfassung des Romans *Fruchtbarkeit* ließ ihn seine Ohnmacht vergessen. In Gegenwart von Jeanne und den Kindern fand er wieder zu der für sein Schaffen notwendigen Kraft zurück, aber zugleich hatte er immer das Gefühl, daß er keine Rolle in der Affäre mehr spielte.[15]

Alexandrines Rolle in dieser Affäre, die in Frankreich für heftigen Wirbel sorgte, wurde allerdings immer wichtiger. Man war weit davon entfernt, Zola vergessen zu haben. Wie Dreyfus war er für Tausende und Abertausende die Inkarnation dessen, was sie haßten. Nie waren die Ligen so mächtig. Und so übernahm Madame Zola den Staffelstab des Widerstands, indem sie zunächst einmal ihren Mann an die Aufgabe erinnerte, die er sich gestellt hatte, ohne sich von seiner Entmutigung anstecken zu lassen. Wunderbarer Mut in einer so schwierigen Situation:

»Mein armer Freund, das Unglück ist, daß Du nicht einfach aufgeben kannst, was Du Dir als Aufgabe gestellt hast, das wäre Deiner nicht würdig, und das würde Deine ganze Vergangenheit Lügen strafen; Du mußt Dich schon darein fügen, daß Du bis zum Ende gehen mußt, was es Dich auch kosten wird, Dich und die Deinen. Das Opfer hast Du begonnen, Du mußt es ganz bringen.«

Alexandrines Gegenwart in Paris war wirklich notwendig geworden. Sie stand in ständigem Kontakt mit den Dreyfusards und Labori, und ihr fiel die Aufgabe zu, die für die Verteidigung notwendigen Dokumente, diesen oder jenen für die Akte unerläßlichen Brief beizubringen. Sie ließ auch die Kontakte zu den Übersetzern und Verlegern nicht abbrechen, besonders wichtige Verbindungen, weil durch die Affäre ihr ganzes Vermögen angegriffen worden war. Die Autorenhonorare waren jetzt lebensnotwendig geworden. Dem letzten Roman *Paris,* der gerade herauskam, als die Dreyfus-Affäre auf dem Höhepunkt stand, war kein großer Erfolg beschieden, so daß der kleinste Scheck, wie zum Beispiel der der Bank Macmillan für die Rechte an der amerikanischen Übersetzung dieses Romans, höchst willkommen war. Sie vermehrte auch ihre Anstrengungen, um die Frage der Geldbuße für die von Zola in *J'accuse* angezweifelten Schriftgutachten zu regeln. Die gesamten Kosten mußte Zola tragen, aber mit der Unterstützung von Octave Mirbeau und seiner Frau Alice bat sie mit Erfolg Joseph Reinach und den Verleger der Zeitung *L'Aurore*, ihnen bei der Zahlung der geforderten Summe behilflich zu sein.

Sie unternahm alles, um die Interessen Zolas so gut wie möglich zu vertreten. Sie kämpfte an allen Fronten. Dabei war sie sich der Gefahr bewußt, die die ganze Familie bedrohte, und sie kümmerte sich daher ebenso um Denise und Jacques. Die Kinder hatten überhaupt keine Rechte und keinerlei Vermögen, wenn ihrem Vater irgend etwas zustieße.

»(…) Du denkst an mich, mach Dir wegen mir keine Sorge, ich werde mir schon in schwierigen Augenblicken aus der Klemme helfen können, aber die Kleinen, die in Deinem Leben eine so große Rolle spielen, denen wird in der Tat von dieser Seite keinerlei Hilfe zuteil werden, und wenn sich die Dinge verschlimmern sollten, werden sie nie im Leben darauf hoffen können.«

Sie machte sich auch Gedanken über die Gesundheit der Kinder, über die Überfahrt nach England und wie sie sich dort eingelebt hatten:

»Wenn Poulet nach der ›Dame‹ fragt, sag ihr, daß die ›Dame‹ sie und Ma (Jacques) herzlich umarmt.«[16]

Als sie erfuhr, daß der siebenjährige Junge sich dort etwas verloren vorkäme, stellte sie fest:

»Ich bin nicht verwundert über das, was der kleine Ma empfindet, denn er ist viel mehr nach innen gekehrt als Poulet, und einige Dinge müssen ihn mehr beeindrucken als Poulet, die alles weniger schwer nimmt. Ich freue mich, daß Du sie bei Dir hast, das macht Dir Dein Leben im Exil leichter.«[17]

Wie sollte Zola nicht für eine Frau Bewunderung und Liebe empfinden, deren besitzerische Natur er kannte, die aber zu einem so vollkommenen Verzicht fähig war, wie er sich in den folgenden Zeilen kundtut?

»Widme Dich denen, die Du in Deiner Nähe hast und nach denen Dein Herz so sehr verlangte, und weil Du ihnen kein Spielzeug schenken kannst, schenk ihnen ein so fröhliches Gesicht, wie es Dir nur eben möglich ist.

Ich bin alt, zähle nicht mehr, ich bin nur da, um im Rahmen meiner schwachen Kräfte die Bitterkeit des Lebens derer, die ich liebe, zu mildern, und Dir muß ich nicht sagen, wer an erster Stelle und über allen steht.«

»Ich und du zugleich«

In den vorangegangenen Wochen hatten sich die Ereignisse überstürzt. Am 13. August 1898 entdeckte der Hauptmann Cuignet, den Cavaignac beauftragt hatte, alle Dokumente der Akte Dreyfus noch einmal zu überprüfen, daß das vom Kriegsminister triumphierend vorgezeigte Dokument in Wahrheit eine grobe Fälschung war: Im Schein seiner Lampe sah er den Unterschied der Tinte im Brief und in der Unterschrift und hatte damit den Beweis, daß das Schriftstück von Henry angefertigt worden war. Am 30. August legte Major Henry ein Geständnis ab. Er kam ins Gefängnis Mont-Valérien, wo er einen Tag später Selbstmord beging. Diese Nachricht breitete sich sogleich weltweit aus. Innerhalb weniger Stunden verkehrte sich die öffentliche Meinung ins Gegenteil, der Verkauf der Zeitungen, die für die Revision des Dreyfus-Urteils kämpften, stieg von 2% auf 40% aller Zeitungsverkäufe. Am selben Tag noch unterrichtete Doktor Larat Zola durch ein Telegramm von dieser guten Nachricht, die die Affäre auf unerhoffte Weise erneut in den Mittelpunkt rückte. Alexandrine mußte sich, was die Überbringung der Freudenbotschaft betraf, mit dem zweiten Platz begnügen:

»Ich bin eifersüchtig auf die, die Dich benachrichtigen konnten, denn ich möchte immer, daß Dir nur von mir freudige Nachrichten überbracht werden. Ich bin unverbesserlich, nicht wahr?«

Aber ihre Freude war natürlich groß und ebenso ihre Hoffnung, ihren Mann demnächst zurückkehren zu sehen. Doch diese Hoffnung wurde bald enttäuscht, die Ereignisse gingen ihren eigenen Gang, der manchmal günstig, manchmal ungünstig für die Revision des Urteils war. Am 3. September trat Cavaignac zurück. Am 4. verließ Esterhazy ohne jedes Gepäck Paris, nahm den ersten Zug nach Maubeuge, wo er seinen Backenbart abrasierte, um unerkannt nach Brüssel, dann nach London weiterzufahren. Aber die Dreyfus-Gegner gaben sich nicht lange geschlagen. Maurras machte aus der Fälschung eine »patriotische Fälschung«, die notwendig geworden wäre, um Frankreich zu retten, und Henry wurde zum Helden ernannt. Von einem Tag zum anderen durchlebte Alexandrine ein Wechselbad der Gefühle, aus Freude wurde Wut, aus Wut Freude. Sie wagte nicht abzureisen, aus Angst, die Ereignisse könnten sich überstürzen, meinte auch, daß es überall

»wieder und wieder nur um die Affäre geht. Wo soll man hin, um nichts mehr davon hören zu müssen, ich glaube, daß sich sogar noch die Wilden darüber unterhalten«,

schrieb sie Alfred Bruneau.[1] Dennoch plante sie, am 15. September nach Italien zu fahren und dort bis zum Ende des Monats zu bleiben, auch wenn sie möglicherweise überstürzt zurückkommen müßte, weil sich etwas Neues ergeben hatte. Zuvor wollte sie einen Abstecher nach London machen, wovon sie Elina berichtete:

»Um ihm zu helfen, sein Exil bis zum Ende durchzustehen, denn ganz entschieden beginne ich, ihm zu fehlen, doch scheint es möglich, daß ich dennoch abfahren kann, um ein wenig Eukalyptusduft einzuatmen.«

Am 17. September war der Ministerrat unter Leitung von Brisson der Revision nicht mehr abgeneigt. Aber am 20. erteilte Zurlinden, soeben in seinem Amt bestätigter Militärgouverneur von Paris, den Befehl, eine strafrechtliche Voruntersuchung gegen Picquart einzuleiten. Picquart wurde der Fälschung des »Petit Bleu« an Esterhazy beschuldigt und ins Gefängnis Cherche-Midi verbracht.

Dieses Auf und Ab untergrub die Kräfte des im Exil lebenden Schriftstellers, den Jeanne und die Kinder am 15. Oktober verlassen mußten. Seit dem 27. August lebten sie in relativer Abgeschiedenheit in Addlestone, einige Kilometer von seiner ehemaligen Wohnung entfernt, wo sie über einen Garten verfügten, in dem die Kinder angstfrei herumtollen konnten. Zolas Lebensmut blieb schwankend:

»Mir scheint, wir sind inmitten dunkler Nacht und wissen nicht, wohin wir gehen. Nichts ist leidvoller.«[2]

Der Tod des Lieblingshundes Pinpin vergrößerte noch seine Niedergeschlagenheit. Die Tierliebe von Alexandrine und Emile Zola ist bekannt: Katzen, Hunde, Federvieh, Sittiche, ein Pferd, Kühe und sogar Seidenäffchen bevölkerten ihr Leben und waren sehr oft

Kinderersatz, wie Alexandrine offen zugab. Sie gaben sich selbst Kosenamen, wie man sie Tieren gibt, nannten sich Coco oder Loulou und benutzten während der ganzen Exilzeit in ihren Briefen einen Liebescode, redeten sich mit »Hundwolfkatze« an. Zola schrieb am 4. September 1898:

»Und ich glaube, meine liebe Frau, daß wir beide allmählich schöne Hundwolfkatzen werden; der Katzenwolfhund küßt herzlich den Wolfkatzenhund.«

In jedem Brief berichtete Alexandrine ihrem Mann vom Gesundheitszustand des Pommernspitzes, von seinen kleinen Streichen, seiner Anhänglichkeit. Jeden Morgen holte sie ihn zu sich ins Bett und streichelte ihn, den ganzen Tag war er um sie herum, saß sogar bei ihr am Tisch. Und Zola schickte in jedem seiner Briefe ein »zärtliches Streicheln für Monsieur Pin«.

Der kleine Hund starb an einer Darmerkrankung. Alexandrine brachte es nicht über sich, Zola die Wahrheit zu schreiben, und so erzählte sie ihm zunächst, daß er krank sei. Er war zu ihnen gekommen, als sie »vor einigen Jahren ein schreckliches, tragisches Ereignis« durchmachte. Damit meinte sie natürlich ihre Entdeckung seiner Beziehung zu Jeanne. Es war, als ob sie alles immer wieder an die Zeit erinnerte, die für sie beide, so schrieb sie in einem anderen Brief, der Anfang allen Unglücks war. War es nur Pinpins Tod? Im selben Brief überließ sie sich zum ersten Mal ihrer Traurigkeit:

»Ich habe Dir nie von der großen Erregung erzählt, in die meine Seele durch Deine Abwendung von mir geriet, und wir werden uns noch Jahre hindurch umarmen können, ohne daß diese entsetzliche Verwirrung in mir vergehen wird, oh nein! Immer werde ich sie in Erinnerung behalten, niemals werde ich die grausame Zerstörung, die ich an jenem Tag erlitt, vergessen. (...) Du kannst sicher sein, daß mein Leid jetzt nicht weniger groß ist als das Deine und daß es gewiß noch dadurch schwerer wird, daß ich niemanden habe, mit dem ich über meinen Schmerz sprechen könnte. (...) Umarme Deine lieben Kleinen, die Dir so viel Schönes in Dein Exil bringen. Das soll mich (...) diese Trennung, die so bald nicht beendet sein wird, leichter ertragen lassen.«

Schließlich gestand sie ihm am 16. September, daß Pinpin gestorben war:

»Ich glaubte, vor Schmerz verrückt zu werden, denn ich dachte an Dich und an meine entsetzliche Verantwortung während der ganzen Zeit, den kleinen Hund am Leben zu erhalten.«

»Dieses kleine, geliebte Kind« starb auf ihrem Schoß. Sie wickelte den Hund in ein Leintuch und legte ihn in eine kleine Kiste, von Schmerz und Schuldgefühlen geplagt, fühlte sich »lebendig begraben«. Zola war einerseits von der Nachricht sehr betrübt, andererseits überzeugt, daß seine Frau ihm die Wahrheit verbarg, daß sie nämlich selbst schwerkrank war, und er geriet darüber in geradezu panische Angst. Sofort schrieb er Doktor Larat und bat ihn, ihm die Wahrheit zu sagen. Der antwortete beruhigend, konnte aber den Schock Zolas über den Tod seines kleinen Lieblingshundes nicht mildern. Zola war so niedergeschlagen, daß er im Bett bleiben mußte und unfähig war zu schreiben. Er machte eine regelrechte Krise durch, die zwar durch den Verlust des Hundes ausgelöst wurde, in der aber zugleich die schmerzvolle Situation im Exil, der Zweifel am guten Ausgang der Affäre und an seiner Rückkehr, die Angriffe Judets auf seinen Vater und die baldige Abfahrt Jeannes und der Kinder eine große Rolle spielten. Seine Verzweiflung nahm ein extremes Ausmaß an, und er schickte seiner Frau einen wahren Hilferuf:

»Wenn Du nicht am 16. zu mir kommst, werde ich nicht mehr leben.«[3]

Alexandrine antwortete:

»Wenn Du mich nicht hättest, hättest Du eine große Sorge weniger, und darum tue ich alles, was in meinen Kräften steht, um Dir Deine Zuneigung, die Du trotz allem zu mir bewahrt hast, zu lohnen.«

Er war in dieser Zeit zutiefst entmutigt, hatte den Glauben an seinen Kampf und dessen Erfolgschancen verloren.

»In dem Augenblick, wo man Picquart im Gefängnis hält, wo sich bei der Nachricht, daß Dreyfus unschuldig ist, nicht das gesamte Paris empört hat, wo Frankreich fortfährt, sich so vieler Verbrechen mitschuldig zu machen, da wird alles möglich, da muß man sich auf die schlimmsten Schändlichkeiten gefaßt machen, die die vielen, bereits vollbrachten Schändlichkeiten verbergen sollen.«[4]

Aber wenn sich sein Zustand ein wenig besserte, beeilte er sich, sie zu beruhigen:

»Liebe Frau, wir stehen noch aufrecht da, Du und ich. Wir lieben uns noch immer, und darin wollen wir unsere Stärke sehen.«[5]

Bald besuchte ihn Georges Charpentier, und das Gespräch mit einem Freund machte ihn ruhiger. Doch löste dieser Besuch neuen Ärger aus. Marguerite Charpentier ließ Alexandrine am Donnerstag, dem 6. Oktober, wissen, daß ihr Mann eine Reise zu Zola vorbereite. Alexandrine verbat ihm diesen Besuch. Emile wolle niemanden sehen. Und Zola bestätigte das in der Tat in einem seiner Briefe, um seine Frau nicht dadurch zu verletzen, daß er ihren gemeinsamen Freund empfing, während Jeanne noch bei ihm war. Madame Charpentier führte aber alle Beweise für die Anwesenheit ihres Mannes in London auf, und das löste bei Alexandrine einen unbeschreiblichen Wutausbruch aus. Der Streit war so heftig, daß sie ihre alte Freundin vor die Tür setzte, nachdem die Damen sich einige Wahrheiten gesagt hatten. Am nächsten Tag bekam Alexandrine »einen Brief voll dämlicher Beleidigungen, die so ordinär sind, daß die schlechterzogenste Türsteherin sie geschrieben haben könnte.« Unter anderen Liebenswürdigkeiten hatte Marguerite geschrieben, daß Zola sehr glücklich sei, Charpentier zu treffen zu einer Zeit, wo niemand seine Bücher haben wollte!

Der Streit hatte den Besuch Charpentiers bei Zola zum Vorwand, aber eigentlich war er für die beiden Frauen eine Gelegenheit, sich einmal gründlich die Meinung zu sagen.

»Ich bin nicht böse auf Charpentier, der hier, wie immer, nur ein Instrument ist. (...) Wenn Du zurückkommst, wirst Du sehen, in welchem Maße sie verrückt geworden ist.«

In der ersten Zeit hatte Marguerite Alexandrines Wut auf Zola auf sich gezogen. Aber sehr schnell nahm alles eine dramatischere Wendung, denn Alexandrine warf ihrem Mann vor, mit Jeanne und den Kindern gemeinsame Freunde eingeladen zu haben. Laß sie jetzt nur alle kommen, schrieb sie ihm dem Sinn nach, auch die, die bisher den Takt besaßen, dich nicht zu besuchen. Sie interpretierte diese Besuche auf ihre Weise, meinte, er wollte dadurch seine Beziehung zu Jeanne in der Öffentlichkeit bekanntmachen, und darin sah sie einen Verrat: Indem er seine Beziehung zu Jeanne nicht mehr verbarg, würde er ihre Scheidung beschleunigen. Für sie kam sein Verhalten einem Vertragsbruch gleich. Der Kompromiß, auf dem ihr Eheleben basierte, hatte zweifellos zur Bedingung, daß die Existenz von Jeanne absolut geheim blieb.

»Welch ein Abgrund für mich, statt meines Lebenstraums, den ich vierundzwanzig Jahre hatte, daß ich nämlich litt und an Deiner Seite kämpfte während Deiner so harten Anfänge, daß ich Mut schöpfte in der Hoffnung auf ein glückliches Alter an Deiner Seite, daß wir dann endlich die Früchte Deiner harten Arbeit genießen könnten, wir uns fester umschlungen halten würden, um alle Wunden zu vergessen, die die Dornen des Weges uns zufügten, nun das Gegenteil! Nun dringen diese Dornen kurz vor unserem Tod noch tiefer ins Fleisch.«

Sie bestrafte ihn, indem sie beschloß, ihn nicht zu besuchen. Und sie traf damit ins Schwarze. Er antwortete ihr:

»Ich glaube allmählich, daß es besser ist zu sterben. (...) Wozu meine Arbeit, wenn alles um mich herum einstürzt, sogar unsere Liebe?«[6]

Er flehte sie an, ihn nicht so sehr zu bestrafen und schnell zu kommen.

Dieser seltsame Dialog zeigt wieder einmal, wie kompliziert ihre Beziehung war und wie sehr Alexandrine Zola bevormundete. Wie besitzerische Mütter – vielleicht wie Emilie Zola? – wußte sie den Mechanismus aus Schuldbewußtsein und Abhängigkeit in Gang zu halten. Wie! Sie hat sich für ihn aufgeopfert, hat ihm ihr ganzes Leben gewidmet, sie erhoffte sich nichts weiter als ein glückliches Alter, und nun das! Aber egal, sie war bereit, sich wiederum aufzuopfern, trotz ihrer schwindenden Kräfte:

»Du hast begonnen, eine schmerzvolle Trennung zu vollziehen, Du kannst damit fortfahren, vom ersten Tag an habe ich Dir gesagt, daß ich bereit bin fortzugehen, wenn das Dein Wunsch sein sollte, ich habe meine Meinung nicht geändert, aber das soll mich nicht hindern, Dich mit meinen schwachen Kräften zu unterstützen, so lange ich kann.«

Der Graben zwischen Alexandrine Zola und Marguerite Charpentier schloß sich lange nicht, aber später vertrugen sich die beiden

Frauen wieder und arbeiteten zusammen in der »Kinderkrippe«, einer Hilfsorganisation für Waisenkinder und ledige Mütter, für die Marguerite Charpentier die Präsidentschaft übernommen hatte.

Ein Argument Alexandrines war, daß das Zusammensein Zolas mit Jeanne öffentlich bekannt werden und sich auf die Dreyfus-Affäre nachteilig auswirken könnte. In der Tat muß man darüber staunen, daß diese Beziehung überhaupt so lange geheimgehalten werden konnte, wo es doch sogar in einem Polizeibericht vom April 1898 über Zola hieß:

»Böse Zungen behaupten, er habe eine Frau namens Rozerot zur Mätresse. Diese ist dreißig Jahre alt und wohnt in der Rue du Havre 3 zur Miete für einen Zins von viertausend Francs. Sie ist eine große, blonde, sehr elegante Frau, die ein großes Haus führt. Sie hat viel Schmuck, und ihre monatlichen Ausgaben werden auf eintausendfünfhundert Francs geschätzt.«

Warum verwendeten seine Feinde diese Beziehung nicht gegen ihn?

Zola bat Fasquelle, Jeanne fünftausend Franc zu schicken, sobald sie am 15. Oktober wieder in Paris wäre. Und er schrieb Alexandrine am 18. Oktober von seinen Sorgen, nichts von den Kindern gehört zu haben, die doch schon seit drei Tagen zurückgekehrt sein müßten. Hatten seine Feinde nichts davon mitbekommen?

Die allergrößte Sorge für Madame Zola war die Entwicklung der Dreyfus-Affäre. Sie ließ sich interviewen und gab den Journalisten, die sie über die Rückkehr ihres Mannes befragten, immer dieselbe Antwort: nicht, bevor das Kassationsgericht entschieden hatte, daß die Revision des Dreyfus-Prozesses eingeleitet würde. Am 11. Oktober mußte sie im Beisein von ihren Freunden der Versteigerung einiger ihrer Besitztümer zusehen, um die dreißigtausend Francs für die Schriftsachverständigen und Geldbußen aufbringen zu können. Aber Eugène Fasquelle kaufte im Namen Octave Mirbeaus das erste zur Versteigerung kommende Objekt, einen Tisch Louis XIII, für zweiunddreißigtausend Francs, und beendete so die Versteigerung weiterer Kunstgegenstände. Alexandrine entging damit einer besonders gefürchteten Qual: der Öffentlichkeit Zolas Arbeitszimmer und ihr Schlafzimmer vorführen zu müssen, »diese beiden Räume, die uns mehr am Herzen liegen als alle anderen, da wir dort am häufigsten Seite an Seite lebten«.

Täglich mußte sie die Neugier, den manchmal wundersamen Zuspruch oder Haß der Öffentlichkeit ertragen. Jeden Tag legte zum Beispiel eine Frau einen Blumenstrauß vor ihre Haustür in der Rue de Bruxelles 21; auf demselben Bürgersteig errichteten Anhänger Guérins einen Scheiterhaufen, um dort »die Bücher des Italieners voll Kot und Auswurf« zu verbrennen; aus der ganzen Welt trafen Briefe ein, manchmal drückten einfache Leute auf naive, rührende Art ihre Bewunderung aus oder machten unsinnige Vorschläge. Vor allem aber kamen unzählige Drohungen und Beleidigungen, die eine dicke Akte füllen. Diese ganze Post mußte Alexandrine lesen, aussortieren und in den meisten Fällen deren furchtbaren Inhalt ihrem Mann verschweigen. Einige Briefe mit üblen Drohungen, wie der vom 9. Oktober 1898, waren an sie persönlich adressiert.

»Madame, wenn Sie nicht innerhalb von 8 Tagen das Weite suchen, werden wir trotz der Dienerschaft, die Sie umgibt, Mittel und Wege finden, Ihnen das in den Bauch zu hauen, was nötig ist, damit Sie krepieren. Da Ihr widerlicher Ehemann sich versteckt hält, werden wir uns die Seinen vorknöpfen und jenen nichts ersparen. Tod den Juden und allen, die sie unterstützen!«

Am 25. Oktober gab sie endlich Zolas Bitte nach und reiste in Begleitung von Eugène Fasquelle nach England.

»Du zerreißt mir so sehr das Herz, da Du mich bei Dir haben willst und nicht so vernünftig bist, wie Du eigentlich bist, daß ich hier alles aufgebe.«

Sie hatte alle Vorsichtsmaßnahmen getroffen: Die Koffer wurden als Stückgut mit Proviantkörben von einem Kutscher des Verlagshauses Fasquelle abgeholt, der sie zum Verlag brachte, von wo aus sie nach England geschickt wurden. Alexandrines Gruß vor dem Zusammentreffen mit ihrem Mann klingt sehr liebevoll:

»Und nun bis bald. Ich wage nicht zu glauben, daß es wahr wird und ich meine Lippen auf Dein liebes Gesicht drücken kann, daß ich Dich endlich umarmen werde. Noch einmal meine zärtlichsten Küsse auf dieses kalte Papier.«

Einige Stunden später waren sie endlich wieder vereint.

Am 29. Oktober 1898 leistete der Kassationshof dem Gesuch um die Wiederaufnahme des Dreyfus-Prozesses Folge und eröffnete eine neue Untersuchung. Der Sieg war nun nicht mehr fern, selbst wenn Alexandrine und Emile nicht mit Zolas sofortiger Rückkehr rechneten und er nach wie vor skeptisch war. Alexandrine war von seiner Nervosität betroffen, sie war so groß, schrieb sie, daß er von regelrechten Krämpfen gepackt wurde, wenn er die Zeitungen aufschlug. Ihr Drei-Zimmer-Appartement im Queens' Hotel in Upper Norwood gefiel ihnen gut, aber an die englische Küche konnte sie sich nicht gewöhnen.

»In diesem Land gibt es herrliches Fleisch bei den Metzgern, das aber durch die Zubereitung verdorben wird, niemals bekommt man ein Stück Fleisch, das innen noch blutig ist, nur die Kartoffeln, die zu jeder Mahlzeit wiederkehren, sind gut. Auch der Fisch ist sehr gut, aber alles wird ohne Butter und ohne Salz gekocht, man hat den Eindruck, daß alles tagelang im Wasser gelegen hat und so lange gekocht wird, bis es jeden Geschmack verloren hat, und der Kuchen ist so schwer, daß man schon vom bloßen Anschauen krank wird«,

beschwerte sie sich in einem Brief an Madame Bruneau.[7]

England mochte sie im übrigen gar nicht, selbst wenn sie dem Land dankbar war, ihrem Mann »mit so viel Diskretion im Exil Schutz geboten zu haben.«

Vor allem belastete sie ihre Untätigkeit. Zola war wieder wohlauf und widmete sich ganz seiner Arbeit, der Beendigung seines Romans *Fruchtbarkeit*. Sie fühlte sich überflüssig und schrieb am 1. Dezember, daß sie ihre Rückreise plane:

»Ich fange an, wütend herumzulaufen, bin zu nichts nütze, hier zu nichts nütze, bin zur Untätigkeit verurteilt. Ich brauche für meine Gesundheit unbedingt die Luft der Heimat, dort kann ich vielleicht etwas Nutzbringendes tun ...«

Zu etwas nütze sein, war ihre fixe Idee. Am Montag, dem 5. Dezember, war sie wieder zu Hause nach einer nächtlichen Überfahrt, die sie an den Mast geklammert an Deck verbracht hatte, um nicht seekrank zu werden. Sie konnte nun ihren strengen Tagesrhythmus mit Besuchen, Diskussionen und Kontakten wieder aufnehmen, nach dem ihr Tätigkeitsdrang und ihr leidenschaftliches Temperament so sehr verlangten. Gleich am Tag ihrer Ankunft und nach einer schlaflosen Nacht, in der sie bis fünf Uhr morgens Zeitungen las, besuchte sie Alice Mirbeau, die sie zum Mittagessen eingeladen hatte und bei der sie Anatole France und Clemenceau antraf. Nach einem Sprung zu Jean Psichari, dem Leiter der Liga der Menschenrechte, der aber leider abwesend war, lief sie zu Labori, der sie anflehte, ihren Mann von einer vorzeitigen Rückkehr abzuhalten. Emile Zola hatte sie beauftragt, seinem Verleger die ersten zwölf Kapitel des Romans *Fruchtbarkeit* zu bringen, den er sechs Monate zuvor begonnen hatte. Während seines Exils spielte sie regelrecht die Rolle einer Literaturagentin, über sie liefen alle Anfragen verschiedener Zeitungen, ausländischer Verleger und Übersetzer. Sie war seit langem an eine solche Mitarbeit gewöhnt, aber nie traf sie irgendeine Entscheidung, ohne vorher ihrem Mann davon Mitteilung gemacht zu haben, und welche Ansicht er auch vertrat, immer folgte sie haarklein seinen Anweisungen.

Einige Tage später informierte sie Zola darüber, daß seine Verteidiger ihm ganz und gar von einer baldigen Rückkehr abrieten. Wie sollte er da nicht den Eindruck bekommen, daß man versuchte, ihn aus allem herauszudrängen? Mit großer Betrübnis ordnete er sich schließlich den Argumenten unter, die Alexandrine, von Labori überzeugt, so gut wie möglich untermauerte. Sie selbst hatte mit großer Freude zu ihren Aktivitäten zurückgefunden, und in ihren endlos langen Briefen (»Ich möchte meine hübsche Prosa gern verknappen, aber ich kann mich nicht kurz fassen«) kommentierte sie kraftvoll das aktuelle Geschehen oder die Gerüchte in den Salons der Dreyfusards. Hingerissen erzählte sie von einer öffentlichen, erregten Versammlung, an der sie von der Tribüne aus teilnahm: Protestgeschrei gegen die Verräter, Handgreiflichkeiten, Einschreiten der Polizei, um die Leute aus dem Saal zu bringen, Rückkehr nach Haus mit ihren »drei Freunden«.

Es war ganz offensichtlich: Sie lebte auf. Dieses Klima der allgemeinen Gemütserregung, ja, des Bürgerkriegs gefiel ihr nur zu gut, und sie hatte keine Angst davor, nicht mit ihren scharfen Urteilen hinterm Berg zu halten oder Risiken auf sich zu nehmen. Sie war waghalsig und zum Kampf entschlossen. Ihr »lebhafter Charakter«, wie sie sagte, wurde besonders angeregt durch die elektrisch geladene Atmosphäre dieser entscheidenden Monate. Sie hatte ihre

Helden, wie zum Beispiel den verführerischen Oberst Picquart, den sie uneingeschränkt bewunderte:

»Gestern traf ich Picq(uart) im Besucherraum des Gefängnisses, der voller Blumen für ihn ist, jeden Tag ist es so. Er ist bei allerbester Gesundheit trotz seiner Erkältung, die aber zuende geht. Er hat mich nach Dir gefragt, hat mir viele Grüße für Dich aufgetragen; er strahlt immer eine so schöne Ruhe aus und wartet in stoischem Gleichmut auf die Stunde seiner Befreiung.«

Und sie war nicht die einzige, die ihn bewunderte; Picquart wurde zu einer regelrechten Kultfigur:

»Wir wollten einen Helden haben, da ist er: Ja, er ist ein Held im wahrsten Wortsinn, ein Held, der der Menschheit Ehre macht und der den Seiten Plutarchs entsprungen zu sein scheint«, schrieb Pressené 1898.[8]

Sie nannte die Verräter beim Namen: Esterhazy, natürlich, den Ulan, dessen Anwesenheit in London in ihr einige Befürchtungen für Zola auslöste; aber auch alle ihre ehemaligen Freunde, die sich ins gegnerische Lager begeben hatten oder die sie etwas flau fand: Henry Céard, Joris Karl Huysmans, Francois Coppée, Marius Roux, der für *Le Petit Journal* eines Judet arbeitete, aber auch Paul Bourget oder Léon Hennique, den früheren Schüler der Naturalisten, den sie beschuldigte, zu spät aufgewacht zu sein. Unter ihnen nahm Céard, wie so oft, eine besondere Haltung ein. Dreyfus konnte er keine Sympathien entgegenbringen – könnte man untertreibend sagen. Am 26. Juli 1898, also ungefähr eine Woche nach Zolas Aufbruch nach England, schrieb er seiner Freundin aus alten Zeiten, wozu ihn sicherlich eine sehr aufrichtige Herzensregung veranlaßte, und machte eine Anspielung auf ihr Leid während all der Jahre. Alexandrines Reaktion ließ nicht auf sich warten. Sie habe einen Brief erhalten, schrieb sie ihrem Mann,

»von unserem Ex-Baron, nur an mich gerichtet, einen äußerst rührenden Brief. Meine Antwort wird nicht lang sein, ich werde ihm in wenigen (Worten) sagen, daß er mir seine Zuneigung hätte zeigen sollen als neutraler Mensch – so müßte er sein, wenn seine Überzeugungen nicht mit meinen übereinstimmen – und daß er nicht an dem rühren solle, was mir allein auf der Welt heilig ist, vor allen deshalb nicht, weil er genau die Gefühle meines Herzens für diese Person kennt. Als ich seinen Brief las, war ich wütend vor Empörung!«

Hatten sich große Teile dieser Empörung aufgelöst, als sie zur Feder griff, um Céard zu antworten? Die wirkliche Wut verflüchtigte sich offenbar in Erinnerung an die ehemalige Zuneigung:

»Inmitten des schrecklichen Wirbels, der uns umgibt, hat mich Ihr soeben angekommener Brief überrascht … Sie denken an meine tägliche Bitternis, sagen Sie, wenn Sie eine Zeitung aufschlagen; ja, haben Sie denn niemals daran gedacht, welchen Schmerz es mir bereiten muß, wenn ich Ihre Artikel lese? Mein guter Céard, danke für Ihre schöne Regung, Sie, die so sehr um meine Tränen bekümmert sind, Sie haben mich so oft weinen machen.«

Aber ob es nun Céard war oder ein anderer, niemandem erlaubte die Kämpferin die kleinste Schwäche, wie ein Brief an Elina zeigt. Über gemeinsame Freunde, die mit einem Anhänger Esterhazys verkehrten, schrieb sie:

»… Nun gut … Mögen sie nur im nächsten Winter zu mir kommen und vor mir katzbuckeln, wenn die Dinge sich weiterhin klären, was sicher ist. Sie können gewiß sein, daß ich sie gut behandeln werde, nämlich von meinen Dienern vor die Tür werfen lasse; einigen dieser Leute werde ich persönlich die Meinung sagen, wie bereits bei Céard oder Roux geschehen. Das sind schon mal zwei. Die anderen kommen auch an die Reihe, denn sie kehren mit Sicherheit zu uns zurück, und die es mit keinem verderben wollten und sich nicht ins Wasser trauten, denen werde ich den Kopfsprung schon beibringen.«[9]

Nie vergab Alexandrine denen, die während der Dreyfus-Affäre ins andere Lager gingen. Andererseits ließ sie denen gegenüber, die Zola die Treue hielten, große Nachsicht walten. So wurde Paul Alexis vergeben, daß er Jeanne und nicht sie besucht hatte.

Auch privatere Aufgaben mußte sie erfüllen. Ende 1898 hatte Zola sie und nicht Jeanne damit beauftragt, die Weihnachtsgeschenke für die Kinder zu kaufen:

»Ich werde mich gleich heute um das Spielzeug für die Kinder kümmern, ich bedaure nur, daß Du mir für Denise nichts »zum Spielen« genannt hast. Sie hat bereits so viele Puppen, daß es gewiß nicht noch eine weitere Puppe ist, was sich das Mäuschen wünscht.«

Denise und Jacques nahmen bald im mütterlichen Herzen dieser kinderlosen Frau einen besonderen Platz ein. Sie hatte Freude daran, sie verwöhnen zu dürfen, und nahm es klaglos auf sich, sich in den Weihnachtstrubel stürzen zu müssen. Den Kindern gegenüber empfand sie keinerlei Eifersucht. Nach unserer Kenntnis gibt es in ihren Briefen auch keine feindseligen Bemerkungen über Jeanne. Sie erwähnte sie einfach nicht. Jedesmal, wenn sie über etwas Schmerz empfand, machte sie ihrem Mann und nur ihm allein Vorwürfe, denn er hatte ihrer Meinung nach ihren Pakt nicht eingehalten. Die Kinder bedrohten sie nicht nur nicht, sie gaben ihr vielmehr immer wieder Gelegenheit, ihre mütterlichen Gefühle auszudrücken. Da sie sich selbst als eine Hälfte Zolas erlebte, fand sie es ganz selbstverständlich, daß sie für ihn handelte.

»Seit zwei Tagen bin ich sehr beschäftigt; Besuche von Freunden, Journalisten und Briefe, die ich lesen und beantworten muß, mit einem Wort, ich bin ich und Du zugleich.«

»Ich bin ich und du zugleich«: Könnte man es besser ausdrücken? Am Abend des 22. Dezember fuhr sie wieder nach England und verbrachte die Feiern zum Jahresende bei ihrem Mann in Norwood. Zu Beginn des Jahres erkältete sie sich beim Einkaufen, und sie wurde ihren Schnupfen und die Hustenanfälle nur los, indem sie sich mit Terpentinöl einrieb und Malzsirup und Lebertran einnahm. Sie schrieb Amélie:

»Was mich betrifft, mein armes Kätzchen, da beginne schon mal, Dich an meine Abwesenheit zu gewöhnen, denn weißt Du, ich kann kein langes Leben haben, krank wie ich bin. (…) Beim kürzesten Spaziergang bekomme ich Hustenkrämpfe, die mir große Schmerzen verursachen, und heftiges Herzklopfen, ich besitze ein ganzes Pfeiforchester, das mir den Atem nimmt.«[10]

In Frankreich geriet die Affäre durch juristische Spitzfindigkeiten und das langsame Arbeiten der Justizbehörden wiederum ins Stocken. Dem deutlich bekundeten Optimismus Fernand Laboris setzte Zola seine Zweifel und seine »schwärzesten Ahnungen« entgegen. Seit sieben Monaten lebte er nun schon im Exil. Immer mehr bekam er den Eindruck, trotz der Aufopferung seiner Freunde und seiner Frau ausgebootet worden zu sein. Er begann sich zu fragen, wem sein Exil nützte.

Alexandrine teilte seinen Pessimismus und drückte in leidenschaftlichen Worten ihre Zweifel und ihre Wut auf dieses »lasche Volk« aus:

»Die Überraschung hier (in England) ist allgemein, und die Zeitungsartikel sind erschreckend in ihren Beschimpfungen auf dieses erbärmliche Frankreich. Ja, was soll man sagen? (…) Es ist sicher, wenn sich dieser Zustand nicht ändert, dann kann man nur noch auswandern. (…) Ein Guérin, der Auswurf der Gesellschaft, und dazu seine Helfershelfer, alle diese Gewohnheitsverbrecher, Quesnay de Beaurepaire, dieser Lügner, der sich gefälschter Dokumente bedient! Und um keine dieser Kanaillen kümmert sich die Polizei.[11] Ist es möglich, in einem solchen Land zu leben? Wir alle hier sind gänzlich entmutigt, haben nicht mehr den kleinsten Hoffnungsschimmer. Und trotz meines Wunsches, den Ort zu verlassen, der so unheilvoll ist, muß ich doch dahin zurück und meinen unglücklichen Mann hier allein sich das Gehirn zermartern lassen, und ich bedaure zutiefst diese Dummheit, zu der man man ihn gezwungen hat, nämlich ins Exil zu gehen.«[12]

War ihr schlechter Gesundheitszustand auf das englische Klima zurückzuführen? Ihre Emphysem-Anfälle wurden so heftig, daß sie beschloß, nach Frankreich zurückzukehren entgegen Zolas Bitte, der sie gern bei sich behalten hätte. Er machte sich Sorgen um ihre Gesundheit und schrieb Doktor Larat:

»Mein lieber Freund, meine liebe Frau wird sehr krank bei Ihnen ankommen. Ich habe in ihre Abreise eingewilligt, da ich sah, daß sich ihre Gedanken hier im Kreis drehen und daß es für sie dringend notwendig geworden ist, sich zu Hause behandeln zu lassen. Ich bitte Sie inständig, empfangen und untersuchen Sie sie so bald wie möglich, veranlassen Sie alles Nötige, damit sie nicht das Haus verläßt, daß sie sich erholt und sehr wirksame Medikamente bekommt, die sie wieder auf die Beine bringen. Und vor allem halten Sie mich auf dem laufenden, unterrichten Sie mich unverzüglich über ihren wahren Gesundheitszustand, verbergen Sie mir nichts, denn ich muß es unbedingt wissen. Wenn es irgendwelche beunruhigenden Komplikationen gibt, rechne ich darauf, daß Sie mir umgehend Bescheid geben, damit ich sofort den nächsten Zug nehmen kann. Was ich vor allem befürchte, ist ihre Unvorsichtigkeit, nun, da ich nicht mehr bei ihr bin und auf sie aufpassen kann.«[13]

Die Ärzte Gouverné und Larat, die sie noch am Abend ihrer Rückkehr zu sich bat, verschrieben absolute Ruhe und Morphiumspritzen. Alexandrine verbrachte nun den Vormittag ruhend im Billardsaal, den Nachmittag in ihrem Schlafzimmer, inhalierte, las

Zeitungen und rauchte Eukalyptuszigaretten, nahm Kaliumjodid ein, trank Milch und Mineralwasser, saß in einer blauen Wolke, die aus den Räucherschalen aufstieg.

Aber es brauchte mehr, um sie vom Kampf abzuhalten. Die einzige Konzession an die Ärzte war, daß sie nun ihre Freunde bei sich zu Hause empfing und für eine Weile nicht hinausging. Aber sie brauchte nicht lange, um sich wieder an die Arbeit zu begeben. Sie machte sich begründete Sorgen um die zukünftigen Auszahlungen der *L'Aurore* an Zola, denn diese Zeitung veröffentlichte die Erklärungen Esterhazys. Sie nahm Zolas Buchhaltung wieder auf, knüpfte erneut den Kontakt zu den Übersetzern und auch zur ungarischen Korrespondentin Zolas. Sie antwortete an seiner Stelle einer Zeitung in Kopenhagen, die einen Artikel zum 1. Mai wünschte, und setzte zusammen mit Fasquelle den Vertrag für den Roman *Fruchtbarkeit* auf.

Sie informierte Zola auch über den bevorstehenden Besuch seines Anwalts, nach dessen Meinung die Affäre spätestens am 8. Mai abgeschlossen wäre. Der Tod von Félix Faure, einem Gegner der Revision, die Wahl Emile Loubets zum Präsidenten der Republik am 18. Februar und der Mißerfolg von Déroulèdes Gewaltstreich schienen anzuzeigen, daß der Wind aus der richtigen Richtung kam. Aber Zola glaubte nicht mehr daran. Nach Alexandrines Abreise fühlte er sich einsam, eine Situation, die er nur sehr schwer ertragen konnte. Seit Mitte Oktober hatte er Jeanne und die Kinder nicht mehr gesehen. Er bat daher seine Frau, ihm zu gestatten, sie zu sich kommen zu lassen. Die Antwort kam prompt und tadelnd:

»Wie sollte ich denn nicht einverstanden sein und Deinem Wunsch nicht nachgeben, ich war doch die erste, die Dir das vorgeschlagen hat, da ich sehr gut verstehe, wie sehr Du etwas entbehrst, wenn Du nicht die geliebten Wesen um dich hast, die allein und ohne jede Sorge um andere Dinge Dich beschäftigen sollten? Und würde ich nicht einwilligen, so scheint mir, müßtest Du Dich angesichts Deiner und meiner Situation nicht im geringsten darum kümmern. Nun, ich müßte eine sehr schwarze Seele haben, um Deinem Wunsch nicht nachzukommen. Und ich wundere mich über Deine Bitte, denn es scheint mir, daß ich Dir seit zehn Jahren nie etwas in den Weg gelegt habe, was immer Du zu tun wünschtest, und es schien mir immer, daß Dir das nicht entgehen konnte. Wenn ich früher Einwände vorbrachte, dann deshalb, weil ich glaubte, es läge in Deinem Interesse, aber unglücklicherweise kann man sich noch so gut und seit langem kennen, man fühlt nicht immer die guten Absichten des anderen. Ich jedenfalls zog immer klare Antworten vor, die Du, das habe ich nun bemerkt, nur für einen Spaß gehalten hast, und nach dem schrecklichen Drama, das über unser unglückliches Leben hereingebrochen ist, war ich schließlich ganz überzeugt, daß Du das alles nicht ernst nahmst.«[14]

Man sieht, daß Zola sich wieder wie ein Kind benahm und ihre Erlaubnis erbat, was er gar nicht nötig gehabt hätte. Wie jedesmal, wenn er von Jeannes Gegenwart sprach, kam sogleich das Thema Italien auf. Zola hatte vorgeschlagen, Alexandrine in Genua zu treffen, anschließend sollte sie nach Rom weiterreisen. Ein Plan, den sie absurd fand, an dem ihr allerdings die Aussicht gefiel, zwei Monate in Italien zu verbringen, um sich zu erholen. Mit einer Spur Gemeinheit wies sie ihn auf ihre Krankheit hin und ging sogar so weit, ihn mehr oder weniger dafür verantwortlich zu machen:

»(…) ich bezahle jetzt für die Aufregungen und den Wirbel, die an dem Tag begannen, als Du mir die ersten Briefe über die Dreyfus-Affäre geschrieben hast am Ende meines Italienaufenthalts im November 1897.«

Einige Tage später bat Zola Eugène Fasquelle, seiner Frau einen Korb mit Blumen zu schicken. Seine Anweisungen waren wie immer sehr genau: Er sollte sie bei Baudry in der Rue de la Chaussée d'Antin kaufen und sie Freitag, den 17. März, zwischen drei und vier Uhr Alexandrine schicken. Dieses Datum und die genaue Uhrzeit scheinen darauf hinzuweisen, daß es sich um eine Erinnerung an den Jahrestag ihres ersten Zusammentreffens handelte, womit sich auch das Telegramm, das sie ihm um 6.33 Uhr desselben Tages schickte, erklären ließe:

»Mit sehr bewegtem Herzen sende ich Dir einen zärtlichen Kuß.«

Aber einige Stunden später löste dann der prachtvolle Blumenkorb ihres Mannes, dem eine Karte mit dem Wunsch »happy returns« beigelegt war, eine Tränenflut und eine neue Krise bei ihr aus:

»Mein lieber Loulou,
    heute liegst Du mehr denn je richtig mit deiner Beachtung von Zahlen, denn dieser 17., ein Freudentag, ist trotz Deiner lieben Aufmerksamkeit ein wahrer Trauertag, ich kann ihn zu den Tagen zählen, die für mich die schwersten waren innerhalb der letzten Jahre, denn von den fünfund-

dreißig Jahren gemeinsamen Lebens muß man gut zehn Jahre eines schrecklichen Martyriums abziehen, das erst mit meinem Tod vergessen sein wird. Heute ist die ganze Flut des durchgemachten Kummers in meiner sonstigen Lebenseinsamkeit wieder in mir aufgestiegen, und im bittersten Leid verbringe ich diesen Tag inmitten von Blumen für mich, an denen wahrlich nicht gespart wurde. (...)

Ich war bei Dir, als unser 34. Jahr sich dem Ende zuneigte, am 28. Dezember. Und wir haben nicht darüber gesprochen, weder Du noch ich, ich hielt meine Tränen und verzweifelten Seufzer zurück, ich hatte noch nicht begriffen, wie dieses Glück, das ich mir für unsere alten Tage erträumte, so dahinschwinden konnte. (...) Und was ich außerdem nicht begreife, sind Deine Briefe, ist diese »card«, auf die Du mir Worte schriebst, die angesichts unserer Ehesituation von erstaunlicher Zärtlichkeit sind, doch wenn wir zusammen sind, fühle ich nichts mehr von all dem, was du mir zuvor geschrieben hast.«

Seit dem Tod der Mutter Zolas am 17. Oktober 1880 war die Zahl 17 für den Schriftsteller eine Unglückszahl. Der Brief scheint zugleich die Hypothese zu bestätigen, daß sie an einem 17. März erstmals zusammentrafen. Albert Laborde berichtete von einigen Zeilen Alexandrines an seine Schwester Elina vom 16. März 1903, worin sie bat, sie am nächsten Tag nicht zu besuchen. Dieser Bitte fügte Alexandrine hinzu:

»Da ich von der Existenz dieses Tages nichts wissen will, bitte, keine Blumen, keine Küsse, es wäre unsäglich schmerzhaft für mich, sei mir nicht böse, erfülle meinen lebhaften Wunsch, Deine liebe Mama wird Dir alles erklären.«

Albert Laborde, ihr Patenkind, fragte sich:

»Welche Erinnerung weckte dieses Datum in ihr, daß sie nichts von seiner Wiederkehr wissen wollte? Rief es ein Ereignis ihres gemeinsamen Lebens in die Erinnerung zurück, dessen Feier zum Ritual geworden war und über das offen gesprochen wurde, da ja meine Mutter darüber offenbar Bescheid wußte?«[15]

Durch ihre Abwesenheit hatte Zola ermessen können, wie sehr er seine Frau brauchte. Sicher hing er an Jeanne. Aber sie war nie so mit seinem Alltag verflochten wie Alexandrine, die es in ihren Briefen fertigbrachte, ohne Überleitung von dieser Eheszene auf andere Themen überzugehen: auf den Freispruch für Gohier, einem

Journalisten der *L'Aurore*, der wegen einer Artikelserie, in der er sich offen und kampfesmutig gegen die Armee ausgesprochen hatte, angeklagt worden war, danach zu den Autorenrechten für *Fécondité* und schließlich zur Pressekampagne, die dem Erscheinen dieses Romans vorausgehen sollte.

Man sieht daran, daß ihr Dialog immer die Arbeit des Schriftstellers mit einbezog. Er teilte ihr in jedem seiner Briefe mit, wie er mit der Arbeit vorankam, welche Schwierigkeiten er hatte, sprach von seinem Erfolg oder der Entwicklung der Affäre. Wie sie selbst sagte, hinderten ihre Vorwürfe gegenüber Zola und ihre Traurigkeit sie nicht, sich für ihn aufzuopfern und sich mit Leib und Seele allem zu widmen, was ihn betraf.

Im Lauf der Wochen wurden ihre Bedenken Fernand Labori gegenüber immer größer. Sie warf ihm vor, daß er nie zu sprechen war und ihr nichts enthüllen wollte, während er »in ihrem Salon für ihre Gäste Plädoyers abhalte« oder aber zu ihr kam »mit düsterer Miene, als wolle er ihr den Tod ihrer gesamten Familie ankündigen«, und daß er Emiles Rückkehr in unendliche Ferne hinausschob. Heimlich machte sie ihn verantwortlich für Zolas Exil, das sie niemals akzeptierte, das ihr zu viel Ähnlichkeit mit einer Flucht hatte und weder ihrem kämpferischen Temperament entsprach noch zu dem Heldenbild, das sie sich von ihrem Mann gemacht hatte, paßte. Octave Mirbeau, mit dem sie oft zusammenkam, teilte ihre negative Einschätzung des Anwalts.

Aber auch im Privatleben gab es Versuche der Klarstellung:

»(…) Da ist immer noch ein schreckliches Fragezeichen, und früher hast Du mir schon einmal versprochen, es mir zu erklären, und wenn ich fühle, daß Du ein wenig redselig wirst, denke ich, ich werde nun endlich wissen, woher mein Leid kommt, und dann ist es immer eine doppelte Enttäuschung, daß ich es nicht erfahre; und ich verstehe nicht, daß Du nicht auch das Bedürfnis hast, zu sprechen und mir zu erklären, wie es kommt, daß Du für mich weiterhin diese Zuneigung hast, die mir nur aus Mitleid zu bestehen scheint. Ich kann es nicht in den Kopf bekommen, daß die andere Beziehung, die Du Dir ausgesucht hast, nicht ganz und gar Deine Zuneigung, die zu mir zu haben Du immer behauptest, abtötet. Ich weiß und fühle, daß es nicht richtig ist, daß ich so offen mit Dir darüber rede, aber was willst Du, ich bin heute sechzig Jahre alt geworden, es wäre für mich ganz schwierig, mich jetzt noch zu ändern.«[16]

Diese Zeilen verdeutlichen, wie sehr sie litt. Wie konnte Zola sie noch lieben, wo er doch eine andere liebte? Wie konnte er für sie etwas anderes als Mitleid empfinden? Wie anders ließe sich ihr Leben an der Seite ihres Mannes rechtfertigen, als daß sie ihm *nützlich* war, ein Wort, das wie ein Leitmotiv in ihren Briefen wiederkehrt? Für ihn widmete sie sich ganz und gar der Dokumentationsarbeit, suchte für ihn im Großen Larousse nach einzelnen Informationen über afrikanische Länder, die er für seinen Roman *Fruchtbarkeit* benötigte. Sie war die aufopferungsvolle Mitarbeiterin, die geduldig seine Korrekturen in die Druckfahnen übertrug, war seine ewige Bewunderin und begeisterte Leserin. Die ersten Kapitel des neuen Romans hatten »eine außergewöhnliche Wirkung« auf sie und führten sie »von der größten Freude zum tiefsten Schmerz.« Wie sollte sie auch nicht von einem Roman berührt sein, der das Schicksal kinderloser Frauen in den schwärzesten Farben malt, während die Heldin mit einem Lächeln auf den Lippen zwölf Kinder zur Welt bringt? Auch sind einige Übereinstimmungen mit ihrer Gabrielle-Vergangenheit frappierend. So heißt das von einer jungen Arbeiterin verlassene Kind Alexandre-Honoré, und es entstammt geradewegs dem Stammbaum der Meley, dazu kommt die Beschreibung des Dorfes Monfort, das im Roman Rougemont heißt. Und was mochte sie beim Lesen des folgenden Textausschnitts, der die traurigen Seiten ihres Ehelebens zusammenzufassen scheint, gefühlt haben?

»Der Mann hatte ein großes Vermögen angesammelt, die Eheleute besaßen alles, Geld, Gesundheit, zahlreiche Freunde. Aber keins dieser Güter war für sie wirklich von Bedeutung; ich habe die beiden nur in ihrem Schmerz gekannt, sie wünschten sich nur die eine Freude, die sie nicht besaßen: Söhne und Töchter, die ihr trauriges, leeres Haus erheitern würden … Und diese Sorge befiel sie bald nach ihrer Hochzeit, zuerst waren sie nur erstaunt, nichts kommen zu sehen, doch ihre Unruhe wuchs, als ein Jahr der Unfruchtbarkeit auf das andere folgte, und schließlich waren sie verzweifelt, als sie bemerken mußten, daß das schreckliche Unvermögen endgültig war.«[17]

Die fordernde Haltung Alexandrines und ihre Nörgeleien waren vielleicht nur ihre Art, ihre Zweifel und ihr unendlich großes Bedürfnis nach Anerkennung und Liebe auszudrücken, eine schwelende Glut, die die Untreue ihres Mannes ständig neu aufflammen ließ.

Am 29. März kamen Jeanne und die Kinder während der Osterferien nach England. Emile wohnte mit ihnen im Crystal Palace Royal Hotel in Norwood unter dem Decknamen Roger. Die wenigen Briefe, die uns aus der Zeit vor dem Besuch zur Verfügung stehen, zeigen, daß er sich sehr für die Schularbeit und den Erfolg der Kinder interessierte. Er schrieb ihnen liebevolle und ermahnende Briefchen. Mit Feingefühl versuchte er in seinen Briefen vor allem, den Kindern den Eindruck zu vermitteln, daß alles ganz normal sei, sowohl ihre Familiensituation wie auch seine Abwesenheit. Das zeigen diese Zeilen an die zehnjährige Denise:

»Ihr werdet eine schöne Reise machen. Versucht, auf dem Schiff nicht seekrank zu werden. Und wenn ich dann später auch nach Hause komme, bringe ich Euch das Fahrradfahren bei, und wir werden alle vier von Verneuil nach Meulan fahren und dort Kuchen kaufen. Wir werden so schön sein und so viel Platz auf der Straße einnehmen, daß alle stehenbleiben, um uns vorbeifahren zu sehen.

Bis bald, meine kleine Denise, und bis dahin einen ganz dicken Kuß von Deinem Papa, der Dich liebhat.«[18]

Im Frühjahr gelangte Alexandrine zu der Überzeugung, daß Zola ab jetzt besser seinem eigenen Gefühl trauen und nach Frankreich zurückkehren sollte. »Du hast in Deinem Leben immer nach eigenem Gutdünken gehandelt, warum nicht auch jetzt?« schrieb sie ihm am 30. März. Am nächsten Tag konnte dank einer Veröffentlichung der Untersuchungsergebnisse der Strafkammer im *Figaro* das Revisionsgesuch wesentlich positiver gesehen werden. Zum ersten Mal wurde nun die Dreyfus-Affäre in ihrem hauptsächlichen Verlauf der Öffentlichkeit bekanntgegeben. Viele schlossen sich daraufhin den Gruppierungen an, die die Revision des Prozesses forderten. Zolas Freunde meinten dennoch, daß er vor seiner Heimkehr lieber das endgültige Urteil des Kassationsgerichts abwarten sollte. Alexandrine war von der baldigen Lösung überzeugt und versuchte, von Labori und Mathieu Dreyfus so viele Informationen wie möglich zu bekommen, die sie alle Zola übermittelte:

»Du kannst auf mich zählen, ich erzähle Dir alles, was hier geschieht, denn ich fühle, daß Du jetzt genauestens über alles Bescheid wissen mußt. Vertraue mir also, denn ich betrachte mich nach wie vor als Deine glühende und aufopferungsvolle Freundin, die Dich sehr zärtlich umarmt.«

Und als Post-Scriptum fügte sie hinzu:

»Sei in diesem schrecklichen Wetter nicht allzu unvorsichtig, und achte auf Dich; wenn Du Dich nämlich erkälten solltest, dann weißt Du selbst, welch große Sorgen ich mir so fern von Dir machen würde!«

An diesem Tag, dem 11. April, schrieb er ihr:

»Wir wollen uns fest lieben, liebe Frau, denn die bösen Tage sind noch nicht vorbei.«

Jetzt, im Mai, standen Kastanien und Flieder auf den Champs-Elysées in voller Blüte, und Alexandrine hatte die ersten Erdbeeren essen können. Sie schickte sogar Emile ein paar Erdbeeren, sorgsam in einem kleinen Päckchen verpackt. Ach, ihre Päckchen! Sie legte ihr ganzes Herz hinein: Medikamentenfläschchen, deren Korken sie mit Vaseline einrieb, damit er sie leichter öffnen könne, kandierte Kastanien, Orangenkrapfen, Pflaumenkonfitüre, Pflaumen in Armagnac, Schokolade, englische Bonbons, wilde Alpenveilchen, die sie in Médan pflückte, die erste Levkoje, Baumwollsocken, Wollsocken, Flanell und selbst Briekäse aus Meaux … Ihre Päckchen sollten dem Schriftsteller im Exil die Gerüche, die Würze der Heimat und die Zärtlichkeit seiner Ehefrau übermitteln, die schon zitterte, wenn er sich erkältete, und die niemals aufhörte, an die magischen Kräfte kleiner Leckerbissen zu glauben. Er sollte ein wenig radfahren – solle sie ihm seinen Radanzug schicken? Sie freute sich, daß auch er endlich elektrisches Licht hatte, aber wie konnte er sich einen Knopf annähen? Er sollte doch sein Zimmermädchen bitten, seine Sachen in Ordnung zu halten! Bald würde das alles nur noch eine böse Erinnerung sein.

Sie selbst hatte einen neuen Gefährten und konnte nicht widerstehen, ihn mit ins Bett zu nehmen: ein ganz kleines, schwarzes Katerchen, das auf ihrer Hand schlief wie ein Murmeltier. »Sag mir, wie er heißen soll«, schrieb sie, »ich möchte, daß Du ihm einen Namen gibst.« Dabei hatte sie sich geschworen, während seiner Abwesenheit kein weiteres Tier zu sich zu nehmen. Der Kleine pinkelte sofort auf eine Seite von *Il Tempo*, genau auf einen Artikel von

Cameroni! Sie nannten ihn schließlich Moineaud nach einer Figur aus dem Roman *Fruchtbarkeit*.

»Moineaud schläft auf Deinem Kanapee zwischen zwei Kopfkissen, er hat einen enorm guten Schlaf. Ich erziehe ihn sehr schlecht, denn bei den Mahlzeiten tappt er mit allen Vieren in meinen Teller, ich kann mich seiner nur erwehren, indem ich mit ihm mein Essen teile. In dieser Woche hat er nur 110 Gramm zugenommen, aber das ist ganz beachtlich.«

In dieser Zeit wuchs ihr Lebensmut, denn der Sieg näherte sich, und sie dachte bereits über Einzelheiten seiner Rückkehr aus dem Exil nach. Dieser neue, aufregende Aspekt füllte Ende Mai bereits ganze Briefseiten. Sie befürchtete Drängeleien, Spitzel, Reporter und vor allem Gegner, die sich unter die Menge mischen könnten. Sie zog eine geheime Rückkehr vor, und zwar in der Nacht vor der Veröffentlichung des Artikels, den er anläßlich seiner Heimkehr schreiben wollte. Seine Freunde würden ihn zu Hause erwarten, nur das Ehepaar Fasquelle sollte ihn am Bahnhof abholen. Sie riet ihm zur allergrößten Vorsicht. Er sollte niemandem das genaue Datum seiner nun ganz sicheren Rückkehr verraten:

»Die Antwort der Freunde brauchst Du nicht mehr abzuwarten, denn es ist jetzt ganz selbstverständlich, daß Du heimkommst, vor allem, weil wir nun die Sicherheit haben, daß für die Revision gestimmt wird; nichts, nicht einen einzigen Grund wird es dieses Mal gegen Deine Rückkehr geben.«

Alexandrines Brief vom 31. Mai war schließlich ein zweifacher Freudenschrei. Zunächst einmal hatte Zola seinen Roman beendet. Am 28. schrieb er ihr:

»Ich hatte den Roman am 4. August 1898 in Einsamkeit begonnen und habe ihn am 27. Mai 1899 in Einsamkeit beendet, 1006 Seiten in meiner Schrift.«

Sie antwortete:

»Ich freue mich über Deine Freude, und ich bin ebenfalls ein wenig traurig für uns beide über diesen Augenblick, wo Du »Ende« schreibst und wir nicht beieinander sind, ich, um Deine letzte Seite zu lesen, und Du, um mir redselig und aufgeregt von diesem Werk zu erzählen, das Du in hartnäckiger Arbeit erschaffen hast.«

Dieser Roman mit dem für sie so vielsagenden Titel *Fruchtbarkeit* blieb der einzige, den er fern von ihr verfaßte. Ein seltsamer Zufall ... Und dann schrieb sie das Wichtigste:

»Jetzt ist es soweit, (...) keinerlei Zweifel ist mehr erlaubt.«

Am 29. Mai hörten die drei Kammern im großen Saal des Justizpalastes den Bericht von Ballot-Beaupré an. Auf die zentrale Frage: »Ist das Bordereau von Dreyfus' Hand oder nicht?« antwortete er in die absolute Stille der Zuhörer, die an seinen Lippen hingen: »Nach einer eingehenden Prüfung bin ich für meinen Teil der Überzeugung, daß das Bordereau nicht von Dreyfus, sondern von Esterhazy geschrieben wurde.«

Das Gericht ordnete in Übereinstimmung mit den Anwälten der Verteidigung und mit Lucie Dreyfus, der Ehefrau des Angeklagten, Dreyfus' Verweisung an ein neues Kriegsgericht an. Über den Häftling auf der Teufelsinsel würde man nun erneut zu Gericht sitzen.

Alexandrine machte sich dennoch Sorgen darüber, wie sich die Rückkehr ihres Mannes gestalten würde:

»Die Grenzen, unsere Haustür und ebenso die Leute hier, die Dich mit ihrem Beifall empfangen wollen, werden überwacht ... Du hast nicht mehr das Recht, Du selbst zu sein, die Öffentlichkeit hält Dich für eine Sache, Dein Wille, Deine Wünsche werden dem Publikum nichts gelten, das nichts versteht und nicht daran denkt, daß Du nach einem Exil von fast elf Monaten vor allem wünschst, in Ruhe in Dein Haus zurückzukommen.«

Sie erwartete seine letzten Anweisungen betreffs des Artikels zu seiner Rückkehr, den Labori, Clemenceau und Mathieu Dreyfus lesen wollten.

»Bis bald, bis bald, mein lieber Loulou, ich bin so glücklich, daß Du diesen Exilnamen nun bald ablegen wirst, der mir so sehr ins Herz schnitt.«

Am 3. Juni hob das Gericht das Urteil von 1894 auf und verwies Alfred Dreyfus an das Kriegsgericht in Rennes. Um 5 Uhr 54 schickte Alexandrine Zola eine letzte Botschaft in Form eines kodierten Telegramms:

»Überweisung verschoben. Rechnung erhalten. Alles gut. Caro.«

Zola konnte aus seinem Londoner Exil heimkehren. Noch am gleichen Tag traf er Eugène Fasquelle und dessen Frau in London und aß mit ihnen und seinem englischen Übersetzer Vezetelly im Queen's Hotel zu Abend. Am 4. nahm er zusammen mit seinem Verleger den Abendzug um 21 Uhr und kam am nächsten Morgen um 5 Uhr in Paris an. Seine Frau erwartete ihn am Bahnhof. Nach ihrem rituellen Wiedersehensfrühstück in der Rue de Bruxelles schickte er ein Telegramm an seine nächsten Freunde, die er einlud, ab vier Uhr zu ihm zu kommen. Seine Rückkehr fand unter allergrößter Geheimhaltung statt, aber dennoch waren die darauffolgenden Tage sehr turbulent. Man kann sich vorstellen, wie sehr sich Alexandrine, aber auch Jeanne und die Kinder freuten.

Alle Freunde berichteten Zola von Alexandrines Mut und der schwierigen Aufgabe, die sie während seiner Abwesenheit übernommen hatte. Ihr Engagement hatte nicht eine Minute nachgelassen, und das zeigt, daß sie nicht nur im Namen ihres Mannes handelte, sondern auch nach ihren eigenen Überzeugungen. Indem sie der Gefahr die Stirn bot, jeden Kompromiß ablehnte, die anderen Opfer der Affäre verteidigte, ganz eins war mit ihrem Engagement für diese Sache und auch hin und wieder leidenschaftlich Partei ergriff, stellte sie ihre Entschlossenheit und ihre absolute Opferbereitschaft unter Beweis. Sie war nun mehr denn je zuvor *Madame Zola*, war es in den Augen aller Beteiligter.

Die durchgestandenen Prüfungen klärten auch ihre Beziehung. Sie war keineswegs ein »gemütliches Fleckchen«, wie Zola gesagt hätte, nicht das gemütliche Fleckchen einer abgeschriebenen Ehe, aber sie liebten sich. Deshalb ist es auch nicht verwunderlich, daß Emile und Alexandrine Zola sich nie scheiden ließen. Ihr Verständnis füreinander, ihr unaufhörlicher Dialog und ihre Zusammenarbeit standen nun auf festerem Fundament als vor der Affäre. Ihre Liebe war nicht tot, wie ein kurzer Auszug aus einem Brief an Alexandrine aus England zeigt:

»Es gibt nicht nur gemeinsame Erinnerungen für uns, liebe Frau, es gibt die Zukunft. Sage Dir immer, daß ich Dein einziger wirklicher Freund bin, daß nur ich Dich wirklich liebe und daß ich Dich so glücklich wie möglich wissen will.«[19]

Die Zukunft hatte schon begonnen.

Nach dem Exil

Ebenso glücklich wie Alexandrine und Jeanne war Lucie Dreyfus. Am 5. Juni wurde Dreyfus von der Entscheidung unterrichtet, daß es zur Revision seines Prozesses komme. Am 9. Juni verließ er die Teufelsinsel an Bord des Kreuzer *Le Sfax* als Offizier unter verschärftem Arrest. In der Nacht vom 30. Juni zum 1. Juli landete der Kreuzer auf der Halbinsel Quiberon. Das war keine triumphale Rückkehr. Nachts und fast heimlich ging hier ein abgemagerter Gefangener an Land, der so geschwächt war, daß er sich kaum auf den Beinen halten konnte, und der nicht die geringste Ahnung von der Gesamtsituation hatte: Nie hatte er von Picquart oder Scheurer-Kestner gehört, nie von Zolas *J'accuse*. In den frühen Morgenstunden brachte man ihn ins Militärgefängnis nach Rennes.

Am 4. Juli überreichten ihm seine Anwälte die Akten mit der Enquête der Strafkammer und dem mitstenografierten Prozeß, den man Zola im Februar 1898 gemacht hatte, und erst jetzt konnte er ermessen, wie weite Kreise der um seine Person ausgefochtene Kampf gezogen hatte. Aber der zurückgekehrte Dreyfus war ein von der Deportation zerstörter Mann, und viele, die ihn später trafen, hatten den Eindruck, daß ihm seine eigene Geschichte fremd war. Und hatte sie sich nicht in gewisser Weise auch ganz ohne sein Zutun zugetragen? Aber seine Geschichte war noch lange nicht abgeschlossen.

An dem Tag, an dem Zola heimkehrte, erwartete auf der Pferderennbahn von Auteuil eine feindselige Gruppe von Demonstranten den Präsidenten der Republik, Loubet, einen Verfechter der Revision. Der Baron Cristiani, ein Mann von Welt, benutzte die allgemeine Erregung sogar, um dem Präsidenten zwei Schläge mit seinem Spazierstock zu verpassen! Eine Woche später eine Racheaktion: Dieses Mal fand die Schlägerei auf der Pferderennbahn von Longchamp statt; die Demonstranten waren Republikaner. Zwei Monate später verbarrikadierte sich der Antisemit Jules Guérin mit fünfzehn seiner Anhänger in den Gemächern seiner Hochburg, dem Grand Occident, um seiner Festnahme zu entgehen. Es ist die berühmte Episode des »Fort Chabrol«, die ganz Paris bis zum 20. September in Atem hielt. Zwei Monate hindurch kampierten Antisemiten Tag und Nacht auf den Bürgersteigen der Rue Chabrol und brüllten judenfeindliche Slogans, Parolen gegen die Polizei und gegen Zola und schürten dadurch die Sympathie des Pariser Publikums für Guérin und seine Anhänger. Trotz seiner Großsprecherei ergab sich Guérin später kampflos der Polizei.

Im Juli zogen Alexandrine und Emile wieder nach Médan. Amélie, Elina und Albert Laborde, später dann Doktor Larat und seine Frau besuchten sie dort. Sie fotografierten, fuhren Rad, Alexandrine auf dem Dreirad, kurz, es schien ganz idyllisch, doch beobachteten sie mit großer Sorge die Geschehnisse. Am 7. August 1899 wurde in Rennes der zweite Dreyfus-Prozeß eröffnet. Aus der ganzen Welt strömten Journalisten, Schriftsteller, Politiker herbei. Die Stadt befand sich in einer Art Belagerungszustand, Patrouillen streiften unaufhörlich durch die Straßen, Zeugen und bekannte Pariser Persönlichkeiten kamen herbei – alle wollten sie den Debatten folgen oder selbst das Wort ergreifen. Die Verhandlung fand in der Aula des Gymnasiums statt, die vom Militär bewacht wurde, da man ein Attentat befürchtete. Tausend Leute drängten sich dort zusammen: Journalisten, Militär in Uniform, Frauen in festlichen Sommerkleidern.

Emile Zola aber war nicht gekommen. Er wollte die Erregung der Gemüter nicht noch vergrößern und auch nicht die Vermutung aufkommen lassen, daß er in irgendeiner Weise am Ausgang des Prozesses zweifelte. Aber er war so erregt, daß er nicht mehr arbeiten konnte. Ein erster Schock war das Attentat auf Labori am 14. August. Zwar kam er mit leichter Verletzung davon – der Revolverschuß traf ihn im Rücken, verletzte aber nicht das Rückenmark –, doch mußte er dadurch in einem entscheidenden Augenblick dem Prozeß für einige Tage fernbleiben, was die Verteidigerseite, die ohnehin uneins war über die zu verfolgende Strategie, noch zusätzlich schwächte.

Desmoulin, der immer pessimistischer wurde, hatte es übernommen, Emile und Alexandrine über die Meinung der anwesenden Freunde zu informieren wie auch über die einzelnen Debatten, die sie außerdem anhand der Zeitungsberichte verfolgten. Dreyfus war nur noch der Schatten seiner selbst, und seine Aussage am 19. August machte alle betroffen, selbst Feinde wie Barrès. Zola war vor Erregung buchstäblich krank. Er litt an Schwindelanfällen, befürchtete, einen Gehirnschlag zu bekommen, glaubte, seinem Ende nahe zu sein. Er warf sich auf die Abendzeitungen, sobald diese erschienen, und konnte sie doch kaum lesen, zu sehr verschwammen ihm die Zeilen vor den Augen. Die Atmosphäre in Médan war alles andere als heiter.

»Aus eigener Erfahrung weiß ich sehr gut«, schreibt Alexandrine an ihre kleine Cousine Elina, »was es empfindet, denn seit Eurer Abreise bin auch ich ganz vertieft in die Zeitungslektüre und schreibe Unmengen von Briefen, habe seit Eurer Abreise von morgens bis abends nichts anderes getan; das lenkt mich ein wenig von der Leere ab, die Ihr hier hinterlassen habt. Ich muß mich in der jetzigen ewigen Einsamkeit sehr gegen meine schwarzen Gedanken wehren, um nicht von morgens bis abends zu weinen.
Armer Liebling! Was erzählte ich Dir denn da? Da ist meine Feder einfach ins Düstere geglitten, und ich, ganz dumm, dachte nicht daran, daß ich Dich damit traurig mache. Zum Glück konntest Du Dich bei der Gerichtsverhandlung über die Aussagen des verrückten Bertillon[1] amüsieren, und ich erinnere Dich jetzt an den, damit Du wieder lachen kannst und meine eben geschriebenen Zeilen vergißt …«[2]

Alle beim Prozeß anwesenden Freunde wechselten sich ab, um Alexandrine und Emile zu informieren. Besonders gern mochte Alexandrine die täglichen Briefe von Alice Mirbeau mit ihren witzigen Anekdoten. Aber die Angst wuchs, je näher das Urteil heranrückte, das schließlich am 9. September gefällt wurde: Dreyfus wurde erneut verurteilt, dieses Mal billigte man ihm jedoch mildernde Umstände zu.

»Meine liebe Linette,
wir haben Samstag um 7 Uhr abends das Urteil vernommen und waren bestürzt wie Ihr, als wir von den mildernden Umständen erfuhren, und jeden Augenblick fragen wir uns: warum? Glücklicherweise hatten wir uns trotz der Briefe der guten Alice keiner Vorfreude überlassen … Emile hat sich nach der Information innerhalb einer Stunde ganz verändert. Nach Tisch begann er sofort seinen Artikel, den Ihr bereits gelesen haben werdet, wenn dieser Brief bei Euch ankommt. Sonntag hat er ihn beendet, obgleich wir Besuch von drei Freunden hatten, und gestern habe ich ihn zur *L'Au-*

rore gebracht ... Doch muß ich Dir sagen, daß ich uns nicht als Besiegte sehe, denn immerhin ist eine Menge weggearbeitet worden, da sein Martyrium nicht auf der Teufelsinsel fortgesetzt wird und seine Familie ihn besuchen kann ... Bleibt nur noch, den Berg umzustürzen, und das ist nun nicht mehr die gröbste Arbeit ... Alle unsere Freunde waren sehr entsetzt, so wie Ihr. Fasquelle sagte gestern abend immer wieder zu uns, als er sah, daß wir nicht gänzlich niedergeschmettert waren: ›Nur hier bei Euch kann man wieder Mut fassen ...‹ Duret, Brulat und Desmoulin haben uns Sonntag besucht und waren ganz überrascht von unserem Mut und unserer Hoffnung ...«[3]

Doch in seinem Artikel mit dem Titel *Der fünfte Akt* bringt Zola seine Betroffenheit zum Ausdruck:

»Ich bin entsetzt. Und es nicht Wut, ist keine Rache fordernde Empörung und nicht das Verlangen, das Verbrechen anzuprangern und im Namen der Wahrheit und der Gerechtigkeit eine Bestrafung zu fordern; es ist das Entsetzen, das heilige Grauen eines Menschen, der sieht, daß das Unmögliche möglich werden konnte, daß die Flüsse wieder den Berg hinauf zu ihren Quellen fließen, daß die Erde sich unter der Sonne umkehrt.«

Der Schwächezustand des erneut verurteilten Alfred Dreyfus veranlaßten Mathieu Dreyfus, Joseph Reinach und Bernard Lazare, beim Präsidenten Loubet ein Gnadengesuch einzureichen, dem dieser als Republikaner auch sofort stattgab. Doch das Gesuch traf auf den entschiedenen Widerspruch einiger Dreyfus-Anhänger, die darin eine unterschwellige Anerkennung des Urteils und damit der Schuld von Dreyfus sahen. Dennoch: Alfred Dreyfus wurde am 19. September 1899 begnadigt.

Obwohl Zola zu denen gehörte, die die unversöhnlichste Haltung einnahmen, drückte er doch in einem langen und schönen Brief an Lucie Dreyfus sein Mitgefühl, seine Nähe und sein Verständnis aus, unterstrich aber, daß er persönlich den Kampf bis zur Rehabilitation ihres Mannes ausfechten wolle.

Sein eigener Prozeß fand trotz seiner Anstrengungen nicht statt. Am 19. Dezember 1900 verkündete die Kammer mit 155 Stimmen bei zwei Gegenstimmen eine Amnestie, wonach zwischen Unschuldigen und Schuldigen in dieser Affäre nicht mehr unterschieden wurde. Keine der beiden Parteien bekam Recht, jeder weitere Rechtsstreit war damit ausgeschlossen.

Angewidert, aber würdevoll, schrieb Zola abschließend in einem offenen Brief an den Präsidenten der Republik:

»Ich habe meine Aufgabe erfüllt, so ehrlich und umfassend es ging, und werde mich nun für immer schweigend verhalten.«

Emile Zola starb nicht einmal zwei Jahre später, und daher wirkt dieser Satz fast tragisch. Dreyfus wurde 1906 rehabilitiert, doch Emile Zola erlebte diesen Sieg nicht mehr.

Wie immer versuchte Zola auch dieses Mal durch intensives Arbeiten, seine Kraft wiederzuerlangen, die durch die Dreyfus-Affäre und ihren vorläufigen Ausgang, aber auch durch die elf Monate Exil sehr geschwächt worden war. *Fruchtbarkeit* ist der erste Band des Romanzyklus' *Vier Evangelien*. Er erschien 1899, der zweite Band *Arbeit* folgte 1901, der dritte, *Wahrheit*, 1902, weniger als einen Monat vor seinem Tod. Er hatte keine Zeit mehr, auch den vierten Band, *Gerechtigkeit*, zu beenden. Der Ausgang der Dreyfus-Affäre hatte ihn verbittert. In seinen Briefen macht sich eine tiefe Enttäuschung bemerkbar. Sein Mißtrauen gegenüber der Politik wuchs, und seine Entscheidung, sich aus dem Tagesgeschehen herauszuhalten, war unumstößlich. Er beschloß, nie wieder in der Öffentlichkeit das Wort zu ergreifen. Nur einmal machte er eine Ausnahme, und zwar anläßlich des Todes seines Freundes Paul Alexis im Juli 1901. In einem Brief an Elie Pécaut erklärte er, warum er nach den drei Artikeln in *L'Aurore* zur Rechtfertigung seines Vaters im Jahr 1900 keine Zeitungsartikel mehr schreibe:

»Ich halte dafür, daß jeder seine Arbeit auf dem Gebiet, auf dem er sich am sichersten fühlt, leisten soll. Ich bin nur ein Buchmacher; und wenn ich meinesgleichen eine gute Tat erweisen soll, dann geschieht dies durch meine Bücher. Ich bin weder ein Mensch der Politik noch der Rednertribünen, bin nicht einmal ein Journalist. Meine Bücher sind es, die ich als Samen auswerfe, und aus ihnen wird aufgehen, was die gute Erde und die Sonne wollen.«[4]

Ab jetzt beauftragte er häufig seine Frau damit, ihn auf öffentlichen Veranstaltungen mit ausgesprochen politischer Färbung zu vertreten. So nahm sie an seiner Stelle 1901 an den vielen Feierlichkeiten anläßlich des Erscheinens seines Romans *Arbeit* teil. Die erste dieser Feiern wurde am 15. Mai von der sozialistischen Partei und dem

Théâtre Civique unter Louis Lumet organisiert. Später nahm sie gemeinsam mit Eugène Fasquelle, Labori, Alfred Bruneau und Octave Mirbeau an Lesungen aus seinen Werken teil. Ihre eigenen politischen Auffassungen waren offenbar radikaler geworden. Am 9. Juni vertrat sie Zola bei einem Bankett, das Schüler Fouriers und Arbeiterorganisationen veranstalteten. Im November 1901 kümmerte sie sich in Italien um die Veröffentlichung von *Vérité* im Verlag *La Tribuna*. Sie spielte somit die Rolle weiter, die sie während seines Exils bereits übernommen hatte. Wie hätte sie ahnen können, daß sie diese Rolle noch fünfundzwanzig Jahre lang bis zu ihrem Tod spielen würde?

Der Boulangismus, die anarchistischen Attentate, Skandale, Streiks und ihre manchmal blutige Niederschlagung – 1891 schoß die Armee in die Menge, wobei es zwölf Tote und dreißig Verletzte gab – die Dreyfus-Affäre, die Fremdenfeindlichkeit: Zola zeigte sich wenig geneigt, »das Ende dieses Jahrhunderts glorifizierend zu besingen«, wie er Labori schrieb. Doch bestätigte er immer wieder, daß seine Überzeugungen die alten blieben und daß er voll Hoffnung auf Anzeichen für eine bessere Zukunft der Menschheit warte. Zudem arbeitete er mit Hingabe an den Libretti, die er für die Musik Bruneaus schrieb.

Aber seine Zurückgezogenheit, die Suche nach einer ihm gemäßen Form der Isolation – was bei einem so geselligen Menschen wie ihm relativ zu sehen ist – verlieh diesen Jahren eine gewisse Traurigkeit. Im April 1900 gestand er:

»Wir leben hier in großer Einsamkeit, und ich bin nicht froh.«

Nicht froh oder auch abwesend, wie Alexandrine Elina schrieb, denn Zola teilte sich nun wieder zwischen seinen beiden Haushalten auf. Ihre kleine Cousine mit ihren Sorgen um Albert, der zum Militärdienst eingezogen wurde, tröstete sie:

»Ich fühle mit, daß Ihr nun das Haus als so leer empfinden müßt, denn die Männer nehmen doch einen großen Platz darin ein, vor allem dann, wenn sie geliebt werden, und Du sollst wissen, daß ich es besonders gut nachempfinden kann, denn im vergangenen Jahr mußte ich diese Abwesenheit sehr schmerzlich erfahren, obgleich ... Dein Onkel ist so selten hier, und dann, wenn wir beieinander sind, erleben wir doch so wenig zusammen.«[5]

Hinzu kamen Geldsorgen, wie sie sie in den vergangenen zwanzig Jahren nicht mehr gekannt hatten. Es gab zwar einen Mythos, der glauben machen sollte, daß Zola während der Affäre von einem jüdischen Konsortium bezahlt worden war, doch in Wahrheit hatte die Affäre den Schriftsteller ärmer gemacht. Er lehnte es ab, sich seine Artikel für Dreyfus bezahlen zu lassen, und mußte für die Gerichtskosten ein Vermögen bezahlen. Da er aus den Ereignissen keinen Gewinn schlagen wollte, lehnte er auch das Geld ab, das die Schriftexperten zurückzahlen mußten, und er wollte ebenfalls nicht die Summe annehmen, die eigentlich für Judet bestimmt gewesen war. Seine letzten Romane ließen sich schlechter verkaufen als die früheren und erschienen in größeren Abständen. Im Juli 1902 gestand Alexandrine ihrem Patenkind, daß sie sogar daran gedacht habe, Médan zu verkaufen, daß sich aber Zola dem widersetzt hätte.

Schließlich veränderte sich auch ihr Freundeskreis. Einige wie Antony Valabrègue, Daudet oder Paul Alexis waren bereits gestorben, andere hatten sich endgültig von ihnen abgekehrt, wie zum Beispiel Henry Céard. Aber Charpentiers kamen nach der Aussöhnung der beiden Frauen wieder nach Médan. Alexandrine und Emile hielten auch stets den Kontakt zu denen aufrecht, die sich während der Affäre für sie geschlagen hatten: Georges Picquart, Alice und Octave Mirbeau, Mathieu Dreyfus, Alfred und Lucie Dreyfus. Und Alexandrines Diners büßten nichts von ihrer Köstlichkeit ein. Philippine Bruneau erinnert sich an eine Speisenfolge: Zuerst gab es Suppe, dann folgten Gnocchi, gegrillter Lachs, Keule von Salzweide-Lämmern in Morchelragout, eine leichte, eisgekühlte Schinkenpastete, Trüffel in Portwein, zum Schluß noch gebratene Schnepfen, grünen Salat, heißen Kompott, Johannisbeer-Eis, und schließlich kam dann noch ein weiterer Nachtisch …

Das große Ereignis von Paris war die Weltausstellung von 1900, die in der Übergangssituation von einem Jahrhundert ins nächste die Moderne und die Hoffnungen für das neue Jahrhundert verherrlichte. Wie hatte sich die Welt in nur wenigen Jahren verändert! Die Belle Epoque bereitete die Zukunft vor: Fahrrad, Automobil, Straßenbahnen, Omnibusse, die erste Metrolinie, das erste Luftschiff verwiesen alle bisherigen Fortbewegungsmittel in die Vergangenheit und veränderten das Gesicht der Städte. An die Stelle der alten Handwerksbetriebe traten nach und nach moderne Fabriken, das elektrische Licht zog allmählich in alle Haushalte ein, die Kolonialreiche vergrößerten sich, und neue Formen von Investitionen entstanden. Das alles feierte man auf der Weltausstellung. Zwar weigerte sich Zola, die Neuerungen in einem Artikel zu verherrlichen, aber er begab sich doch mehrmals auf die Ausstellung, mal mit Jeanne und den Kindern, mal mit Alexandrine. Er fotografierte sogar die verschiedenen Pavillons, den Eiffelturm, die Brücken, die Eisenkonstruktionen, den Palast der Elektrizität.

Eins dieser Fotos zeigt Alexandrine auf einem Laufband, das die Besucher mit mehr als 8,5 Stundenkilometern beförderte. Ein Lächeln auf den Lippen, die Haare noch nicht ergraut, ein kleines Köfferchen in der Hand, die Bluse aus heller Seide und eine Jacke mit Keulenärmeln über einem Rock, der sich schwungvoll ihren schnellen Schritten anpaßte, so steht sie da. Charmant sieht sie aus, zweifellos genauso wie die Reisende, die ihre italienischen Freunde besuchte.

Jedes Jahr von Oktober bis Dezember rief Italien sie. Brescia, Florenz, Rom, zu diesen schon gewohnten Stationen kam nun eine dreiwöchige Rheumakur in Salsomaggiore in der Nähe von Parma. Während ihres ersten Aufenthalts dort erhielt Zola von ihr eine ausführliche Beschreibung der renovierten Thermalbäder, die nun über allen modernen Komfort verfügten. Zwei Tage nach ihrer Ankunft zeigte ihr der Arzt die Einrichtungen, und sie lobte vor allem die peinliche Sauberkeit, die durch ein leistungsstarkes Desinfektionssystem aufrechterhalten wurde. Sie beschrieb die langen Flure, die zu den Inhaliersälen führten, wo einem das Wasser, ohne daß man einen Trinkbecher benötige, direkt in den Mund spritzte, die Bäder, die tiefen Wannen aus rotem oder schwarzem Granit, in denen man sich mit Händen und Füßen abstützen müsse, um nicht von dem starken Wasserdruck »wie ein Kiesel im Fluß« herumgerollt zu werden. Und den Schlamm bringe man heutzutage nur noch auf die erkrankten Körperteile auf, so sehr fürchte man seine zersetzende Kraft.

Zum großen Erstaunen des Hoteldirektors bat sie darum, die Mahlzeiten allein auf ihrem Zimmer einnehmen zu dürfen, sie wollte nicht Gegenstand der allgemeinen Neugier sein. Die anderen siebzig Hotelgäste aßen im Speisesaal. Der Name Zolas war damals in Italien so bekannt, daß sie während ihres Aufenthalts unablässig von Bewunderern angesprochen wurde. Eine Dame bat sie bescheiden um ihre Zeitungsbanderolen und die Briefumschläge mit ihrem Namen. Sie mußte Alben signieren, und im Jahr zuvor wollte man in Florenz sogar jedes Blatt Papier von ihr haben, auf dem die Unterschrift ihres Mannes war, »als ob ich auf meinen Reisen damit Handel treiben würde.«

Aber die Kurorte waren auch Treffpunkt der mondänen Welt. Madame Zola war in ihrer Eitelkeit einmal besonders verzweifelt, da sie zwei hübsche Unterröcke in Paris vergessen hatte. Könnte Emile nicht Eugénie beauftragen, sie ihr zu schicken? Dabei solle er aber unbedingt persönlich ihre Adresse auf das Päckchen schreiben, damit es auch wirklich ankomme. Der eine Unterrock sei altrosa und mit schwarzen Samtbändern verziert, der andere habe kleine rosa und blaue Karos. Ach ja, ihr fehle auch so sehr ihr Bolero aus blauem Tuch, das mit den schwarzen Fältchen ... 1901 begann sie eine Diät und aß nur noch sehr wenig. Man urteile selbst: Makkaroni, ein wenig Charlotte aus Äpfeln, einen mit Honig gesüßten Milchkaffee, ein Brötchen, und ein ganz kleines, wirklich winziges Hörnchen. Und sie wurde schlanker ... Sie fuhr viel in der Gegend umher, so zum Beispiel am 13. November 1900, wo sie in Rom an der Eröffnung des Casa Goldoni, dem neuen Theater, teilnahm. Natürlich mußte Bertolelli sie begleiten. Alexandrine bat Madame Lupinacci, die Anstandsdame zu spielen, aber diese fürchtete, mit dem so gefährlichen Verführer allein im Wagen zu sein.

»Vorausgesetzt, daß er nicht auf den Gedanken kommt, Madame Lupinacci in die Waden zu kneifen!«

scherzte sie und schloß ihren Brief an Zola:

»Ich werde das Betragen meiner Gefährtin studieren und meinen Spaß haben.«[6]

Ihre Briefe aus Italien waren immer fröhlich und lebendig, so auch dieses Mal, trotz des fürchterlichen Wetters, das bis zu ihrer Abfahrt wütete: sintflutartige Regengüsse, Fluten schlammigen Wassers, Überschwemmungen, Zugunglücke, aber sie fürchtete sich nur vor den Gewittern und floh in den Hotelflur, wobei sie alle verfluchte, die noch wagten, den elektrischen Schalter zu bedienen. Bedauerlich fand sie nur, daß sie bei diesem häßlichen Wetter nicht fotografieren konnte, wo sie doch ihren Apparat mitgenommen hatte. Aber trotz allem fand sie genügend Gelegenheiten, acht Filme abzuknipsen. Nach der Beschreibung der ausgesuchten Motive folgen in ihren Briefen technische Einzelheiten. Die Fotoleidenschaft teilte sie zweifellos mit Zola, auch wenn sie immer von sich behauptete, niemals eine gute Fotografin zu werden. In Rom versuchte sie jetzt zum ersten Mal, mit ihrer Fotoausrüstung in den Petersdom einzudringen. Aber ach, es bedurfte einer Sondererlaubnis, um die sie sich nicht beworben hatte. Immerhin besichtigte sie den Dom und kehrte zur größten Beunruhigung ihres Mannes ganz allein und gemächlich durch die Straßen schlendernd nach Hause zurück. Zu Fuß entdeckte sie »offenstehende und nicht gerade Vertrauen erweckende Tore, durch die man auf düstere Hinterhöfe blickt, an deren Eingängen alte Häute, Lumpen, überhaupt eine Unmenge von Unrat hängt … Ich frage mich«, fährt sie fort, »was das für ein Plebs sein muß, der in diesen Drecklöchern lebt. Will man das gesehen haben, muß man unbedingt zu Fuß gehen. Die Kutscher würden auf keinen Fall durch diese Winkel fahren.«[7]

Im Jahr 1900 ging eine »anständige« Dame nicht allein zu Fuß spazieren. Und am allerwenigsten sie! Eine Frau von bereits sechzig Jahren, Ehefrau eines der berühmtesten Männer der Welt, und dazu noch in den Elendsvierteln von Rom … Ein Jahr später gestand sie:

»Ich beginne, vorsichtiger zu werden als in den ersten Jahren, was ganz bestimmt ein Zeichen von Senilität ist.«[8]

Aber was wollte sie im Petersdom, den sie schon mit Emile besichtigt hatte? Das ist eine lange Geschichte, ein regelrechter Fortsetzungsroman, den wir in seinen wichtigsten Kapiteln anhand ihrer Briefe verfolgen werden.

Denise wollte zur Kommunion, und Alexandrine wünschte, ihr einen Rosenkranz zu schenken, ebenso wie den beiden kleinen Töchtern Fasquelles. Und sie plante, eine Münze dazuzulegen, sie vom Papst segnen zu lassen, »in der sehr schwachen Hoffnung, daß dieser Segen die Kinder mit Glück überschütten wird«. Ihr Plan war einfach: Bertolelli sollte sein Dienstmädchen beauftragen, von ihrem Priester Eintrittskarten für die Zeremonie zu erbitten. Niemand mußte wissen, daß die Ehefrau des berühmtesten Dreyfus-Anhängers Münzen vom Papst segnen ließ, die für die Tochter seiner Mätresse bestimmt waren! Mit Humor und Spott beschrieb sie Zola die Zeremonie in allen Einzelheiten und schloß:

»Ich brauche Dir nicht zu sagen, daß ich meine Rosenkränze hochgehalten habe und daß sie reichlich gesegnet wurden.«[9]

Jacques brachte sie ein mit großer Sorgfalt ausgesuchtes Petschaft von ihrer Reise mit. Obgleich sie sehr an den Kindern hing, wußte sie nie so recht, wie sie sich verhalten sollte. Sie schrieb ihrem Mann:

»Du schreibst mir zum Schluß von den Kindern und daß Du sie porträtieren willst, ich vermute, es geht ihnen gut, ich wagte nicht, Dich nach ihnen zu fragen, weil ich nie weiß, ob Dir das nicht mißfallen könnte. Wenn Du es richtig findest, daß ich ihnen etwas mitbringe, sag es mir ganz offen.«[10]

Im November erfuhr sie durch einen Brief Zolas, daß Berthe, Zolas Halbschwester, gestorben war. Alexandrine traf sie hin und wieder und empfand eine große Zuneigung zu ihr. Ihr Tod berührte sie sehr, einmal, weil Berthe viel jünger war als sie und zum anderen, weil auch sie an Asthma litt. Nichts ließ vermuten, daß Berthe so früh dahingerafft würde, und Alexandrine empfand diesen Tod als ungerecht:

»Ich muß immer an die arme Berthe denken, wieder fragt man sich bei so einem Leben: Wozu ist man überhaupt auf die Welt gekommen?«[11]

Da sie in Italien weilte, ließ ihr Mann einen Kranz schicken. Er setzte sogar seinen vollen Namen unter das Beileidstelegramm, obgleich Alexandrine ihn gebeten hatte, es nur mit seinem Vornamen zu unterzeichnen, damit sein Schriftsteller-Name nicht mit Familiendingen in Verbindung gebracht würde. Daran sieht man wieder, welchen Unterschied sie zwischen ihrem Leben als Ehefrau eines berühmten Schriftstellers und ihrer Familiengeschichte machte, die allerdings für sie sehr wichtig blieb, was zum Beispiel 1893 deutlich wurde, als sie an der Beerdigung ihrer Stiefmutter teilnahm. Sie dankte Emile für das Beileidstelegramm, als hätte er etwas ganz Außergewöhnliches getan. Allem Anschein zum Trotz verlor sie trotz ihres gesellschaftlichen Aufstiegs nie ihr Unterlegenheitsgefühl, vergaß sie ihre Herkunft nie.

Trotz der Entfernung wachte sie über Zolas Wohlergehen, und sie ersparte ihm keinen Ratschlag: Sie schrieb ihm vor, wie er sich richtig kleiden, gut essen, das Geld verwalten sollte, und während ihrer Verhandlungen mit dem Verlagsdirektor von *La Tribuna* las er in einem ihrer Briefe:

»Entschuldige, wenn ich geldgieriger bin als Du, aber alles geschieht nur in Deinem Interesse, denn ich weiß, wie groß Deine Bedürfnisse sind und auch, welche Mühe Du Dir mit Deiner Arbeit machst; schließlich bilden sich auch alle Leute ein, daß Du an jedem Deiner Bücher eine Million verdienst, und es ist widerwärtig zu sehen, wie man so bei Deinem Werk knausert und Dich nicht angemessen bezahlen will.«[12]

Einige ihrer Ängste wurden regelrecht zu Zwangsvorstellungen, wie ihre Befürchtungen während seiner Reise im Jahre 1901: Er könnte beim Überqueren des großen Platzes in Le Havre von einem Wagen überfahren werden oder in seiner ständigen Zerstreutheit in eine Ausschachtung für die Untergundbahn fallen. Sie schrieben sich täglich, und Emile sammelte die Briefe in einem Ordner mit der Aufschrift: *Briefe von Loulou, Oktober-November 1901*. Er fotografierte den Strauß mit Rosen und Chrysanthemen, den sie ihm anläßlich der Wiederaufnahme des Theaterstücks *Der Totschläger* im Jahre 1900 schickte. Sie wollte es gern sehen, denn Gervaises Tod in den Armen Gougets war damals so schön, so hinreißend gewesen:

»Nicht Busnachs Werke werde ich sehen, sondern die Figuren, die Du geschaffen hast, und die so lebendig sind.«[13]

Ihre Briefe gliederten beider Tagesablauf. Zola schrieb ihr jeden Abend und ging daher erst spät zu Bett, morgens wartete er erst einmal auf den Brief seiner Frau:

»Ich bin wie Du«, schreibt sie ihm, »wenn ich keinen Brief von Dir habe, ist mein Tag ohne Sinn und Ordnung… Für mich ist Dein täglicher Bericht interessanter als alles auf der Welt, ich bin über die Maßen glücklich in dem Augenblick des Tages, wo ich ein bißchen bei Dir bin, so daß ich das Papier, auf dem Deine Hände spazierengingen, an mich drücke, es ist ein Stück von Dir, das ich bei mir habe.«[14]

Alexandrines Gefühlsleben erholte sich offenbar, und ihre Freude war grenzenlos, als ihr Mann ihr versprach, sie nach ihrer Rückkehr ins Cluny-Museum zu begleiten. Es spielte keine Rolle, daß sie, nachdem beide das erste Mal gemeinsam dort gewesen waren, es bereits mehrmals allein besuchte! Mit ihm würde es ein Fest, denn nun beschränkten sich ihre gemeinsamen Ausflüge nicht mehr auf Einkäufe im Kaufhaus *La Belle Jardinière*. Nach ihrem traditionellen Wiedersehensessen (Austern, gut durchgekochter Eintopf und junges Rebhuhn) konnte sie wieder ihre Rolle an seiner Seite übernehmen:

»Hab noch etwas Geduld, mein armer Loulou, jetzt komme ich heim und werde Dich, wie ich es immer mache, vor den vielen Störungen durch diese Bettler schützen; Du hast dann morgens wieder mehr Ruhe für Deine Arbeit, wie immer werde ich den Dienern sagen, daß man die Besuche, die vormittags kommen, an mich verweist.«[15]

Die Bettler: das waren alle diejenigen, die an die Großherzigkeit »des edelmütigen Meisters« − so nannte ihn eine bedürftige Briefschreiberin − appellierten. Daß diese von Madame Zola die richtige Antwort bekamen, daran gibt es keinen Zweifel.

Zolas Tod

Im September 1902 erholten sich Alexandrine und Emile Zola in Médan. Der Garten entfaltete seinen nachsommerlichen Zauber, und sie fanden wieder die Ruhe, die Zola so dringend brauchte, um sich ganz dem Bruneau versprochenenen Libretto für die Oper *Sylvanire ou Paris en amour* widmen zu können. Vom 12. August bis zum 1. September weilte die gesamte Familie Charpentier bei ihnen: Georges und Marguerite, Tochter Georgette mit ihrem Mann Pierre Chambolle und Sohn Robert und Tochter Jane mit Neri Dutar. Täglich saßen neun Personen an ihrem Tisch, ohne die Freunde dazuzurechnen, die auf Kurzbesuch kamen; Alexandrine hatte alle Hände voll zu tun.

Nach den letzten schönen Tagen wurde es merklich kühler. Anfang Oktober wollte sie zu ihrer nun schon zum Ritual gewordenen Italienreise aufbrechen, und so beschlossen sie, am 28. September nach Paris überzuwechseln. Am Vorabend ihrer Abreise war Zola wie gewöhnlich zu Jeanne und den Kindern gegangen, die ihre Ferien in Verneuil verbrachten, um sich von ihnen zu verabschieden. Er sorgte sich um den mittlerweile zwölfjährigen Jacques, der seinen harmlosen Husten nicht loswurde und keinen Appetit hatte. Er bat daher den Arzt der Kinder, Doktor Delineau, der schon bei ihrer Geburt half, zu dem bekannten Kinderarzt Doktor Hutinel Kontakt aufzunehmen und ihm Jacques nach dessen Rückkehr nach Paris vorzustellen. Die Untersuchungen ergaben, daß Jacques an einer Wirbeltuberkulose litt.

Am Sonntag, dem 28. September, fuhr der treue Diener Jules Delahalle seiner Herrschaft voraus, um die Wohnung in der Rue de Bruxelles vorzubereiten, und er entfachte im Kamin des Schlafzimmers ein Feuer, das er mit Eierbriketts in Gang hielt. Aber das Feuer wollte nicht recht brennen, das Wetter war zu feucht. Sonderbarerweise entwickelte sich dicker Qualm, auch war das Kamingitter voll Gips und Staub, als wären Steine aus dem Rauchabzug gefallen. Es qualmte so stark, daß Jules schließlich auf das Feuer verzichtete und die Fenster den ganzen Nachmittag über weit offenstehen ließ. Um ehrlich zu sein, es war nicht das erste Mal, daß sich so etwas ereignete. Jules erinnerte sich, daß drei Jahre zuvor dasselbe passierte. Damals schrieb Zola an seine Frau:

»Obwohl Jules den Zugregler geöffnet hatte, entwickelte sich ein solcher Rauch, daß man alle Fenster öffnen und die Flucht ergreifen mußte. Auf der Straße hielt man es für einen Brand (...) Desmoulin behauptet, daß die Dreyfus-Gegner auf unser Dach gestiegen wären, um unsere Schornsteine zu verstopfen.«[1]

Alexandrine und Emile legten sich schlafen, ohne sich weitere Sorgen zu machen, es war eben kalt, mehr nicht. Sie bemerkten nicht, daß das Feuer unter der Asche weiterglomm. Mitten in der Nacht erwachte Alexandrine, von heftigem Kopfschmerz und Übelkeit befallen. Sie erhob sich, ging zur Toilette, die sich gleich neben dem Schlafzimmer befand, fiel aber an der Tür um. Es gelang ihr, wieder aufzustehen. Von Schwindel gepackt, schleppte sie sich zu ihrem Bett und bat ihren Mann, die Diener zu rufen. Aber er wollte sie mitten in der Nacht nicht stören. Auch er hatte einen schweren Kopf und ihm war übel, aber er beruhigte sie: »Morgen sind wir wieder gesund.« Und sie löschten das Licht.

Gleich in den frühen Morgenstunden dieses Montags hatte Jules die Ofensetzer gebeten, den Kamin zu überprüfen, und um acht Uhr waren sie da. Aber im großen Schlafzimmer rührte sich nichts. Die Herrschaft schlief wohl noch. Um neun Uhr aber dachte Jules, daß diese Stille unnormal sei. Die Tür zum Schlafzimmer war abgeschlossen, sie mußten sie aufbrechen. Alexandrine lag bewußtlos in ihrem Bett; Zola lag auf der Erde, den Kopf an die Erhöhung gelehnt, auf der das große Bett mit seinen Säulen stand. Man hielt ihm einen Spiegel vor den Mund, doch keine Spur von seinem Atem. Die Ärzte und Freunde wechselten sich ab, um den noch warmen Körper wiederzubeleben. Vergebens. Zola starb an einer Kohlenmonoxydvergiftung, möglicherweise unter den Augen seiner bewegungsunfähigen Frau. Sie war machtlos wie in einem Alptraum.[2] Der Direktor des städtischen Laboratoriums, Charles Girard, den der Polizeipräfekt bestellte, bestätigte die Diagnose ebenso wie der medizinische Experte Charles Vibert, der am frühen Nachmittag in der Rue de Bruxelles eintraf. Er ließ Alexandrine, die immer noch bewußtlos war, in die Klinik von Doktor Défaut nach Neuilly bringen, wo sie noch am selben Tag wieder zu Bewußtsein kam. Ihre Cousine Amélie begleitete sie, um ihr nach ihrem Erwachen zur Seite zu stehen.

Am nächsten Tag, am 30. September, bestätigte die Autopsie das Ergebnis des Vortags.[3] Doktor Jules Larat nahm die schwere Last auf sich, Alexandrine über den Tod ihres Mannes zu informieren. Man kann sich ihren Schock vorstellen, aber dennoch bat sie darum, ebenfalls Jeanne zu benachrichtigen. Dort trafen Eugène Fasquelle und Fernand Desmoulin zwei Kinder, die schon vollkommen angezogen waren und auf ihren Vater warteten, um mit ihm die ersten Einkäufe nach den Ferien zu machen.

Alexandrine war sehr geschwächt und konnte nicht aus dem Krankenhaus entlassen werden. Es dauerte mehrere Tage, bis sie wieder soweit hergestellt war, daß sie sich zum Abschiedskuß an den Ort der Tragödie begeben konnte. Man schob die Beerdigung hinaus, der Körper Zolas wurde einbalsamiert, die Totenwache dauerte eine Woche. Alle treuen Freunde kamen: Georges Charpentier, Eugène Fasquelle, Frantz Jourdain, Doktor Larat, Théodore Duret, Octave Mirbeau, Zolas junger Schüler Maurice Le Blond, aber auch Picquart und Alfred Dreyfus. Zu Beginn dieses Herbstes war es sehr kalt, und da sie wegen der Untersuchungen des Kamins und des im Nebenzimmer aufgebahrten Toten kein Feuer machen und auch keine andere Heizung benutzen konnten, saßen sie in dicke Decken gehüllt da, hatten die Füße auf kleine, mit heißem Wasser gefüllte Krüge gestellt. Zola ruhte auf dem Diwan seines Arbeitszimmers, dessen Tür offenstand. Unten in der Eingangshalle lag ein Register, in das sich alle Besucher eintrugen. Nur die Freunde, die donnerstags kamen, durften zu ihm hinauf, mit einer Ausnahme, wie der Komponist Alfred Bruneau schrieb: »eine Dame und zwei Kinder: ein sehr junges Mädchen und ein junger Bub in schwarzer Kleidung, die sehr heftig schluchzten …«

Er berichtete auch von Alexandrines Rückkehr:

»Wir erwarteten sie mit schmerzlichen Gefühlen, wie Sie sich denken können; jeder Wagen, der in die Rue de Bruxelles kam, ließ uns zittern und verstummen. Schließlich hielt einer. Das laute Zuschlagen der großen Eingangstür erschütterte das ganze Haus, man hörte schnelle Schritte, und Madame Zola, blaß, mit aufgelösten Haaren, die die Stufen in wahnsinniger Eile heraufgekommen war, warf sich mit einem herzzerreißenden Schrei auf den armen, toten Körper.«[4]

Aber trotz ihres Schmerzes bereitete sie die Beerdigungszeremonie bis ins kleinste Detail vor. Das Letzte, was für ihn zu tun blieb, wollte sie selbst übernehmen. Ein besonderes Problem tauchte auf, nämlich die Gegenwart von Alfred Dreyfus bei der Beerdigung. Er wollte unbedingt dabeisein, um seine Dankbarkeit Zola gegenüber zu zeigen; aber einige, unter anderem auch Alexandrine, befürchteten, daß seine Anwesenheit Unruhe verursachen und die Begräbnisfeierlichkeiten in gewisser Weise auch »politisieren« könnte. Dreyfus gab zunächst ihrem Druck nach, dann aber besann er sich anders und kam doch zur Beerdigung. Und in der Tat gab es keinerlei Ärgernis.

Die Beerdigung fand am 5. Oktober 1902 statt, eine Woche nach der Tragödie. Eine ungeheure, schweigende Menschenmenge säumte die Straße, als der Leichenwagen von der Rue de Bruxelles zum Montmartre-Friedhof fuhr. Dem Toten, der den Anklagebrief *J'accuse* schrieb, wurden bei der Aussegnung militärische Ehren erwiesen. Anatole France sprach die letzten Worte am Grab und würdigte Emile Zola als »ein Kraftmoment des menschlichen Gewissens«.

Nachdem die Angehörigen, Vertreter der Regierung und bekannte Persönlichkeiten von ihm Abschied genommen hatten, zog mehrere Stunden lang das Volk von Paris am Grab vorüber. An der Spitze dieses langen Zuges gingen drei Arbeiter als Abgesandte der Stadt Denain und führten die Bergarbeiter-Delegation des Nordens an – ein Bergarbeiter, ein Schmied, ein Bauer, jeder in seiner Arbeitskluft. Langsam begaben sie sich zum Grab, eine rote Heckenrose im Knopfloch, und riefen im Takt mit lauter Stimme immer wieder das Wort ihrer Revolte und ihrer Hoffnung: »Germinal! Germinal!« Emile Zola hatte seinen Platz neben Victor Hugo im Bewußtsein des Volkes eingenommen.

Inmitten der Menge, unerkannt, sahen eine Frau und ihre beiden Kinder in großer Trauer, wie der Sarg des geliebten Menschen in die Erde gesenkt wurde. Alexandrine konnte diesen Schmerz nicht ertragen, sie blieb dem Begräbnis fern. Nach achtundreißig Jahren gemeinsamen Lebens hatte ihr Gefährte sie für immer verlassen. Sie überlebte ihn um dreiundzwanzig Jahre. Eine Ewigkeit.

ALEXANDRINE EMILE-ZOLA
(1902–1925)

Erinnerungspflege als neue Aufgabe

Wie schafft man es, der Überlebende zu sein? Ironie des Schicksals: Der Erstickungstod war ihr alter Feind, ihre dauernde Befürchtung gewesen, und nun hatte er ihren Gefährten fortgerissen. Der Tod hatte sie nicht gewollt. Sie mußte lernen, allein weiterzuleben. Aber Donnerstag wollte sie ihre Freunde wieder einladen, damit wäre Loulou einverstanden gewesen.

Alexandrine gelang es, die Depression nach dem Tod ihres Mannes zu überwinden, indem sie sich in Aktivitäten und Arbeit stürzte und aus ihrem Schmerz die Energie und wütende Kraft schöpfte, die nötig waren, um die Aufgaben, die sie sich selbst gestellt hatte, zu beenden und neue zu übernehmen. Sie behielt es für sich, daß sie Augenblicke der Verzweiflung hatte. Sie vergaß nicht, aber sie wendete sich der Zukunft zu. Das Exil hatte sie stark gemacht, hatte sie immer wieder gelehrt, allein weiterzukämpfen.

Sie, die nach ihren eigenen Worten nicht wußte, »was Langeweile ist und keine Angst vor dem Alleinsein« hatte, lebte in dem unzerstörbaren Gedanken, daß Zola an ihrer Seite war und sie seine Interessen weiterhin vertrat. In einer an Fanatismus grenzenden Bewunderung für ihn wachte sie bis zum Komma über sein Werk. In ihren Briefen und in ihren Worten ist Emile Zola »ein Held«, »ein genialer Schöpfer«, »ein Riese«, dem das Vaterland zu Dank verpflichtet sei. Mehr denn je wurde sie jetzt Wächterin und treue Dienerin.

Vor allem war sie Wächterin über das Werk, dessen weiterem Geschick ihre ganze Aufmerksamkeit galt. Zusammen mit dem Kunstkritiker Théodore Duret war Eugène Fasquelle der Testamentsvollstrecker Emile Zolas. Da Duret schon betagt war, erledigte Fasquelle den größten Teil der Aufgabe, und er nahm ebenso Alexandrines Angelegenheiten in die Hand. Während der Dreyfus-Affäre hatte Fasquelle an der Seite Zolas gekämpft, war dessen Freund geworden. Da er gleichermaßen auch der Freund Alexandrines wurde, spielte er in ihren Streitigkeiten hin und wieder den

Vermittler und mußte dabei oft, nach seinen eigenen Aussagen, »die Ehe kitten«. Daran kann man ermessen, wie sehr Alexandrine ihm zugetan war, was sie aber nicht davon abhielt, sich regelmäßig in seine Arbeit bei der Verwaltung der Autorenrechte oder der Neuauflage der Werke Zolas einzumischen. Mal warf sie ihm vor, daß er durch einen seiner Buchhändler verbreiten ließe, das Werk sei »vergriffen«: Dieses Wort hinterlasse einen negativen Eindruck. Sollte man nicht besser sagen »eine Neuauflage« sei »in Vorbereitung«? Dann wieder riet sie ihm 1921, wenige Jahre vor ihrem Tod, er sollte sich nicht, wie geplant, vom deutschen Kurt-Wolf-Verlag in Mark, sondern in französischen Francs bezahlen lassen, da der Kurs des Franc zur Zeit günstiger sei. 1908 schlug sie statt des von ihm vorgesehenen Titels *Briefe zur Affäre* den »sanfteren« Titel *Briefe aus dem Exil* vor, und sie machte Fasquelle darauf aufmerksam, daß sie siebzig Briefe von Zola allein aus der Zeit des Exils besaß. Hundert Beispiele dieser Art ihres Einmischens ließen sich anführen. Nichts entging ihr. In einem langen Brief an den Herausgeber vom April 1919, den sie unmittelbar nach der Abfassung ihres Testaments schrieb, übertrug sie ihm feierlich die Aufgabe, über das Werk Emile Zolas zu wachen. Sie widersetzte sich mit aller Kraft dem Plan, die unveröffentlichten Manuskripte, die in Rußland erschienenen Artikel, seine Reden, Erzählungen oder andere, von ihm nicht zu seinen Lebzeiten veröffentlichte Texte in Sammelbänden herauszugeben:

»Ich glaube nicht, daß es von jeder Textsorte genug für einen Einzelband gibt, und ich bin nicht der Meinung, daß man ein Buch aus allem möglichen zusammenschustern sollte, auf mich würde das so wirken, als hätte man alten Kleinkram aus den hintersten Schubladenwinkeln zusammengekratzt. Man könnte, wenn auch Sie das für besser halten, schmale Einzelbände mit seinen Reden oder seinen Erzählungen herausgeben, wenn Sie verstehen, was ich meine.«[1]

Durch ihre Einmischung stellte sich auf exemplarische Weise die Frage nach den Rechten an den Veröffentlichungen der noch ungedruckten Texte, und dazu kamen Fragen, die durch die Veröffentlichung auftraten. Im Falle von Madame Zola sieht man, daß es sich weniger um die Veröffentlichung selbst, als vielmehr um den Mißbrauch, der mit den Texten getrieben werden könnte, handelte. In gleicher Besorgnis widersetzte sich auch der Verleger Henri Massis, welcher plante, die Notizen und Pläne Zolas in Buchform herauszugeben. Das sei dem »Ruf Zolas, den er in breiten Volksschichten genieße, abträglich.« Was die Herausgabe der Gesammelten Werke Emile Zolas betrifft, erfahren wir aus einem Brief Alexandrines an Fasquelle, daß

»Charpentier zu einer Zeit wünschte und meinen Mann auch zu überreden suchte, daß dieser eine große Ausgabe letzter Hand vorbereiten sollte; er hatte auch mit den Korrekturen an *Das Glück der Familie Rougon* angefangen, aber nicht einmal bei diesem Roman zuende geführt, da er die Arbeit als ungeheuer und tödlich empfand; er zog es vor, seine Zeit nicht mit dieser Arbeit zu verlieren, fand, es sei das Beste und Interessanteste, neue Bücher zu schreiben. Mit einer solchen Ausgabe braucht man jetzt nicht mehr zu rechnen, denn niemand kann eine solche Arbeit leisten, nur der Autor allein.«[2]

Man merkt, wie vertraut ihr die Arbeit Zolas war, an der sie seit Beginn ihres gemeinsamen Lebens teilhatte. Eifersüchtig wachte Madame Zola auch darüber, daß seine Theatertexte respektiert wurden. Im Januar 1905 wurde das Stück *Thérèse Raquin* wieder in den Spielplan aufgenommen, und da genügte es ihr nicht, bei allen Proben anwesend zu sein, nein, sie mischte sich auch in das Spiel der Schauspieler ein (»entsetzlich, sie können nicht einmal ihren Text«), kritisierte das Bühnenbild (eins sei geradezu scheußlich) und hielt mit ihrer Meinung über die Regie nicht hinterm Berg. Sie nahm keine Rücksicht auf ihre Erschöpfung, ging keinen Abend vor ein Uhr zu Bett, stand um sieben Uhr morgens auf und sagte voller Selbstironie: »Glücklicherweise kann ich mit meiner Hetze mein Rheuma ein bißchen durchrütteln.«[3]

Die Korrespondenz Zolas, die sie mit Fasquelle zwischen 1907 und 1908 zusammenstellte, umfaßt 347 Briefe, die in zwei Bänden unter dem Titel *Lettres de jeunesse* und *Les Lettres et les Arts,* Jugendbriefe und Briefe über die Kunst, herauskamen. Sie hatte es als ihre Aufgabe angesehen, alle diese Briefe zu sammeln, hatte allen Freunden Zolas geschrieben – wobei sie die faulen Leute am Mittelmeer verfluchte, die ihr so lange nicht antworten wollten –, hatte die Briefe dann abgeschrieben und sie ihren Besitzern zurückgeschickt, wobei sie hin und wieder gewisse Anspielungen oder was zu deutlich an ihr Leben vor ihrer Heirat erinnerte, überging. Gabrielle wird in den Briefen des Mannes, der damals erst ihr Gefährte war, bereits »meine Frau« genannt: Damals also hatte Alexandrine Gabrielle schon endgültig abgelöst.

Man kennt das Los, das sie einigen Briefen wie denen von Cézanne bestimmte: Aus der Zeit zwischen dem 29. Dezember 1859 und dem 30. Juni 1866 existiert nicht der kleinste Brief des Malers an Zola. Was ist aus diesen Briefen geworden, die in der entscheidenden Periode geschrieben wurden, in der Gabrielle den Maler kennenlernte und auch Emile Zola traf? Möglicherweise hat sie sie vernichtet. Ihre Vorsicht schimmert in den folgenden Zeilen an Eugène Fasquelle durch:

»Es gibt zwei (Briefe), die privatere Dinge enthalten als die ersten, sie sind an Cézanne adressiert, aber sie gehen nur meinen lieben Mann etwas an. Sie täten gut daran, sie sich anzusehen; ich glaube nicht, daß sie irgend jemanden schockieren, aber urteilen Sie selbst. Und wenn ich die Druckfahnen erhalte, werde ich auch noch einmal prüfen, ob sie eine negative Wirkung haben.«[4]

Ein Abschnitt in ihrem Testament, von dem sie eine Abschrift an den Verleger schickte, entzieht 1919 Bruneau, dem allertreusten Freund, die Erlaubnis zur weiteren Adaptation eines Werks von Zola, und zwar aus folgendem Grund: Der Komponist habe seinen Freund »verraten«, als er die Erzählung *L'Attaque du Moulin*, der Angriff auf die Mühle, in eine neue, lyrische Version umschrieb. Offenbar überkam sie nie auch nur der geringste Selbstzweifel. Ihre Maxime blieb unveränderlich dieselbe: der Erinnerung an ihren Mann zu dienen und nicht einen Deut von seinem Willen abzuweichen, der sich allein durch ihren Mund kundtue. So drückte sich Alexandrines Treue in einer Strenge aus, die oft größer war als die Zolas.

»Ich bin während dieser schmerzerfüllten Tage wie in einem Traum angesichts so vieler Bezeugungen der Anteilnahme für meinen so geliebten Verstorbenen, so glücklich, daß ich es nicht ausdrücken kann; glücklich, darauf antworten zu müssen trotz der zusätzlichen Mühsal«,[5]

schrieb sie am Morgen nach der Zeremonie für den Jahrestag seines Todes. In ihrer Anteilnahme zeigten die Bewunderer des Meisters eine fast religiöse Haltung, die durch die Wortwahl hindurchschimmert: Verehrung, Kult, Schüler, Wallfahrt. Ein Jahr nach Zolas Tod beschloß eine Gruppe junger Männer – Maurice Le Blond, Saint-Georges de Bouhélier und Paul Brulat –, im Haus in Médan ihm zu Ehren eine Zeremonie abzuhalten. Zu dieser Zeremonie, an der neben Alexandrine auch Denise und Jacques teilnahmen und die von Alfred Bruneau gestaltet wurde, erschienen mehr als hundert Personen, unter ihnen Oberst Picquart und die Familie Dreyfus. Alljährlich wurde nun eine solche Zeremonie, eine Art Wallfahrt, abgehalten, und Alexandrine nahm jedes Jahr in schwarzer Kleidung sehr bewegt und sehr würdevoll daran teil. Noch heute treffen sich am 1. Sonntag im Oktober im Haus in Médan die Zola-Anhänger, die »Pilger«. Denises Sohn hat nicht den strengen Blick vergessen, den ihm Madame Zola eines Nachmittags im Jahre 1919 zuwarf, als er, damals noch ein kleiner Junge, während der nicht enden wollenden Reden der Erwachsenen mit Kieselsteinen spielte. Alexandrine unterstützte ebenfalls die Gründung der »Association Emile-Zola« und »La Société littéraire des amis d'Emile Zola«, die Literarische Gesellschaft der Freunde Emile Zolas.

Auch führte sie selbst alle möglichen Gelegenheiten herbei, um die Erinnerung an ihren Mann wachzuhalten: Einweihungsfeiern, Lesungen, feierliche Enthüllungen von Monumenten, Feiern anläßlich seines Geburtstags oder anläßlich von Straßenbenennungen mit seinem Namen. Der Haß, den die Dreyfus-Affäre entfachte, war noch nicht erloschen, und so wurde jede Erinnerungsfeierlichkeit zugleich zum Kampf. 1904 wurde das Monument auf dem Montmartre-Friedhof feierlich enthüllt, das der Architekt Frantz Jourdain erschuf. Auch die Arbeiten am Grabmonument überwachte sie bis ins einzelne, ging sogar so weit, für die Inschrift »eine Schriftart« vorzuschlagen, die »mit der des Werkes im Einklang stehen« sollte. Regelmäßig stattete sie dieser stets blumengeschmückten Grabstätte ihren Besuch ab. Sie hatte zu dem Grab eine so starke Gefühlsbindung, daß sie nach jeder Italienreise, also nach gut dreißig Stunden Fahrt, zunächst das Grab aufsuchte, bevor sie sich nach Hause begab. Als die sterblichen Überreste Zolas in das Pantheon überführt werden sollten, als ihm die allerhöchste nationale Ehre zuteil werden sollte, versuchte sie zunächst, sich dieser Ehrerweisung zu widersetzen, da sie dadurch für immer von ihrem nach wie vor leidenschaftlich geliebten Mann getrennt würde.

1906 nahm sie an der feierlichen Enthüllung der Büste Zolas in der Méjane-Bücherei in Aix-en-Provence teil. Numa Coste hielt vor den versammelten alten Freunden eine ergreifende Rede, und Paul Cézanne war so erschüttert, daß er während der Feier unaufhörlich weinte. Doch wechselten Cézanne und Alexandrine kein Wort miteinander – ein paar Monate später war Cézanne tot.

Im Grunde jedoch vergaß sie keinen, den Zola liebte. So kümmerte sie sich um das Projekt eines Monuments für Paul Alexis, obgleich sie ihm seit langem ihr Haus wegen seiner Freundschaft zu Jeanne Rozerot verboten hatte. Sie regte die Spendenaktion für dieses Monument an und suchte zusammen mit dem Architekten persönlich den dafür geeigneten Platz aus. Sie fanden ihn in der Nähe von Triel und Verneuil, wohin Zola sich so oft begeben hatte, um seine Kinder zu besuchen. So wie es Mütter gibt, die ihre Mutterrolle übertreiben, wurde sie eine »übertriebene« Witwe, die die Erinnerung an ihren Mann leidenschaftlich wachhielt. Und dazu kam eine überraschende Wendung in ihrer Haltung Jeanne und den Kindern gegenüber.

Läßt sich die höchst erstaunliche Veränderung ihrer Beziehung zu Jeanne Rozerot und den Kindern allein aus der Liebe zu ihrem Mann erklären? Wir wissen, daß sie bereits ab 1895 ganz allmählich die Existenz von Denise und Jacques zu akzeptieren begann. Sie kümmerte sich sehr früh um das gesundheitliche Wohlergehen der Kinder, um ihre Lernfortschritte, ihre Zukunft. Diese Haltung, die sie bereits zu Zolas Lebzeiten einnahm, ist ungewöhnlich, so daß einige ihrer Zeitgenossen darüber spöttelten, andere sogar schockiert waren. Die Kinder hatte ihr Mann mit seiner Geliebten, und sie litt unmäßig an diesem Ehebruch. Die damalige Gesellschaft gewährte unehelichen, »natürlichen« Kindern keinerlei Rechte, und Jeanne, für deren Lebensunterhalt ihr Mann in großzügigster Weise aufkam, hatte, das darf man nicht vergessen, in ihren Diensten gestanden! Das alles wären gute Gründe für Alexandrine gewesen, nach dem Tod ihres Mannes alle Brücken zu ihrer Rivalin und deren Kindern abzubrechen. Aber sie tat es nicht, sondern begann, die Beziehungen zu intensivieren, so daß die Ehefrau, die Geliebte und die Kinder allmählich zu einer Familie zusammenwuchsen.

Die beiden Witwen

Wir erinnern uns, daß Alexandrine sofort nach dem Tod ihres Mannes darum bat, Jeanne zu benachrichtigen. Bevor der Sargdeckel geschlossen wurde, so berichtet Louis de Robert, fragte ein naher Freund die Witwe, ob man Bilder der beiden Kinder mit in den Sarg legen solle. »Legen Sie auch das Bild ihrer Mutter mit hinein«, habe sie geantwortet. Ließ der Tod sie ihre Vorurteile, die Verwundung ihres Herzens und ihre Eigenliebe vergessen? Doch dieser Prozeß der allmählichen Aussöhnung begann zu einem weiter zurückliegenden Zeitpunkt, als hätte Alexandrine seit einigen Jahren – vielleicht seit seiner Rückkehr aus dem Exil – die Situation akzeptiert und aufgehört, darunter zu leiden, weil sie trotz allem Zolas starke Bindung an sie bemerken mußte. Da sie sich bewußt wurde, welchen Platz sie in seinem Herzen und an seiner Seite einnahm, hatte sie sich schließlich mit der Bigamie ihres Mannes abgefunden. Und ihr Alter hatte das seine dazugetan. Nach und nach baute sie eine enge Beziehung zu den Kindern auf und gewann sie lieb. Bonne Amie, gute Freundin, nannten Denise und Jacques sie; für die Kinder war sie so etwas wie eine Großmutter oder Patentante.

Weniger als zwei Monate nach dem Tod Zolas lud sie sie zum Mittagessen zu sich ein, wie Denises Antwortbrief vom 18. November 1902 zeigt:

»Liebe Freundin,
Jacques und ich freuen uns, Donnerstag zu Ihnen zum Mittagessen zu kommen. Da Jacques aber erst ziemlich spät vom Katechismus zurückkommt, werden wir erst um halb eins bei Ihnen sein. Mein Bruder und ich grüßen Sie sehr herzlich.
Denise.«

Unbestreitbar waren es Zolas Kinder, die die beiden Frauen einander nahebrachten. Die Kinder wurden zum Hauptthema ihrer Briefe. Aber auch der Große Abwesende nahm einen nicht geringen Platz in ihrem Gedankenaustausch ein, als ob er sie einander wieder näherbrächte, nachdem er sie voneinander getrennt hatte. Es existieren neunzig, der Öffentlichkeit zugängliche Briefe, die sich Jeanne Rozerot und Alexandrine Zola zwischen 1903 und 1913 schrieben. Die Anrede und die Höflichkeitsformeln in diesen Briefen geben uns einen Eindruck von ihrer Beziehung: Die etwas förmliche Anrede »Chère Madame« steht im Gegensatz zu den warmherzigen Grüßen am Schluß der Briefe: »Ich grüße Sie«, »Wir umarmen Sie herzlich«, »Ich drücke Ihnen in aller Freundschaft die Hand«. Solche Briefschlüsse bringen eine überraschende Nähe zum Ausdruck, und an keiner Stelle[1] haben wir Formulierungen gefunden, die Jeanne demütigen könnten. In den schwarzgeränderten Briefen gehen die beiden Witwen aufeinander ein, schreiben von Geldnöten, von Sorgen um Jacques' Gesundheit und ihrer Trauer um den geliebten Toten. Nach und nach werden die Erwähnungen naher und auch ferner Freunde immer zahlreicher, als würden die Barrieren allmählich niedergerissen.

Alexandrine hielt Jeanne zum Beispiel über Dreyfus auf dem laufenden, der an einem Ekzem litt, und beschrieb ihre Trauer über den Tod von Marguerite Charpentier, über den sie sie persönlich am 1. Dezember 1904 informiert hatte. Der Zwist mit Madame Charpentier war vergessen, Alexandrine war erschüttert und erinnerte sich nur noch an die zweiunddreißig Jahre währende, enge Freundschaft zu Marguerite. Sie habe bei ihrem letzten Abschiedsgruß der Toten die Hände geküßt, schrieb sie Jeanne. Im Frühling 1903 erkrankte Jacques schwer. Zehn Tage lang notierte Jeanne für Alexandrine seine Temperatur vor und nach dem Bad, manchmal sogar viermal täglich und schrieb ein paar Zeilen dazu wie: »Jacques umarmt Bonne Amie und fragt, wie es jetzt ihren Beinen geht. Er ist ruhig und sehr vernünftig und nimmt seine Bäder.« Trotz der Bemühungen der beiden Frauen verschlechterte sich sein Zustand – die Knochentuberkulose breitete sich bereits in einem Arm aus –, und er mußte im darauffolgenden Jahr zur Kur nach Berck. Eine Behandlungsart folgte der anderen, was Alexandrine manchmal mißtrauisch werden ließ, so zum Beispiel, als dem Jungen ein Serum eingeimpft wurde, von dem das Institut Pasteur abgeraten hatte. Unermüdlich beruhigte Jeanne Alexandrine, die ängstlich war und stets das Schlimmste befürchtete. Wenn man Jeannes Briefe liest, begreift man, welchen beruhigenden Einfluß sie auf Zola gehabt haben muß. Die beiden Frauen ergänzten sich: Jeanne schenkte anderen zu leicht Vertrauen und lief immer wieder Gefahr, enttäuscht zu werden. Alexandrine hingegen ließ nie nach in ihrer Wachsamkeit. Bei einigen ärztlichen Untersuchungen war sie anwesend, fuhr nach Berck, holte den Rat der angesehensten Ärzte ein oder verlangte, den kranken Arm zu sehen. Sie schickte ihren Diener Jules, damit er sich bei Jeanne erkundige und beim Baden des Jungen helfe (er mußte getragen werden und wurde zu schwer für seine Mutter) oder Denise abhole und zu ihr begleite. Den ganzen Monat März 1904 über kümmerte sie sich Tag für Tag um das junge Mädchen. Sie erteilte auch Ratschläge, deren Fundierung oft ein bißchen selbstgebastelt war. So empfahl sie, Jacques ordentlich zu füttern, ihm zwischen den Mahlzeiten Milch und Eier zu geben, und sie versicherte, getreu ihren eigenen Prinzipien, daß man »vor allem auf das Essen hoffen« solle. Auch durch Jacques' Krankheit festigte sich die Bindung der beiden Frauen.

Operation, Spritzen, Knochenmarkentfernung – mehr als drei Jahre dauerte Jacques' Krankheit, und ein Arm blieb kürzer. Drei Jahre teurer Behandlungen, wozu noch die Aufenthaltskosten von Jacques und Denise in Berck und der Privatunterricht für die Kinder kamen. Später dann erneute Ausgaben, als Jacques Medizin studierte. Alle diese Kosten übernahm Alexandrine.

Denn Zola scheint für die Zukunft seiner Geliebten und der Kinder nicht vorgesorgt zu haben. Er hatte in seinem Testament, das er vor seiner Bekanntschaft mit Jeanne verfaßt hatte, Alexandrine als einzige Erbin eingesetzt. Dieses Testament änderte er nie. Zola fühlte sich stets bedroht und war von Ängsten besetzt, und dennoch hatte er nichts für seine Familie festgelegt – gewiß aus Rücksicht auf seine Frau. Aber sicherlich hatte er mit ihr über dieses Thema gesprochen. Sein plötzlicher, ganz unvorhersehbarer Tod brachte Jeanne und die Kinder in eine sehr prekäre Situation. Sie hätte ihren Schmuck verkaufen können, dann aber keine andere Möglichkeit gehabt, zu Geld zu kommen, als wieder in ihrem Beruf zu arbeiten. Hier griff Alexandrine ein. Sie ließ Jeanne jeden dritten Monat von Eugène Fasquelle einen Betrag von 6000 Francs auszahlen, das wären heute 107 000 Francs[2]. Davon konnte Jeanne ihre Miete zahlen und recht gut mit den Kindern leben. Darüber hinaus bezahlte Alexandrine die Ausbildung der Kinder. 1903 zog Jeanne aus ihrer großen Wohnung in der Rue du Havre in eine kleinere, aber sehr sonnige Wohnung in der Rue Blanche 80. Alexandrine übernahm die Umzugskosten und bedauerte, daß sie nicht noch näher bei ihr wohnten. Sie bezahlte Denises Privatunterricht bei Madame Dieterlen. Als sie einen Augenblick in Erwägung zog, das mittlerweile vierzehnjährige Mädchen ins Racine-Gymnasium zu schicken, beteuerte sie, daß sie nicht aus Geldgründen daran denke, sondern weil Emile Zola befürchtet habe, daß das, »was einige Schüler von ihrer Familienatmosphäre mitbringen«, einen schlechten Einfluß auf Denise ausüben könnte. Eine solche Situation verschaffte Alexandrine eine unleugbare Macht über Jeanne, die ihr bereits durch ihre soziale Stellung als ehemalige Dienerin und als Mätresse doppelt unterlegen war. Selbst wenn Alexandrine sie das nicht spüren ließ und Geldfragen mit der für sie charakteristischen Offenheit behandelte, hatte sie doch die größere Macht und verletzte hin und wieder unwillentlich Jeanne in ihrem Stolz.

Der folgende Brief Jeannes vom 22. Februar 1904 vermittelt einen Eindruck von der verletzlichen Beziehung der beiden Frauen:

»Chère Madame,
   ich danke Ihnen sehr für die Erörterung der Geldfrage. Die sechstausend Francs, die Sie vorschlagen, genügen vollkommen. Sie wären sehr freundlich, wenn Sie den Betrag alle drei Monate anweisen würden, damit ich ihn nicht erbitten muß; denn ich gestehe Ihnen, daß es mir sehr schmerzlich war, so offen unsere Situation darlegen zu müssen.

   Ich bin Ihnen daher für Ihre Feinfühligkeit uns gegenüber im Namen unseres lieben Verstorbenen unendlich dankbar. Aber sagen nun auch Sie mir offen, ob wir nicht eine zu große Belastung für Ihre Geldmittel darstellen, denn ich weiß, wie teuer die Ausbildung der Kinder ist.

   Wenn Sie Monsieur Fasquelle Ihre Anweisung geben, haben Sie doch die Freundlichkeit, ihn zu bitten, uns zum 1. März fünfhundert Francs zu schicken, damit wir das erste Trimester, das im April beginnt, abwarten können. (...)
   Ich drücke Ihnen herzlich beide Hände. Jeanne Rozerot.«[3]

Alexandrines Großzügigkeit ist um so bemerkenswerter, als ihre eigene finanzielle Situation absolut nicht hervorragend war. Sie und Emile gaben das Geld immer aus, ohne nachzurechnen. Man weiß, daß die Dreyfus-Affäre, das Exil und der schlechte Verkauf der letzten Bücher Zolas ihr Vermögen sehr angriffen. Da es keine neuen Romane mehr geben würde – und wir sahen, daß ihr Ehrgefühl und ihre Achtung vor dem Werk ihres Mannes zu ihrer Weigerung führten, »die letzten Schubladenwinkel leerzukratzen« –, war sie gezwungen, ihre Lebenshaltungskosten einzuschränken. Vom 9. bis 13. März 1903 ließ sie bei Drouot Bücher, Gravuren, Zeichnungen, Bilder alter und moderner Malerei, darunter neun Werke von Cézanne, zwei von Guillemet, eins von Monet und zwei von Pissarro, Kunstgegenstände, Glasmalereien, Holzschnitzereien, antike Skulpturen, Bronze- und Kupfergegenstände, Möbel, Stoffe und Wandbehänge versteigern – insgesamt mehr als 700 Objekte, eine ganze Sammlervergangenheit aus Trödel und kostbaren Gegenständen, an denen viele Erinnerungen hingen. Die Versteigerung erbrachte einen Erlös von 152 412 Francs, heute ungefähr 2 720 000 Francs. Sie verkaufte auch den Grundbesitz in Médan, der sich von der Eisenbahnlinie bis zur Seine erstreckte, sowie die Insel.

Mitte April verließ sie ihr Stadthaus in der Rue de Bruxelles und zog in die Rue de Rome 62 um, wo sie das Arbeitszimmer ihres Mannes wieder genauso herrichtete wie zuvor. Nur die allerwichtigsten Dinge aus der Vergangenheit behielt sie.

Hier in die Rue de Rome lud sie ab jetzt jeden Donnerstag die treuen Freunde ein, den Samstag erklärte sie zu »ihrem Tag«. Die Zeit zwischen 16 und 18 Uhr sollte ihr allein gehören.

Wenn also durch die Verkäufe das Geldvermögen noch recht groß war und sie dadurch der Zukunft ohne große Sorgen entgegensehen konnte, hat das nichts mit ihrem ehemaligen Reichtum zu tun. Lebhaft bemerkte sie das Jeanne gegenüber, als diese sie eines Tages fragte, ob sie sich nicht um die Präsidentschaft der Kinderkrippe bewerben wolle, nun, da die bisherige Präsidentin Marguerite Charpentier gestorben sei: »Wie haben Sie sich vorstellen können, Sie, die meine Geldmittel und mein Alter kennen, daß ich diese Aufgabe übernehmen würde (…)? Dazu braucht es eine reiche Frau, die von anderen ebenfalls sehr begüterten Frauen umgeben ist, was absolut nicht auf mich zutrifft.«[4]

Auch ist ihre Großzügigkeit Jeanne und den Kindern gegenüber um so bemerkenswerter, als sie in keiner Weise dazu verpflichtet war. Vor allem entsprang ihre Handlungsweise nicht der Sorge um ihr Ansehen, die sie sonst oft zu beruhigen suchte. Im Gegenteil. In den Augen der zeitgenössischen Gesellschaft handelte sie, indem sie noch nach dem Tode ihres Mannes dessen Geliebte und deren Kinder unterhielt, ganz und gar nicht den gesellschaftlichen Konventionen gemäß.

Sie sagte immer wieder, daß sie nur tue, was ihr Mann auch getan hätte, wenn er noch lebte. Treue – auch seinem Werk gegenüber – hielt sie für ihre vordringlichste Verpflichtung. Sie wollte sich stets des außergewöhnlichen Mannes, den sie geliebt hatte, würdig erweisen.

Ihre Beziehung zu Jeanne ging aber über die finanzielle Unterstützung weit hinaus. Sie hätte sich sehr wohl damit begnügen können, Jeanne das Geld auszahlen zu lassen, hätte ihr nicht schreiben oder mit ihr verkehren müssen. Aber nur kurze Zeit nach Zolas Tod trafen sie sich bereits und nahmen ihre freundschaftliche Beziehung auf. Alfred Bruneau erzählt von der einen beratenden Versammlung der Freunde, die laut Testament über das Wohlergehen der Kinder wachen sollten. Als diese Sitzung im Gemeindeamt beim Elyséepalast beendet war, sahen Desmoulin und er mit Erstaunen »am Ende der Straße die beiden sehr achtenswerten Frauen, die Ehefrau und die andere, Seite an Seite fortgehen.«[5]

Alexandrines Brief vom 6. August 1903, der *weniger als ein Jahr* nach Zolas Tod geschrieben wurde, zeigt deutlich, wie sie zu Jeanne stand:

Chère Madame,

es war mir gestern nicht möglich, in Ihre Wohnung zu gehen, ich habe es erst heute morgen geschafft. Ich habe alles, was Sie wünschten, gefunden, was Sie feststellen werden, wenn Sie das Paket öffnen, das ich um 10.30 Uhr am Postschalter im Gare du Nord aufgegeben habe. Ich denke, daß es gleich mit dem Zug um 3 Uhr abgeht und Sie es spätestens morgen haben, falls nicht, lassen Sie es am Bahnhof anfordern.

Die Concierge war sehr entgegenkommend, sie war es, die mir den dicken Bindfaden, der das Paket zusammenhält, gab, denn ich befürchtete, das feste Garn, das ich auch zum Nähen benutze, könnte unterwegs reißen … Die Concierge hat mich beauftragt, Ihnen mitzuteilen, daß sie in einer Woche aufs Land fährt, nur für acht Tage, und daß sie den Schlüssel Ihrer Wohnung nicht der Person übergeben wird, die sie während der acht Tage ihrer Abwesenheit vertritt.

Wenn Sie also merken, daß Sie weitere Dinge benötigen, können Sie es mir umgehend schreiben, ich werde dann noch Zeit haben, das zu holen, um was Sie mich bitten. Im übrigen fahre ich Montag nach Médan und werde am 15. September zurück sein. Auf keinen Fall macht es mir Umstände, noch einmal wegen vergessener Dinge nach Paris zu fahren.

Ich lege einen kleinen Pelargonienzweig bei, den ich eben auf unserem lieben Grab gebrochen habe, teilen Sie ihn mit unseren lieben Kindern. Den Kindern lege ich ans Herz, daß sie alle Liebe, die sie für ihren innig geliebten Papa gehabt hätten, auf Sie übertragen sollen; Sie müssen für die Kinder Vater und Mutter zugleich sein; und machen Sie, daß die Kinder ein bißchen an ihre Bonne Amie denken, die sie mindestens ebenso liebhat wie unser großer und lieber Verstorbener. Ich gebe Ihnen Küsse, die Sie bitte auf den Köpfen unserer Engel verteilen. Alexandrine Zola.«[6]

Die Vertrautheit zwischen den beiden Frauen war so groß, daß sich Alexandrine während Jeannes Abwesenheit in deren Wohnung begab, um benötigte Sachen zu holen. Die Zeit des brutalen Eindringens wie im November 1891 ist fern. Aber das Erstaunlichste an diesem Brief ist ihre Liebe zu den Kindern, die sie »mindestens ebenso liebhat« wie ihr Vater. Sie nahm bei Jeanne und den Kindern nun den Platz ihres Mannes ein, verinnerlichte ihre Stellvertreterschaft so sehr, daß sie nicht nur so handelte, wie sie es selbst für richtig hielt, sondern vor allem so, wie Zola es getan hätte.

Im Laufe der Jahre entstand eine seltsame Beziehung zwischen diesen beiden alleinstehenden Frauen, als ob ihre Liebe zu demselben Mann und zu seinen Kindern sie unlösbar aneinander band. Es ist eine starke Gefühlsbindung, der sich diese beiden Frauen rückhaltlos und geradezu unbefangen anheimgaben und in der verschiedene Gefühle zusammentrafen: Sie fühlten sich zur Partnerin hingezogen, verstanden sie, bemerkten gewisse Übereinstimmungen, hatten dasselbe Mitteilungsbedürfnis, empfanden ähnlich in Geld- oder Machtfragen. So schrieb Jeanne an Alexandrine: »Unsere beiden Lieblinge schließen sich mir an und umarmen Sie sehr herzlich.« »Machen Sie sich keine Sorge um unser liebes Grab, es wird regelmäßig gepflegt.« Und einige Tage darauf: »Als ich meinen kleinen Strauß auf das Grab legte, habe ich Sie in meine Gedanken an Emile eingeschlossen.«

Und Alexandrine schrieb: »Nehmen Sie an meiner Stelle unsere beiden kleinen Schätze recht fest in den Arm mit meiner ganzen Herzlichkeit, und nehmen Sie selbst meinen freundschaftlichen Gruß entgegen.« Oder: »Meine Hand ergreift die Ihre, von ganzem Herzen teile ich die Sorgen, die Sie empfinden…«

Im Namen dessen, den eine der beiden »unseren großen und innigst geliebten Freund« nennt, fanden sie nach seinem Tod zueinander und boten allen Konventionen und Vorurteilen die Stirn.

Diese enge Bindung basierte auf der bereits fünfzehn Jahre zuvor entstandenen gegenseitigen Sympathie: Im Wäschezimmer von Médan entdeckten sie ihre Gemeinsamkeiten und konnten ihren damals begonnenen Dialog nun leicht wieder aufnehmen. Zwar wurde ihr geliebter Verstorbener zum hauptsächlichen Verbindungsglied zwischen ihnen, doch behielt ihre Beziehung auch etwas von den Anfängen in Médan. Wie damals blieb Alexandrine ganz offensichtlich immer die Spielleiterin. Sie war auf Grund ihrer sozialen Stellung und als Zolas rechtmäßige Ehefrau, aber auch auf Grund ihrer natürlichen Autorität, ihrer Bildung und Lebenserfahrung die Überlegenere. So verdienstvoll Jeanne auch gewesen sein mag, ihre Bescheidenheit führte sie, ohne daß sie unterwürfig gewesen wäre, immer wieder dazu, sich zurückzunehmen, lieber im Schatten als im Licht zu stehen und sich hinter Alexandrines Autorität zu verbergen. So verhielt sie sich bereits im Umgang mit Zola. Daher lehnte sie es trotz Alexandrines Einladung ab, an ihrer Seite der ersten Zusammenkunft der Pilger beizuwohnen. Alexandrine mußte sich damit zufriedengeben, Jeanne die Zeitungsartikel über dieses Ereignis zuzusenden. Im April 1906, als Jeanne an ihren Fähigkeiten zweifelte, Jacques, der durch seine lange Krankheit in seiner Schulbildung zurückgeworfen wurde, zum Arbeiten anzuhalten, ließ sie Alexandrine die Zensuren des Jungen bringen, damit diese ihm ins Gewissen rede:

»Denn ich«, erklärte sie, »habe keinen Einfluß auf ihn, und wenn Sie welchen haben, bitte ich Sie, ihn auszuüben; damit erweisen Sie ihm einen großen Dienst.«

Aber Alexandrine antwortete tadelnd:

»Wie wollen Sie, daß ich irgendeinen Einfluß auf Ihre Kinder ausüben kann, wenn Sie als Mutter es nicht können? Die Kinder müssen Ihnen gehorchen und alle Ihre Wünsche respektieren.«

Dann folgte eine sehr harte Predigt, die weniger Jeanne als den ungehorsamen Kindern galt, die zu ermahnen und zu führen sie soeben abgelehnt hatte:

»Ihnen Gewissensbisse zu machen, die sie unweigerlich haben werden, das überlasse ich der Zukunft, wenn das Leben sie so in die Zange nehmen wird wie alle anderen auch ...«

»Unsere Kinder«: So bezeichneten sowohl Alexandrine wie auch Jeanne Denise und Jacques. Die beiden Frauen teilten sich in die Mutterschaft der Kinder Zolas, der in einigen Briefen »der Vater *unserer* Kinder«[7] ist. Das ist ein fast einmaliger Fall, und man sollte einmal darüber nachdenken, was solch eine Wortwahl für die eine wie für die andere bedeutet haben muß. Beide mußten sie bestimmt sehr großherzig gewesen sein und eine erstaunliche innere Freiheit besessen haben, denn leicht hätte Jeanne sich bestohlen und Alexandrine sich ausgenutzt fühlen können. »Die große Liebe, die die Kinder für ihren Vater empfanden, übertragen sie nun zum Teil auf Sie, die Sie sie wie eine Mutter lieben«, versicherte Jeanne Alexandrine in einem Brief vom Oktober 1904. »Sie müssen Vater und Mutter für die beiden zugleich sein«, antwortete Alexandrine.

Wie ihr Mann, dessen Beschützerrolle sie übernahm, wachte Alexandrine darüber, daß es Jeanne und den Kindern an nichts fehlte, überprüfte die Schularbeiten der Kinder, denen sie eine große Wichtigkeit beimaß, und fällte wie Zola die wichtigsten Entscheidungen. In ihren Augen war das ihre heilige Pflicht, und es schien ihr sogar, nur deshalb Zola überlebt zu haben, um diese erfüllen zu können: Am 29. Dezember 1904 schrieb sie nach ihrer Rückkehr vom Friedhof, wo sie einen Kranz aus Mistelzweigen mit frischen Rosen niedergelegt hatte:

»Er ruft mich noch nicht zu sich, ich kann noch bei seinen Lieben bleiben, und er schenkt mir diese Freude, sie an seiner Stelle und auch selbst zu lieben.«

Eine ihrer Hauptaufgaben sah sie darin, den Kindern zu sagen, was für ein Mensch ihr Vater gewesen war. Aus diesem Grund legte sie großen Wert darauf, daß die Kinder bei der ersten Zusammenkunft der Pilger in Médan dabei waren, und sie ging sogar so weit, ihnen zu schreiben, daß sie ihre Abwesenheit nicht ertragen würde. Wenn sie tot sei, werde es Jeannes Aufgabe sein, die Flamme weiterzugeben:

»Wenn die Kinder in dem Alter sind, daß sie Fragen stellen, sich das arbeitsreiche Leben ihres Vaters vorstellen wollen (...), dann werden sie begreifen, hoffe ich, wie sie zu handeln haben, damit der Name Zola seine Größe behält, die er von denen bekam, die ihn trugen, von ihrem Vater und ihrem Großvater... Sie werden dann da sein, um die Kinder dahin zu führen und sie über vieles zu unterrichten...«[8]

Aber das Ende des Satzes sagt mehr aus als alles, was ihm vorausgeht:

»... unglücklicherweise haben Sie ihn nur wenig gekannt, nicht so gut wie ich, die ich achtunddreißig Jahre an seiner Seite lebte, und innerhalb dieser achtunddreißig Jahre ihn während vierundzwanzig Jahren nicht für eine Stunde verließ.«

Das Wort »unglücklicherweise« stimmt nachdenklich.

Die Autorität, die sie eigentlich nicht ausüben wollte, forderte sie dann aber ein, oder doch das Recht, die Entwicklung der Kinder im Blick behalten zu können. So warf sie Jeanne im September 1903 vor, daß sie den Aufenthalt in Berck nicht verlängere, um Jacques vor einem Rückfall zu bewahren:

»Fühlen Sie sich nicht gekränkt über meinen Gedanken. Es ist nur meine große Liebe für unsere Lieblinge, ist der ganze Schmerz über den Verlust ihres lieben Papas, der für mich die Liebe überhaupt, die Fürsorglichkeit in Person war, was mich so denken läßt. Ich wünschte mir so sehr, Jacques und Denise in allem überlegen zu wissen, ich hätte dann wenigstens vor meinem Tod die Genugtuung, daß sie so sind, wie es ihr lieber Papa gewünscht hätte... Küssen Sie an meiner Stelle unsere beiden lieben Schätze...«

Sie wollte die Kinder »in allem überlegen« machen, denn vor allem wünschte sie sich eins: daß die Kinder den Namen ihres Vaters annehmen durften.

Es ist nur zu verständlich, daß es ihr am Herzen lag, den Kindern »den Namen ihres Vaters« zu verschaffen und daß sie alles dafür einsetzte – sie, die außereheliche Tochter Edmond Meleys und ledige Mutter der kleinen Caroline Gabrielle, die vaterlos gestorben war. Wie sollte nicht gerade ihr die Situation der beiden außerehelich geborenen Kinder nahegehen, wo sie selbst so viele Jahre hindurch in einer außerehelichen Beziehung gelebt hatte? Und wenn die Kinder denselben Namen hätten wie sie – wären sie dann nicht noch ein wenig mehr »ihre« Kinder? Als sie darüber nachzudenken begann, änderte sie ihre Unterschrift. Jetzt unterschrieb sie mit Alexandrine Emile-Zola oder auch Alexandrine E. Zola.

Der Testamentsvollstrecker und Nachlaßverwalter Emile Zolas, Eugène Fasquelle, war der vom Vater testamentarisch benannte Vormund der Kinder. Alexandrine hatte sich zum selbsternannten weiblichen Vormund gemacht, und sie mußte daher vor dem Vormundschaftsrat, der die Interessen außerehelicher Kinder vertrat, Rechenschaft ablegen.

Ab 1904 (vielleicht auch schon vorher) stellte sie Überlegungen an, wie sich ihr Ziel verwirklichen ließe. So verlangte sie ab jetzt, daß ihr die Quittungen der Gehaltszahlungen an die Lehrer der Kinder, die sie in ihrem eigenen Namen tätigte, ausgehändigt wurden, damit sie jederzeit Beweise dafür hätte, ihre Vormundschaft ernst genommen zu haben. Sie meinte, daß die Ausbildung der Kinder ihre persönliche Angelegenheit war, damit diese zu gegebener Zeit den Namen ihres Vaters bekommen könnten. Sie setzte alle Kräfte für dieses Ziel ein, wie sie Jeanne gegenüber immer wieder beteuerte:

»... Seien Sie unbesorgt, wenn ich noch einige Jahre zu leben habe, so helfe ich Ihnen mit aller Kraft, daß wir beide gemeinsam und so gut es geht, alle Wünsche ihres Vaters erfüllen. Mir scheint, daß ich so für ihn wenigstens noch zu etwas nütze bin, und das tut mir in meinem großen Schmerz wohl.«

Ein Gesetz vom 11. Germinal des Jahres XI (vom 1. April 1803) erlaubte es »jeder Person, die gute Gründe für eine Namensänderung vorweisen kann«, diese zu beantragen. Aber es handelt sich hierbei nicht um ein Recht, sondern um eine Gnade, und wenig zahlreich sind die Auserwählten: Um 1930 zum Beispiel wurde nur ungefähr fünfzigmal jährlich einem Antrag auf Namensänderung stattgegeben. Bei einer Ablehnung gab es keine Widerspruchsmöglichkeiten. Um die Prozedur in Gang zu bringen, mußte man zunächst eine Bekanntmachung im »Bulletin des Lois«, dem offiziellen Gesetzesblatt (heute ist es das »Journal officiel«) und in zwei weiteren amtlichen Anzeigenblättern erscheinen lassen. Danach mußte man in einem Schreiben an den Justizminister die Bitte begründen und eine Akte mit allen notwendigen Schriftstücken beifügen. Das Ganze wurde dann vom Oberstaatsanwalt strafrechtlich voruntersucht und auf dem Dienstweg an das Justizministerium weitergeleitet. Von dort ging es dann an die oberste Instanz des Verwaltungsgerichts, die ihr Urteil abgab und es an das Verwaltungsgericht zurückleitete, das dann einen abschließenden Bericht verfaßte, der im Fall eines positiven Bescheids eine Durchführungsbestimmung beinhaltete. Zu der Gebühr für den Justizminister kamen weitere Kosten hinzu, wie zum Beispiel das Honorar für den Juristen beim Siegelbewahrer Frankreichs.

Im Fall der Kinder Zolas handelte es sich wie schon zuvor bei den Erben Pasteurs, Marx' und Guizots zudem noch um die Vergabe eines berühmten Namens. Selbstverständlich mußte die Blutsverwandtschaft unanfechtbar sein. Zu beachten ist auch, daß ein Bindestrich gesetzt werden mußte zwischen dem Vornamen und dem Namen, ein in der Dritten Republik besonders beliebtes Unterscheidungsmerkmal, das als »neue Form republikanischer Vornehmheit« galt.[9]

Im November 1906 reichte Madame Emile-Zola ihr Schreiben bei der obersten Instanz des Verwaltungsgerichts ein, und sie informierte Jeanne darüber, daß diese gewiß von einem Juristen aufgefordert würde, weitere Informationen beizubringen oder ihre Unterschrift zu leisten. Sie wußte, daß die Fristen lang waren und daß die Kinder nach dem Erscheinen der Durchführungsbestimmungen im »Journal officiel« noch ein ganzes Jahr warten müßten, bis sie das Recht hätten, den Namen Zolas zu tragen und ihn in ihre Familienurkunden einsetzen zu lassen. Sie schrieb Jeanne auch, daß sie den Namen nicht erst für Jeanne, sondern gleich für die Kinder beantragt habe, so wie es ihr der Leiter des Amtes für Zivile Angelegenheiten und der Justizminister angeraten hatten. Sie übertrug Jeanne die Aufgabe, alles bis zum Ende durchzufechten, falls sie selbst vorher sterben sollte. Aber 1907 wurde Denise und Jacques das Recht zugesprochen, den Namen ihres Vaters zu tragen: Emile-Zola.

Schon ein Jahr zuvor hatte Jeanne ihre Dankbarkeit gegenüber Alexandrine zum Ausdruck gebracht und zugleich auf eine schlichte und sehr genaue Art ihre gemeinsame Situation dargelegt:

»Chère Madame,
   ich danke Ihnen auf das Lebhafteste, daß Sie sich auf so energische Weise darum bemühen, daß unsere Kinder den Namen ihres lieben Papas bekommen. Es war einer seiner Wünsche, und er hatte sich bereits selbst darum gekümmert, doch das Schicksal hat entschieden, daß er dieses Glück nicht

mehr erleben durfte. Aber da Sie in Ihrer Güte ihn sogar bei seinen geliebten Kindern ersetzen wollen, werde ich an dem Tag, an dem es endlich gelungen sein wird, daß die Kinder den ruhmvollen Namen Zola annehmen dürfen, besonders glücklich sein. Ich hoffe, daß sie ihn mit Würde zu tragen wissen und daß sie Sie mit Liebe und Dankbarkeit umgeben werden. Denn diesen großen Namen werden sie Ihnen zu verdanken haben. Und ich hoffe, daß Sie und ich noch lange Jahre bei den Kindern sein und über sie wachen dürfen, denn wir beide sind ihre ganze Familie, sie wären recht allein, wenn wir fehlten.

Ich grüße Sie,

J. Rozerot«[10]

Die Zukunft enttäuschte leider ihre Hoffnungen, denn sie starb, viel zu früh, im Mai 1914. Von da an mußte Alexandrine allein für das Wohl »ihrer lieben Kinder« sorgen.

Der Sonnenstrahl

»Liebe Kinder, Ihr seid der einzige Sonnenstrahl, den es noch für mich gibt«, mit diesen Worten wandte sich Alexandrine an einem Septembertag des Jahres 1905 an die Kinder und hatte doch vergessen – allerdings zum ersten Mal – ihnen zum Geburtstag zu gratulieren. Fast ein Vierteljahrhundert schickte sie in ihren Briefen, die zärtlich, schimpfend, ermahnend oder auch spöttisch waren, den Kindern Emile Zolas und Jeanne Rozerots ihre liebevollen Botschaften. Sie schrieb ihnen regelmäßig und verlangte dasselbe von den Kindern. Eine Aufgabe, der Denise, die zukünftige Schriftstellerin, mühelos nachkam, selbst wenn sie, einem Geständnis zufolge, »absolut nichts zu erzählen« hatte, die aber für Jacques oft zu einer regelrechten Last wurde. Bonne Amie antworten, Bonne Amie danken, das muß dem nachdenklichen, elfjährigen Jungen, dessen sensible Natur Alexandrine seit langem erkannt hatte, oft schwergefallen sein. Er konnte seine Gefühle weniger gut zeigen als seine Schwester und hielt immer eine größere Distanz zur Frau seines Vaters. Er hing sehr an seiner Mutter und hatte, im Gegensatz zu der zwei Jahre älteren Denise, seinen Vater kaum gekannt. Schon in früher Kindheit machten sich seine Vorbehalte der »guten Freundin« gegenüber bemerkbar. Alexandrine sprach offen darüber und versuchte, ihn zu entschuldigen. Litt er an der Abhängigkeit, in die seine Mutter geriet? Empfand er den Schutz Madame Zolas als lästig? Wie auch immer, Alexandrine baute vor allem zu Denise eine enge, sehr innige Beziehung auf, selbst wenn Jacques ihr immer Respekt und Zuneigung entgegenbrachte und sie auch ihm zahlreiche Briefe schrieb. In einem Brief an Denise sprach sie in ihrer offenen Art von diesem Unterschied:

»… Du und Jacques, Ihr seid meine beiden herzlich geliebten Kinder, und ich müßte Dich eigentlich ein wenig lieber haben, weil Du mir mehr Beweise Deiner Zuneigung entgegenbringst, aber ich zweifle nicht an dem lieben, kleinen Herzen Deines Bruders, das im Grunde auch nichts anderes als gut sein kann trotz der Gleichgültigkeit, die er mir gegenüber an den Tag legt.«[1]

Die gegenseitige Zuneigung wurde Anlaß zu einem umfangreichen, rührenden und oft amüsanten Briefwechsel zwischen den beiden Briefschreiberinnen, die ein Altersunterschied von fünfzig Jahren trennte, die aber dieselbe Liebe zum Leben miteinander verband. 1902 war Denise dreizehn, Alexandrine dreiundsechzig Jahre alt. Durch ihre Briefe erleben wir mit, wie das junge Mädchen erwachsen wurde, lesen von ihrer Schulbildung, ihren ersten Schritten ins Leben, ihren ersten Erfahrungen als junge Frau, ihrer Mutterschaft. Wir erhalten das Porträt einer jungen Frau zu Beginn dieses Jahrhunderts, und zugleich erfahren wir, welche Rolle Alexandrine in Denises Leben spielte und wie sich ihr Leben nach Zolas Tod gestaltete.

So erfahren wir, daß Alexandrine sich darum bemühte, für Jeanne eine andere Wohnung zu suchen, damit sie aus der Rue Du Havre ausziehen konnten, daß sie für sie ein Kindermädchen suchte. Sie schickte den Kindern Bonbons, leicht gesüßte Brioches, kandierte Früchte, dem kleinen Mädchen eine Perlenkette. Sie machte mit Denise und Jacques Ausflüge nach Versailles oder Sèvres (»Wir treffen uns unten an der Treppe des Cour de Rome«) und lud sie jeden Donnerstag zu sich zum Mittagessen ein. Andere Vergnügungen waren vorgesehen, so wollten sie alle drei König Eduard VII. bewundern gehen oder zum Trocadéro in ein Konzert fahren.

Das Jahr 1903 wurde überschattet von Jacques Krankheit und der Abreise der Kinder nach Berck im Juni. Aber Denises Briefe sind voll Lebensfreude. Die Schularbeit nahm einen wichtigen Platz in ihrem Leben in Berck ein, wo sie mit Hilfe von Lehrbriefen Fernunterricht erhielt. Mathematik »langweilte sie zu Tode«, aber Französisch mochte sie sehr, und sie löste einen kleinen Skandal durch einen Aufsatz aus, in dem sie alles nur denkbar Schlechte über Jeanne d'Arc schrieb. Alexandrine freute sich über ihre Frechheit und beteuerte, daß sich ihr Vater sehr darüber amüsiert hätte, hätte er es noch erlebt.

Denise schrieb auch Gedichte, und auf Alexandrines dringende Bitten schickte sie sie ihr: »Jetzt wenigstens werden Sie mich nicht mehr belästigen! Schätzen Sie sich glücklich!« Aber Alexandrine zeigte sie in ihrem Stolz Bruneau, was ihr einen erzürnten Brief von Denise einbrachte:

»Es wäre noch angegangen, wenn sie nicht signiert gewesen wären, es hätte mir nichts ausgemacht, daß sie jemand liest! Aber wo der Name der Autorin (!) darunterstand, wie sollte Ihnen da jemand sagen, was er in Wirklichkeit denkt, nämlich: »Die Gedichte sind sehr schlecht!«[2]

Man bemerkt den ungezwungenen Ton zwischen den beiden. Wenn Alexandrine auch sehr streng war, was Schulbildung und soziale Regeln betraf, freute sie sich über Denises Spontaneität und ihre Freimütigkeit, die der ihren nicht unähnlich war. Auf sehr moderne Weise verlangte sie nicht von Denise, daß diese ihr gegenüber das eingeübte, stereotype Verhalten eines wohlerzogenen Mädchens einnahm. Sie ließ sich sogar von ihr in den damaligen modernen Jargon einführen – ihr eigener begann offenbar zu veralten: »costo heißt schick«, erklärte ihr Denise auf ihre Bitte hin, und statt »chose, Sache« sagt man heute »truc« oder »machin«. Wie zwei Komplizen hatten sie ihre gemeinsamen kleinen Geheimnisse:

»Ich bitte Sie *Bonne* Amie, niemandem von dem, was sich zwischen uns ereignete, zu erzählen.«

bat Denise 1903 und schloß mit dem Satz:

»Und jetzt füge ich, natürlich nur um Sie zu foppen, noch hinzu: ›Ich liebe Sie, Bonne Amie.‹«[3]

Die Briefe verdeutlichen ihre kumpelhafte Zuneigung zueinander, und man fühlt, daß es auch im Alltag zahlreiche Schmusereien gegeben haben muß, wie diese Zitate von 1905 aus einigen von Alexandrines Briefen zeigen:

»Du kannst sicher sein, daß ich Dich bei Eurer Rückkehr abküssen werde, alle Küsse, die ich Dir, als Ihr in Berck wart, nicht geben konnte, wirst Du dann von mir bekommen.«

»Ich hatte Dich eben kaum verlassen, da fiel mir ein, daß wir den Tag nicht abgemacht haben, an dem Du zu mir zum Essen kommst. An welchem Tag kann ich Dich haben? Es wäre sehr lieb von Dir, wenn Du mich nicht zu lange warten ließest, denn Du bist die ganze Freude meines Lebens, bist mein Sonnenstrahl. Bis bald, nicht wahr? Ich umarme Dich mit allergrößter Zärtlichkeit.«

»... Ich bin glücklich über alles, daß Du mich mit Deinen Küssen fast ersticken willst, und auch ich küsse Dich genauso oft, wiege Dich auf meinen Knien wie so manches Mal. Oh, liebes Kind, bleib immer so verrückt, so lieb ich Dich.«[4]

Die mütterliche Liebe, die sich während so langer Jahre in ihr angesammelt hatte, konnte sich endlich äußern und das um so stärker, als sie allein und Denise ein Kind so recht nach ihrem Herzen war.

Aber die Zuneigung dieser beiden leidenschaftlichen Menschen zueinander verhinderte Streitigkeiten zwischen ihnen nicht, im Gegenteil. Wie immer machten ihre Ängste Alexandrine ungerecht. Sie hatte sich große Sorgen gemacht, als Jacques im Mai 1904 operiert wurde, und sie warf Denise vor, ihr nicht geschrieben zu haben. Alle Freunde warteten auf Nachrichten, Bruneau und Madame Bouhélier seien sogar zu ihr gekommen, um etwas in Erfahrung zu bringen, Madame Charpentier habe ihr geschrieben. Was solle sie denen nun sagen? Denise wisse ja wohl nicht, was Warten bedeutet ... Aber Denise ließ sich das nicht sagen und antwortete heftig:

»Bonne Amie, ich bin Ihnen böse. Warum schelten Sie mich, daß ich keine Karte wegen Jacques geschickt habe? War es denn meine Schuld, daß ich selbst ohne jede Nachricht über seinen Zustand war?«[5]

Es stimmt, auch die Schwester hatte einen langen Tag warten müssen, bis sie etwas über Jacques in Erfahrung bringen konnte. Sie verteidigte sich tapfer:

»Wer sagt Ihnen denn, daß ich nicht weiß, was warten heißt? Vor einem Jahr habe ich darüber einen Aufsatz geschrieben, und da wußte ich schon, was das bedeutet.«[6]

In einer Sache aber verstand Alexandrine keinen Spaß, das war ihr Verantwortungsgefühl den Freunden Emile Zolas gegenüber. Nie versäumte sie es, Denise an ihre Verpflichtungen zu erinnern. Im Juni 1905 bekam Denise ihr Zeugnis – die praktischen Übungen bestanden aus einer Aufsatzseite, einer Näharbeit im englischen Stich und dem Malen des üblichen Kruges –, aber weder Fasquelle noch Charpentier erhielten von ihr einen Brief über ihren Erfolg. Alexandrine schrieb streng, keinen Widerspruch duldend:

»Meine liebe Kleine,

ich schimpfe nie, ich ermahne Dich nur, damit man nicht denkt, daß Du es an dem nötigsten Respekt den Freunden gegenüber mangeln läßt, die Dir ihr lebhaftes Interesse entgegenbringen, so wie Euer Vormund zum Beispiel. Und wenn Du mein liebevolles Erinnern für einen Vorwurf hältst, so ist mir das gleichgültig, hier kommt also ein Vorwurf, Du hast mir einen gemacht, ich gebe ihn Dir zurück.«[7]

Einige Tage später erklärte Bonne Amie noch einmal ihr Verhalten, und man glaubt ihr gern: Sie verlangte diese Zeichen von Freundlichkeit denen gegenüber, die ihr am Herzen lagen und die es verdienten, aber nie verlangte sie von Denise, daß sie Personen, die ihr gleichgültig waren, allzu große Höflichkeit erwies. Die Erziehung des jungen Mädchens basierte auf ihrem Anspruch, Menschen und Werten, vor allem aber Zola, den sie immer verehrte, die Treue zu halten.

Wenn man es recht bedenkt, hat Denise ihren Vater wenig gesehen und nur während seines Exils in England wirklich mit ihm zusammengelebt. Erst während seines letzten Winters, 1901, hatte Zola es sich gestattet, mit seinen Kindern auszugehen. Alexandrine war zu der Zeit in Italien, und er verbrachte in diesem Jahr mehr Zeit mit ihnen. Jeden Nachmittag, dann beim Abendessen und den Abend über war er mit seiner Familie zusammen. Er zeigte den Kindern Paris, führte sie zum Diner in die berühmten Restaurants. Sie gingen auch zusammen ins Theater, wo sie Sarah Bernhardt bewunderten in ihrer Rolle im *Aiglon*, Der junge Aar, einem Drama Rostands. In der Opéra Comique sahen sie das Stück *Louise* von Gustave Charpentier. Das kleine Mädchen vergötterte seinen Vater, wie sich Denise später erinnert:

»Ich war ein wenig eifersüchtig auf meine Mutter wegen der Liebe, die mein Vater ihr entgegenbrachte; ich wollte immer seinen Arm ergreifen, ich lebte in der Atmosphäre des Ruhms, die ich um ihn fühlte. Meine Mutter war deswegen überhaupt nicht ärgerlich, sie lächelte über meine herrschsüchtige Zuneigung. Sie hat mich die unendliche Wohltat auskosten lassen, mich an den Arm meines Vaters zu schmiegen, ich habe es nicht vergessen.«[8]

Da sie Alexandrine alle Fragen der Welt stellen konnte, fand Denise bei ihr auch einen Teil von dem, was sie bei ihrem Vater gefunden hatte. Der beschrieb seine Tochter in seinen Notizen zum Roman *Wahrheit* in der Figur der Louise:

»Bei Louise, dem kleinen, sonnengebräunten Mädchen, Leben, Jugend, eine große Wahrheitsliebe, logisches Denken und die ganze Freiheit. Sie ähnelt eher ihrem Vater, den sie sehr liebt.«[9]

Wie Alexandrine empfand es auch Denise als Glück, von ihm sprechen zu dürfen. In jeder Hinsicht war sie in den Augen von Bonne Amie die Tochter, die Emile Zola so gern hätte aufwachsen sehen.

»Ich kenne Dein Herz, es ist so gut. Du bist nicht umsonst die Tochter Zolas, der eine unendliche Güte besaß.«[10]

Welch größeres Kompliment hätte sie Denise machen können?

Durch die Briefe an Denise erfahren wir, was Alexandrine in den über zwanzig Lebensjahren, die ihr noch verblieben, erlebte. Während einer Periode im Mai und Juni 1904 wurde sie wieder krank und beschloß, noch einmal eine Kur in Le Mont-Dore zu machen, obgleich sie so wenig Gefallen an den »Bergen, die zu sehr anöden«, fand. Sie fürchtete auch, schrieb sie Jeanne, daß die Erinnerung an die beiden Aufenthalte mit ihrem Mann 1884 und 1885 sie dort überkomme. Der einzige Vorteil ihrer überstürzten Abreise: Sie konnte vor der Preisverleihung in der Schule von Médan flüchten, bei der sie an so viel erinnert wurde. Während dieser Zeit war Denise, die gern mit Alexandrine nach Le Mont-Dore gefahren wäre, in Berck vollauf beschäftigt: baden, Tennis spielen, lesen, spazierengehen – das alles ließ ihr keine Zeit, sich mit Handarbeiten abzugeben, denen ihre Mutter und Bonne Amie so viel Wichtigkeit beimaßen. Die beiden ehemaligen Weißnäherinnen wollten Denise zu einer geschickten Schneiderin ausbilden, und sie gaben ihr unaufhörlich etwas zum Nähen. Immer sollte sie mit einer Handarbeit beschäftigt sein:

»Deine Mama sagt mir, daß Du sehr gute Fortschritte beim Handarbeiten machst; selbst wenn man solche Arbeiten in seinem Leben nicht selbst machen muß, sollte man doch wissen, wie sie gemacht werden. Dein lieber Papa legte großen Wert darauf, daß Du von allem, was eine Frau kennen muß, etwas verstehst oder es auch selbst ausführen kannst. Und wie glücklich wäre er zu wissen, daß Du so geschickt in der Nadelarbeit bist.«[11]

Alexandrine nahm den langweiligen Rhythmus der Kur wieder auf. Der Arzt war immer noch derselbe, immer noch so wenig energisch, wie Madame Emile-Zola fand. Und das Glas Wasser, das sie dreimal täglich trinken mußte, nahm sie an der »Quelle der Sängerinnen« zu sich, wodurch es ihr »im kommenden Winter sehr leicht fallen wird, Bruneau in Erstaunen zu versetzen«, weil sie »ihm dann alle seine Werke vorsingen« könne.

Sehr gerührt war sie, als der Komponist sie im August bat, bei ihr in Médan seine Aufnahme in die Ehrenlegion feiern zu dürfen, bei der Jourdain die Rede halten wollte; es wäre damit zugleich eine Erinnerungsfeier für seinen großen Freund Zola. Und als dann noch die Köchin Eugénie einen riesigen Korb mit Blumen für das Grab schickte, schrieb sie Jeanne:

»Wie selten sind doch solche Wesen! So würde ich eher auf alles mögliche verzichten, als mich von ihnen willentlich zu trennen.«

Danach fuhr Alexandrine wegen ihres Rheumas wieder nach Salsomaggiore in Italien, besuchte Freunde in Rom. Sie schrieb Denise lange Briefe, befürchtete aber auch, das Kind damit zu langweilen. Aber Denise wies diesen Gedanken mit Bestimmtheit zurück:

»Und sagen Sie vor allem nicht, daß Ihre Briefe mich langweilen könnten und ich sie, wenn dem so ist, in den Papierkorb werfen solle. *Ich werfe nie etwas weg und vor allem nicht Ihre lieben Briefe.*[12] Merken Sie sich das.«

Als sie nach Frankreich zurückgekehrt war, erfuhr sie vom Ableben Marguerite Charpentiers und kümmerte sich nun um den jährlichen Verkauf zugunsten der Krippe. Diesen Wohltätigkeitsverein hatte Madame Charpentier 1891 ins Leben gerufen. Renoir hatte sie auf das Elend aufmerksam gemacht. Bereits 1876 hatte sie den Plan gefaßt, eine Kinderkrippe einzurichten. Alexandrine stand ihr von Anfang an hilfreich zur Seite, denn diese Arbeit berührt sie sehr. Sie besteht darin, alleinstehenden Müttern und Kleinkindern aus den allerärmsten Volksschichten eine Heimstatt zu geben. Wie alle Frauen des Großbürgertums der damaligen Zeit war auch Madame Zola »Dame eines Wohltätigkeitsvereins«, die keine Mühe scheute, ihren Bekannten Eintrittskarten für den Wohltätigkeitsbazar zu verkaufen oder verschiedene Gegenstände zum Verkauf zu sammeln. So gab ihr Denise 1904 ein selbstgefertigtes Kissen, das dann Jane

Dutar, die Tochter Charpentiers, kaufte. Sie bemühte sich auch auf andere Weise, Geld in die Kasse des Wohltätigkeitsvereins zu bringen: 1897 organisierte sie zum Beispiel eine Aufführung von *Thérèse Raquin* mit der Duse in der Hauptrolle, deren Erlös der Kinderkrippe zugute kam. Madame Veil-Picard wurde Nachfolgerin von Marguerite Charpentier, und bis ins Jahr 1958 blieb diese Kinderkrippe bestehen.

Aber auch nichtigere Dinge lagen ihr am Herzen, so zum Beispiel das Kleid, das sie bei ihrer Schneiderin für Denise bestellen wollte. Diese Dame, die in Neuilly wohnte, konnte eigentlich nur morgens ins Haus kommen, doch machte sie von dieser Regel bei Madame Charpentier und bei Madame Zola eine Ausnahme. Normalerweise ging man zur Schneiderin. Aber wenn die Klientinnen reich oder von Rang waren, dann fanden die Anproben selbstverständlich in deren Häusern statt. Man erfährt nebenbei, daß alle Damen aus Alexandrines Bekanntschaft dieselbe Schneiderin hatten, denn in diesem Dezember 1904 nähte sie nicht nur die Trauerkleidung für Jane und Georgette Charpentier, sondern hatte auch für Suzanne Bruneau ein Abendkleid aus Tüll mit Esprit-Stickerei in Arbeit. Denises Kleid, das für Tagesempfänge bestimmt sein sollte, war eine wahre Staatsaffäre. Als Alexandrine es Denise beschrieb, benutzte sie ein schwieriges Fachvokabular, bei dem man die Berufsnäherin heraushört:

»Ich habe nicht einen Augenblick gezögert, den kleingepunkteten Voile zu nehmen, der mir wie auch Dir so gut gefällt. Das habe ich nun über den Schnitt mit der Schneiderin beschlossen: den Rock in Sonnenplissee, fünf kleine Satinbänder unten als Saum. Die Corsage im selben Plissee, darunter eine Gimpe, unterhalb dieser Gimpe ein Volant, der dem Ganzen das Aussehen einer Berthe gibt[13], und der mit drei ebensolchen Satinbändern verziert ist wie der Rock. Plissierte Ärmel mit einer breiten Manschette, deren zwei kleine Volants ebenfalls mit dem Satinbändchen verziert sind.
Unterkleid ganz einfach aus Taft.«

Ganz einfach! Denise war sprachlos über diese Beschreibung.

»Machen Sie mein Kleid so, wie es Ihnen gefällt. Aber glauben Sie nicht, daß der Rock ohne Bänder und in ganz einfacher Machart nicht schöner wäre? Ich habe nicht verstanden, was Sie unter Gimpe verstehen, die das

Oberteil sein soll. Mama hat es mit erklärt, aber ich bin zu dumm, denn ich habe nichts verstanden. Ich habe im Lexikon nachgeschaut, da steht ›Oberteil in der Bekleidung der Nonnen‹, und da habe ich auf eine weitere Aufklärung meiner Intelligenz verzichtet. Wie soll also nun diese Corsage aussehen?«[14]

Man kann annehmen, daß das Kleid dennoch sehr schön wurde, denn Alexandrine schlug Denise wenige Monate später vor, es zu einem Diner im Ritz am Place Vendôme anzuziehen …

Daran erkennt man, daß Denise auch darauf vorbereitet wurde, einmal die Rolle einer Dame von Welt zu spielen. Sie half bei den Samstagsempfängen und servierte den Damen den Tee.

Nach und nach lichteten sich die Reihen, aber die Kinder der ältesten Freunde hielten die Tradition der Donnerstagstreffen aufrecht, und andere junge Leute, wie zum Beispiel Maurice Le Blond, gesellten sich hinzu. Alexandrine versäumte nie, Denise an die »schönen Stubengemeinschaften« am Donnerstag zu erinnern, die ihr warm ums Herz werden ließen. Wenn sie von einer Reise zurückkehrte, galt ihre erste Sorge nach dem Besuch des Friedhofs, den nächsten Donnerstag-Zyklus wieder aufzunehmen.

Denise wurde also ganz in ihr Leben integriert. Alexandrine liebte sie nicht nur mit brachliegenden Muttergefühlen, sondern auch mit der Liebe, die sie Zola entgegengebracht hatte. Ihre »gebieterische Zuneigung« und ihre Energie vereinten sich, um die Tochter ihres Mannes mit einer wahren Flut von liebevoller Fürsorge, Ratschlägen, Küssen und Ermahnungen zu überschütten. Denise wurde ihre Adoptivtochter. Sie teilte nicht nur Alexandrines Zorn, ihre Freude, ihren Kummer und ihre Sorgen, nein, sie war auch imstande, ihr zu widersprechen oder auch manchmal ihren Schmerz über Alexandrines ungerechte Vorwürfe zum Ausdruck zu bringen:

»Bonne Amie, so gute Freundin, was haben Sie mir geschrieben, mir, die ich Sie im stillen meine so liebe Großmutter nenne?«

Jeanne Rozerot scheint vorbehaltlos Alexandrines Liebe zu ihrer Tochter akzeptiert zu haben, die einer anderen Mutter vielleicht wie ein Diebstahl vorgekommen wäre. In gewisser Weise »eignete« sich Alexandrine Denise auch wirklich an, und man kann Jacques' distanzierte Haltung verstehen. Jeanne aber hätte gewiß alles geteilt. Dachte sie, daß es eine große Chance für ihre Tochter war? Konnte sie wegen ihrer zurückhaltenden Art, durch die es ihr nicht schwer gefallen war, in Zolas Schatten zu bleiben, das hinnehmen, worunter eine andere, egoistischere Frau gelitten hätte? Hatte sie überhaupt eine Wahl angesichts einer so willensstarken Wohltäterin? Doch achtete Alexandrine immer darauf, Jeanne niemals auszuschließen und nie die Tochter gegen die Mutter auszuspielen. So hatte Denise das Glück, daß ihr zwei Frauen zur Seite standen, die beide ihre eigene Mutter sehr früh verloren hatten und die ihre Kräfte vereinigten, um ihr eine glückliche Jugend zu bereiten.

Postume Ehren

Alexandrines Treue galt weniger den Dingen als den Menschen. 1903 trennte sie sich ohne übergroße Sentimentalität von vielen Sammlerstücken und einem großen Teil ihres Grundbesitzes in Médan. Haus- und Gartenbesitz wurden allmählich eine zu große Last. Sie dachte zunächst daran, das Anwesen zu verkaufen, wie eine Ansichtskarte von 1905 bezeugt, auf der man das Haus mit dem Schild »Zu verkaufen« sieht. Aber Maurice Le Blond fand eine bessere Lösung.

Im Jahre 1897 hatte Maurice als Zwanzigjähriger die *Revue naturiste* gegründet, die sowohl zum Symbolismus und seinen dekadenten Erben wie auch zum Naturalismus, der als zu pessimistisch empfunden wurde, auf Abstand ging. Die »Naturisten« glaubten an den Menschen und seine Fähigkeiten, das Leben selbst zu gestalten und glücklich zu sein. Während der Dreyfus-Affäre hatte er sich auf die Seite der jungen Anhänger gestellt, die bereit waren, sich für die Durchsetzung der Revisison zu schlagen. Er wurde Journalist und Literaturkritiker und arbeitete ab 1901 bei der Zeitung *L'Aurore*, die damals Clemenceau leitete. Dem messianischen Zola der *Vier Evangelien* galt seine ganze Bewunderung, und er traf ihn erstmals im Juni 1902, einige Monate vor Zolas Tod. Während einer sehr offenen Unterhaltung erzählte ihm der Schriftsteller von seinen Zweifeln und seiner Müdigkeit. Von da an widmete er sich ganz dem Werk Zolas und machte gleichzeitig Karriere als höherer Beamter. Er war es, der den Anstoß zur literarischen Pilgerfahrt nach Médan gab, wobei er von Alfred Bruneau, Marcel Batillat, Paul Brulat und seinem Jugendfreund Saint-Georges de Bouhélier unterstützt wurde.

Nun machte er Madame Zola den Vorschlag, das Haus in Médan der öffentlichen Fürsorge zu stiften. So könne sie das Haus loswerden, es aber zugleich der Erinnerung an ihren Mann erhalten, denn es würde dadurch eine Emile-Zola-Stiftung geschaffen. Alexandrine begrüßte diesen Vorschlag, denn nun konnte sie sicher sein, daß sich das Haus wieder mit Leben füllen und die Pilgertreffen weiterbestehen würden. Am 23. Februar 1905 wurde der Stiftungsvertrag mit Mesureur, dem Leiter der öffentlichen Fürsorge, abgeschlossen, wobei zur Bedingung gemacht wurde, daß wesentliche Teile des Hauptgebäudes »in ihrem gegenwärtigen Zustand« erhalten blieben. Der Vertrag legte außerdem fest, daß der »freie Zugang zum Grundstück jederzeit für alle Personen gewährleistet blieb, die das Landhaus in Erinnerung an Emile Zola und in Ehrerbietung für den berühmten Schriftsteller zu besichtigen wünschten, gleichgültig, ob es sich um Einzelpersonen oder Gruppen handelte, sofern dadurch die Ordnung und Pflege der Einrichtung nicht beeinträchtigt wurde.« Im April nahm der Rat der Stadt endlich die Schenkung an, und Alexandrine dankte Le Blond, ihr eine solche Lösung vorgeschlagen zu haben.

Im Juni wurden die Pflanzen aus dem Gewächshaus und die Tiere des Bauernhofs verkauft. Gegen Ende des Monats traf Alexandrine den Leiter der Rechtsabteilung des öffentlichen Fürsorgeamts, überreichte ihm die Schlüssel und regelte mit ihm die Bezahlung der Gärtner. Wenn sie Reue empfand, so sagte sie es nicht, deutete es vielleicht hier und da an. Aber sie und Emile hatten sich bereits schon vor seinem Tod ein wenig von Médan gelöst, das für sie vor allem Teil ihrer Vergangenheit war. Alexandrine hatte an ihren Mann geschrieben:

»Ich erinnere mich noch an die erste Zeit, wo das Leben so viel sanfter war, und ich danke ihm für die schönen Stunden, die es uns damals schenkte.«[1]

Der Kreis schloß sich: Die Mutter des Kindes Caroline-Gabrielle, das an einem Tag im März 1859 von der Fürsorge aufgenommen wurde, bezahlte ihre Schuld. Alexandrine schenkte ihr Haus den Fürsorge-Kindern und öffnete es damit dem Leben und der Zukunft. Bei der dritten literarischen Pilgerfahrt 1905 erhellten die kleinen Gesichter bereits das Haus, denn zu diesem feierlichen Anlaß hatte man die kleinen Genesenden herbeigeholt. Kinderlachen erfüllte die Räume. Die Marmorplatte mit der Inschrift »Emile Zola-Stiftung« wurde feierlich enthüllt. In einem Brief an Denise schrieb Alexandrine abschließend: »Mein Wunsch ist in Erfüllung gegangen.«

Doch wurde diese Zeit auch von Trauer überschattet, denn ein Freund nach dem anderen aus vergangenen Tagen starb. Im November betrübte sie der Tod von Georges Charpentier, der seine Frau nicht lange überlebte, so tief, daß sie außerstande war, zur Feder zu greifen, und erst einen Tag später ihre Freunde über ihre Rückkehr aus Italien informieren konnte. Sie mußte ihre Gefühle erst zur Ruhe kommen lassen, mußte sich beherrscht zeigen, mußte Tapferkeit an den Tag legen.

Sechs Monate später machte ein anderes Ereignis sie tief betroffen, um so mehr, als es sie noch unmittelbarer anging.

Dank der Initiative von Jaurès wurde eine neue Untersuchung der Dreyfus-Affäre eingeleitet, und Dokumente kamen ans Tageslicht, die seine Unschuld bewiesen. Man ging der Revision des Prozesses entgegen, die bereits am 25. Dezember 1903 beschlossen worden war. Aber es dauerte noch drei Jahre, bis die vereinigten Kammern das Urteil von 1894 ohne aufschiebende Wirkung für ungültig erklärten. Am 12. Juli 1906 sprach das Kassationsgericht endlich das Urteil aus, daß Dreyfus unschuldig sei. Alexandrine, die sich täglich zum Kassationsgericht begab, unterrichtete Denise am Vorabend darüber, weil sie wollte, daß »wir uns zusammen freuen und dabei für unseren armen, lieben Papa traurig sind, der es so sehr verdient hätte, an diesem Triumph teilzuhaben.« Am 13. Juli 1906 wurde dafür gestimmt, daß Dreyfus und Picquart wieder in die Armee aufgenommen wurden mit dem ihnen zukommenden Dienstgrad: Dreyfus als Major, Picquart als General. Am 22. Juli erhielt Dreyfus den Orden der Ehrenlegion während einer Militärparade vor dem Invalidendom, und im Oktober wurde der »tapfere Picquart« von Clemenceau zum Kriegsminister ernannt. Die Dreyfus-Affäre war abgeschlossen. Aber nur die Presse der Anhänger berichtete ausführlich über dieses Ereignis. In diesem Julimonat des Jahres 1906 interessierten sich die Franzosen mehr für die Schaffung eines Arbeitsministeriums, das René Viviani leiten sollte, und für die Verabschiedung eines neuen Gesetzes, das einen Ruhetag in der Woche vorschrieb. Der König von Kambodscha kam auf Staatsbesuch nach Paris, und die Republik entfaltete all ihren Prunk zu seinem Empfang. Eine weniger exotische, aber ebenso außergewöhnliche Reise: Ab jetzt konnte man mit der Linie 5 der Metro vom Gare d'Austerlitz zum Place d'Italie fahren …

Doch die Sommer-Lethargie wurde endgültig durch ein anderes

Ereignis beendet: Am 13. Juli schlug der Abgeordnete Jules-Louis Breton der Kammer vor, ein Gesetz zu verabschieden, das die Überführung der sterblichen Überreste Zolas in das Pantheon bestimmte. Der Vorschlag wurde ohne Debatte mit dreihundertsechsundsiebzig Stimmen bei einhundertfünfundsechzig Gegenstimmen angenommen. Alexandrine war stolz und zugleich betrübt. Sie meinte, ihren Mann ein zweites Mal zu verlieren.

Eine Woche später zeigte ein Brief von Denise, daß sie mit ihrem Gefühl einer erneuten Trennung nicht allein war. Schüchtern teilte ihr das junge Mädchen seine zwiespältigen Gefühle mit. Denise war sich sehr wohl der Ehre bewußt, die man ihrem Vater erweisen wollte, indem man ihn in das Pantheon überführte, aber ihre Traurigkeit war gerade deshalb besonders groß. Da sie fürchtete, daß Madame Zola ihr deshalb Vorwürfe machen könnte, habe sie sich bisher nicht getraut, über ihre Trauer zu schreiben. Die Ehefrau und die Tochter des Schriftstellers fühlten sich verbunden im gleichen Schmerz:

»Meine liebe, meine gute Denise,

(…) Ich hatte absolut nicht die Absicht, an Deinen Gedanken irgendetwas zu tadeln. Du hast denselben tiefen, inneren Zwiespalt gefühlt wie ich bei dem Gedanken, daß man uns Euren lieben Papa wegnehmen will; Du kannst Dir nicht vorstellen, mein geliebtes, kleines Mädchen, wie sehr Deine Gedanken mir aus dem Herzen gesprochen sind, Dein Herz und meins empfinden denselben Schmerz, das festzustellen war eine Wohltat für mich, und ich bedaure, nicht mit Dir zusammen weinen zu können, nicht zu Dir laufen zu können, um Dich an mein Herz zu drücken, ganz fest, das tut mir ganz entsetzlich weh. Könnte ich Dich mehr lieben, als ich Dich liebe, würde ich Dich jetzt noch mehr lieben. (…) Ich werde nachgeben und die liebe sterbliche Hülle in das Pantheon überführen lassen, das ist ein ungeheures Opfer, das ich bringe, schrecklich trete ich mein Herz mit Füßen. Ich wäre so glücklich gewesen bei dem Gedanken, daß wir ihn eines Tages alle zusammen wiedersehen, daß er im Tode alle, die er liebte, um sich hätte. Aber nein! Er wird einsam sein da unten in den Grabgewölben des Pantheons, keine Blumen kann man ihm mehr bringen, nur noch zu seinem leeren Grab können wir dann pilgern, ich kann nicht ohne Abschiedsschmerz daran denken. Deine Angst vor meinem Einwand, siehst Du, mein Kind, war ganz grundlos. Ich weine von neuem, als verlöre ich ihn zum zweiten Mal. Ich weiß wohl, daß Du so glücklich bist wie ich über alle Ehren, die man ihm nur erweisen kann, und ich finde, daß man ihm nie genug Ehre erweisen wird. Was sie auch tun, ich habe ihn immer für den Größten unter allen Großen gehalten. Man kann ihm jeden Tag neue Ehre erweisen, das hat er durch sein arbeitsreiches Leben, seine Liebe zu seinem Land und zu der gesamten Menschheit wohl verdient. Nicht über die Ehrungen werde ich mich je beklagen, aber welch weiterer Ruhm wäre es für ihn, im Pantheon beigesetzt zu sein? Wie viele andere hätten das verdient und sind doch nicht dort? Und existiert deshalb der Ruhm für nicht? Den Ruhm schenken uns nicht die Menschen, den verdienen wir uns selbst, Ihr könnt das für Euren lieben Vater bezeugen. Er hat sich selbst ein unvergängliches Denkmal errichtet durch seine Werke und Taten, darum würde ich unseren lieben Toten, wenn ich nur an mich allein dächte, hierbehalten.«[2]

Alexandrine gab nach, aber gegen ihr Gefühl. Sie erhielt nun täglich an die zwanzig Glückwunschbriefe, die sie auch beantwortete, doch sah sie »einen Winter« kommen, in dem »Erschütterung auf Erschütterung« folgen würde. Alle Verzögerungen vor dieser Überführung waren ihr nur recht, zugleich war sie aber auch darüber empört. Ohne große Hoffnung auf das Abstimmungsergebnis des Senats, der sicher die Entscheidung der Kammer gerichtlich bestätigen würde, fand sie ungewollt einen Verbündeten in der nationalistischen Rechten, die über den Plan entsetzt war. Man konnte meinen, man wäre wieder in der Zeit der Dreyfus-Affäre: Die *Action française* hängte zwei große Plakate auf gegen den »Beleidiger Frankreichs, den venezianischen Ausländer Zola.« Aber wie vorauszusehen, stimmte der Senat nach heftigen Diskussionen für das Gesetz, das im Herbst mit einhundertundvierzig Stimmen bei einhundertundzwei Gegenstimmen verabschiedet wurde. Der politische Wirbel um die Sache riß Alexandrine gegen ihren Willen mit. Sie war eine wütende Gegnerin derjenigen, die sie den »Metzgerladen« und die »Raben« nannte. Zufällig war auch der General de Boisdeffre zur gleichen Zeit wie sie zur Kur in Le Mont-Dore. Das ging ihr gänzlich gegen den Strich, auch wenn sie ihn nie traf. Wenn das je geschähe, würde sie nicht an sich halten können und ihn »niederträchtige Ente nennen, und da hätte ich ganz Le Mont-Dore gegen mich.« Und sie fügte hinzu, »denn hier sind sie alle Nationalisten, und Raben[3] gibt's hier im Überfluß.«

Bald wurde sie zu neuen Aufgaben gerufen: Sie arbeitete an der Veröffentlichung der Briefe Zolas und verbrachte Stunden um

Stunden damit, seine Briefe aus der Jugendzeit abzuschreiben. Sie wartete auf Briefe aus Aix, auf die von Alexis, »aber alle in dieser Stadt stellen sich tot. Ich habe soeben an Coste geschrieben, um zu erfahren, wie es nun damit stehe. Ich habe ihnen durch Clemenceau dreihundert Francs schicken lassen, aber nichts habe ich bekommen, was für Faultiere sind diese Leute im Süden!« Im September übergab sie Fasquelle dann ungefähr dreihundert Seiten.

Sie verfolgte auch die Arbeit des Bildhauers Charmay, der an einer Büste Zolas arbeitete, die in Médan aufgestellt werden sollte. Überlebensgroß und ihrer Meinung nach sehr wenig ähnlich, vermittle sie dennoch »einen Eindruck von diesem genialen Riesen«. Sie plante, die Büste auf den Rasen dem Haus gegenüber aufzustellen, dort, wo ehedem ein Korb mit Rosen und Heliotrop stand. Auf der Versammlung der Pilger im Jahr 1906 wurde die Büste feierlich enthüllt.

Während die Durchführung des Gesetzes über die Überführung der sterblichen Überreste auf sich warten ließ, bot das folgende Jahr Alexandrine eine andere Ablenkung. Die Oper Alfred Bruneaus *Naïs Micoulin*, deren Libretto eine Adaptation der gleichnamigen Novelle Zolas ist, sollte zum ersten Mal in Monaco aufgeführt werden, wohin sie zusammen mit Bruneau von Fürst Albert I, der ein großer Bewunderer Zolas und glühender Dreyfus-Anhänger war, eingeladen worden war. Der Winterhimmel war ein wenig verhangen, aber Alexandrine war begeistert von der Côte d'Azur, die sowohl im Mondschein als auch in der Sonne bezaubernd sei. Nach einer Abendvorstellung im Casino, wo das Preludium von *Messidor* aufgeführt wurde und wo sie die Ovationen für Bruneau, der sich im Saal befand, miterlebte, nahm sie an den Proben zu *Naïs Micoulin* teil, wozu sie der Theaterdirektor Gunsberg eingeladen hatte. Der Fürst lud sie und das Ehepaar Bruneau ein, vom 2. bis zum 5. Februar in seinem Palast zu wohnen. Zunächst wollte sie es ablehnen: Dieser Aufenthalt war damals mit Zola geplant, es wäre für sie eine zu große Erschütterung, wenn sie die Einladung nun ohne ihn annehmen würde. Als sie ihr Entschuldigungsschreiben zum Palast brachte, fand sie dieselben Wege wieder, die sie einst mit ihm ging, und sie konnte nur mühsam ihre Tränen zurückhalten. »Mich selbst zum Schauspiel zu machen, ist mir verhaßt«, schrieb sie, und ihre Entscheidung stand unverrückbar fest. Sie tröstete sich, indem sie ihre kleinen Kümmernisse Denise erzählte und ihr einen Korb mit Blumen und Jacques einen Korb mit Mandarinen schickte.

»Euer Vater lebt ganz in Euch weiter, und er war ein und alles in meinem Leben, nichts zählte mehr, nachdem ich ihn kennengelernt hatte.«[4]

Aber der folgende Brief trug dann doch das Wappen des monegassischen Palastes, und wir erfahren, daß das Ehepaar Bruneau und Alexandrine nun bei Seiner Hoheit wohnten und daß jeder von ihnen einen Salon, ein Schlafzimmer und ein eigenes Bad zur Verfügung hatte. Wenn auch Monaco nicht der Königshof von England ist, was für einen Weg hat die ehemalige Weißnäherin zurückgelegt! Was Alexandrine besonders bezauberte, war die Einfachheit des Fürsten und seine Bewunderung für Zola. »Eure Bonne Amie ist nicht zu sehr zu bedauern, nein, überhaupt nicht«, schrieb sie den Kindern und setzte hinzu: »Ich habe ihm von Euch erzählt, das war ganz selbstverständlich.« Kein Problem: Im Fürstenhaus der Grimaldi hatte man liberale Ansichten!

Ihr lag sehr daran, am Abend der Premiere und beim Galadiner eine gute Figur zu machen:

»Eure alte Bonne Amie wird sich so schön machen, wie es nur eben geht, um diesem so schönen Fürsten die größtmögliche Ehre zu erweisen.«

Sie befand sich in einer Märchenwelt. Montag morgen würde sie das von Fürst Albert eingerichtete Ozeanografische Museum besuchen! Am darauffolgenden Tag erreichte Alexandrines Begeisterung ihren Höhepunkt. Sie entdeckte die »bewundernswerten Eigenschaften« des Fürsten. Nach einem ganz im engsten Freundeskreis verbrachten Abend, an dem er ihr unaufhörlich von Emile Zola erzählt hatte, war sie der Meinung, daß er »einen außergewöhnlichen Charme« besitze. Er führte sie durch seinen Privatgarten und versprach ihr, ihr sein Schlafzimmer zu zeigen, damit sie das dort aufgehängte Porträt von Zola anschauen könne. Aber drei Tage später war Alexandrine in Tränen aufgelöst:

»Ich habe genug von diesem Leben, das nicht das meine ist, und ich bin in einem solchen Erregungszustand, daß ich am liebsten schon zu Hause wäre. Ich wußte wohl, daß der Aufenthalt hier mich in einen solchen Zustand versetzen würde, darum ängstigte ich mich auch so davor. (...)

Unter dem so schmerzhaften Eindruck, unter dem ich stehe, seitdem ich hier bin, schicke ich Euch die zärtlichsten Küsse und drücke Euch ganz fest an mein armes, krankes Herz. Zum Glück habe ich Eure Liebe in meinem Leben.

Ich bin dumm, meinen Brief in Tränen zu beenden, all das wird vergehen, und wenn Ihr mich wiederseht, habe ich wieder mein Lachen auf den Lippen. Seid nicht betrübt, es nur ein Augenblick der Melancholie, der vorübergehen wird.«[5]

Fünf Jahre nach dem Tod ihres Mannes war Alexandrine immer noch sehr verletzlich. Ihre Reise beendete sie mit einem letzten Spaziergang durch Aix-en-Provence, ging am zugefrorenen Kanal entlang ... Fürst Albert trug ihr nichts nach. Einige Zeit später bat er sie um Fotos der Kinder und leistete 1908 einen großzügigen Zeichnungsbetrag für die Büste Zolas, die man in Suresnes aufstellen würde.

Im Juni gab es wieder ein Alarmsignal an der Pantheonfront. Desmoulin, der soeben Clemenceau getroffen hatte, bestätigte die Nachricht, die die Zeitungen verbreiteten: Die Überführung der sterblichen Überreste würde in der zweiten Hälfte des Monats stattfinden. Sogleich teilte Alexandrine den Kindern alle Einzelheiten mit, die sie in Erfahrung bringen konnte. »Das geht Euch zu sehr an, ich darf Euch nicht in Unwissenheit lassen.« Der Innenminister beauftragte Desmoulin, Duret und Bruneau, sich mit Dujardin-Beaumetz in Verbindung zu setzen und die Zeremonie einvernehmlich vorzubereiten. Auszüge aus *Messidor* sollten gespielt und nur eine einzige Rede gehalten werden, darauf legte Clemenceau besonderen Wert. Briand sollte der Redner sein. Am Vorabend sollte eine Gruppe engster Freunde an der Exhumierung und der darauffolgenden Überführung teilnehmen.

»Den nächsten Tag dann müssen wir als Tag des Ruhmes ansehen, als seine Vergöttlichung.« Doch Alexandrine blieb ihrer Meinung treu: »Nicht sein Land ehrt ihn, denkt daran, sondern er ehrt sein Land.« Aber wieder einmal wurde die Zeremonie verschoben, da über die Höhe dieser Sonderausgabe noch keine Einigung erzielt werden konnte. Diese Verzögerungen bedeuteten allmählich eine Kränkung, und Alexandrine war nahe daran, sich der Überführung zu widersetzen, da sie der Stadt so viele Schwierigkeiten bereitete.

Im Oktober fuhr Alexandrine nach Salsomaggiore, wo sie sich

mitten in einem Generalstreik wiederfand: keine Elektrizität, kein Zug, kein Telegraph, keine Post, keine Kur. Im Geiste durchstreifte sie kreuz und quer die Gegend, sah sich schon in Italien gefangengesetzt. Aber das Kurleben nahm doch wieder seinen gewohnten Gang, und sie konnte sich den üblichen Behandlungen unterziehen. Dann reiste sie nach Florenz, von wo sie an Briand schrieb und ihn um eine Unterredung bat, auf der sie mit ihm das Datum der Überführung festsetzen wollte. Sie wünschte dafür die ersten Tage im April, seinem Geburtstag so nah wie möglich. Sie betraute auch Desmoulin mit einem speziellen Auftrag beim Präsidenten der Stadtverordnetenversammlung. Wie sie Denise erklärte, handelte es sich um nichts weniger als

»die Toten im großen Saal des Pantheons, der ja keine Kirche mehr ist, aufzubahren und sie aus dieser verabscheuenswürdigen Umgebung zu befreien, aus diesen Gewölben unter der Erde, denn ich möchte sehr, daß Euer lieber Papa nie da hinunter muß. Und da wir noch Monate vor uns haben, kann man das organisieren.«[6]

Man sieht, daß die liebende Ehefrau nicht davor zurückschreckte, sogar das Pantheon umzugestalten, damit ihr lieber Emile nicht unter der Dunkelheit in der Erde leide, die er so haßte, was man an dem in seinem Werk fast zwanghaft wiederkehrenden Thema der Begräbnisse bemerkt. Aber man schenkte ihr kein Gehör. Ihr Mann sollte zu den berühmten Männern kommen, die in der feuchten Düsternis ihrer Grabgewölbe liegen.

Je näher die Zeremonie heranrückte, desto mehr steigerte sich die allgemeine Aufregung. »Die Kannibalen fallen wieder über Euren Vater her«, lautete Alexandrines Kommentar. Ende März dann ein erneuter Aufschub.

»(…) Ich habe noch zwei Monate lang unseren lieben Toten für mich, das erfreut mich sehr, und wißt, ich hege die Hoffnung, daß er uns erhalten bleibt; möge das nicht eine Illusion meinerseits sein. (…) Behaltet meine Gedanken bis auf Widerruf für Euch, vielleicht haben wir Donnerstag irgendetwas beschlossen, das teile ich Euch dann mit. Ihre Ausrede für die Verzögerung ist, daß sie nicht mehr genug Zeit für die Vorbereitungen haben, der Senat hätte erst heute den Bericht der Kammer erhalten und der müsse noch durch die Ämter und Kommissionen gehen, und das brauche seine Zeit, und sie haben doch schon vor vier Monaten den von mir vorgeschlagenen Termin angenommen, in vier Monaten haben sie keine Zeit gehabt, sich um eine Sache zu kümmern, die bereits vor zwei Jahren, am 12. Juli 1906, beschlossen wurde. Nun, man kann nur warten.«[7]

Am Mittwoch, dem 3. Juni 1908, fand endlich die Exhumierung statt. Alexandrine, Denise, Jacques und einige enge Freunde wie Bruneau und Desmoulin wohnten ihr bei. Die Gittertore des Montmartre-Friedhofs wurden geschlossen, um die Menge der Neugierigen auszusperren. Die Zeremonie war äußerst schmerzlich: das Holz des Sarges, der den Bleisarg umgab, begann bereits, sich abzulösen, und man mußte einen anderen Sarg herbeiholen. Das dauerte Stunden. Als der Leichenwagen zum Pantheon gelangte, war es bereits nach zwanzig Uhr. Großes Geschrei hatte ihn auf seinem Weg dorthin begleitet: »Nieder mit den Juden! Nieder mit Zola!« Eine ungeheure Menschenmenge versammelte sich um das Pantheon und auf dem Boulevard Saint Michel und der Rue Soufflot, eine empörte, drohende, feindselige Menge. Der Feind gab sich nicht geschlagen. Fünftausend Nationalisten versuchten, die Durchfahrt zu blockieren. Anhänger und Feinde Zolas beschimpften sich unter Tumult und Gewaltanwendung. Es kam zu Schlägereien. Die Armee mußte eingesetzt werden, und an die vierzig Personen wurden festgenommen.

Madame Zola, in schwarze Schleier gehüllt, entstieg dem Wagen und schritt zu den Treppen des Pantheon, gefolgt von Jeanne Rozerot, denn Alexandrine hatte auf die Anwesenheit der Geliebten ihres Mannes großen Wert gelegt. Dann folgten Denise, Jacques, Alfred und Lucie Dreyfus. Alfred Dreyfus war eine Symbolfigur, seine Anwesenheit ein Affront! Der Sarg wurde auf einen zwölf Meter hohen, sehr beeindruckenden Katafalk in der Mitte des Saales gesetzt. Alexandrine sammelte sich schweigend und in stolzer Haltung. Dann zog sie sich mit den Ihren zurück und ließ die Freunde ein letztes Mal bei dem Toten wachen: Fernand Desmoulin, Alfred Bruneau, Alfred Dreyfus, Doktor Larat, Eugène Fasquelle, Henri Dutar, Saint-Georges de Bouhélier, Maurice Le Blond, Georges Toudouze versammelten sich wie 1902 um die sterblichen Überreste und hielten in der endlich eingekehrten Stille die Totenwache.

Die offizielle Zeremonie fand am nächsten Tag statt, und Truppen wurden um das Pantheon aufgestellt. Sie begann um 9 Uhr 30 mit der Marseillaise, bei deren Ertönen der Präsident der Republik, Fallières, Clemenceau und die Minister den Saal betraten. Danach spielte das Orchester das Präludium von *Messidor* und den Trauermarsch von Beethoven. Währenddessen nahmen Alexandrine Zola, Jeanne Rozerot, Denise, Jacques und die Gruppe der Freunde ihre Plätze um den Katafalk ein.

Die einzige Rede während dieser Zeremonie hielt der zukünftige Präsident der Republik, Gaston Doumergue, zu jener Zeit Minister für das staatliche Unterrichtswesen und die Schönen Künste. Er würdigte besonders Emile Zolas Heldenmut. Man riet Madame Zola, sich vorsichtshalber ein wenig mehr im Hintergrund zu halten. Ihre Antwort war schneidend: »Es droht Gefahr – also bleibe ich.« Aber während Präsident Fallières die Truppenparade abnahm und sich gerade zurückziehen wollte, gingen zwei Schüsse in Richtung auf den Katafalk nieder.

Panik griff um sich, man erkannte, daß Mathieu Dreyfus versuchte, einen ärmlich gekleideten Mann mit ergrauendem Bart zu überwältigen. Albert Clemenceau, der Bruder Georges, stürzte hinzu. Er half, den Angreifer zu überwältigen, den die Gendarmen unmittelbar darauf festnahmen. Es war Louis Gregori. Der Redakteur der rechtsgerichteten Zeitung *Le Gaulois* hatte auf Alfred Dreyfus geschossen. Die große Menge bemerkte nichts. Man brachte den am Unterarm verletzten Dreyfus nach Hause, um ihn dort zu behandeln. Die Verletzung war nicht ernst, aber sie gemahnte daran, daß der Haß noch nicht besiegt war. Gregori wurde am 11. September 1908 freigesprochen. Am Vortag des Attentats hatte Madame Zola einen Strauß roter Rosen erhalten und dazu eine Karte mit den Worten: »Diese Rosen haben dieselbe Farbe wie das Blut Ihres Mannes.«

Die Zeremonie war beendet. Die Menge ging fort, zerstreute sich, die Musik schwieg. In der Stille der dunklen Krypta versammelten sich vier Gestalten vor dem Sarg, der neben dem Victor Hugos, dem großen Vorfahr, seinen Platz bekommen hatte: Alexandrine Zola, Jeanne Rozerot und die beiden Kinder.

Alexandrine konnte nie wieder ihren Mann so frei besuchen wie auf dem Friedhof. Im Juli untersagte man ihr aus Sicherheitsgründen den Zutritt zum Grabgewölbe. Erst im September konnte sie sich zum Todestag Zolas in Begleitung von Denise und Jacques in das Pantheon begeben. In allen Folgejahren besuchte sie an diesem Tag ihren Mann. Der Abstieg in die feuchten und dunklen Gewölbe blieb immer ein Martyrium für sie, und sie schmückte weiterhin das Grab und das Monument auf dem Friedhof Montmartre mit Blumen.

Bonne Amie

Die Belle Epoque stand auf ihrem Höhepunkt. Welt und Halbwelt trafen sich bei Maxim's , spazierten im Bois de Boulogne, fuhren im Automobil, zogen für den Winter an die Côte d'Azur oder die Riviera. Man nahm seinen Tee im Ritz, tanzte den Boston, mischte sich am Montmartre unter das gemeine Volk. Picasso malte *Les Demoiselles d'Avignon*. Ballets Russes sorgten für Skandale. Paul Poiret, der berühmteste Modeschöpfer der Zeit, kleidete die Frau von Welt ein, befreite sie vom Korsett, gab ihr eine ganz neue Freiheit, eine schwingende Silhouette. Das Schneider-Kostüm kam auf und revolutionierte den weiblichen Stil.

Wie allen Müttern dieses Jahrhundertbeginns galt auch Jeannes und Alexandrines große Sorge der Verheiratung »ihrer« Tochter. 1908 war Denise neunzehn Jahre alt. Sie war ein intelligentes, lebenslustiges, humorvolles junges Mädchen und gab sich gern wie »Gavroche«, der Pariser Straßenjunge. Das jedenfalls meinte Bonne Amie. Manchmal war sie melancholisch oder aufmüpfig, doch fiel das angesichts ihrer Begeisterungsfähigkeit nicht ins Gewicht; und wie gern sie lachte! Sie war sehr sensibel, aber geradeheraus, mitteilsam und zärtlich und hielt mit Gefühlen oder Einwänden nicht hinterm Berg. Sie wurde nach den Prinzipien ihres Milieus erzogen, aber zu dieser bürgerlichen Erziehung eines jungen Mädchens aus gutem Hause gesellten sich die Werte eines intellektuellen und künstlerischen Milieus und ihr eigener Ideenreichtum. Sehr jung war sie mit dem Ernst des Lebens konfrontiert worden: dem Exil, der Bedrohung während der Dreyfus-Affäre, dem tragischen Tod ihres Vaters und der schweren Krankheit ihres Bruders. Alexandrine legte Wert darauf, sie wie ihren Bruder an allem, was Emile Zola betraf, teilnehmen zu lassen. Denise war einerseits ein junges Mädchen der bürgerlichen Klasse ihrer Zeit, hatte Mal- und Klavierunterricht, aber andererseits auch die Tochter Emile Zolas, dessen Namen sie nun trug. Und das mochte ein Privileg, eine Verpflichtung und manchmal auch eine Last gewesen sein.

Im Juli 1905 machte Alexandrine in einem ihrer Briefe an Denise eine Anspielung auf Maurice Le Blond, der soeben zwei Vorträge über Zola gehalten hatte:

»Du siehst, auch in diesem Jahr wird die Erinnerung an Euren lieben Vater in Ehren gehalten: dank des tapferen und hervorragenden Maurice Le Blond, der ihn so sehr wie wir vergöttert und diesen schmerzlichen Verlust von Herzen bedauert. Vergeßt nie den Namen dieses herzlichen Bewunderers, dieses jungen Freundes.«[1]

Wann kam sie zu der Überzeugung, daß Maurice der passende Ehemann für Denise sei? Maurice Le Blond war zwölf Jahre älter als Denise und sah in dem jungen Mädchen gewiß anfangs nur eine Heranwachsende und die Tochter des berühmten Mannes, den er bewunderte. Doch darf man ihn keineswegs nur als ehrerbietigen Schüler des großen Meisters sehen. Er war ein brillanter junger Mann, Leiter des Privatsekretariats von Clemenceau, der 1906 Präsident des Staatsrates wurde. Er besaß viel Humor, lachte und amüsierte sich gern, war ein Genießer und ein großzügiger Mensch, beides in den Augen von Madame Zola besonders lobenswerte Eigenschaften. Sie versäumte in ihren Briefen an die Kinder nicht, regelmäßig ihre Dankbarkeit, zu der sie dem jungen Mann gegenüber verpflichtet sei, zu erwähnen. Als ihr die Idee kam, die beiden jungen Menschen miteinander zu verheiraten, begann sie möglicherweise sogleich, die beiden einander näherzubringen, indem sie sie voreinander lobte. Danach wandte sie alle ihre Energie auf, um ihr Ziel zu erreichen, wobei die Gefühle von Maurice für Denise und von Denise für Maurice ein weiteres taten. Unleugbar spielte Alexandrine für das Zustandekommen dieser Ehe eine entscheidende Rolle, wie ein Brief Denises von der Hochzeitsreise nach Biarritz beweist, in dem sie Alexandrine dankt, »sie für ihn interessiert zu haben«. Wie eine gute Fee oder erfahrene Ehestifterin sah Alexandrine alles richtig voraus. In ihre Zufriedenheit darüber, Denise glücklich zu sehen, mischte sich ihr Stolz, die Idee zu dieser Ehe gehabt zu haben, die »in der Familie« blieb. Maurice war der einzige, der Zola noch gekannt hatte und der zugleich jung genug war, Denise zu heiraten. Wer konnte besser als der Organisator der Pilgerreisen die Erinnerung an Zola wachhalten? Und dafür setzte sich Le Blond weiterhin ein, gründete 1921 die »Literarische Gesellschaft der Freunde Emile Zolas« und war der erste Verleger, der die Gesammelten Werke Zolas herausgab. Maurice war also in jeder Hinsicht der ideale »Schwiegersohn«. Alexandrine wurde zum Zentrum neuer Familienbande, sie korrespondierte mit der Mutter von Maurice, unterrichtete Jeanne über alles und nahm an der Vorbereitung der Verlobung aktiv teil.

Ganz obenan stand dabei der Kauf des Verlobungsringes. Mit geräuschvoller Diskretion lehnte sie es ab, Maurice Denises Vorliebe für bestimmte Edelsteine zu verraten. »Und jetzt behaupte Du noch, daß ich nicht ehrfurchtsvoll alle Befehle einhalte, die man mir gibt«, schließt einer ihrer Briefe fröhlich. An jenem Tag brachte Maurice zwei Rosensträuße, rote Rosen für Zola und rosa Rosen für sie. Die roten Rosen stellte sie vor die Büste ihres Mannes, aber einige Blütenblätter der hellroten Rosen legte sie in ihren Brief, damit Denise ein bißchen von Maurices Gedanken abbekomme …

Keine Braut ohne Aussteuer, und die Aussteuer für Denise war Thema endloser Verhandlungen. Lange Unterhosen, Hemden für den Tag und für die Nacht und solche, die das Korsett verbergen, lange und kurze Unterröcke, schicke Küchenschürzen – das alles bestellte Alexandrine in den Geschäften am Louvre. Diese Operation war ziemlich kompliziert, da Denise gerade ihre Ferien in Berck verbrachte. Alexandrine brachte dreimal drei Stunden mit der Auswahl der Leibwäsche zu, und am kommenden Montag würde sie wiederum viel Zeit aufbringen müssen, um die Haushaltswäsche auszusuchen. Liest man ihre Briefe aus jener Zeit, fühlt man sich sehr an Zolas Roman *Zum Paradies der Damen* erinnert.

»Meine Liebe,

hier schicke ich Dir eine kleine Probe, die ich mir in der Seidenstoff-Abteilung habe geben lassen. Der Farbton ist sehr hübsch; es ist das Pfauenblau der neusten Mode, denn der Stoff kommt erst jetzt in die Geschäfte, und das hat mich interessiert. Deine Mutter sprach auch von Popeline, und das hier habe ich nun gefunden.«

Zum Schluß mußte noch das Tafelsilber bestellt werden, und dann blieb nur noch die Vorbereitung der Hochzeitszeremonie. Madame Zola fehlte es nicht an Beschäftigung. Zu den Hochzeitsvorbereitungen kam noch ihr Problem, ein neues Zimmermädchen zu finden, nachdem das bisherige sie im Stich gelassen hatte. Die Suche war vor allem deshalb schwierig, weil sie verlangte, daß diese jungen Frauen bei ihr über Nacht blieben. Und dazu noch all die Glückwunschbriefe zur Verlobung, die sie beantworten mußte. Was würde es erst nach der Hochzeit zu schreiben geben, zu der sie geradezu eine Flut von Briefen erwartete! Aber all das beeinträchtigte nicht ihren guten Gesundheitszustand, nur hin und wieder war sie etwas überarbeitet und merkte das vor allem an ihren Halsschmerzen. Diese Hochzeit machte sie sehr glücklich, und der Briefwechsel mit Denise zeigt deutlich beider Überschwang. Alexandrine schrieb:

»Es ist eine komische Idee von Dir, daß Du mich zum Anbeißen findest, meine Liebe, Du kannst Dir wohl vorstellen, daß ich absolut nicht süß, sondern sehr zäh bin, das kannst Du mir glauben.«

Die Hochzeitsanzeige zeigt dann sehr aufschlußreich die Familiensituation:

»Madame A. Emile-Zola und Madame Rozerot haben die Ehre, Ihnen die Heirat ihres Mündels und ihrer Tochter Fräulein Emile-Zola mit Herrn Maurice Le Blond, Schriftsteller, Unterpräfekt auf Beurlaubung und Attaché im Staatsratspräsidium, bekanntzugeben, und laden Sie zur standesamtlichen Trauung am Mittwoch, dem 14. Oktober, um zwei Uhr nachmittags im Rathaus des 8. Arrondissements in der Rue d'Anjou ein.
62, Rue de Rome
80, Rue Blanche.«[2]

Niemand konnte übersehen, daß Alexandrine und Denise denselben Nachnamen tragen! Und man bekommt unterschwellig den seltsamen Eindruck, daß Jeanne Rozerot nicht die Mutter, sondern der weibliche Vormund war. Man begreift, warum Madame Zola einen so großen Wert darauf legte, daß die vorgeschriebene Frist zwischen dem Aufgebot und der Heirat eingehalten wurde. An diesem schönen Oktobertag 1908 verheiratete die strahlende Alexandrine ihre Tochter.

1909: Pataud und Pouget, die Organisatoren des aufsehenerregenden Streiks der Elektriker, der zwei Jahre zuvor ganz Paris in Dunkelheit tauchte, veröffentlichten ein kleines, erstaunliches Buch mit dem Titel: *Comment nous ferons la révolution,* Wie wir unsere Revolution machen werden: Sabotagen, Boykottierungen, Arbeitsniederlegungen, wilde Streiks und Generalstreik kündeten eine neue Ära an. Die Welt hatte sich in Bewegung gesetzt. Alexandrine wurde siebzig Jahre alt. Fotografien und Berichte aus jener Zeit zeigen uns, daß sie sich sehr gerade hielt und ihre Haare unter dem breiten Hut der allerletzten Mode kaum ergaut waren. Ihre Taille zwängte sie in ein Korsett. Meistens trug sie ihr geliebtes, schwarzes Kostüm mit einer kleinen, antaillierten Jacke, eine Musselin-Bluse mit Spitzenjabot, darüber ein durchsichtiges Oberteil aus malvenfarbener Seide, auf dem sich viele Kettchen und lange Halsketten ausbreiteten. »Sie ist groß und schlank und trägt ihren Kopf aufrecht auf ihren wohlgeformten Schultern«: So beschrieb Geneviève Béranger Alexandrine, die sie zwei Jahre zuvor kennengelernt hatte. Sie war noch immer »die schöne Madame Zola«, über die Jahrzehnte zuvor so häufig in den Salons gesprochen wurde.

Alle Angehörigen ihrer Familie waren mittlerweile tot: Im November 1900 verlor sie ihre Halbschwester Berthe. Im November 1906 wurden die sterblichen Überreste ihres Vaters in das Grab seiner Frau und seiner Tochter überführt. Im Dezember 1908 starb ihr Onkel, der einundneunzigjährige Narcisse Meley, der noch bis zu seinem Tod seinen Buchladen führte. Alexandrine und Albert Laborde unterstützten ihn immer finanziell, und dafür schenkte er ihnen kleine Nippesfiguren[3]. Alexandrine schrieb Denise:

»Ja, der Tod dieses alten Mannes, der der letzte aus meiner Familie war, hat mich doch ein wenig traurig gemacht, um so mehr, als ich mich um das Begräbnis kümmern mußte, da seine Frau krank ist. Nun, mein kleines Mädchen, so ist eben das Leben, und man darf sich nicht zu sehr der Traurigkeit überlassen, es gibt ja noch die anderen; du weißt, das ist meine Art zu denken.«[4]

Das ist eine etwas flotte, aber doch ehrliche Leichenrede.

Man sieht, daß Alexandrine entgegen der allgemeinen Meinung nie den Kontakt zu ihrer Familie abbrach. Untreue gehörte nicht zu ihren Charaktereigenschaften.

Nach ihrer Hochzeit zog Denise nach Clamecy im Departement Nièvre, da ihr Mann dort zum Unterpräfekten ernannt wurde. Hier mußte sie bis 1913 ausharren. Sie war eine charmante Unterpräfektin, die jüngste Frankreichs, kaum neunzehn Jahre alt. Sehr bald wurde die kleine Tochter Aline geboren, und Denise mußte ihre Lehre als Hausfrau und junge, besorgte Mutter absolvieren. Oft bat sie Bonne Amie verzweifelt um Hilfe. So zum Beispiel wegen eines Mittagessens, das sie in ihrem Haus für die Prominenz vorbereiten mußte, die wegen des Musterungsausschusses zusammenkommen und nur eine Stunde Zeit zum Essen haben würde. Bonne Amie, Fischauflauf oder Schollenfilet? Lammkotelett oder Rinderfilet auf Artischockenherzen und dazu gemischtes Gemüse? Oder die allerbeste Gänseleberpastete aus Paris kommen lassen? Und was halte sie von diesem neuen Nachtisch, der Meringentorte mit Eis und Sahne, dem Vacherin? Bonne Amie, muß man eine Vorspeise reichen? Und was nimmt man dafür? Antworten Sie mir schnell, »ich kenne Ihre große Erfahrung und weiß, welch hervorragende Menüs es bei Ihnen gibt.«

Bonne Amie erteilte ihren Rat.

Im Februar 1911 brachte Denise wieder eine kleine Tochter zur Welt, Violaine, die noch die Kosenamen l'Amour und Fançoise erhielt. Alexandrine schickte Spitzenkleidchen und nähte selbst die dazu passenden kleinen, langen Unterhöschen. Denise legte Jacques Bonne Amie ans Herz in der Hoffnung, daß er sie mit liebevoller Aufmerksamkeit umgeben würde und sich besonders donnerstags um sie kümmerte. Und Jacques erfüllte gewissenhaft diesen Auftrag seiner Schwester. Im April 1909 begleitete er Alexandrine ins Kino, wo Capellanis Verfilmung des *Totschlägers* gezeigt wurde. Jeden Donnerstag aß er mit ihr gemeinsam zu Mittag und gab sich große Mühe, ihr gegenüber mitteilsamer zu werden. Aber bemerkte sie überhaupt, daß der kleine Coco erwachsen geworden war? Das fragt man sich, wenn man den folgenden, 1910 geschriebenen Brief liest:

»Du bist der liebste kleine Junge, mein lieber Coco, und ich danke Dir für die schönen Karten, »die mir viel Freude gemacht haben«. Ich hoffe, daß Du in Deiner Nähe bald einen netten Freund findest, mit dem Du spielen und Sachen unternehmen kannst, die für Deine Mutter zu schwierig sind. Sei vorsichtig im Meer, schau Dir den Strand bei Niedrigwasser genau an, damit Du beim Baden nicht in Löcher gerätst, wenn Du noch kein sicherer Schwimmer bist.«[5]

Jacques war fast neunzehn Jahre alt …

Am 12. November 1911 wohnte sie der feierlichen Enthüllung der

Büste Zolas in Aix-en-Provence bei. Eine Demonstration der
»Camelots du Roi«, der »Militanten Royalisten« (Madame Zola
nennt sie in ihrem Brief »La Camelote du Roi«, den »Ramsch des
Königs«) störte die Feier und erinnerte alle daran, daß der Name
Zolas weiterhin die Gemüter erregte. Handgreiflichkeiten, Einschreiten der Polizei – Alexandrine war begeistert und brachte eine
persönlich eroberte Kriegstrophäe mit nach Haus, die sie stolz in
einer ihrer Vitrinen aufbewahrte: eine Trillerpfeife, die einem der
Demonstranten gehört hatte!

In vieler Hinsicht schloß sich der Graben lange nicht, der nach
der Dreyfus-Affäre durch die französische Gesellschaft ging. Ein
Beispiel dafür ist die Entwicklung der Beziehungen zwischen Julia
Daudet und Alexandrine Zola. Sie waren zwar nie enge Freundin-
nen, hielten aber früher doch guten Kontakt zueinander. In der
Zwischenzeit jedoch hatten die Daudets mit Edouard Drumont
Freundschaft geschlossen, dazu kam das kämpferische Engagement
Léon Daudets und schließlich der ganzen Daudet-Familie in den
Reihen der Dreyfus-Gegner. Der Tod Alphonse Daudets im Jahre
1897 war dem unvermeidbaren Bruch zwischen den beiden Schriftstellern zuvorgekommen. Julia Daudet trug die Fackel weiter, und
ihr Buch *Souvenirs autour d'un Groupe Littéraire*, Erinnerungen an
einen Literaturzirkel, das 1910 erschien, ist gespickt mit antisemitischen Bemerkungen und spart nicht mit Lobeshymnen für die
»wahren Franzosen«.

Der folgende Auszug aus ihrem Tagebuch vom März 1884, das sie
für ihr Buch neu gelesen und korrigiert hatte, ist ein Meisterwerk
der Kunst der Anspielung:

»In der Wohnung der Zolas gefällt es mir wegen der Biederkeit und der
Dienstbeflissenheit der Gastgeber und weil man hier ihre Anfangsschwie-
rigkeiten bemerkt, ihre Lust, sich Kunst- und Ausstattungsgegenstände für
die Wohnung zu kaufen, die sie sich nach und nach leisten konnten. Der
Schriftsteller muß zu Beginn ein herbes Leben gehabt haben und einen
unbezähmbaren Willen, reich zu werden, was man in seinen ersten Romanen bemerkt, wo die Zahlen einen wichtigen Platz einnehmen; eine Gier,
die sich jetzt, wo das Geld da ist, verwandelt hat. Jetzt scheint er von Ehrungen, Zeitungsartikeln und von Reklame für sich, vom Inbeschlagbelegen
der Presse zu träumen; er will, wie er selbst sagt, *alles,* denn er ist weniger
ambitioniert als gefräßig (…)

Aber dieser Mann ist unter seiner hohen, allzu vollen Stirn gefühlvoll, gut, diskret: Der Mensch des Mittelmeeres, der in ihm lebt, wird durch die Herkunft seiner Mutter aus einer Region des Departements Seine et Oise abgestraft; er scheint seine Frau zärtlich zu lieben, die es auch verdient. Ich stelle sie mir vor, wie sie ehedem in der kleinen Wohnung in Les Batignolles lebte und Last und Qual ihres Haushalts kennenlernte; sie pflegt in bewundernswerter Weise ihr Haus, macht hübsche Handarbeiten, näht sich ihre Kleider selbst, besitzt alle Sorgfalt von Frauen, die es seit langem gewohnt sind, ihre eigenen Diener zu sein.

In Médan und auch in Paris scheinen diese Leute miteinander glücklich zu sein und sind es wohl auch tatsächlich. Und das ist die lebendige Antwort auf die Ausschweifungen in Zolas Literatur. Diese verschiedenen Welten, die er beschreibt, ohne sie überhaupt zu kennen, die hat er nie gesehen, hat sie, weniger seherisch als Balzac, nur von außen erfühlt, hat absolut nicht ihre schwierige Unentwirrbarkeit am eigenen Leibe erlebt; er gibt nur ihr äußeres Bild, nicht aber ihr eigentliches Wesen wieder. Nur *Der Totschläger* ist ein Buch, das auf seinen eigenen Erfahrungen basiert. Zola hat selbst in den Armenvierteln gelebt, ist mit den unscheinbaren Leuten dort zusammengekommen, hat ihre Entbehrungen miterlebt und errötete wie sie über seine schäbige Kleidung. Und seiner Frau – kräftig, einfacher als er – waren die betrüblichen und wahren Beobachtungen in seinem Werk beim Lesen gewiß nicht fremd.«

Wie elegant hier beleidigt wird. Man schmeckt das ganze Salz ihrer Beschreibung der tapferen Zolas, wenn man weiß, daß ein Großteil des Buches eine Lobeshymne ist auf den raffinierten Goncourt, auf Prinzessin Mathilde, Gyps und andere Konservative. Man kann sich gut vorstellen, wie wütend Madame Zola war, als sie diese Zeilen vorgetäuschten Wohlwollens las. Als dann die von Julia gesammelten *Notes sur la vie*, Notizen über das Leben, von Daudet erschienen, schrieb Alexandrine folgende Kommentare:

»Also kratzt Madame Sourdis[6] weiterhin auf der Farbpalette ihres Mannes herum, obgleich er nicht mehr lebt, und sie fügt ein bißchen von ihren Lieblingsfarben in süßlichem Kitsch hinzu und glaubt, so die Erinnerung an ihn wachzuhalten.«[7]

Und einen Monat später:

»Madame Daudet kramt in den Schubladen ihres Mannes, klebt die herausgekratzten Reste aneinander und fügt dem Ganzen ihre persönliche, fade Soße hinzu. (…) Dadurch stirbt die Erinnerung an Daudet im voraus, sie täte besser daran, sich nicht weiterhin als Madame Sourdis zu betätigen.«[8]

Die Kriegsjahre

Das Jahr 1914 war durch Todesfälle in ihrer näheren Umgebung gekennzeichnet.

Im Mai starb Jeanne Rozerot im Alter von siebenundvierzig Jahren. Ihr Tod während einer harmlosen Operation traf ihre Kinder sehr. Alexandrine war fassungslos. In aller Stille ging Jeanne fort. Ihr Leben war recht traurig: warten, teilen und nichts für sich verlangen. Auch sie bewahrte Emile Zolas Andenken treu, trat aber nie aus seinem Schatten. Obwohl sie sehr viel jünger war als er, überlebte sie ihn doch nur um zwölf Jahre, gerade solange, bis seine Kinder erwachsen waren.

Dann starb Troubat, einer ihrer besten Freunde, danach Desmoulin in Venedig. Alexandrine erkrankte und mußte gleich nach ihrer Ankunft im Hotel des Thermalbades Royat, wo sie in diesem Jahr zur Kur weilte, das Bett hüten.

In Royat wurde sie von der Mobilmachung überrascht. Von einem Tag zum anderen wurden alle Hotels zu Krankenstationen, sogenannten »Ambulanzen«, in denen verletzte Soldaten eine vorläufige Behandlung erhielten. Sie saß in der Stadt fest. Dennoch wollte sie ihre Kur fortsetzen, zumal die Kureinrichtungen weiter zu benutzen waren. Außerdem bot sie ihre Hilfe an, falls diese Situation länger andauern sollte. Sie fragte ihre Freundin Geneviève Béranger in einem Brief, ob es überhaupt möglich sei, nach Paris zurückzukehren. Seit der Mobilmachung am 1. August 1914 befanden sich Tausende in derselben Lage: Die einen wollten nach Paris zurück, die anderen nach Hause in die Provinz. Zu diesem Hin und Her kamen die Truppentransporte, und es entstand ein wahres Chaos. Auf der Linie Paris-Orléans hielten die Züge mitten in der Landschaft, um Militärzügen die Vorfahrt zu lassen. Solche Aufenthalte konnten zwei, aber auch bis zu zehn Stunden dauern. Die öffentliche Versorgung funktionierte nicht mehr. Die Post kam unregelmäßig, alle Transportmittel, selbst die Pferde, wurden beschlagnahmt.

Aber Alexandrine wollte unbedingt in die Rue de Rome, um Dokumente zu holen und auch Dinge, auf die sie großen Wert legte, wie zum Beispiel das von Monet gemalte Porträt Zolas. Danach wollte sie versuchen, zu Denise nach Clamecy zu kommen. Denise gebar im Juli einen Sohn, den kleinen Jean-Claude. Sie befürchtete, daß es ihr an Säuglingsnahrung fehlen könnte. Verwundete Soldaten strömten in das kleine Royat, und »es zerreißt einem das Herz, wenn man all die jungen Männer in ihrem Verbandszeug sieht – eingewickelt wie Mumien.« Andere, bemerkte sie, »sind ganz lustig und wollen nichts weiter, als schnell wieder ins Feuer.« Dreyfus meldete sich zum Kriegsdienst. Er war im Fort von Vincennes, sein Sohn Pierre wurde wegen hervorragender Leistungen im Osten zum Stabs-Unteroffizier ernannt. Madame Zola wartete nur noch auf die Antwort ihrer Freundin, um ihre Koffer in Richtung Orleans auf den Weg zu schicken und mit ihren dreißig Kilo Gepäck in den Zug zu steigen …

Irgendwann im Oktober 1914 gelang es ihr dann auch, nach Paris zu kommen. Die Tore der Stadt waren durch Militär und Hindernisse wie spanische Reiter und Stacheldraht versperrt. Sie blieben von zehn Uhr abends bis morgens um fünf geschlossen. Cafés und Restaurants ließen ihre Rolläden um acht Uhr abends herab. Kein Theater, kein Museum war mehr geöffnet. Es gab keinen Autobus, sehr wenige Taxis, noch weniger Straßenbahnen. Man mußte zu Fuß gehen. Nach kurzer Zeit gab es kein Salz mehr zu kaufen, gab es keinen Lieferanten, keinen Schlüsseldienst, keinen Klempner, keinen Schuster, keinen Dentisten oder Arzt mehr. Vor den Bankschaltern bildeten sich lange Schlangen. Auf der Promenade Cours de la Reine am Seineufer trabten Herden von Rindern, Kühen und Schafen und nahmen die ganze Straße und den Bürgersteig ein. Zu Tausenden wurden die Tiere vorläufig auf den Pferderennbahnen außerhalb der Stadt zusammengepfercht. Nachts blieben die Straßenlaternen ausgeschaltet.

Drei Wochen lang marschierten die in den Krieg ziehenden Soldaten mit weithin hallenden Stiefeln durch die Rue de Dunkerque in der Nähe der Rue de Rome, in der Alexandrine wohnte, zu den beiden Bahnhöfen Gare du Nord und Gare de l'Est, von wo es dann an die Front ging. Allein zu den Sammelstellen des Ostens und bei Orléans wurden mehr als 600 000 Männer und 144 000 Pferde transportiert. Die Pariser befürchteten eine Belagerung und begannen zu horten.

Doktor Larat hatte Alexandrine zunächst nach Angoulême geholt. Dort mietete sie sich ein Zimmer in der Rue Marengo 17. Denise fuhr zu ihrem Mann nach Bordeaux, wohin sich die Regierung am 3. September zurückzog. Ein Sonderzug hatte alle Vertreter des Staats und der Behörden dorthin gebracht, und in zwanzig Geleitzügen folgten unter anderem auch die Reserven der Banque de France. Wie sollte sich Alexandrine da nicht an den Krieg von 1870 erinnern, als sie im Winter von Marseille nach Bordeaux zu Zola fuhr? Aber die ängstliche junge Frau, die vor der preußischen Besatzung floh, war ein ganz anderer Mensch, denn 1914 hatte Madame Zola nur den einen dringenden Wunsch: so schnell wie möglich wieder in Paris zu sein.

Als sie dann im Oktober dort eintraf, war die Stadt ausgestorben, denn nach der Regierung reisten viele Pariser ebenfalls ab. Um vier Uhr nachmittags konnte man in aller Ruhe auf den Champs-Elysées spazierengehen, mitten auf der Fahrbahn. Alexandrine ordnete ihre Schränke, numerierte alles sorgfältig und packte Pakete für die Soldaten, »für diese armen Männer, die uns so tapfer verteidigen.« Zwar hatte sie nur noch ein einziges Dienstmädchen, doch daran sollte es nicht fehlen! Sie kam allein mit dieser schwierigen Arbeit zurecht: Sachen in Papier einwickeln, das Ganze mit sorgfältig genähten Stoffbahnen umgeben, die Aufschrift ordentlich aufnähen. Auf keinen Fall durfte das Paket unterwegs aufreißen. Hilfsbereitschaft überall. Damen des Roten Kreuzes, freiwillige Krankenschwestern, »Nachmittags-Damen«, die den Verwundeten Gesellschaft leisteten, Frauen der besten Gesellschaft, aber nicht nur diese, wurden zu Konkurrentinnen der Aufopferungsbereitschaft. Für viele von ihnen war es eine Einweihung in ein unbekanntes Leben: Amputationen, Bauchoperationen, Blut, Schmerzensschreie – nicht für alle war es leicht, sich plötzlich und völlig unvorbereitet inmitten größten menschlichen Leids zu befinden. Der schrecklichen Erfahrung gesellte sich dann noch eine weitere hinzu: die Begegnung mit Gesellschaftsschichten, zu denen die Frauen nie zuvor Kontakt gehabt hatten. Diese Nähe zwischen den »Weißen Damen« und den Soldaten schuf in den Krankenstationen eine ganz besondere Atmosphäre.

Alexandrine traf ihre Freundin Geneviève Béranger, die Ehefrau des Senators von Guadeloupe, in ihrem Hilfskomitee, das außer den Kriegsgefangenen auch den Soldaten aus den Kolonien zur Seite stand. Ein kleines Damenkomitee entschied über den Kauf von Lebensmitteln und Kleidung. Alexandrine hatte es abgelehnt, die Vorsitzende zu werden: »Ich habe eine große Abneigung gegen etwas, das ist absolut unnütz.« Aber sie wolle gern den Damen helfen.

»In den Kriegsjahren traf sie also dienstags nachmittags als erste in der Rue des Petits Champs ein, wo ihr geübtes Auge die Waren genau prüfte, die einer Billigung bedurften, wo ihre Finger die Wolle der Stricksachen befühlten und ihre Erfahrung in all diesen Dingen unsere Wahl letzendlich bestimmte. Aber diese ehrfurchtgebietende Rolle, über alles zu entscheiden, genügte ihr nicht, dazu war sie zu aufopferungsbereit und zu tatkräftig: Sie wollte selbst direkten Kontakt zu unseren Soldaten haben, und daher sah man sie oft im Jackenkleid und mit einer Kittelschürze im kleinen Büro des Komitees, wo sie persönlich unsere tapferen farbigen oder weißen Soldaten aus den Kolonien empfing, die sich Lebensmittel abholten. Ihre schöne, lange und schmale Hand verschwand in der rauhen Hand des Soldaten; sie sprach mit jedem einzelnen, fragte nach seinem Leben, ermutigte ihn und versäumte nie, das Paket, das der tapfere Kämpfer forttrug, gründlich auf seine Verpackung hin zu überprüfen.«[1]

Sie strickte für die Soldaten und erhielt zu diesem Zweck im November von Madame Béranger sieben Pfund Wolle. Aber ihr Rheuma machte sich bei dem feuchten Wetter wieder bemerkbar, und trotz aller Anstrengung fielen ihr oft die Nadeln aus der Hand. Alle Menschen hatten Tote oder Vermißte zu beklagen, und so sprechen auch die Briefe Alexandrines und Denises wie die ihrer Zeitgenossen von den Verlusten in den Reihen der Freunde. Todesnachrichten reißen in der Korrespondenz der beiden nicht ab. Mit Erleichterung erfuhr Alexandrine, daß Jacques wegen seines Armes nicht in den Krieg ziehen müsse, sondern Pfleger im Pariser Hôtel-Dieu-Krankenhaus würde. Von überall kamen Unterstützungen, um den Soldaten und den Zivilpersonen zu helfen, »alle wirklich notwendig«, schrieb Madame Zola. So »nehmen die Theater mehr schlecht als recht ihre Arbeit wieder auf, damit die armen kleinen Schauspieler, die ohne Arbeit vor Hunger sterben, weiterleben können.«

Madame Zolas Freundinnen standen ihr in nichts nach: Madame Fasquelle wollte Verwundete pflegen, ihr Mann führte sie im Chaptal ein, Lucie Dreyfus war bereits von morgens bis abends im Krankenhaus Saint-Louis, Madame Perrin strickte zahlreiche Strümpfe für die Verwundeten. Madame Hadamard richtete eine Nähstube ein, kaufte Stoffe und stellte Arbeiterinnen ein, damit diese einen Broterwerb hätten. Zu Hunderten wurden jetzt solche Nähstuben in Frankreich eröffnet, um Frauen, die ihre Stelle verloren hatten, Arbeiterinnen, aber auch Zeichen- oder Klavierlehrerinnen, Künstlerinnen oder Frauen, die bisher noch nie arbeiten mußten, das Schneiderhandwerk erlernen zu lassen, damit sie selbst für ihren Lebensunterhalt sorgen konnten. Der Krieg versöhnte, was sich vorher feindselig gegenüber gestanden hatte. Im April 1915 vereinte ein und derselbe Wohltätigkeitsverein »La Croisade des Femmes françaises«, der Kreuzzug der Französinnen, so bekannte und unterschiedliche Frauen wie Juliette Adam, Julia Daudet, Jeanne Déroulède, die Gräfin Greffulhe, Madeleine Lemaire, die Herzogin von Uzès, Madame Viviani – und Madame Zola. Jetzt, im Krieg, war die Dreyfus-Affäre endgültig begraben. Im Namen des Vaterlandes verbanden sich Frauen miteinander, die sich zwanzig Jahre zuvor nie versöhnt hätten, und trugen sich gemeinsam in Listen ein, um Briefmarkenhefte zugunsten ihres Komitees zu verkaufen. Das so gesammelte Geld sollte den Soldaten zugute kommen.

Wieder wurde Alexandrine von ihrem Kampfesmut angetrieben, und trotz ihrer sechsundsiebzig Jahre scheute sie keine Mühe:

»Wir alle müssen großen Mut aufbringen und stets beweisen, müssen zusammenhalten, um diese Zeit zahlloser Schrecklichkeiten, die noch zur Kriegssituation hinzukommen, durchzustehen. Alle halten zusammen, und es werden Wunder an Solidarität vollbracht, woran man erkennen kann, welch gute Atmosphäre bei uns herrscht ... An meinen Samstagen habe ich einige Frauen bei mir, wir sprechen über das Stricken, über Strümpfe, Handschuhe, Pullover, klagen über die gegenwärtige Zeit und gehen schließlich in Vorfreude auf unser nächstes Treffen und in der Hoffnung auf den Erfolg unserer Soldaten auseinander.«[2]

Im Chaptal verteilte sie Taschentücher, Seife, Zigarren und war sehr erschüttert über die Verluste in den Reihen der Soldaten aus den Kolonien, besonders der Marokkaner, »die man immer an die Front stellt.« Ihre Zahl war auf ungefähr dreihundert abgesunken, und unter ihnen gab es zahlreiche Verwundete. Sie ereiferte sich über den Einsatz, den man noch diesen Soldaten abverlangte. Sie waren so erschöpft, daß sie unterwegs umfielen, und sie empörte sich über dieses sinnlose Sterben. In ihren Briefen findet sich keine Spur irgendeines Triumphgefühls. Trotz ihrer kämpferischen Art wurde sie keinen Augenblick zur Kriegstreiberin. Sie war sogar sehr hellsichtig, was den Ausgang der Auseinandersetzungen betraf, denn sie schrieb im September 1916, daß sie trotz ihres gewohnten Optimismus nicht glaube, daß der Krieg bald beendet sei, nein, er werde mindestens noch ein gutes Jahr andauern, und sie befürchte weitere Greuel.

Trotz ihrer Asthmaanfälle im Januar 1915 hatte sie keine Minute für sich, schrieb sie Denise, die mit ihrer Familie nach Paris zurückgekehrt war. Wenn sich Alexandrine nicht um das Wohl der Soldaten kümmerte, nähte sie für Denises Kinder und ließ sich dabei von den Modellen inspirieren, die sie im *Miroir des Modes*, dem Modespiegel, fand. Ihre »Enkelin« erinnert sich noch gut an die kleinen Ensembles aus schottischem Taft. Im September 1915 nahm sie an den Proben für den *Totschläger* teil, ein Stück, das bereits Fetischcharakter für sie bekommen hatte. Wie viele andere Frauen übernahm auch sie eine Patenschaft für einen Frontsoldaten, für Max Robert Valteau. Die Patin war für den Soldaten eine lebensnotwendige Stütze. Ihre Briefe und ihre Pakete, ihre Freude, ihn während seines Urlaubs bei sich zu haben, gaben dem Soldaten die Kraft, sich nicht ganz fallenzulassen. Durch die Briefe entstanden nach und nach sehr starke Bindungen, die durch die ständig drohende Gefahr und den stets lauernden Tod eine besondere Intensität erlangten. Der Schreibeifer der Patinnen war teilweise so groß, daß einige überlastete Postämter »an den Patriotismus der Damen« appellierten und diese baten, die Post selbst abzuholen. Wenn man weiß, daß Alexandrine zu normalen Zeiten schon nicht davor zurückschreckte, an die zwanzig Briefe täglich zu schreiben, kann man sich denken, daß einige Kameraden auf ihren Patensoldaten neidisch wurden.

Max Robert Valteau war Ingenieur, der nach achtzehn Monaten Frontdienst verletzt wurde. Sie entwickelte eine große Zuneigung zu diesem jungen Mann, der ihr von seiner Bewunderung für Zola schrieb. Er hatte niemanden, der ihm nahestand, und er war ganz und gar mittellos. Sie nannte ihn »mein Kind«, und dreieinhalb Jahre hindurch schrieb sie ihm regelmäßig, ohne ihn zu sehen. Nahm sie ihn nach seiner Verwundung bei sich auf? Auf alle Fälle gibt es Fotografien, die sie zusammen zeigen, beide legen ihre Hände auf die Bronzenachbildung der Hand Zolas. Eines Tages, als sie sich elend fühlte und zu sterben glaubte, setzte sie für ihn ein Vermächtnis von 20 000 Francs aus mit der Klausel, daß im Falle seines Kriegstodes die Summe den Kriegsblinden gespendet werden sollte. Er überlebte, und 1919 erhielt er dieses Geld, nachdem er aus der Armee ausgeschieden war und wieder in seinem Beruf als Ingenieur arbeitete. Es gab sehr viele Patinnen, die von den Soldaten nach regelrechten »Affären« betrogen wurden oder die, wie Sarah Bernhardt, an Gauner gerieten. Alexandrine war großzügig, aber zugleich auch vorsichtig, vielleicht weil ihr von ihrem Notar oder Eugène Fasquelle dazu geraten worden war.

Aber diese beträchtliche Summe Geldes (die Aussteuer für Denise kostete nur halb so viel, und dieselbe Summe wie für Denise gab sie aus Gerechtigkeitsgefühl auch Jacques) ist ein Indiz für ihre enge, sehr herzliche Beziehung zu dem jungen Mann. Dank seiner Ermunterung nahm sie 1918 das Fotografieren wieder auf, das sie mit Zufriedenheit erfüllte. Zuvor hatte sie als ordentliche Hausfrau ihre »Utensilien« zusammengestellt und durchgesehen. 1919 schenkte sie ihm die Gesammelten Werke ihres Mannes. Ihr Leben lang suchte sie nach einem Kind, das sie lieben konnte. Sie liebte ihn aber nicht nur wie ein Kind, sondern hatte wie für alle Soldaten in den Schützengräben auch großes Mitleid mit ihm. Da ihre Briefe verloren sind, die sich gemäß ihres Testaments unter ihren Papieren hätten befinden müssen, wissen wir nichts über den Verlauf dieser Beziehung. Ein weiteres Geheimnis.

So blieb Alexandrine trotz des Krieges nicht zu Hause, allerdings mußte sie auf ihre Kuren und Italienreisen verzichten. Statt dessen nahm sie an einem Sonntag im Juli 1916 den Zug, um den Tag zusammen mit der Familie Le Blond zu verleben – trotz der erstickenden Hitze, ihrer Beschwerden beim Gehen und den langen Wartezeiten auf den Bahnhöfen. Aber danach war sie drei Tage lang »wie gerädert« und sagte während dieses Sommers fast jede der zahlreichen Einladungen zu einem Mittagessen auf dem Lande ab.

Im übrigen wurden ab 1917 solche Ausflüge immer seltener. Man fühlt, daß sie müde wurde. Und auch immer pessimistischer über den Ausgang des Krieges:

»Seit zwei Nächten besuchen uns die Flugzeuge der Boches wieder, dazu die unerträgliche, erstickende Hitze. (…) Glaub nicht daran, daß Deutschland bald Frieden schließen will, es wäre verfrüht, sie haben alles, was sie zum Krieg brauchen, sie verbreiten das Gerücht, daß es ihnen an allem fehle, damit wir das annehmen. Nein, nein, es fehlt ihnen an nichts, uns bleibt nur übrig, so lange zu kämpfen, wie wir können.«[3]

Sie fuhr nicht nach Paramé bei Saint Malo zu Denise und Marguerite, Jacques' Frau, einer Ärztin. Zwar war Paris in diesem Kriegsjahr 1917 ganz leer, dennoch hatte sie Angst vor Zugverspätungen, vor verpaßten Anschlüssen und vor den Anstrengungen auf solchen Reisen. Sie begnügte sich damit, Freunde in der Umgebung zu besuchen, Doktor Toulouse und seine Frau in Villejuif und das Ehepaar Baille in Villeneuve-Saint-Georges, wo sie auch Solari traf. Man hat den Eindruck, daß nun nur noch diejenigen, die sie an ihre Vergangenheit mit Emile Zola erinnerten, Gnade in ihren Augen fanden, selbst wenn sie ihn nur noch selten in ihren Briefen an Denise erwähnte. 1918 starben kurz nacheinander Antoine Guillemet, ihr alter Freund, und Baptistin Baille, der Jugendfreund Emiles – ein zweifacher, sie tief schmerzender Verlust. Nun war niemand mehr da, der die schönen Sommer in Bennecourt miterlebte …

Aber sie beklagte sich nicht über Einsamkeit, sie nutzte das Alleinsein, um ihre Korrespondenz zu ordnen, im Park Monceau spazierenzugehen und dort Ausschau zu halten nach einem seltsamen Baum, dem zweilappigen Ginkgo. Außerdem hatte sie sogar im heißesten Sommer noch ihre Samstagbesucherinnen. Kaum fand sie die Zeit zum Stricken: Sie hatte noch nicht einmal ein einziges Paar Strümpfe fertig und hatte doch vierundzwanzig Paar versprochen!

Am 24. August 1917 wurde Maurice Le Blond an die Front geschickt, nach Craonne. Er lernte das Grauen in den Schützengräben und dem »Chemin des Dames« kennen. Denise, nun allein mit ihren drei kleinen Kindern, zitterte um ihn, vor allem nach der Lektüre des Romans *Le Feu,* das Feuer, von Barbusse. Bonne Amie versuchte, sie zu beruhigen und zu trösten.

In Paris gab es sehr häufig Bombenalarm, und als sie im März

1918 in den Keller mußte wie die anderen Mieter der Rue de Rome auch, schimpfte sie heftig und schwor sich, nie wieder den anderen zu folgen: Sie wolle das nächste Mal in ihrer Wohnung bleiben, allein habe sie weniger Angst. Was wird aus Paris? Sollte man bleiben oder abreisen? Als endlich die dicke Bertha und die Gothas[4] nicht mehr zu hören waren, fragte sich Alexandrine: »Was wird das alles für uns bringen?« Es herrschte eine entsetzliche Hitze, und zu allem Unglück verließ sie auch noch Marie, ihr Dienstmädchen. Doch Marie war nicht die einzige, die fortging. Vor dem Krieg zählte man auf 7 Millionen bürgerliche Haushalte 1 660 000 Hausangestellte. Ende 1916 konnte man kaum noch ein Dienstmädchen oder eine Putzfrau bekommen.[5] Die Mehrzahl der Frauen arbeitete lieber in Fabriken, wo sie mehr verdienten und geregeltere Arbeitszeiten hatten. Andere wiederum zogen zu ihren Familien aufs Land, wie die »Marie« von Madame Zola, Jeanne Bacens. Aber Alexandrine dankte ihr dafür, daß sie fast bis zum Ende des Krieges bei ihr blieb – sie setzte für Marie ein Vermächtnis von 2000 Francs aus. Marie ging, aber Alexandrine machte sich wegen »solch einer Kleinigkeit« keine Sorge:

»Ich werde nun meiner Putzfrau viermal wöchentlich von 15 bis 18 Uhr vorstehen. Und wenn ich mich der Illusion hingebe, ich sei eben sechzig Jahre in die Zeit zurückversetzt, fühle ich mich ganz jung. An die Arbeit! Ich werde tun, was ich kann.«

Viel wurde es nicht mehr mit der Arbeit. Im Oktober mußte sie es hinnehmen, daß ihr ihre Concierge Saugnäpfe auf den Rücken setzte. Ihre Bronchitis zwang sie außerdem, an zwei aufeinanderfolgenden Samstagen ihren Besucherinnen abzusagen. Es wurde Zeit, daß der Krieg zu Ende ging.

Endspiel

Es war ein schöner Tag. In der stillen Wohnung schwebte noch der Nachhall des Lachens und der Unterhaltungen. Die Möbel des Salons und des Arbeitszimmers verschwanden unter Sträußen und Körben mit Blumen. Sie saß in ihrem Lieblingssessel nah bei Emiles Schreibtisch und dachte an ihn ... Soeben ging ihr achtzigster Geburtstag zuende. Sie wußte, daß ihre Stunde nahte. Sie war bereit. Ihr Testament war abgeschlossen, Montag würde ihr Notar kommen.

Wie die Welt sich verändert hatte! Manchmal kam sie sich wie eine Überlebende aus einer anderen Zeit vor. Wieviele gab es noch, die dasselbe erlebten wie sie? Sie wurde unter Louis-Philippe geboren, wuchs im Paris Balzacs auf, sah das Zweite Kaiserreich, den Krieg von 1870 und die Kommune, verkehrte mit Flaubert und Manet; erlebte die Erfindung von Elektrizität, Aufzügen, Abwässer-Kanalisation, des Kinematographen, des Telefons, der drahtlosen Telegrafie, den Bau der Metro (der *Necro*, wie sie von ihren Verächtern genannt wurde) und die Entwicklung der Luftschiffahrt.

Nach wie vor nahm sie regen Anteil an dem, was um sie herum geschah, und war gespannt wie immer auf alle möglichen Neuigkeiten. Die Sommerkorrespondenz mit Denise[1] ist angefüllt mit Einzelheiten über die Kinder und das alltägliche Leben. Sie kommentiert darin aber auch das politische Tagesgeschehen, die Zeitungsartikel, die sie gelesen hat, erwähnt Trotzki, Mussolini, Poincaré, die Besetzung der Ruhr, später die Linkskartelle ... Sie wünscht Judet, dem Journalisten der Zeitung *L'Eclair*, der Zolas Vater während der Dreyfus-Affäre verleumdet hatte, zwanzig Jahre Bagno, »die genauso grausam sein sollen wie die Jahre, die Dreyfus ertragen mußte«, und setzt sich 1921 leidenschaftlich mit dem soeben veröffentlichten Tagebuch der Brüder Goncourt auseinander. Dabei war sie weit davon entfernt, irgendwelche Enthüllungen zu befürchten, sie amüsierte sich über die Pressekampagne, die die Veröffentlichung begleitete.

»Ich verschaffe mir jeden Tag gute Laune, wenn ich lese, was die Zeitungen zu diesem Thema schreiben, ich kenne ja von der damaligen Zeit alles aus eigener Anschauung.«[2]

Sie meinte, daß nur der erste Teil, an dem Jules noch mitwirkte, pornografisch sein könne, denn Jules »lief so ziemlich hinter jeder Schürze her.«

»Man hat immer vermutet, daß er deshalb ein so kurzes Leben hatte. Diese ganze Kampagne entbehrt nicht einer gewissen Komik.«[3]

Lustig machte sie sich auch über die Rehabilitation von Henry Céard durch die Akademie Goncourt und erinnerte daran, daß Edmond de Goncourt diesen einst aus der Liste der zehn Mitglieder gestrichen hatte.

»Ja! Ja! Und nun ist selbst die Médan-Gruppe medaillengeschmückt – es ist die Höhe, nicht wahr? (…) und jetzt wird auch noch eine ›Gesellschaft der Freunde Coppées‹ gegründet. Céard ist einer der Vizepräsidenten, und Gott weiß, wie sehr er Coppée in den Dreck gezogen und sich über ihn lustig gemacht hat.«[4]

Man kann sich aber denken, daß die Lektüre des Tagebuchs der Goncourt sie nicht immer kalt ließ und daß sie sicher mehr als einmal nach dem Umblättern einer Seite hochfuhr.

Sie pflegte auch den Kontakt zu Lucien Daudet, der ganz anders war als sein Bruder Léon. Er war Leiter der Action française geworden. Lucien schickte Madame Zola Bücher und berichtete ihr von der Bewunderung, die die Kaiserin Eugenie den Büchern ihres Mannes entgegenbrachte. Der folgende Brief gibt einen kleinen Eindruck von der Art ihres Umgangs:

»Madame,

es könnte sein, daß das Buch *Pastiches*, Parodien, meines Freundes Marcel Proust (für den ich eine ebenso große Freundschaft wie Bewunderung empfinde) Ihnen unter die Augen kommt und Sie darin die Nachahmung des Stils und der Gedanken des Tagebuchs der Goncourt lesen. Dort legt Proust mir eine Geschichte in den Mund (die er natürlich frei erfunden hat), in der der Name Ihres lieben Mannes erwähnt wird.

Ich muß Ihnen nicht sagen, daß Marcel Proust mich darüber nicht zu Rate gezogen und mir auch nie den Vorabdruck seines Buches gezeigt hat – sonst hätte ich ihn nämlich dringend gebeten, diese zehn Zeilen zu streichen, aus mehr als einem Grund, obwohl sie ganz und gar der Phantasie Marcel Prousts entsprungen und in seinen Augen auch sehr nett sind.

Aber es lag mir daran, Ihnen das mitzuteilen. Ich habe Ihnen manches Mal gesagt, daß ich mehr als einmal Gelegenheit hatte, meine höchste Verehrung sowohl für den Menschen Emile Zola als auch für sein Werk auszudrücken. Es wäre mir schmerzlich, wenn Sie annehmen würden, daß diese scherzhafte Bemerkung, über die ich selbst mehr als überrascht war, jemals meine Zustimmung erhalten hat. Ich habe sie so sehr abgelehnt, daß ich meinem ältesten Freund nur ein Telegramm schicken konnte, um ihm für sein Buch zu danken, in einem Brief hätte ich mein Erstaunen zum Ausdruck bringen müssen und meinen Vorwurf, denn er kennt meine Auffassungen und fühlte manche traurigen Gedanken, über die ich nicht spreche.

Ich hoffe, Madame, daß Sie einen schönen Sommer verleben und grüße Sie in tiefster Verehrung. Lucien Alphonse-Daudet.«[5]

Alexandrine verlor auch ihren Appetit nicht, selbst wenn sie behauptete, nur noch Eier und Kartoffeln zu essen. Ihre Familie und die Freunde wußten es besser und schickten ihr, der Feinschmeckerin, Töpfe mit Honig, Würstchen aus Schweine- und Kalbskaldaunen oder auch Steinpilze. 1920 schrieb sie Denise, daß das Kilo Fleisch in Paris 24 Francs koste und bot ihr an, ihr Fisch schicken zu lassen, das Kilo für 22 Francs. 1923 kellerte sie noch 50 Kilo rote Kartoffeln ein, und weil die Pflaumen in diesem Jahr kein Aroma hatten, machte sie Apfelgelee.

Sie interessierte sich auch für Denises schriftstellerische Arbeit. Denise schrieb für die bekannte Jugendbuchreihe »Bibliothèque rose«. Sie wollte das konventionelle Kinderbuch verändern, wollte, daß darin Themen aus dem Leben einen Platz bekämen. Ihr erstes Buch hatte den Titel *Les Années heureuses,* Die glücklichen Jahre, das zweite *Frères de Guerre,* Kriegsbrüder. Sie schrieb unter dem Pseudonym Aubert, dem Mädchennamen ihrer Großmutter väterlicherseits, denn sie wollte unter allen Umständen vermeiden, mit ihrem Vater verglichen zu werden. Aber dennoch gab ihr Bonne Amie einige Ratschläge, die eine Beziehung zu Zola herstellten:

»Du versetzt mich in Erstaunen, wenn Du schreibst, daß Du Deine Arbeit in so kurzer Zeit, in zwei Monaten, beenden willst, obwohl Du noch zwei Drittel schreiben mußt. Dein armer Papa wäre ebenso erstaunt wie ich, er, der zwei Jahre brauchte und dabei jeden Tag arbeitete, um ein Buch fertig-zustellen.«[6]

Als erfahrene Frau warnte sie Denise:

»Du planst, Dich in die erste Etage zum Arbeiten zurückzuziehen, aber willst Du denn arbeiten, wenn Dein Mann bei Euch ist? Das scheint mir nicht richtig, denn wie jeder Ehemann wird er während seines kurzen Urlaubs unbedingt seine Frau um sich haben wollen.«[7]

Ihr ganzes Ehefrauendasein klingt in dieser Bemerkung mit. Gewiß bestand ein Generationsunterschied, aber es spricht auch die beson-dere Einstellung Madame Zolas aus diesen Zeilen, für die Bereit-schaft allerdings nie Passivität oder grenzenlose Verfügbarkeit bedeutete. Davon zeugt ein Brief an ihren Mann über den kindi-schen Charakter von Philippine Bruneau:

»Es ist ganz offensichtlich, daß wir, Gefährtinnen von Männern, deren Gehirn unermüdlich arbeitet, so gut wie eben möglich unsere tiefsten Gedanken verbergen müssen, die ebenso traurig sind wie die ihren, aber es gibt dabei doch eine Grenze.«[8]

Die ganze Alexandrine zeigt sich in diesem letzten Satz. Diese »Grenze« erlaubte es der Gefährtin Zolas, sie selbst zu bleiben.

Aber trotz ihrer Ratschläge war sie eine treue Leserin von Deni-ses Büchern und sehr gerührt, daß Denise ein so großes Vertrauen zu ihr hatte und ihr die Vorabdrucke schickte. In der kleinen Toch-ter ihres neuen Dienstmädchens Marie, die sie so gern um sich hatte, fand sie eine begeisterte Leserin:

»Siehst Du, welch ein Erfolg! Das ist ein Prädikat! Im übrigen ist sie recht intelligent, schüchtern, aber offen, hört genau zu, wenn man ihr etwas sagt und ist nicht im geringsten frech.«[9]

Aus immer weiterer Ferne kamen nun auch Erinnerungen an ihr Leben mit Emile Zola. Sie dachte oft an ihr gemeinsames Schmökern bei den Bouquinisten an der Seine, an die Fischverstei-gerungen in der Normandie, an einen Sturm vor der Küste von Cherbourg, in dem sie sich unter den Segeln verkriechen mußten, um sich vor den Wogen zu schützen, an ihre Freude beim Baden im Meer oder an die Betten auf dem Land, in denen man bis zum Hals in den Federn versank. Sie verweilte nie lange bei einem Thema und wurde nie sentimental. Die Vergangenheit blieb zweifellos lebendig, aber die Gegenwart mischte sich ein, Freunde kamen sie besuchen, Möbel, Bilder, unzählige Nippessachen umgaben sie, und dazu kamen die Probleme mit der Werkausgabe und ihre Auseinandersetzung mit dem Werk überhaupt, das sie wieder und wieder las:

»Auch habe ich Chartres aufgesucht, denn ich lese gerade *Mutter Erde* wieder und habe unsere so weit zurückliegende Reise vor Augen. Ich erinnere mich auch an die Niedertracht einiger charmanter Kollegen wegen dieses Buches, von denen einige sogenannte Freunde waren.«[10]

Sie wollte sich durch das Lesen sicherlich den Text noch einmal in Erinnerung rufen, denn im selben Jahr wurde der nach diesem Roman gedrehte Film von André Antoine gezeigt, den sie sich anschauen wollte. Später verglich sie Film und Roman:

»Ja, der Roman ist schrecklich in seinem Realismus, genau wie Du sagst, und dennoch bleibt er in einigen Teilen weniger realistisch als die Realität. Die Bücher schreibt man für sich allein, nicht für die Masse, darum muß man im Theater oder im Kino Kürzungen vornehmen, was für das Werk jedesmal ärgerlich ist.«[11]

Im Februar 1925 las sie noch einmal *Seine Exzellenz Eugène Rougon* und amüsierte sich »köstlich über alle diese Geschichten aus dem Kaiserreich, die so mühselig gesammelt wurden« von ihrem Mann. Sie war verblüfft über die detailgetreuen Beschreibungen von einem Paris, das es nicht mehr gab, und über die Aktualität einiger politischer Auseinandersetzungen. Da sie wegen ihres Rheumas nicht mehr nähen konnte, las sie viel: Musset, der ihr Lieblingsdichter blieb, Flaubert, dessen Briefwechsel sie mit großem Interesse verfolgte.

Es gefiel ihr in ihrer Wohnung, sie ging nicht mehr hinaus, ihre »drei Palmen auf (ihrem) Balkon genügen als Sommerfrische«, die sie ihren »Balkonstrand« nannte. Nach und nach wurde es auch zu einer ungeheuren Kraftprobe, die Cocos (Jacques und seine Familie) in Ville-D'Avray oder die Le Blonds in L'Etang-la-Ville in der Nähe von Marly-le-Roi zu besuchen. Sie zögerte sogar, am Pilgertreffen von 1921 teilzunehmen, tat es dann doch, um ihren alten Freund Eugène Fasquelle, dem sie ihre Anwesenheit versprach, nicht zu enttäuschen. Seit mehr als sechs Wochen hatte sie wegen der Hitze Paris nicht mehr verlassen, aber innerhalb von Paris fuhr sie gern herum – im Autobus, den sie noch 1924 benutzte. Da war sie fünfundachtzig Jahre alt.

Als Frau des 19. Jahrhunderts blieb für sie »ihr Tag« noch von großer Wichtigkeit. Weiterhin empfing sie am Samstag ihre Freunde, wie sich die Kinder von Denise erinnern. Den beiden kleinen Mädchen Aline und Françoise wurde nun die Ehre zuteil, den Gästen von Madame Zola den Tee servieren zu dürfen, und außerdem hatten sie noch das schreckliche Privileg, die Tassen und Untertassen aus dem düsteren Eßzimmer zu holen, in dem zwei Porzellankatzen mit furchtbar glänzenden Augen thronten. In ihrer Wohnung in der Rue de Rome im zweiten Stock war alles von blendender Sauberkeit, auch im Badezimmer, das man mit Mosaik ausgelegt hatte. Der Toilettentisch aus weißem Porzellan mit blauen Blumenintarsien löste bei den Kindern tiefste Bewunderung aus. An den Zimmerwänden hingen Wandbespannungen, dicke Teppiche, und die bemalten Fensterscheiben tauchten die Wohnung in ein geheimnisvolles Dunkel. Madame Zola empfing ihre Gäste immer im Arbeitszimmer ihres Mannes, das sie genauso eingerichtet hatte, wie es einst in der Rue de Rome gewesen war, das er aber hier nie bewohnt hatte.

Am Neujahrstag kamen die zuvor mit Nachdruck über richtiges Benehmen instruierten Kinder, um aus der Hand von Bonne Amie ihr Neujahrgeschenk zu erhalten, dieselbe Geldsumme Jahr für Jahr. Die ganze Familie versammelte sich bei ihr. Der blaue Dauerbrandofen verbreitete eine kaum auszuhaltende Hitze in ihrer Wohnung. Im Vorzimmer wachte eine schwarze Bronzestatue von merkwürdigem Aussehen. Nachdem sie alle Bonne Amie geküßt und ihr ein gutes Neues Jahr gewünscht hatten, mußten sich Aline, Françoise, Jean-Claude und ihr Vetter François in einer Reihe auf den Diwan setzen und der unendlichen Besucherschar zuschauen, die gekommen war, um Madame Zola ihre besten Wünsche zu übermitteln. Jedem sagte sie eine Freundlichkeit, folgte aufmerksam der Unterhaltung und äußerte auch streng ihre Meinung, wenn sie es für angebracht hielt.

Im Juni 1923 wurde sie durch einen Schlaganfall sehr angegriffen. Sie fand dennoch den Mut, Fasquelle davon zu unterrichten:

»Mein guter Freund,

etwas klapprig auf den Beinen, habe ich Doktor Mine holen lassen, der wie ich der Überzeugung ist, daß ich einen Schlaganfall hatte. Ich wollte nicht, daß jemand anders als ich Sie von meiner Krankheit unterrichte, darum beeile ich mich, Sie selbst zu benachrichtigen und bitte Sie, es für sich zu behalten, damit man nicht mein armes Dienstmädchen bestürmt.

Ich grüße Sie sehr herzlich, Alexandrine Emile-Zola.

Hat Charles an Fräulein (unleserlich) nach Saint-Mandé geschrieben oder ihr den Bericht geschickt?«[12]

Es brauchte schon mehr, um Madame Zolas Lebenswillen zu brechen. Geneviève Béranger erzählt:

»Ihr blendendes Aussehen war verschwunden. Ihr charmantes Gesicht war kleiner geworden. Aus ihren Augen sprach das Leiden und der Schmerz menschlicher Existenz. Ihr Wille bezwang jede Minute ihren leidenden Körper, der oft um Gnade flehte ...«[13]

Sie eroberte nach diesem Schlaganfall alle ihre geistigen Fähigkeiten zurück und wurde wieder, wie Fasquelle schreibt, »unsere starke Alexandrine«, aber ihre Wohnung wollte sie nun nicht mehr verlassen, weil sie glaubte, daß die anderen sie vielleicht nicht mehr anerkennen würden. Mehrere Personen zugleich zu empfangen, ermüdete sie jetzt sehr. Ihre Freundin Geneviève durfte sie am Sonntag besuchen, niemand sonst. Da das Dienstmädchen wegen des Feiertags Ausgang hatte, öffnete Alexandrine selbst die Tür:

»Ich hörte kleine schnelle Schritte – wie das Trippeln einer Maus. Hinter einer Sicherheitskette tat sich ein kleiner Türspalt auf, in dem das charmante Gesicht meiner Freundin erschien, die mich dann herzlich willkommen hieß.«[14]

Im Lauf des Gesprächs verflog die Müdigkeit von Madame Zola, ihre Augen glänzten, sie wurde wieder die schwungvolle Alexandrine: Goncourt, Flaubert, Turgenjew, Manet, die Bälle im Hotel Cernuschi, die Abendgesellschaften bei Marguerite und Georges Charpentier, die Proben im Théâtre libre – ihre Erinnerungen waren lebendig.

Aber dennoch ging die alte Dame nicht zur feierlichen Enthüllung der Büste Emile Zolas am 15. Juni 1924. Sie war fünfundachtzig. Doch jede Einzelheit dieser Zeremonie hatte ihrer Zustimmung unterlegen, und sie bestimmte, daß die Zeilen aus dem letzten Werk Zolas, dessen Vollendung der Tod verhindert hatte, auf dem Denkmal eingraviert wurden:

>»Nur durch Wahrheit zur Gerechtigkeit,
>Nur durch Gerechtigkeit zum Glück.«

In vielen Ehrungen für ihren Mann wurde sie miterwähnt. Am Nachmittag strömte über eine Stunde lang die Pariser Bevölkerung herbei und zog schweigend an der Büste Emile Zolas vorüber, die unter der Kuppel des Pantheon aufgestellt worden war. Am Abend drängten sich Tausende am Trocadéro. Sie waren dem Aufruf der Liga der Menschenrechte gefolgt. Die bekanntesten Schauspieler lasen aus den Werken Zolas oder Gedichte ihm zu Ehren, Musikstücke von Bruneau und Gustave Charpentier wurden gespielt.

Alexandrine blieb zu Hause. In der Stille ihrer Wohnung sammelte sie sich und nahm innerlich an dieser Ehrenfeier teil.

Ein neuer Hirnschlag warf sie im Badezimmer nieder. Sie entschlief einige Stunden später, um sieben Uhr abends. Sie starb an einem Sonntag, wie Emile. Ihre Beerdigung fand am 29. April statt. Der Leichenwagen verschwand unter Bergen von Blumen. Blumensträuße von den Beeten in Médan, Blumen, wie sie sie ihrem Loulou in die Briefe einlegte, Blumen, die sie so sehr liebte, begleiteten sie. Die letzten Worte sprach Geneviève Béranger:

»Diese in Paris geborene Pariserin kannte ihr glühendes Herz und ihre unbesiegbare Energie, doch während ihres ganzen Lebens hat sie sich selbst diszipliniert. Ihre Begeisterung für alle guten Ideen war grenzenlos. Sie liebte und sie liebte nicht, beides mit ebensoviel Mut wie Unbestechlichkeit, und nie waren ihre Liebe und ihre Nicht-Liebe alltäglich und beliebig.«

Eine letzte Erinnerung an Alexandrine erzählte uns der Enkel des Schriftstellers, Jean-Claude Le Blond, der damals elf Jahre alt war:

An einem Morgen im April 1925, einige Tage vor ihrem Tod, war er ganz allein mit seiner Schwester Françoise zu Bonne Amie gegangen. Gewiß sollte er ihr eine Botschaft überbringen. Ganz stolz war er, daß er sich wie ein Erwachsener mit ihr unterhalten konnte. Sie hatte mit ihnen gesprochen, die Kinder hatten ihr höflich geantwortet. Als sie dann fortgingen, begleitete sie sie persönlich bis zur Tür und küßte sie dort zum Abschied. Sie stiegen die zwei Etagen hinab. Als sie unten im Vestibül waren, sahen sie noch einmal hinauf. Ganz zerbrechlich stand Madame Zola am Treppengeländer und beugte sich hinab. Die Kinder gingen davon, und sie schaute ihnen nach.

Epilog

Alexandrine Emile-Zola setzte Denise Le Blond-Zola und ihren Bruder Jacques Emile-Zola einerseits und die Emile-Zola-Stiftung andererseits durch ihr Testament vom 30. März 1919 zu gleichen Teilen als Erben ein. Die Kinder Emile Zolas erhielten ebenfalls einen Teil des literarischen Eigentums ihres Vaters. Zolas Manuskripte wurden der Bibliothèque Nationale in Paris übergeben. Die drei Bilder Manets gingen als Schenkung an den Louvre. Nach dem Tod Alexandrine Zolas wurde ihrem Wunsch entsprechend ihr Mobiliar versteigert. »Mögen Jacques und Denise sich erinnern, daß sie ›Zola‹ heißen, nicht durch ihren Vater, sondern durch mich; ein Name, der mir nicht gehört«, schrieb sie in einem Brief an ihren Testamentsvollstrecker.

Aus der Vielzahl ihrer in ihrem Testament festgelegten Verfügungen sei nur eine zitiert:

»Obgleich mein lieber Mann nicht mehr in seinem Grab auf dem Montmartre-Friedhof ist, soll dieses Grab so gehalten werden, als sei er noch dort. Der Platz, den er dort einnahm, soll freibleiben, so als sollte er einmal dorthin zurückkehren. Mich lege man in das Gewölbe daneben. Die vier anderen Gewölbe gehören Jacques und Denise, wenn sie sie nutzen wollen.«

Anmerkungen

Das Grab des Kindes

1 Dr. Brochard, *De la mortalité des enfants en France*, Kindersterblichkeit in Frankreich, Paris 1866

2 Elisabeth Badinter, *L'amour en plus*, Liebe zusätzlich, Paris 1980

3 Diese unmenschlichen Verfahren beschreibt Zola später in seinem Roman *Fruchtbarkeit*

4 Zitiert bei Elisabeth Badinter, a.a.O.

5 Maxime Du Camp, *Paris, ses organes, ses fonctions et sa vie jusqu'en 1870*, Paris – Organe, Aufgaben und öffentliches Leben bis 1870, Rondeau, Monaco 1993

6 ebd.

7 Zitiert bei Albert Dupoux in »Sur les pas de M. Vincent«, M. Vincent auf Schritt und Tritt, *Revue de l'Assistance public*, Paris 1958

8 Dr. Brochard, *La Vérité sur les enfants trouvés*, Die Wahrheit über die Findelkinder, Paris 1876

9 Zola, *Das Werk*, dt. von Hans Balzer, Artemis, München 1976, S. 586

Das Paris der einfachen Handwerker

1 Die Grenzen der Pariser Arrondissements, der Pariser Stadtbezirke, wurden 1860 neu festgelegt. Wir beziehen uns einfachheitshalber immer auf die heutigen Arrondissements.

2 Guizot, Francois, 1787–1874, konservativer französischer Politiker

3 Barbès, Armand (1809–1870), und Blanqui, Louis-Auguste (1805–1881), nahmen als radikale Sozialisten an mehreren Verschwörungen und Putschversuchen gegen Louis-Philippe teil und sollten lebenslängliche Freiheitsstrafen verbüßen, wurden aber begnadigt. Barbès ging 1854 ins Exil. Blanqui verbrachte insgesamt 30 Jahre seines Lebens im Gefängnis.

4 Victor Hugo, *Les Misérables*, 1862

5 Cosette ist eine Mädchenfigur aus *Les Misérables*

6 *Der Totschläger*, dt. von Gerhard Krüger, München 1975, S. 542

7 ebd. S. 483

8 ebd. S. 214/215

Die schöne Gabrielle

1 *Etude de femme*, Frauenstudie, 1864 (46 x 38 cm), Nr. 22 im Venturi-Katalog. Dieses Bild war Eigentum des Ehepaars Zola. Adhémar sieht

darin ein Porträt Gabrielles.

2 Sophie Monneret, *Cézanne, Zola, la fraternité du génie,* Cézanne, Zola –
Verwandtschaft zweier Genies, Paris 1978

3 Paul Alexis, *Emile Zola, Notes d'un ami,* Notizen eines Freundes, Paris
1882

4 Vgl. auch S. 238

Das Bohème-Leben

1 Georges Pajot, 15. März 1865, zitiert bei Colette Becker in »Un ami de
jeunesse d'Emile Zola«, ein Jugendfreund Zolas, *Cahiers naturalistes,*
Nr. 53

2 Brief vom 19. Oktober 1865, zitiert bei Colette Becker, a.a.O.

Landausflüge

1 R. Walter, »Zola et ses amis à Bennecourt«, Zola und seine Freunde in
Bennecourt, *Cahiers naturalistes,* Nr. 17

2 Zola, »Une farce«, Ein Streich, in *Les Parisiens en villégiature, contes et
nouvelles,* Paris o.J.

Der Ernst des Lebens

1 Annuaire (Jahrbuch) des Batignolles-Monceau, 1857–1858

Donnerstagsgäste

1 *Journal* der Brüder Goncourt, 15. Oktober 1876, coll. Bouquins, 3 Bände, Paris

2 Seefisch

3 *Das Werk,* dt. von Hans Balzer, München 1976, S. 525

Ehefrau oder Konkubine

1 George Sand, 1804–1876, Schriftstellerin, von 1838 bis 1847 Geliebte
Chopins

2 Marie d'Agoult, 1805–1876, Schriftstellerin mit dem Pseudonym
Daniel Stern, Liaison mit Franz Liszt, von dem sie zwei Töchter hat,
von denen eine Richard Wagner heiratete.

3 *Das Werk,* a.a.O., S. 298

4 *Das Werk,* a.a.O., S.529

5 Auf beeindruckende Weise werden sich diese Probleme später erneut
stellen, als es um den Namen und ihre Beziehung zu den außerehelich
geborenen Kindern Zolas geht.

Ganz bürgerlich

1 *Das Werk,* a.a.O., S. 253 f.

2 Zola, *Madeleine Férat*

3 Denise Le Blond-Zola, *Emile Zola raconté par sa fille,* Emile Zola, von seiner Tochter erzählt, Paris 1931

4 *Xavier-Edouard Lejeune* – Eine Untersuchung von Michel und Philippe Lejeune, Paris 1984, zitiert von Colette Becker im *Dictionnaire d'Emile Zola,* Paris 1993

5 Armand Lanoux, *Bonjour, Monsieur Zola,* Paris 1964

Der Zusammenbruch

1 *La Débâcle,* Der Zusammenbruch, ist der Titel eines Romans der Reihe *Die Rougon-Macquart*

2 *Journal* der Brüder Goncourt, 7. September 1870

3 16. Dezember 1870, aus der Sammlung ITEM-CNRS, Centre Zola

4 16. Dezember 1870, ebd.

5 15. Dezember 1870, ebd.

6 16. Dezember 1870, ebd.

7 20. Dezember 1870, ebd.

8 17. Dezember 1870, ebd.

9 22. Dezember 1870, ebd.

10 21. Dezember 1870, ebd.

11 Bakker, *Correspondance,* Presses de l'Université de Montréal – CNRS, 1978–1995, Band 2, S. 278, Anm. 2

Schmaler Pfad zum Ruhm

1 Zola, *Der Bauch von Paris*

2 Michel Robida, *Le Salon des Charpentier,* Bibliothèque des arts, 1978

3 Maurice Dreyfous, *Ce qui me reste à dire,* Ollendorf 1912

4 Bakker, a.a.O., Band 3, 13. September 1877

5 Goncourt, *Journal,* 25. Januar 1875

6 ebd.

7 Julia Daudet, *Souvenirs autour d'un groupe littéraire,* Paris 1910

8 Goncourt, *Journal,* 3. April 1878

9 ebd., 1. Mai 1884

10 ebd., 10. April 1886

11 ebd., 8. Juni 1891

12 Meine Entdeckung dieses Pachtvertrags führt zu der Frage, ob die Familie Meley nicht bereits in der Vergangenheit diesen Beruf ausübte. Damit ließe sich auch das Gerücht erklären, Alexandrine sei die Tochter eines Hotelbesitzers der Passage Lathuile, die an die Avenue de Clichy angrenzt. Sie selbst erwähnt in einem ihrer letzten Briefe ein Hotel in Clichy, in dem sie mit zwanzig Jahren gewohnt habe.

Am Meer
1 Albert Laborde, *Trente-huit années près de Zola,* Paris 1963
2 Bakker, a.a.O., Band 2
3 Cf. Gabriel Désert, *La Vie quotidienne sur les plages normandes du Second Empire aux Années folles,* Paris 1983
4 Bakker, a.a.O., Band 3
5 Zitiert bei Jean-Didier Urbain in *Sur la plage,* Paris 1994

Das Jahr des Totschlägers
1 Goncourt, *Journal,* 16. April 1877
2 Zola, *Naïs Micoulin*
3 ebd. Die Wiederholung des Wortes »Öl« stammt von Zola.
4 Im Roman *Fécondité* (1899) bestätigt der Leiter der öffentlichen Fürsorge auf Befragen, daß das von Norine verlassene Kind in der Tat existierte und noch am Leben sei. In solchen Fällen gab die Fürsorge keine weiteren Auskünfte. Der Tod eines solchen Kindes wurde in ein Register eingetragen, auf dem man zuvor seine Abgabe vermerkt hatte.

Stadthäuser, Landhäuser
1 Goncourt, *Journal,* 3. April 1878
2 Vgl. *Dictionnaire d'Emile Zola,* a.a.O.
3 *Das Werk,* a.a.O., S. 525
4 ebd., S. 526
5 Denise Le Blond-Zola, a.a.O.
6 Bakker, a.a.O., Brief an Céard, 8. Mai 1880
7 Goncourt, *Journal,* 6. Februar 1878
8 C. Becker, *Trente ans d'amitié,* Briefe des Verlegers Charpentier an Emile Zola, Paris 1980
9 Colette, »La Couseuse«, in *La Maison de Claudine*
10 Léon Daudet, *Souvenirs,* zitiert bei Robert Courtine in *Le Ventre de Paris,* Paris 1985
11 Goncourt, *Journal,* 3. Januar 1889
12 ebd., Band II, 9. März 1882
13 Denise Le Blond-Zola, a.a.O.
14 Vgl. *Dictionnaire Emile Zola,* a.a.O., S. 253
15 Collection Morin-Laborde

Die Gastgeberin von Médan
1 Vgl. »Emile Zola à Médan«: ein Gespräch mit Albert Laborde, *Cahiers naturalistes,* Nr. 38, 1969
2 Louis de Robert, *De Loti à Proust,* Paris 1928
3 Die Hervorhebung dieses Wortes stammt von Alexandrine Zola.

4 Collection Morin-Laborde

5 In einem Brief an Eugène Fasquelle (Oktober 1906) bittet sie darum, daß in der Briefsammlung *Lettres de jeunesse* der Briefwechsel zwischen Zola und Cézanne an erster Stelle stehen solle. Sie präzisiert: »Die Beziehungen zwischen meinem lieben Emile und Cézanne waren immer sehr gut, und daher ist es vorzuziehen, daß diese Briefe gleich zu Beginn der Sammlung stehen. (...) Meine Schwiegermutter und ich liebten ihn immer so, als gehörte er zur Familie.«

6 Diese Bilder Cézannes werden 1903 nach dem Tod Zolas verkauft. Es sind: *Néréides et Tritons, L'Estaque, Coin d'atelier, Une lettre de Paul Alexis chez Emile Zola, Nature morte: Le Coquillage. L'enlèvement* stand auf dem Speicher in Médan und wurde dort 1923 gefunden. Weiterhin wurden 1903 die Bilder Cézannes *Portrait, Nature morte* und das von Gabrielle inspirierte *Frauenporträt* von 1864 verkauft.

7 Zola, *Paris*

8 Collection Morin-Laborde

9 ebd.

10 Albert Wolff, *Le Figaro*, 19. April 1880

11 Pierre Cogny, *Le Huysmans intime de Céard et Caldain*, Paris 1957

Trübe Gedanken

1 Collection Morin-Laborde

2 Zola, *La Joie de vivre,* Die Freude am Leben, dt. von Elisabeth Eichholtz, München 1976, S. 249 f.

3 Dr. Edouard Toulouse, *Emile Zola, enquête médico-psychologique sur les rapports de la supériorité intellectuelle avec la névropathie*, Paris 1896

4 *Die Freude am Leben,* S. 181

5 ebd., S. 184

6 *Der Traum*, S. 11

7 ebd., S. 199

8 ebd., S. 16

9 ebd., S. 235

10 ebd., S. 53

11 ebd., S. 241

12 Ein weiterer Nachhall dieser Unfruchtbarkeit findet sich im Roman *Fécondité* (1899). Nachdem Madame Angelin Jahre hindurch alles versucht hatte – Medikamente, Bäder, Geburtshelferinnen, Scharlatane –, wird sie von einer »Delegierten der öffentlichen Fürsorge« besucht und bekommt Kontakt zu den Waisenkindern. Danach leidet sie weniger an ihrer »zerstörten Mutterschaft«. Das läßt unweigerlich den Gedanken an Madame Zola aufkommen, die sich später intensiv der Arbeit in der Kinderkrippe widmete.

13 Goncourt, *Journal,* 20. Juni 1881. Vgl. ebenso die Eintragung vom 6. Juli
   1882: »Als ich aus Médan zurückkam, sagte ich mir, daß ein Haushalt in
   einer Wohnung in Paris auf Kinder verzichten könne, aber nicht in
   einem Landhaus. Die Natur verlangt Kinder.«
14 Louis de Robert, a.a.O.
15 Burns *Lettres inédites de H. Céard à Zola,* Paris 1958
16 ebd.
17 Brief vom 10. Dezember 1884, Collection Morin-Laborde

Die Krise in der Lebensmitte
 1 Zola *Le roman expérimental,* Der experimentelle Roman
 2 Zur Erinnerung: Le Paradou, das Paradies, ist im Roman *La Faute de
   l'Abbé Mouret,* Die Sünde des Abbé Mouret, 1875, ein verwilderter und
   wunderbar beschriebener Grundbesitz. Denselben Namen gab das
   Ehepaar Zola auch dem Chalet auf der Seine-Insel bei Médan.
 3 Collection Morin-Laborde
 4 ebd.
 5 Vgl. Albert Laborde, *Trente-huit années près de Zola. La vie d'Alexandrine
   Emile Zola,* Paris 1963

Die junge Weißnäherin
 1 Denise Le Blond-Zola, a.a.O.
 2 F. W. J. Hemmings, *The Life and Times of Emile Zola,* New York 1977

Das große Geheimnis
 1 Goncourt, *Journal,* 25. Januar 1896
 2 ebd., 21. November 1889
 3 ITEM-CNRS, Centre Zola (künftig Centre Zola genannt)
 4 Goncourt, *Journal,* 15. Juli 1891
 5 Collection Morin-Laborde

Der Brief
 1 Goncourt, *Journal,* 10. Februar 1895
 2 Collection René Coursaget

Die Tage nach dem Ruhm
 1 Burns, a.a.O.
 2 Collectin Morin-Laborde
 3 ebd.
 4 Zola, *Doktor Pascal,* dt. von Hans Balzer und Elisabeth Eichholtz, München 1977, S. 219f.
 5 Burns, a.a.O., S. 411

6 ebd.

7 Alle Zitate wurden dem Buch von Burns, a.a.O., entnommen.

Der Kompromiß

1 Goncourt, *Journal,* 4. August 1893

2 Brief vom 24. September 1893, zitiert bei D. Le Blond-Zola, a.a.O.

3 Denise Le Blond-Zola, a.a.O.

4 ebd.

Der schöne italienische Sommer

1 Centre Zola

2 Einzige Ausnahme ist das Jahr 1898, als Zola im Exil in England ist.

3 Auszug aus dem Sotheby-Katalog »Emile Zola et l'affaire Dreyfus«, Emile Zola und die Dreyfus-Affäre.

4 Bakker, a.a.O., 20. November, 1895

5 Ein erheblicher Teil der Korrespondenz zwischen Zola und Alexandrine sowie zwischen ihm und Jeanne steht der Öffentlichkeit nicht zur Verfügung. Gemäß einer Liste, die sein Sohn Jacques Emile-Zola für die Zeit zwischen Oktober 1897 und November 1899 aufstellte, gab es 194 Briefe und 23 Telegramme an Alexandrine, 78 Briefe und 11 Postkarten an Jeanne. Zudem gibt es für die in diesem Kapitel behandelte Zeit 108 Briefe an Jeanne.

6 Collection Morin-Laborde

7 ebd.

8 ebd.

9 Goncourt, *Journal,* 27. November 1895

J'accuse

1 In der Mehrzahl aller Texte über die Dreyfus-Affäre bleibt ihre Rolle unerwähnt.

2 Für genaue Informationen über die Dreyfus-Affäre siehe Jean-Denis Bredin, *L'affaire,* Paris 1983. Die Rolle Zolas in den Auseinandersetzungen beschreibt Alain Pagès in *Emile Zola, un intellectuel dans l'affaire Dreyfus,* Paris 1991

3 Collection Morin-Laborde

4 Peilleux und Ravary waren Untersuchungsrichter.

5 Eugen Weber, *Fin de siècle,* Paris 1986

6 Joseph Reinach, zit. bei Eric Cahm, *L'Affaire Dreyfus,* coll. Références

7 Marcel Proust, *A la Recerche du temps perdu – La Prisonnière,* S. 237

8 Marcel Proust *Le Côté de Guermantes,* Bd. 2, S. 234

9 Er war Leiter der Pariser Polizei und mit dem Schutz Zolas während der Affäre beauftragt.

10 Alain Pagès, a.a.O.
11 A. Laborde, a.a.O.
12 Nachzulesen bei J.-D. Bredin, a.a.O.
13 Denise Le Blond-Zola, a.a.O., S. 244

»Wächterin und aufopferungsvolle Dienerin«
1 Es ist ihr Hund Pinpin.
2 Centre Zola
3 Collection Puaux-Bruneau
4 ebd.
5 Bakker, a.a.O., Band 9, 3. August 1898
6 ebd., 15. August 1898
7 Centre Zola
8 Bakker, a.a.O., Brief vom 6. August 1898
9 Denise Le Blond-Zola, a.a.O., S. 253
10 Centre Zola
11 ebd.
12 Bakker, a.a.O., Band 9, 13. August 1898, S. 254
13 ebd., 11. August 1898
14 Da wir den Inhalt der Briefe, die er Jeanne geschickt hat, nicht kennen, scheint sie auch für uns wie ausradiert zu sein.
15 Bemerkenswert ist, daß alle Autoren, die sich in ihren Büchern mit der Affäre auseinandersetzen, Zola nach seinem Aufbruch ins Exil nicht mehr erwähnen.
16 Centre Zola
17 Centre Zola, Brief vom 30. August

»Ich und du zugleich«
1 Collection Puaux-Bruneau
2 Bakker, a.a.O., Band 9, 25. September 1898
3 ebd., 27. September 1898
4 ebd., 4. Oktober 1898
5 ebd., 2. Oktober 1898
6 Bakker, a.a.O., Band 9, 15. Oktober 1898
7 Collection Puaux-Bruneau
8 Zitiert bei Alain Pagès, a.a.O., S. 207
9 Collection Morin-Laborde
10 ebd.
11 Jules Guérin war Gründer der antisemitischen Liga; Quesnay de Beaurepaire, Richter beim Kassationshof, bat um seine Entlassung, als die Revision angeordnet wurde.
12 Collection Morin-Laborde

13 Bakker, a.a.O., Band 9, 27. Februar 1899
14 Centre Zola
15 Laborde, a.a.O., S. 183
16 Centre Zola
17 Man vergleiche damit auch die ersten sechs Kapitel des Romans *Fécondité,* die nicht nur seine Lektüre der beiden Werke *La Vérité sur les enfants
trouvés* von Dr. Brochard und *L'Enfance malheureuse,* von Paul Strauss
(beide Werke brachte ihm Desmoulin im Juli 1898), sondern auch Alexandrines schmerzliche Erfahrungen widerspiegeln.
18 Collection Le Blond-Zola
19 Bakker, a.a.O., Band 10, 1899. Zitiert auch im Katalog des Hôtel
Drouot vom Juni 1992

Nach dem Exil
 1 Schriftexperte, der behauptet hatte, Dreyfus habe seine eigene Handschrift im »Bordereau« nachgemacht.
 2 Collection Morin-Laborde
 3 ebd.
 4 Bakker, a.a.O., Band 10
 5 Collection Morin-Laborde
 6 Centre Zola
 7 28. November 1900, Centre Zola
 8 12. November 1901, Centre Zola
 9 Centre Zola
10 ebd.
11 Collection Emile-Zola, Brief vom 11. November 1900
12 11. Oktober 1900, Centre Zola
13 12. November 1901, Centre Zola
14 22. November 1901, Centre Zola
15 3. Dezember 1901, Centre Zola

Zolas Tod
 1 Bakker, a.a.O., Band 10, S. 87
 2 Laborde, a.a.O., S. 174
 3 Trotz der am 8. und am 14. Oktober durchgeführten Untersuchungen
konnte die Annahme, sein Tod sei auf ein Unglück zurückzuführen,
niemals bestätigt werden, aber ebensowenig auch die Hypothese eines
Attentats, obgleich ein Ofensetzer 1927 sich selbst beschuldigte, vor der
Rückkehr des Ehepaars Zola den Schornstein verstopft zu haben.
Angesichts der Schonungslosigkeit politischer Auseinandersetzungen
jener Zeit ist ein Attentat nicht undenkbar.
 4 Bruneau, a.a.O.

Erinnerungspflege als neue Aufgabe

1 Centre Zola, Brief vom 4. April 1919
2 ebd., Brief vom 5. Februar 1905
3 Brief an Jeanne Rozerot, Centre Zola
4 Brief vom 18. Oktober 1906
5 Brief an Jeanne Rozerot vom 8. Oktober 1904. Wie alle hier zitierten Briefe der beiden Witwen befindet sich auch dieser Brief im Centre Zola.

Die beiden Witwen

1 Wir beziehen uns hier selbstverständlich nur auf die Briefe, die der Öffentlichkeit zugänglich sind.
2 Einem Franc im Jahr 1903 entsprachen 17,86 Francs im Jahr 1993.
3 Centre Zola
4 ebd., 29. Dezember 1904
5 Alfred Bruneau, a.a.O., S. 203
6 Centre Zola
7 Hervorhebung der Autorin. Brief vom 8. Oktober 1904
8 ebd.
9 Die einzelnen Informationen sind dem Buch von Nicole Lapierre *Changer de nom,* Paris 1995, entnommen.
10 Centre Zola, Brief vom 10. November 1906

Der Sonnenstrahl

1 Dieser Abschnitt wurde einem undatierten und bisher unveröffentlichten Brief von Alexandrine an Denise entnommen. Alle Zitate aus der Korrespondenz zwischen Denise und Madame Zola entstammen der Privatsammlung von Françoise und Jean-Claude Le Blond, die mir Einblick gewährten in die unveröffentlichte Korrespondenz ihrer Mutter mit Madame Zola aus den Jahren 1902 bis 1925 – 256 Briefe von Denise und 199 von Alexandrine.
2 Privatsammlung
3 ebd.
4 ebd.
5 ebd.
6 ebd.
7 ebd.
8 Denise Le Blond-Zola, a.a.O., S. 277
9 ebd.
10 ebd.
11 ebd.
12 Unterstrichen von Denise

13 Berthe: ein streifenförmiges, weites Schulterdekolleté
14 Privatsammlung
15 ebd.

Postume Ehren

1 Brief vom 8. November 1901
2 Privatsammlung
3 »Raben« ist eine abfällige Bezeichnung für katholische Priester.
4 Privatsammlung
5 ebd.
6 ebd.
7 ebd.

Bonne Amie

1 Privatsammlung
2 Centre Zola
3 Vgl. Laborde, a.a.O., S. 215
4 Privatsammlung
5 Centre Zola
6 Figur einer Erzählung Zolas, zu dem ihn das Ehepaar Daudet, das sehr eng zusammenarbeitete, angeregt hatte.
7 Centre Zola, 28. Oktober 1900
8 ebd., 28. November 1900

Die Kriegsjahre

1 Geneviève Béranger, *Bulletin de la Société littéraire des amis d'Emile Zola,* Jahr 1925, Nr. 7, S. 4
2 Privatsammlung
3 ebd.
4 Gothas, frz. Spottname für deutsche Bomberflugzeuge im Ersten Weltkrieg, abgeleitet vom Wort »die Goten«.
5 Vgl. Gabriel Perreu, *A vie quotidienne des civils en France pendant la Grande Guerre,* Der Alltag französischer Bürger während des Ersten Weltkriegs, Paris 1966

Endspiel

1 Sie schreiben sich vor allem während der Sommerferien. In den übrigen Monaten des Jahres ist Denise zweimal wöchentlich, dienstags und samstags, bei Bonne Amie.
2 Privatsammlung
3 ebd.
4 ebd.

5 Brief vom 8. Juli 1919, Centre Zola. Was den erwähnten Text betrifft, so findet er sich in *Pastiches et Mélanges,* Gallimard. coll. Idées. S. 36. Hier läßt Proust Lucien Daudet in einem fiktiven *Journal* von Goncourt erzählen: »Eines Tages erwies ein Herr Marcel Proust einen sehr großen Dienst, der ihn zum Dank zu einem Essen auf dem Lande einlud. Aber wie sie sich so unterhielten, wollte der Herr, der niemand anders war als Zola, nicht anerkennen, daß es in Frankreich nur einen wirklich großen Schriftsteller gäbe, an den nur Saint-Simon heranreiche, und daß das Léon sei. Woraufhin zum Donnerwetter! Proust seine ganze Dankbarkeit vergaß, die er Zola schuldig war, und ihm ein paar Ohrfeigen verabreichte, daß er zehn Schritt weit davonrollte und der Länge nach hinschlug. Am nächsten Tag prügelte man sich, und trotz der Vermittlung von Ganderax lehnte Proust eine Aussöhnung ein für allemal ab.«
6 27. Juli 1919, Privatsammlung
7 ebd.
8 Centre Zola, 26. November 1900
9 Privatsammlung
10 ebd.
11 ebd.
12 Centre Zola
13 *Bulletin de la Société littéraire des amis d'Emile Zola,* Mai 1925
14 ebd.

Epilog
1 Brief an E. Fasquelle, 31. August 1923, Centre Zola

Bibliographie

Alexis, Paul: *E. Zola. Notes d'un ami.* Paris 1882
Allem, Maurice: *La vie quotidienne sous le Second Empire.* Paris 1948

Badinter, Elizabeth: *L'Amour en plus.* Paris 1980
Becker, Colette: *Trente années d'amitié. Lettres de l'éditeur Charpentier à Émile Zola.* Paris 1980
Becker, Colette: *Dictionnaire d'Émile Zola.* Paris 1993
Bredin, Jean-Denis: *L'Affaire.* Paris 1983
Brochard: *De la mortalité des enfants.* Paris 1866
Brochard: *La vérité sur les enfants trouvés.* Paris 1876
Brown, Frederick: *Zola: une vie.* Paris 1996
Bruneau, Alfred: *A l'ombre d'un grand coeur.* Paris 1980 (Neuaufl.)
Burns, Colin: *Lettres inédites de H. Céard à Zola.* Paris 1968

Cahm, Eric: *L'affaire Dreyfus.* Saint Nazaire le Désert 1994
Chevalier, Louis: *Classes laborieuses et classes dangereuses à Paris pendant la première moitié du XIXe siècle.* Paris 1958
Chevalier, Louis: *Le cholera à Paris.* Revue de la Société d'histoire de la Révolution de 1848. 1958

Daudet, Julia: *Souvenirs autour d'un group littéraire.* 1910
Desert, Gabriel: *La vie quotidienne sur les plages normandes du Second Empire aux années folles.* Paris 1983
Dreyfous, Maurice: *Ce qu'il me reste a dire.* 1912
Du Camp, Maxime: *Paris, ses origines, ses fonctions et sa vie dans la deuxième moitié du XIXe,* Monaco 1973
Dupoux, Albert: *Sur les pas de Mr Vincent.* Revue de L'Assistance publique 1958

Fraisse, Genviève: Perrot, Michèle: *Histoire des femmes en Occident.* Paris 1991

Goncourt, Edmond et Jules: *Journal.* Paris 1989

Jean, Raymond: *Cézanne, la vie, l'espace.* Paris 1986

Laborde, Allbert: *Trente-huit années près de Zola. La vie d'Alexandrine Émile*

Zola. Paris 1963
Lanoux, Armand: *Bonjour Monsieur Zola.* Paris 1964
Le Blond-Zola, Denise: *Émile Zola raconté par sa fille.* Paris 1931
Lelièvre, Françoise et Claude: *Histoire de la scolarisation des filles.* Paris 1991

Mack, Gerstle: *La vie de Paul Cézanne.* Paris 1938
Mitterand, Henri: *Album Zola.* Paris 1963
Monneret, Sophie: *Zola-Cézanne: la fraternité du génie.* Paris 1978

Pages, Alain: *Émile Zola, un intellectuel dans l'affaire Dreyfus.* Paris 1991
Perruchot, Henri: *Vie de Cézanne. Son amitié avec Zola.* Paris 1956
Pouchain, *Promenades en Normandie avec Émile Zola.* 1993

Rewald, *Paul Cézanne, Correspondance.* Paris 1978
Robert, Louis de: *De Loti à Proust.* Paris 1928
Robida, Michel: *Le Salon Charpentier et les Impressionistes.* Bibliothèque des arts, 1978

Shorter, Edward: *Naissance de la famille moderne.* Paris 1977

Ternois, René: *Zola et ses amis italiens.* Paris 1967
Troyat, Henri: *Émile Zola.* Paris 1992

Weber, Eugen: *Fin de siècle.* Paris 1986

Zola, Émile: *Œuvres complètes,* 15 Bände, Paris 1966–1969
Zola, Émile: *Les Rougon-Macquart.* 5 Bände, Paris 1960–1967
Zola, Émile: *Contes et nouvelles.* Paris 1976
Zola, Émile: *La Confession de Claude.* Paris 1980
Zola, Émile: *Les Quatre évangiles (Fécondité, Travail, Vérité).* 1994
Zola, Émile: *Correspondance.* Hg. von B. H. Bakker. Montréal/Québec, 1978–1995, 10 Bände

Briefsammlungen von Alexandrine Zola
ITEM-CNRS, Centre Zola
Collection Morin-Laborde (Centre Zola)
Collection Puaux-Bruneau (Centre Zola)
Collection particulière (Privatsammlung) Le Blond

Stammbaum der Familie Meley

Zum ersten Mal wird hier der Stammbaum der Familie Meley wiedergegeben, die nachweislich seit Beginn des 18. Jahrhunderts in Yvetot in der Normandie lebte.

Etienne Meley war Stoffhändler. Denselben Beruf übte auch sein Sohn, Etienne Martin, aus.

Sein Enkel Pierre Etienne brach als erster mit der Familientradition und wurde im Ersten Kaiserreich Steuereinnehmer der Stadt und Gemeindefinanzbeamter.

Sein Bruder war Gaststätten- und Hotelbesitzer.

Rose und Jacques, auch Kinder von Etienne Martin, waren Zwillinge und heirateten am selben Tag, am 12. November 1811.

Jacques Alexandre, Alexandrines Großvater, heiratete eine Frau namens Rose und wurde Handelskommis bei seinem Schwiegervater. 1802 wurde er dienstunfähig und übte den Beruf eines Limonadenhändlers aus, später verließ er Yvetot, um nach Rouen zu ziehen. Hier war er Schankkellner in einem Lokal in der Rue de la Poterne Nr. 11. Mit seiner Frau und seinen vier Kindern setzte er sein Wanderleben fort und ging nach Paris.

Die große Verdi-Biographie

Veronica Beci
Giuseppe Verdi
Eine Biographie
450 Seiten mit zahlr.
Bilddokumenten
Gebunden
3-538-07111-X
Artemis & Winkler

Veronica Beci würdigt Verdis
Bedeutung für die Politik und Kultur
Europas und zeigt, wie stark der
größte italienische Operndramatiker
im politischen und sozialen Leben
seines bewegten Zeitalters verwurzelt
war.

PATMOS
Verlagshaus